新世纪高等学校教材·数学教育主干课程系列教材

本书第1版荣获全国数学教育类图书优秀读物奖

U0646093

中学数学 教学概论

（第3版）

曹才翰　章建跃◎著

北京师范大学数学科学学院◎组编

ZHONGXUE SHUXUE
JIAOXUE GAILUN

北京师范大学出版集团
BEIJING NORMAL UNIVERSITY PUBLISHING GROUP
北京师范大学出版社

图书在版编目（CIP）数据

中学数学教学概论/曹才翰，章建跃著．—3版．—北京：北京师范大学
出版社，2012.7（2025.4重印）
（新世纪高等学校教材·数学教育主干课程系列教材）
ISBN 978-7-303-14728-1

Ⅰ. 中… Ⅱ. ①曹… ②章… Ⅲ. 中学数学课–教学研究–高等学校–
材料 Ⅳ. G633.602

中国版本图书馆CIP数据核字（2012）第125936号

图书意见反馈：gaozhifk@bnupg.com 010-58805079
营销中心电话：010-58802181 58805532

出版发行：北京师范大学出版社 https://www.bnupg.com
　　　　　北京市西城区新街口外大街12–3号
　　　　　邮政编码：100088
印　　刷：保定市中画美凯印刷有限公司
经　　销：全国新华书店
开　　本：730 mm × 980 mm 1/16
印　　张：20.25
字　　数：360千字
版　　次：2012年7月第3版
印　　次：2025年4月第18次印刷
定　　价：45.00元

策划编辑：岳昌庆　　　　　　　　责任编辑：岳昌庆　刘凤娟
美术编辑：焦　丽　　　　　　　　装帧设计：焦　丽
责任校对：陈　民　　　　　　　　责任印制：马　洁

内 容 提 要

　　本书以中学数学教学过程为基本线索，围绕"为什么教""教什么"和"如何教"等数学教学的基本问题，在论述中学数学教学目的与任务、数学教学改革、数学能力、数学思维及其基本成分、数学思维过程和思维形式等的基础上，讨论了中学数学教学的基本要求，分析了中学数学教学的常规工作，并最终落实在数学概念教学、定理教学、公式教学以及解题教学和复习课教学等基本而重要的课堂教学工作上。

　　本书基于数学教学、学习心理和思维发展等理论研究，对数学教育中的许多重要问题，如：数学教学目的、数学课程与教学改革、数学能力及其培养、数学思维及其过程、数学教学中应当处理好的各种矛盾关系、信息技术与数学教学的整合、数学教学设计与实施、数学学习评价等，都进行了比较详尽的讨论，同时注重"实践基础上的理论概括"，力求做到在客观阐述数学教学改革发展历史的基础上，对我国数学教学的历史和现状进行理性分析，使读者对数学教学改革的客观规律有较全面的认识，讨论中使用了许多经过实践检验的案例。

　　本书可作为数学教育专业的本科生、教育硕士和硕士研究生的教材，也可作为广大数学教育工作者的参考用书，并可作为中学数学教师的继续教育用书。

第 3 版前言

1915 年北京高等师范学校成立数理部，1922 年成立数学系。2004 年成立北京师范大学数学科学学院。经过近百年的风风雨雨，数学科学学院在学科建设、人才培养和教学实践中积累了丰富的经验。将这些经验落实并贯彻到教材编著中去是大有益处的。

培养人才和编写教材是北京师范大学数学科学学院两项非常重要的工作。教材的编写是学院的基本建设之一。学院要抓好教材建设；教师要研究教学方法。在教材方面，学院推出一批自己的高水平教材，做到各科都有，约 60 部。

写教材要慢一点，质量要好一点，教材修订连续化，教材出版系列化，是编写教材要注意的几项基本原则。学院希望教材要不断地继续修改和完善，对已经出版两版的教材，我们准备继续再版。在 2005 年 5 月，经由北京师范大学数学科学学院李仲来教授和北京师范大学出版社理科编辑部王松浦主任进行协商，由北京师范大学数学科学学院主编（李仲来教授负责），准备对北京师范大学数学科学学院教师目前使用的第 2 版数学教材进行修订后出版第 3 版。

教材的建设是长期的、艰苦的任务，每一位教师在教学中要自主地开发教学资源，创造性地编写和使用教材。学院建议：在安排教学时，应考虑同一教师在 3～5 年里能够稳定地上同一门课，并参与到教材的编写或修订工作中去。在学院从事教学的大多数教师，应该在一生的教学生涯中至少以自己为主，编写或修订一种教材作为己任，并注意适时地修订或更新教材。我们还希望使用这些教材的校内外专家学者和广大读者，提出宝贵的修改意见，使其不断改进和完善。

本套教材可供高等院校本科生、教育学院数学系、函授（数学专业）和在职中学教师等使用和参考。（李仲来执笔）

北京师范大学数学科学学院

2012 年 2 月 2 日

第 3 版作者的话

　　本书第 2 版于 2008 年出版，在曹才翰先生所著《中学数学教学概论》的基础上修订而成。考虑到第 1 版成书于 20 世纪 80 年代末，已经使用了近 20 年时间，期间数学教育的理论与实践已经发生了很大变化，因此进行了较大幅度的修订，包括：补充国内外数学教育理论与实践研究的新成果，引进数学教育的新观点和新思想，充实各章内容，补写数学教学与信息技术的整合、数学学习评价、数学教学设计的理论与实践等。因为补充的内容较多，所以第 2 版书的篇幅较大。

　　本次修订的主要工作是删减篇幅，而对框架结构和主体内容不作变动。这样做的原因是第 2 版出版时间不长，从读者反馈来看，正面评价是主要的，读者表示，本书"不仅理论上有高度，全面、系统地讨论了中学数学教学中的问题，具有权威性，而且言之有物，给出了大量具体例子，这些例子都来自于教学实践，与中学数学课堂很贴近，对教学具有很强的指导性。""通过本书的学习，使我们了解了该如何思考和研究数学课堂教学中的问题。本书介绍的案例许多是'中学数学核心概念、思想方法结构体系及其教学设计的理论与实践'课题的研究成果，我们可以模仿着做。另外，本书对数学思维、数学能力的研究，以及培养学生数学能力的做法，还有对概念教学、定理和公式的教学、解题教学、复习课的教学等的阐述，都对实践有很强的指导作用。"篇幅的删减主要是为了"削枝强干"以减轻读者的负担。

　　削减篇幅不能"伤筋动骨"，所以从两个方面考虑删减内容：一是删去一些从其他途径比较容易找到的、与教学的关系不是最直接的文献，如 20 世纪数学课程改革、美国"标准化运动"、数学教学目标的变革历史等；二是一些具体实例。具体例子的删减是有损失的，因为读者对第 2 版的认可，有许多是来自于这些例子。为了弥补，读者可以从我在中学数学教育刊物上发表的文章中找到更多的例子。当然，删减的同时也有一点补充，例如"义教课标"的某些最新进展介绍，替换更精彩的教学设计等。

　　由于本人水平所限，虽然是在第 2 版基础上改进，但书中肯定还存在不少问题乃至错误，衷心期待读者的反馈意见（邮箱：zhangjy@pep.com.cn）。我非常珍视藉着本书与读者分享和交流自己对数学教育、教学中各种问题的思考、研究和心得。愿我们共同为我国数学教育的改进与发展而尽绵薄之力。

章建跃

2011 年岁末

于人民教育出版社

第 2 版作者的话

　　本书第 1 版的出版时间是 1990 年初，她是曹才翰先生在多年讲授"中学数学教材教法"的基础上整理而成的，不仅有坚实的理论依据，而且还经过扎实的实践检验。本书经当时的教育主管部门评审，被确定为高等学校教学用书，而且还获 1990 年全国数学教育类图书优秀读物奖，是我国数学教育类图书中的重要文献。自出版以来，深受广大数学教育工作者的欢迎，一直被许多高等师范院校作为"数学教育"专业的必修教材，而且也被广大中学数学教育工作者作为必备参考书，在我国数学教育界产生了深远而广泛的影响。

　　众所周知，近二十年来，数学教育的发展日新月异。广大数学教育工作者的思维活跃，关于数学教育的新思想、新观点层出不穷。以美国数学教育改革为代表，其间经历了从"问题解决为核心"到"大众数学"再到"平衡基本技能、概念理解和问题解决"的改革，最近 NCTM 又出台《课程焦点》文件，明确强调从幼儿园到 8 年级的每个年级应该学习和掌握的重点，希望改变目前数学教育中泛而不精的现象，平息二十年来关于数学教育改革的激烈争论，结束不重视记忆基本数学事实和熟练运算的缺陷。美国的"进步主义""建构主义"教育思想产生了世界性影响，我国的数学教育也不例外。我国自 20 世纪 90 年代初实施九年义务教育以来，数学教育发生了深刻变化。特别是在世纪之交发动的课程改革，明确提出以"大众数学"为指导思想，以"建构主义"为理论基础，《全日制义务教育数学课程标准（实验稿）》和《普通高中数学课程标准（实验）》（以下简称"标准"）及其教材实验在全国范围迅速推开。改革过程中，提出了许多亟待解决的理论与实践问题，许多数学教育理论都需要重新思考，也有大量数学教育实践需要重新定位。这些问题如果不能得到及时解决，我国数学教育的发展将会受到严重影响。因此，根据时代发展对数学教育提出的新要求，本书需要进行较大幅度的修订。

　　鉴于数学教育发展的需要，也是数学教育理论建设的必然，机缘巧合，北京师范大学数学科学学院组织编写出版"数学教育主干课程系列教材"，并把本书列入其中。

　　应当说，由于本书已有的学术影响，修订本书对我有很大压力。如何在忠实继承曹先生数学教育思想的基础上推陈出新，反映数学教育发展的新成就，并体现数学教育发展的新趋势，从而使本书继续发挥引领数学教育理论研究、指导数学课堂教学实践的作用，确是一大难题。

本次修订，保留了原著的基本框架，并在以下几个方面进行了较大幅度的修订和补充：

第一，根据本书出版后国内外数学教育理论与实践研究的新成果，补充了大量新材料，引进了较多的新观点和新思想。例如，关于数学教学目的的新观点；关于数学能力的新观点；关于数学教学改革的新资料和新观点；关于数学思维及其结构的新观点；关于数学课堂教学改革的新观点；等。

第二，根据本人十多年数学教育研究的心得，除第六章外，其余各章都进行了大幅度修订，许多内容是重新撰写的。例如，数学教学方法的近代发展；各种数学能力的发展和衡量指标；课堂教学中应处理好的十大关系；数学教学过程；数学教学方法；数学教学与信息技术的整合；数学学习评价；数学教学设计的理论与实践，等。

第三，根据本人组织人民教育出版社中学数学教材的研究、开发、编写和实验，以及与教材实验配套的"中学数学课程教材教学与信息技术整合研究""中学数学核心概念、思想方法结构体系及其教学设计的理论与实践"课题研究中积累的大量一手资料，从中精选了大量教学案例，以用于各章相关内容的实践支撑。

第四，对原著中的一些错漏进行了认真校正。

第五，大幅度修订和补充了参考文献。

经过一年多夜以继日的艰苦奋战，终于完成了本书的修订工作。恩师曹先生仙逝已经八年。八年来，他对我的教诲时刻都在激励我奋发努力。接受北京师范大学数学科学学院和我的师母朱文郁教授的嘱托，完成修订本书的重任，也是我作为学生在继承和发展先生数学教育思想上的具体实践。希望本书第 2 版能使曹先生的学术思想发扬光大，以告慰他的在天英灵。

由于本人水平所限，再加上工作繁忙而使用于本书的修订时间仍嫌不足，虽然尽了自己最大努力，但书中肯定还存在不少问题乃至错误，恳望得到读者的批评指正。

章建跃

2007 年 8 月 20 日

于人民教育出版社

第1版作者的话

本书是根据作者多年在北京师范大学数学系讲授"中学数学教材教法"课的讲稿整理而成的。讲稿曾以讲义形式由山东省高师院校数学教育研究会于1984年印发给讲习班的学员。这次整理是在该讲义的基础上，对体系作了调整，材料作了充实，并在理论上作了适当的提高。

本书力图做到以下几点：

1. 围绕正确理解数学教育思想和数学教育发展规律，对"为什么教""教什么""如何教"进行论述，使读者明白该做什么，不该做什么；明白数学教育改革的方向。

2. 本书结构的指导思想是"由一般到具体"，即发展数学能力是中学数学教学目的中的核心问题，而发展数学思维能力又是中学数学教学中能力培养的核心问题，故关于数学思维的论述成为全书的核心，并贯彻全书始终。

3. 在介绍具体教学经验时，力争阐明它们的背景条件和理论根据，以使读者明白"该怎样做"和"为什么这样做"。

本书可作为高师院校"中学数学教材教法"课的教材。对一些纯理论的学术性讨论的材料，可根据课时、学生情况灵活处理。本书也可作为学科教育专业数学教育方向硕士研究生、数学教育研究工作者和中学数学教师的参考书。

在出版本书之际，值得提起我的导师钟善基教授。在我讲授"中学数学教材教法"课和写作本书的过程中，曾得到他无微不至的关怀、支持和帮助。在此，对钟教授表示衷心的感谢。

在整理本书的过程中，我的研究生吴福能同志做了大量的工作。本书能早日和读者见面是和他的工作分不开的。对此，也表示我的感谢。

数学教育是一门多学科交叉的实践性很强的理论学科，它涉及的知识面相当广泛，由于作者水平有限，论述不全面或不当在所难免，敬请读者不吝赐教。

曹才翰

谨识于北京师范大学数学系

目　录

绪　　言

　　数学教育学是一门实践性很强的综合性理论学科。它是数学、哲学、逻辑学、教育学、心理学、信息技术学等多学科综合的边缘学科。它是一门新兴的、发展中的学科。正如《数学教学理论是一门科学》的前言所说:"数学教学理论至少在社会意义上是作为一门科学而存在着,我们从杂志、研究规划与博士学位课程、科学的组织体系以及会议中,能看到它的存在。当然,与其他科学（如数学或心理学）相比,数学教学理论的确很年轻。正因为其相当年轻,它的对象、方法论以及评价其理论是否有效的标准等一系列问题都显得多元化,缺乏统一性,数学教学理论在大学各学科中的地位目前也尚在争议之中。"经过数学教育工作者的艰苦努力,今天,数学教育的学科地位已经确立而且取得了非常丰硕的成果。

　　关于数学教育学的研究对象的看法一直都在发展着。例如:

　　1. 斯托利亚尔认为, "数学教育学的对象中包含的问题大致可以分成两类:

　　（1）属于'教什么'的教学内容问题;

　　（2）属于'如何教'的教学方法问题。"

他提出了如下的结构简图（图 0.1）:

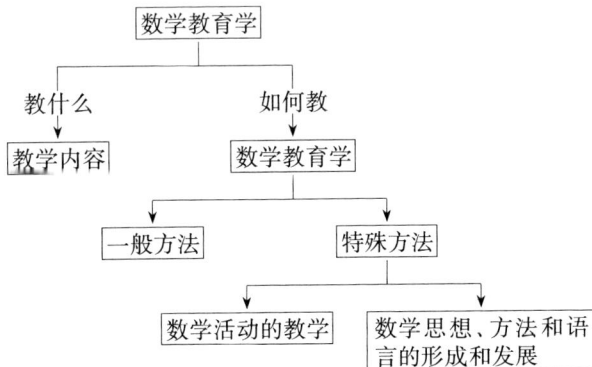

图 0.1

这里，斯托利亚尔提出了"数学活动的教学"的概念。他认为，"数学"这个术语可以表示一种思维活动（数学活动），或者表示这种活动的结果——理论。这样，数学教育学也可以有两个方面的理解：一方面是研究数学理论的教学问题，更确切地说，它是研究初等数学教学问题的一个领域；另一方面是研究数学思维活动的教学问题的一个领域。因此，数学教育学的任务是研究并认识清楚那些具有数学思维特点的智力活动结构，并研究促进学生进行"数学发现"的教学方法。

2. Tom Kieren 在《数学教育研究——三角形》一文中对数学教育的研究对象作了形象的比喻和描述。他把 H. Bauersfeld 在第三届国际数学教育大会上描述的数学教育的三个研究对象，即课程、教学和学习，比作三角形的三个顶点，分别对应于课程设计者、教师和学生。这样，数学教育学有三个研究方面，这就是课程论、教学论和学习论，如图 0.2 所示。

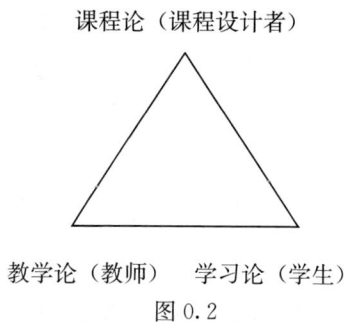

课程论（课程设计者）

教学论（教师）　学习论（学生）

图 0.2

这个三角形有个"兴趣中心"，就是儿童和成人实际学习数学的经验。一切数学教育研究都要面对这些经验。研究者都希望自己的研究会直接或间接地提高这些经验。课程论、教学论和学习论是紧密联系的，很难独立地进行研究。它们的关系相当于三角形的边，研究一个顶点对其他两个顶点的研究也会发生作用。从拓扑观点看，三角形应有内部和外部。有关备课、教学和分析课堂活动的研究，以及教学实验和定向的现象观察，都属于"内部"研究。数学和心理学代表了影响数学教育的传统的"外部"，此外哲学对数学教育研究也有很大影响，不同的哲学对研究提供不同的架构，比如对数学和数学学习过程都有不同的观点，这些不同的哲学观点都影响着数学教育的研究，所以哲学也是数学教育研究三角形的"外部"。还有一个更加外部的因素，就是技术手段，如各种信息技术，可以使数学教育更加精细，还有两个有关的领域是符号和语言。

这个"三角形"形象地表示了数学教育研究的范围，它有如下内涵：一是研究者在制定研究方案时要顾及各种关系；二是"外部"的研究领域可以用作研究思想的来源、理论前提或研究的方法论；三是数学教育研究如果总是和"兴趣中心"联系起来，则被广大数学教育界采纳的可能性就越大。

3. 随着数学教育研究的不断深入，越来越多的课题和领域进入数学教育的研究视野。例如，第 11 届国际数学教育大会设了如下研究课题：

课题研究组

学前数学教育的最新发展与趋势；小学数学教育的最新发展与趋势；初中数学教育的最新发展与趋势；高中数学教育的最新发展与趋势；中学后数学教育的最新发展与趋势；适用于数学英才学生的活动与课程；适用于有特殊需要的学生的数学活动与课程；成人的数学教育；与工作场所有关的数学教育；数与运算的教学研究和发展；代数的教学研究和发展；几何的教学研究和发展；概率的教学研究和发展；统计的教学研究和发展；离散数学的教学研究和发展；微积分的教学研究和发展；高等数学内容的教学研究和发展；数学教育中的推理、证明与论证；数学教育中的问题解决的研究与发展；数学教与学中的直观化；数学教与学中的应用与建模；新技术在数学教学中的应用；数学史在数学教学中的作用；关于课堂教学实践的研究；数学在学校课程中的作用；数学的学习与认知——学生的数学概念、术语、策略和信念的形成；用于教学的数学知识；数学教师的在职培训、职业生活与专业发展；教师的职前数学教育；学生对数学及其教学的动机与态度；数学教育中的语言与交流；性别与数学教育；多语言与文化环境下的数学教育；任务设计与分析的研究与发展；关于数学课程发展的研究；有关数学教育中的评价与测验的研究与发展；数学教育研究的新趋势；数学教育史。

讨论组

数学课程改革：运动、程序与政策；数学教育中的研究与实践的关系；数学教育：为了谁？为什么？数学教育的重新概念化；哲学在数学教育中的作用；数学教育国际合作的性质与作用；数学教师教育中的困境与争论；数学对学生进入高等教育的作用；在数学教育中促进所有学生的创造性；公众对数学及数学教育的印象与理解；数学教育研究的质量与适切性；反思数学教育的博士课程；数学教育研究中由不同观点、水平和途径所产生的各种挑战；数学教育中的国际比较；通过评价和测试调整数学教育；在教育系统内对数学教师和课程的评估，数学教科书的修订与作用．形式、用处与途径；民族数学在数学教育中的作用；数学竞赛和其他挑战性活动在数学教学中的作用；小学数学教育中的问题与挑战；初中数学教育中的问题与挑战；高中数学教育中的问题与挑战；学院与高等职业教育中的数学教育的问题与挑战；大学数学教育中的问题与挑战；远程教育中的问题与挑战；数学教师资格与实践中的问题与挑战；技术对数学教育基础的挑战；地方的、区域的和全球性的专业。

从上述题目可以看到，当今数学教育研究课题已非常广泛，不仅涉及数学课程、教材、教学、学习、评价等，分年龄段的、特殊人群的、与职业相关的数学教育问题，数学教师教育，数学教育的历史，数学教育与社会的关系，数学教育的国际比较，对数学教育本身的认识等都被纳入数学教育的研究范畴。

众所周知，数学教学过程是学校中教师有目的、有意识、有计划地引导学生掌握数学"双基"、发展数学能力的实践活动，是由师生双边活动来完成的。教师、学生和数学知识是教学系统中的三个基本构成要素。教师是教的主体，学生是学的主体，而数学知识则是教与学的客体。相应地，就有教学论（与教师相对应）、学习论（与学生相对应）和课程论（与数学知识相对应）这样三个数学教育研究的主要方面。因此，尽管由于影响数学教学的因素众多而复杂，我们可以把广泛的课题纳入到数学教育研究中来，但把数学教育学的研究对象主要集中在课程论、教学论和学习论这三个方面是有道理的。

数学教育的百年发展历史中，课程改革和教师发展是两大主题。就数学教育改革的现代发展来看，人们越来越清楚地认识到，教师的专业化发展是首要问题，因为如果不能让教师理解，不能贯彻到课堂教学中去，那么再好的课程改革理念也是没有实际意义的。真正的改革发生在课堂上。因此，本书将以促进数学教师专业化发展为根本目标，着重研究中学数学课堂教学的理论和实践问题。以下如果没有特别说明，"教学"或"数学教学"都指"中学数学教学"。从教学过程看，涉及确定教学目的、选择教学内容和教学方法、设计教学过程、组织和实施课堂教学、评价教学效果等诸方面，我们不仅要从理论上对这些方面进行深入分析，给出具体的、可操作的实施建议，而且要对相应的理论——主要是数学课程的内容与发展，以及学生的数学思维特点和数学学习规律进行必要的阐述，以使数学教学建立在更加扎实的基础之上。

思考题

你认为"数学教育学"学科主要应当研究、解决哪些问题？为什么？

第一章 中学数学教学的目的与任务

众所周知，国家颁布的"标准"是数学教学的根本依据。在"标准"中，明确规定了数学教学目的。它是国家根据社会发展需要和人才培养规律，在数学基础知识、基本技能、数学能力和个性心理品质等方面对数学教学提出的要求。

数学教学目的是数学教学工作的出发点和归宿。教学内容的确定、教材的编写、教学原则的把握、课堂教学的设计、教学工作的组织和实施、教学效果的评价等，都必须以教学目的为准则。每堂课都要以"标准"规定的数学教学目的为依据。判定一堂课的质量，不仅要看教师的表达是否流畅，课堂气氛是否热烈，学生发言是否踊跃，板书是否漂亮，更主要的（而且是首先要考虑的）是本节课的教学目标是否定得恰当，教学目标是否有效地达成，而确定一堂课的教学目标就要受到数学教学目的的制约。

数学教学目的是决定教学基本性质的依据。它是教育思想争论的焦点，教学改革总是首先集中在如何使教学目的与时俱进的问题上。

由此可见，全面、正确、深刻地理解数学教学目的，并自觉地用它来指导和检查自己的日常教学工作，检查自己的教学效果，不仅是提高教学质量的需要，而且也是不断变革数学教学的需要。

§1.1　确定中学数学教学目的的依据

确定中学数学教学目的，主要依据国家的教育方针、普通中学的性质和任务、数学学科的特点和中学生的年龄特征。

一、教育方针

在社会发展到信息技术时代，贯彻教育方针，就是要以提高国民素质为根本宗旨，以培养学生的创新精神和实践能力为重点，造就"有理想、有道德、有文化、有纪律"的德智体美全面发展的社会主义事业建设者和接班人。中学数学教学目的必须体现这一要求。这里，我们要强调如下几点。

1. 当前要把"科学发展观"体现在数学教学目的中，就是要强调以学生的发展为本，使学生得到全面、和谐与可持续的发展。

2. 在确定中学数学教学目的时，要体现使学生学习数学知识与加强思想道德修养的统一，学习书本知识与投身社会实践的统一，实现自身价值与服务祖国人民的统一，树立远大理想与进行艰苦奋斗的统一。

3. 要特别强调培养学生的创新精神和实践能力。

4. 要把学习系统的数学基础知识、培养学生的数学能力放在应有的重要位置。

二、普通中学的性质与任务

随着社会的不断发展和进步，学习型社会的建立，终身教育观念的形成，普通中学的性质也在发生变化。普通中学既要为社会主义建设培养劳动后备力量，又要为高一级学校输送合格新生。这样，它要承担双重任务：一方面要教给学生为继续升学或参加生产劳动所必需的、较系统的科学文化知识；另一方面，必须联系生产、生活实际，注意培养学生的实践能力和生产劳动的技能技巧，培养学生进入社会后的必要的生存和发展能力。

由于普通中学进行的是基础教育而不是职业（专业）教育，所以在中学阶段要让学生学习的科学文化知识是对他的终身发展具有基础性作用的；同时，学生在中学阶段所形成的技能和能力也是最基本的。

显然，在确定中学数学教学目的时，上述"双重任务"和"基础性"应当得到体现。

三、数学学科的特点

教育方针中提出的培养目标必须在学校教育的各个方面、不同环节中得到贯彻，首先应当落实在中学各学科的教学中。但是，由于不同学科的特点不同，它们的地位、作用也不同，各学科的教学都在学生发展中发挥着自己独特的作用，因此，在落实普通中学培养目标时应当各有侧重。

下面阐述如何结合数学学科的特点贯彻国家的教育方针，即如何把普通中学培养目标落实在数学教学中。

1. 抽象性与严谨性

与其他科学和技术一样，数学也是从普通的人类实践中发展起来的。数学的对象与客观现实有紧密联系，但数学仅从空间形式与数量关系来反映客观现实。数学理论是不断抽象的产物：实际问题与理论研究相互促进，并不断扩展到未解决的理论和实际问题，在这一过程中，数学的复杂性、理论性不断增强，同时又变得更加具体、更加生动，以能更有力地解决现实中的问题。自然科学家为了证明自己的论断常常求助于实验，数学家证明定理则只用推理和计算。这就是说，不仅数学的概念是抽象的、思辨的，而且数学的方法也是抽象的、思辨的。总之，数学是抽象之上的抽象，数学的概念与方法都是抽象的。

严谨性是伴随着高度的抽象性而体现的数学学科特点。任何数学概念和原理的获得，都需要经过严密的逻辑推理。由此，经过严密的逻辑推理而形成数学理论也是完全毋庸置疑的，就像"$1+1=2$"的不容争辩一样。

由数学的高度抽象性和严谨性的特点所决定，在数学教学中，学生的逻辑思维能力，即比较、分析、综合、概括、抽象等形成概念的能力，归纳、演绎、类比等进行推理论证的能力，以及分类和系统化等形成知识体系的能力，都将得到培养和提高；通过抽象而得到几何对象（点、线、面、几何图形等），并通过逻辑推理论证而获得关于它们的形状、位置关系、度量等的结论，是培养学生空间观念和逻辑推理能力的最佳途径之一。所以，培养逻辑思维能力、空间观念应当成为中学数学教学目的的两个重要内涵。

2. 广泛的应用性

在日常生活、生产实践以及科学研究中，数学的应用无处不在。不仅自然科学需要用到数学，在经济学、社会科学等过去很少使用数学的学科中，使用数学的程度也已成为衡量其发展是否成熟的标志。"当代科技的一个突出特点是定量化。人们在许多现代化的设计和控制中，从一个大工程的战略计划、新产品的制作、成本的结算、施工、验收、直到储存、运输、销售和维修等都必须十分精确地规定大小、方位、时间、速度、成本等数字指标。精确定量思维是对当代科技人员共同的要求。"①

数学是普通中学的主要课程之一。掌握数学知识对于人的发展具有非常重要的基础性作用。学校教育中，各学科都担负着促进学生发展的共同任务，而各学科又在学生的发展中发挥着自己独特的作用。数学教育在促进人的发展中具有不可替代的作用。直观思维、逻辑推理、精确计算以及结论的明确无误，是每个公民的科学文化素质，这些素质的培养主要依靠数学教育。在基础教育阶段，通过数学基础知识的学习、数学思维方式的训练，可以使学生养成数学地思维的习惯，形成寻求一般性模式、追求简捷与形式完美的思维方式和行为习惯，追求逻辑的严谨性和结论的可靠性的意识，并形成数学地观察世界、处理和解决问题的能力。总之，数学不仅有直接的应用，而且应该说，数学最重要的应用是在育人上。通过数学教学，在使学生掌握数学基础知识和技能的过程中，培养他们的几何直观能力、分析思考能力、逻辑推理能力、运算能力，这些能力都是创新精神和实践能力的重要组成部分。

由数学的广泛应用性所决定的，数学教学中，使学生掌握必须的数学基础知识和基本技能，是数学教学目的的基本内涵，并要在"双基"的教学中培养几何直观能力、运算能力、逻辑思维能力等数学能力。

不过，有了上述"双基"和数学能力，并不意味着学生就自然会用数学解决实际问题了。实际上，应用数学解决实际问题的能力需要专门培养，这主要是因为从书本上的数学知识到数学的实际应用，还有一系列几乎是连续过渡的不同环节，有一个"数学化"的过程。这里，"数学化"可以有两种不同的方向：一个方向是在数学概念、原理的教学中，从一定量的、典型的具体问题出发，采用"归纳式教学"，从中抽象概括出数学结论，将"非数学"的内容组织整理成为一个合乎数学精确性要求的结构；另一个方向是用学得的数学知识解决实际问题，一般来说往往要先从实际问题中提炼出数学问题，抽象化为数学模型，再用数学方法求出此模型的解或近似解，然后回到实际中进行检验，以获得问题的解决。所以，在中学数学教学目的中，必须包含培养学生应用数学解决实际问题的能力的内涵。

3. 过程的思辨性和结论的确定性

我们知道，数学研究的不仅是直接从现实世界中抽象出来的数量关系和空间形式，而且还研究那些在数学内部从已有的概念和理论为基础定义出来的关

---

①王梓坤. 随机过程与今日数学. 北京：北京师范大学出版社，2005：406.

系和形式。数量不仅是实数，而且是向量、张量，甚至是有代数结构的抽象集合中的元；而空间也不只是三维空间，还有 n 维、无穷维以及具有某种结构的抽象空间。正是这种数学对象与客观实在的具体事物无关的性质，使得数学的研究过程具有了思辨性的显著特点；而数学结论的得出，完全不是别的，只是由于数学对象本身的逻辑发展而产生的必然结果，是通过严格的逻辑推理和精确的计算得到的，因而每一数学结论都是不可动摇的，具有确定性。

与过程的思辨性和结论的确定性相伴随的是，数学中蕴涵了丰富的辩证法思想、追求逻辑的严谨性和结论可靠性的理性精神。正如恩格斯指出的："笛卡儿变数是数学中的转折点，由此运动和辩证法进入了数学。"例如，许多数学概念（如函数、变换、极限、连续、频率、随机变量……）都充满着辩证因素；数学概念的发生发展以及概念间的联系和转化反映着数学概念内部的矛盾运动；数学中有许多对立统一的概念、运算和方法，如正数与负数、实数与虚数、常量与变量、数量与向量、有限与无限、已知与未知、加与减、乘与除、乘方与开方、数与形、确定性与随机性……同时，在追求数学结论的确定性过程中，实事求是的基本态度，正直诚实的品格，追求真理的勇气和信心，寻求一般性模式、追求简捷与形式完美的思维方式和行为习惯等理性精神也能得到具体体现。因此，在中学数学教学目的中，培养学生的辩证法思想和理性精神也应作为重要内涵之一。

四、学生的年龄特征

心理学的研究表明，人的智力与能力发展具有年龄特征。小学阶段处于从具体形象思维向抽象逻辑思维的过渡阶段；整个中学阶段以抽象逻辑思维占主导地位，但初中阶段主要是以经验型为主的抽象逻辑思维，高中阶段主要是以理论型为主的抽象逻辑思维。其中，小学四年级（10～11 岁）是从以具体形象成分为主要形式到以抽象逻辑成分为主要形式的转折点；初中二年级（13～14 岁）是从经验型向理论型发展的开始；高中二年级前后（16～17 岁），思维和智力发展基本成熟。显然，智力与能力发展的年龄特征，制约着中学数学教学目的的制定，也就是说，教学目的不能超越学生智力与能力发展的水平，对学生提出过高要求，而要根据这种年龄特征，以学生的已有发展为基础，对他们提出中学阶段要达成的数学"双基"和能力的要求。当然，还要考虑通过教学推动学生发展的问题，要根据学生发展的可能，把那些需要经过较大努力才能学会的内容纳入到教学目的体系中，使学生通过这些内容的学习，在数学知识和能力上得到应有的发展。

§1.2 中学数学教学目的

一、"标准"中规定的教学目的

从上所述，中学数学教学目的中，应当以国家的教育方针为指南，根据普通中学的性质和任务，从数学的基础知识和基本技能、数学能力以及个性心理品质等方面，提出中学数学教学目的。由于要考虑到学生的年龄特征，因此对初中和高中的教学目的应有所区别。

在《义务教育数学课程标准》（2011年版）中，以"总体目标＋学段目标"的方式规定了义务教育阶段数学学习的教学目的。总体目标是：

1. 获得适应社会生活和进一步发展所必需的数学的基础知识、基本技能、基本思想、基本活动经验。

2. 体会数学知识之间、数学与其他学科之间、数学与生活之间的联系，运用数学的思维方式进行思考，增强发现和提出问题的能力、分析和解决问题的能力。

3. 了解数学的价值，提高学习数学的兴趣，增强学好数学的信心，养成良好的学习习惯，具有初步的创新意识和实事求是的科学态度。

在《普通高中数学课程标准（实验）》中明确提出，"本标准的目标要求包括三个方面：知识与技能，过程与方法，情感、态度与价值观。"规定的总目标是：使学生在九年义务教育数学课程的基础上，进一步提高作为未来公民所必要的数学素养，以满足个人发展与社会进步的需要。具体目标是：

（1）获得必要的数学基础知识和基本技能，理解基本的数学概念、数学结论的本质，了解概念、结论等产生的背景、应用，体会其中所蕴涵的数学思想和方法，以及它们在后续学习中的作用。通过不同形式的自主学习、探究活动，体验数学发现和创造的历程。

（2）提高空间想象、抽象概括、推理论证、运算求解、数据处理等基本能力。

（3）提高数学地提出、分析和解决问题（包括简单的实际问题）的能力，数学表达和交流的能力，发展独立获取数学知识的能力。

（4）发展数学应用意识和创新意识，力求对现实世界中蕴涵的一些数学模式进行思考和作出判断。

（5）提高学习数学的兴趣，树立学好数学的信心，形成锲而不舍的钻研精神和科学态度。

（6）具有一定的数学视野，逐步认识数学的科学价值、应用价值和文化价值，形成批判性的思维习惯，崇尚数学的理性精神，体会数学的美学意义，从而进一步树立辩证唯物主义和历史唯物主义世界观。

下面对数学的知识、技能、能力、个性品质和辩证唯物主义观点等的内涵进行逐条分析。

二、关于基础知识和基本技能

中学数学教学必须大力加强"双基"教学，使学生切实打好基础，这是十分明白的事情。为了更好地理解和落实这一要求，还必须从范围和要求等方面科学地理解"双基"的内涵。

中学数学基础知识是指"标准"中规定的代数、几何、统计与概率、微积分初步等的概念、法则、性质、公式、定理、公理以及由其内容所反映出来的数学思想和方法；基本技能是指按照一定的程序与步骤进行运算、处理数据（包括使用计算器、计算机等信息技术工具）、简单的推理、画图以及绘制图表等。

1. 明确"双基"的理论依据

上述关于中学数学"双基"的界定有着坚实的哲学、心理学基础。

（1）明确知识与默会知识

英籍匈牙利哲学家波兰尼（Michael Polanyi，1891—1976）于 20 世纪 50 年代提出将知识分为明确知识（explicit knowledge）与默会知识（tacit knowledge）。前者是指能言传的、可以用语言文字符号（包括数学公式、图表）表达的知识；后者是只能意会而不能言传的知识。波兰尼认为，人类的默会知识远远多于明确知识，而且默会知识有着明显区别于明确知识的特征：第一，默会知识镶嵌于实践活动之中，是情境性和个性化的，常常是不可言传的；第二，默会知识很难以正规形式加以传递；第三，默会知识是不能被批判性反思的。人们将这一知识分类以形象的冰山模型进行描述（如图 1.2.1）[1]：

对于明确知识与默会知识的关系，这一模型表明了这样的观点：只有借助于默会知识的力量，明确知识才能得以发生和发展，人类的知识创新才有根基。默会知识深深地镶嵌于人类的实践活动之中，只有通过活动，并在活动中获得体验，才能达到学会和提高的目的。

---

[1] 顾泠沅. 教学改革的行动与诠释. 北京：人民教育出版社，2003：355.

明确知识（是什么，为什么）　　　　　　存于书本，可编码（逻辑性）
主要是事实和原理的知识　　　　　　　　可传递（共享性），可反思（批判性）

默会知识（怎么想，怎么做）　　　　　　存于个人经验（个体性）
本质上是理解力和领悟　　　　　　　　　镶嵌于实践活动中（情境性）

图 1.2.1

（2）陈述性知识与程序性知识

20 世纪 70 年代以来，现代认知心理学派对知识的本质及其习得机制进行了深入探讨，并取得了实质性进展。信息加工心理学家安德森从知识获得的心理加工过程性质与特点的角度，提出了知识分类的富有启发意义的新观点，并被广泛接受。他认为，个体的知识可以分为两类：一类为陈述性知识（declarative knowledge），另一类为程序性知识（procedural knowledge）。陈述性知识是关于事物及其关系的知识，包括事实、规则、事件等，用于回答"是什么"的问题。如"$a+b=b+a$""三角形的内角和等于一个平角""两直线平行，内错角相等"等。这类知识与我们传统上讲的知识概念（即狭义的知识）大致相当，是相对静态的知识。程序性知识被定义为：个人无法有意识地提取，因而其存在只能借助于某种作业形式间接推测，它是关于完成某项任务的行为或操作步骤的知识，用于回答"怎么办"的问题。例如，解方程的操作步骤、计算代数式的值的方法步骤、求函数极限的方法步骤等，都需要程序性知识。程序性知识被区分为一般领域的程序性知识和特殊领域的程序性知识；特殊领域的程序性知识又被进一步划分为特殊领域的自动化基本技能和策略性知识。所谓"自动化的基本技能"是那些可以"熟能生巧"的程序性知识，例如数学中的运算、推理、作图等；策略性知识是一种关于如何学习、如何思维的知识，是关于如何用陈述性知识和程序性知识来学习、记忆和解决问题的一般方法，这种程序性知识是受使用者的意识控制的，因而被称为"有控制的程序性知识"。

程序性知识与陈述性知识比较，主要区别在于：第一，陈述性知识是关于"是什么"的知识，程序性知识是关于"怎么做"的知识；第二，陈述性知识是相对静止的知识，其运用形式往往是输入信息的再现，程序性知识是体现在动态的操作过程中的知识，其运用往往要对信息进行变形和运算，结果往往得出不同于输入刺激的信息；第三，陈述性知识的提取和建构是一个有意识地、主动地激活有关命题的过程，速度较慢，程序性知识一旦熟练，则可以自动执行，速度较快。

实际上，信息加工心理学的知识划分与波兰尼的划分存在一致性。陈述性知识也就是明确知识，是个体能够意识到并能用言语表达的；程序性知识中有些是个体完全不能意识和用言语表达的，也就是默会知识。

（3）数学知识的分类

从上述理论出发，可以对数学"双基"作如下分类：数学的概念、性质、法则、公式、公理、定理等；由内容所反映的数学思想方法；按照一定程序与步骤进行运算、处理数据、推理、作图、绘制图表等数学技能。其中，数学的概念、性质、法则、公式、公理、定理等对应于陈述性知识（或明确知识）；数学思想方法和数学技能对应于程序性知识（或默会知识），其中数学技能对应于数学领域的自动化基本技能，数学思想方法对应于策略性知识。

当然，上述关于数学知识的分类是相对的。对数学知识进行分类，其意义在于帮助人们更加深入地认识数学知识的本质，从而建立起掌握知识的标准，并以此为依据而提出数学学习的策略。实际上，数学的概念、原理与数学思想方法是融为一体的，它们就像人的躯体与灵魂的关系一样，也像计算机的硬件和软件的关系一样：数学的概念、性质、法则、公式、公理、定理等是数学知识系统的"硬件"；数学思想方法以及运算、处理数据、推理、作图、制表等"操作手段"，是数学知识系统的"软件"。显然，只有"硬件"和"软件"组成一个有机的整体，相互协调，计算机才能正常、有效地运转。

2. 全面理解基础知识

（1）基础知识的"基础性"

数学基础知识是指数学学科的初步知识，而不是指数学学科的逻辑基础。它是当代社会中公民适应日常生活所需要的，是进一步学习各门数学理论课程、学习其他学科（特别是理科）以及参加生产劳动所必备的，是数学中最初步和最基本的那部分知识。特别是在初中阶段，基础知识的范围强调了"每一个公民适应日常生活所需要的，体现义务教育的要求，因此其面要适当宽些，理论要求适当低些，知识要更加实用些"。

基于这种理解，"标准"中规定的基础知识，绝大多数都是在初等数学的不同分支（代数、几何、平面解析几何、微积分、统计和概率等）中，属于日常生活、生产实践以及进一步学习所必需的。例如，集合与逻辑初步、实数及其运算、字母代数及代数式的恒等变形、方程和不等式、基本初等函数、算法的初步知识、平面几何的基本知识、立体几何的基本知识、解析几何的基本知识、统计和概率的初步知识、微积分的基本概念和基本思想等。

（2）基础知识包括数学思想和方法

把数学思想和方法纳入基础知识范畴，作为基础知识的重要组成部分，这是体现基础教育"基础性"的重要表现。明确这一点对教学有很大指导意义。数学教学中，有些老师往往只是着眼于具体法则、性质、公式、定理、公理的教学，而忽视其中所反映的数学思想和方法，其实质是没有揭示知识的精神实质，没有让学生掌握知识的精髓，因此对学生素质的提高非常不利。

数学思想和方法具有层次性。一般地，可以分为如下几个层次：第一层次，与某些特殊问题联系在一起的方法，我们可以将它称为"解题术"；第二层次是解决一类问题时可以采用的共同方法，我们将其称为"解题方法"；第三层次是数学思想，这是人类对数学及其对象，对数学的概念、命题、法则、原理以及数学方法的本质性认识，常用的数学思想有：分类思想，化归思想，函数思想，数形结合思想，极限思想，统计思想，等；第四层次是数学观念，这是数学思想方法的最高境界，是一种认识客观世界的哲学思想。

（3）基础知识内容的确定

中学数学教学内容应当是那些在现代社会生活、生产和科学技术中有广泛应用的，每一个公民必须掌握的，为进一步学习所必需的，在理论上、方法上、思想上是最基本的，同时又是学生所能接受的知识。教学内容的确定主要应为实现教学目的服务。具体要考虑两个方面，一是适应社会需要，二是符合学生的接受水平和发展需要。

从社会需要看，传统的中学数学内容，大多数都是现代社会所必需的，应当予以保留。一些复杂的计算、作图和论证、常用对数表、三角函数表等应当删除；一些有广泛应用的知识，如统计、向量、微积分、算法等，应适当增加。随着社会发展、九年义务教育的实现和高中教育的普及，在内容确定和要求上也要有些变化，主要措施是"低起点，不封顶"，在理论要求和习题难度上增加弹性，加强与生活、生产实际的联系，加强应用。总之，作为基础教育的数学课程内容应随数学和其他科学技术的发展、学生认识能力的发展而更新。内容更新中，起决定作用的是经济和社会的发展对数学的需求程度，也就是说，越是被广泛使用的知识，不论发现得迟早，就越要作为基础教育数学课程的内容；反之，原有内容也会被削弱或淘汰。这是数学课程发展的规律。

如果只从需要角度考虑，必然会出现内容的"增加多、删减少"。所以，与更新知识一样，学生负担问题也是确定教学内容时要重点考虑的。各国数学教育改革对减轻负担提出的各种方案，归纳起来有两点：一是精选最普遍适用的基础知识，作为所有学生都应学习的，并把学习这些内容规定为基本要求，同时提供选学内容，供学有余力的学生选择；二是加强能力培养，特别是独立获取知识的能力和分析、解决问题的能力。

从符合学生的接受水平和发展需要考虑，教学内容的分量和难度，即深度和广度，都要符合学生的认知发展水平或认识能力，这是一个教学原则。不过，由于学生发展的个性差异，使得教学内容的确定变得非常困难。全国在一个"标准"下，通过班级授课，必然会出现"吃不饱"和"吃不了"同时存在的现象。怎么办？办法之一是国家只规定绝大多数学生经过努力能够接受的内容作为基本要求，学有余力的学生可以通过选修或拓宽、加深等方式，学习更多的内容。不过，在当前升学考试指挥棒作用强大的情况下，"考什么学什么"，在考试内容上"深挖洞"，搞强化训练，不考的内容就删掉不教，使得体现个性差异的理想很难实现。所以，数学教学中切实落实素质教育思想，以学生的发展为本，积极改进教学方法，努力促进学生数学思维能力的发展，提高学生的认识能力，始终是数学课程改革的关键。

总之，基础内容的确定，一要精选那些现代社会公民所必需的、大多数学生能接受的代数、几何、微积分、统计与概率等的基础知识，作为基本要求；二要贯彻统一性和差异性相结合的原则，根据学生的兴趣、特长、师资力量等安排一定的选学内容。

在普及基础教育的背景下，要特别注意降低内容标准的问题。一段时间以来，"大众数学"的口号被广泛宣传，而且被用来指导数学课程改革。因为要让所有人都有机会学数学，因此某些人认为必须降低难度。我国当前初中数学课程就出现了降低代数运算和平面几何推理论证要求的局面。但人们发现，为了使数学能被一般大众所接受而简单地降低内容难度，不但导致大众数学水平的整体下降，而且还使数学杰出人才的培养受到极大冲击。显然，数学课程不能以"人人学会"为理念，否则将是没有终点的退却。

（4）基础知识内容的安排

在内容确定后，还有一个很重要的问题，这就是体系的安排问题。如果在内容有所增减后仍然采用原有体系，那就很有可能会产生矛盾，这在历次课改引进新内容时都或多或少地出现过。例如，微积分的研究对象是函数，极限与导数是研究变量和函数的非常重要的方法和手段；同时，微积分的学习需要有一定的基本初等函数知识为基础。这样，增加了微积分初步知识后，基本初等函数的知识体系和内容都需要重新考虑。例如，在微积分内容之前，对于一次函数、二次函数、幂函数、指数函数、对数函数、三角函数等要学习哪些性质，深度如何把握，采用怎样的定义方法，等；有了导数概念后，如何螺旋上升地引导学生认识函数的性质（特别是单调性、最大值和最小值等），如何协调有关定义（特别是曲线在某一点的切线、极值等），等。

在内容安排问题上，重要但一直没有很好解决的是加强不同内容的联系问题。数学学科的特点是不同分支有一定的独立性，但同时又有内在的紧密联系。代数、几何、统计、概率以及离散数学之间是相互联系的，而且数学概念可以有多种表达方式。建立这种联系性是数学教学的重要任务，因而也成为"螺旋上升地认识数学概念"的要义之一。例如，比例关系的研究，在比和比例、百分数、比例尺、相似形、线性方程、斜率、统计图表、频率与概率等不同方面都可以得到认识。当我们利用基本的几何概念（如相似）和代数概念（如线性关系）来引入比例概念时，学生对比例关系的理解就会很深刻。所以，从纵向（知识的逐渐分化或概括）和横向（知识的综合贯通）两个方面考虑内容安排都是非常重要的。另外，加强"联系"可以有不同的方式。例如，可以在一个有意识地将不同分支串联 起的知识系统中，为学生提供从不同情境中看到同一现象的机会；也可以在代数、欧氏几何、解析几何、统计、概率等之中提供必要的、需要用多种数学知识和方法才能解决的综合性问题。

（5）基础知识的相对性

我们要用发展的眼光审视中学数学基础知识。主要应考虑如下问题。

第一，发展性。随着社会发展、科技进步，特别是信息技术的飞速发展，数学有了越来越广的用武之地，而且数学应用的内容也在发生变化。因此，中学数学的基础知识的内容也要随之变化、发展。原有的基础知识，有的需要淘汰，有的需要更新，同时还需要增加某些内容作为基础知识。例如，20 世纪50 年代初期，"算术"是中学数学的基础知识，"解析几何"则不是。后来"算术"不再作为中学数学内容，"解析几何"则作为重要的基础知识被纳入中学数学课程。再如，各种数学用表、计算工具（如计算尺）的使用本来也在基础知识的范围，但随着信息技术的发展，计算机可以方便快捷地完成各种运算，因而关于如何使用这些工具的知识也不再作为中学数学内容。有些知识，如集合、向量、微积分、统计、概率、算法等，因为在数学和信息时代有着广泛应用，因而其中的基础性内容都被逐渐地纳入了中学数学课程。总之，基础知识的内容及其广度、深度都在发展和变化过程中，这是数学课程发展的规律。当然，具体内容的增、减和讲法，都可以有不同观点，并且需要有不同观点的争论，这样才能使中学数学课程建设处于良性循环的状态。

值得指出的是，不论社会如何发展，科技如何进步，基础知识的内容如何变迁，传统的中学数学主干内容仍然是基础。数学教改的一条重要经验是要处理好"传统"与"现代"的关系。有些"传统"内容，虽然非常"古老"而且有一定的学习难度，但却是一切后续学习的基石，也是发展学生数学能力的不可替代的载体，这样的内容就不能舍弃。例如，平面几何内容在培养学生的几何直观能力、逻辑推理能力中有不可替代的作用，因此应当作为中学数学课程的核心内容。同时，有些"现代"内容，尽管非常重要而必须进入中小学数学课程，但必须特别注意与学生思维发展水平相适应，对什么时候进入要做谨慎的安排。例如，统计与概率内容，由于统计思维与确定性思维有很大差异，依赖于人的辩证思维的发展，而思维发展心理学的研究表明，辩证思维从初中二年级（13~14 岁）开始萌芽，因此统计与概率的内容过早进入（如在小学阶段）会与学生思维发展水平产生矛盾。

第二，差异性。学生的发展具有个性差异性；我国人口众多、幅员辽阔，不同地区的经济和文化发展水平很不平衡，学校的师资、生源、办学条件等也有很大差异，这种差异性决定了对不同地区、不同学生应当有基础知识的不同要求。全国"一个大纲一套教材"，或者"一个标准几套教材"的做法，实践证明效果不佳。解决的办法，一是教学大纲规定基本要求，这是所有学生都要学习的，但要"上不封顶"；二是采用"一纲多本"或"多纲多本"，编写不同要求、不同风格的教材，供不同地区的不同类型学校选用；三是增加选修课，也可以编写地方教材。总之，内容的确定与编排，要贯彻统一性与多样性相结合的方针，体现差异性。

第三，关键性。同是基础知识，但它们的地位并不平等。有些基础知识处于核心的、关键性的地位。例如，代数中的有理数及其运算，运算律和指数律；平面几何中三角形的性质和度量（如三角形内角和、三角形全等、等腰三角形性质、三角形面积公式、勾股定理和相似三角形等）；解析几何中的曲线与方程（坐标法思想、数形结合与转化）；函数概念，微积分中的极限、导数概念；向量及其运算和运算律；等。另外，对于局部内容，也有重点、难点的区别。因此，在基础知识的处理上，要有主次轻重。

3. 基本技能解析

（1）数学技能的特点

我们把数学技能定义为：在练习基础上形成的、按数学的运算、作图和推理等规则顺利完成某种数学活动任务的能力。它有如下特点：

①数学技能是一种运用数学知识完成任务的能力，属于心智活动经验，它与数学知识既有联系又有区别。

首先，两者存在相互作用，在数学技能习得阶段的初期，是与理解某一数学概念、原理同步进行的关于它的运用步骤的知识，再通过训练转化为心理操作程序，从而形成相应的数学技能。数学技能习得与知识学习是相互促进的。

其次，在应用阶段，两者也存在相互作用：数学知识为进行某项操作（推理、运算、作图等）提供依据，而数学技能的形成（即通过实际操作而获得操作经验，并熟练掌握操作手段）过程又促进了知识的进一步理解。当然，数学技能与知识是不能等同的。知识的学习所解决的是"是什么"和"为什么"（陈述性知识）、"做什么"和"怎么做"（操作性知识）的问题，知与不知的问题；技能学习所解决的是完成数学活动时会不会及熟练不熟练的问题。

②数学技能属心智活动范畴，区别于身体操作活动。就心智活动来说，它有以下三方面的特点：

首先，动作对象的观念性。操作活动的对象是物质的，具有客观性。心智活动的对象是客体在人脑中的主观映象，是客观事物的主观表征，是知识、信息。心智活动就是对客观事物的主观表征的加工改造过程。而客观事物的主观表征具有主观性，属于观念范畴。因此，心智活动可以看成是对观念的加工改造活动，具有观念性；身体操作活动是对物质的加工改造活动，具有物质性。

其次，动作执行的内潜性。身体操作活动可用外显的形式通过肢体运动来实现。心智动作的实现则通过内部言语进行，只能通过其作用对象的变化而判断活动的存在。因此，心智动作的执行是在头脑内部进行的，具有内潜性。

最后，动作结构的简缩性。由于内部言语可以是不完全的、片断的，因此心智动作可以合并、省略或简化，这样，心智动作就具有简缩性。所以，我们可以把心智活动定义为：在人脑内部，借助于内部言语，以简缩的形式对事物的主观表征进行加工、改造的过程。

③数学技能是由数学推理、运算、作图等规则所支配的行为。这里，"由规则支配的行为"是指活动的动作构成要素及顺序体现了某一数学活动本身的客观要求。

④数学技能是习得的。数学技能不是与生俱来的，而是在数学学习过程中，在主客体的相互作用基础上，主体通过数学活动经验的内化而形成的。

（2）数学技能的成分分析

凡是有数学活动存在的地方，都有数学技能的训练问题，也有需要数学技能发挥作用的问题。在数学学习活动中，数学技能和数学知识在一种相互作用、相互促进的方式中被习得。数学技能是从数学知识掌握到数学能力形成和发展的中间环节，数学技能本质上是运用已经掌握的数学概念、定理、公式和法则等基础知识（即不掌握数学基础知识，数学技能就不可能形成）来理解并解决问题的心智动作经验，而数学能力则是这种经验的进一步概括化和系统化。我们强调理解在数学技能形成过程中的重要性。

　　既然数学技能在任何数学活动中都会得到训练和培养，也会在数学活动中发挥作用，那么我们就可以通过考察数学活动过程来认识数学技能。

　　第一，运算、作图和推理是三种基本的数学活动，因此，"能算、会作图和会推理"是三种基本的数学技能。这里，运算技能是指能正确运用各种概念、公式、法则进行数学运算，作代数式的变形，包括对算法的选择以及对所采用算法合理性的判断，还包括达到一定的运算速度。运算包含根据法则进行的精确计算、心算和估算。作图技能是指根据数学语言和题意，能准确、直观地作出几何图形，这里要注意的是，作图技能不仅是一种动作技能，对于数学中的作图来说，更重要的是在头脑中按一定的方式来合理地、完善地组织作图步骤，考虑图形中各元素（点、线和面）的位置、大小及其关系，显然，这些都属于智慧技能的范畴。推理技能是指根据具体内容所规定的程序与步骤进行逻辑推理，因此，从技能培养的角度来说，数学知识的学习目标中，就应该包含知识中所内涵的关于知识应用的程序与步骤，这一点我们在前面已有例子。另外，推理技能中还包含了正确、简捷地表述思想，其中，在推理过程中适当地使用数学符号来帮助推理则可以看成是突出地反映了数学特点的技能。

　　第二，数学技能应包含数学交流的成分。实际上，听、说、读、写等是人的基本心智活动方式，因此就有关于听、说、读、写等的基本技能。

　　在数学学习活动中，学生首先要听讲，要使听的效果理想，就要有听的技能。例如听的过程中如何才能使自己的思路与老师保持同步；如何才能更好地领会老师的讲解；遇到不懂的地方应该怎么办；如何回答老师的问题；如何向老师提出问题；等。另外，还要学会倾听同学的见解。

　　阅读数学教科书、参考书等是数学学习的又一基本活动方式。在阅读的过程中，就涉及如何掌握阅读的节奏；哪些地方应该精读，哪些地方可以泛读；如何阅读才能更加有利于发现问题；阅读中如何才能抓住关键；应该如何进行阅读的检查；等。我们认为，阅读中存在技能问题，如果没有阅读的技能，往往会事无巨细，平均使用力量，使重点内容、关键思想淹没在细节之中；或者是"走马观花"，抓不住重点和要害。

　　数学学习中，对数学情境进行描述，用自己的语言对数学的概念、定理、法则、定义等作出解释，向老师和同学准确地提出问题（使问题易于被别人理解），向老师和同学谈论自己遇到的困难，与老师和同学开展讨论，学会提问、答问、论述、证明和反驳，作出有关数学活动的口头或书面报告，都涉及"说"的技能。学生在学习中经常有心里明白但说不出来的现象。其原因，除了没有完全理解相关数学知识外，不能很好地组织相关知识并用恰当的语言表述，恐怕也是主要原因之一。

数学技能的第三方面是与信息技术相关的技能。与工具的进步成为社会进步的标志一样，利用信息技术进行数学学习是一种进步。信息技术是一种认知工具，延伸了大脑的思维，是改进数学学习的强大平台。它不仅是强大的计算工具、作图工具，收集信息、处理数据的工具，而且能构建"多元联系表示"的学习环境，使抽象的数学对象得到形象化的、动态的表示，使得抽象的数学变成"可操作"的，像物理实验、化学试验一样，可以借助信息技术进行"数学实验"，从而给学生的数学认知活动提供强大的支持，使学生更容易地感受到数学知识的形成过程，"看出"相关概念之间的联系，从而更好地理解数学，提高解决问题的能力，并在技术的帮助下去发现一些新的结论——创造性地学数学。所以，使用信息技术进行计算、作图、收集数据、处理数据、进行"数学实验"等都是与信息技术相关的技能，包括操作信息技术的技能和熟练运用软件的技能，以及简单的计算机编程技能。

三、关于数学能力

从当前教育与发展心理学关于能力研究的取向看，不在能力的定义问题上作过多纠缠，把注意力放在对能力的组成要素及其结构的研究上，是明智之举。因此，我们也可以从这样的取向出发，从组成要素及其结构的角度对数学能力进行研究。

一般来说，中学数学能力的基本要素是：运算能力、数学思维能力和空间想象力。它们的含义我们将在第三章详细讨论。这里我们先从数学"双基"与能力关系的考察，初步认识一下数学能力。

从当代认知心理学观点出发，可以把数学知识分为陈述性知识（如数学事实、数学原理等）和程序性知识（如数学技能、数学思想方法等），这与我们传统上将知识、技能合称为"双基"也是吻合的。数学能力是个体顺利进行数学活动的个性心理特征，是数学知识、技能类化的结果（系统化、概括化的数学知识和技能）。对于"双基"与数学能力的关系，我们可以作如下的分析。

"双基"与数学能力密不可分。数学能力的发展决定了一个人掌握"双基"的速度与质量；"双基"则为数学能力的发展提供基础，没有数学知识、技能的掌握就谈不上什么数学能力。"双基"是数学能力的组成要素，是培养数学能力的载体。正是由于已掌握的"双基"的广泛迁移，个体才能形成系统化、概括化的数学认知结构，从而形成数学能力。对人的数学活动而言，观察和思维是两个最基本的活动。先要从数学的角度观察问题，这就需要运用已有的"双基"。"观察渗透着理论"。"数学观察"的敏锐性、精细性和正确性都取决于人在何种程度上把握了与观察对象相关的"双基"。在观察的基础上进行的数学思维则更是要以一定的"双基"为材料。在解决数学问题中体现出来的能力，其实质是能根据问题情境重组已有数学知识，能正确迅速地检索、选择和提取相关数学知识并及时转化为适当的操作程序，从而使问题从初始状态转变为目标状态。显然，如果一个人的长时记忆中缺乏相关的"双基"，那么，相应的知识检索、选择、提取、重组等活动就失去了基础。因此，不要记忆数学公式，只要"能根据特定的问题从工具书中寻找到所需要的公式，并会代入具体的值进行计算"的说法是违背人的认知规律的。丰富、系统的数学知识和熟练的技能不仅是创新所不可或缺的材料，而且还能直接激发创新的直觉或灵感。只有具备了坚实的"双基"，才能进行有目的、有方向、有成效的探究性活动，数学学习效能才有保障，否则就只能是尝试错误。结构功能优良的数学认知结构是一个人能从多角度思考问题、具有开阔的视野与灵活多样的思维模式的前提，只有这样才能形成创新意识，并获得创造性的思维成果。因此，占有大量数学知识和基本技能是形成数学能力的基础。我们必须把数学能力的培养落实在数学知识的学习和数学技能的训练过程中，离开"双基"学习来培养数学能力，那是纸上谈兵。

另外，无论是数学"双基"还是能力，它们都是在数学活动过程中形成和发展的，也只有在数学活动过程中才能得到体现。在日常数学教学活动中，确有能力要求高低的差异，教学中是否存在以"能力立意"的问题。这种差异集中表现在教学中对记忆、理解、探究的关系的把握上。例如，在"三角函数诱导公式"的教学中，如果单纯以记忆公式为目标，那么教师可以采用直接讲授的方式，把公式直接告诉学生（虽然教师也讲角 α 与 $\alpha \pm \pi$，$-\alpha$ 等终边之间的对称性，从而得到它们的三角函数之间的关系，但这些都是教师告诉学生的），然后通过背诵（如"奇变偶不变"之类的口诀）、强化训练等方式，就可以让学生记住公式；如果要求在理解的基础上记忆公式，那么教师就应该向学生讲解为什么要讨论诱导公式，可以从哪些角度入手研究诱导公式，以及诱导公式的推导过程等，然后再通过训练让学生记忆公式；如果要让学生通过自己的探究掌握诱导公式，那么就可以通过适当的问题，引导学生自己探究：

三角函数的基本性质是圆的几何性质的代数表示。圆有很好的对称性，以圆心为对称中心的中心对称图形；以任意直径为对称轴的轴对称图形。你能否利用这种对称性，借助单位圆，讨论一下终边与角 α 的终边关于原点对称的角与角 α 的关系？类似地，终边与角 α 的终边关于 x 轴、y 轴以及直线 $y=x$ 对称的角与角 α 有什么关系？它们的三角函数之间有什么关系？

显然，在这样的教学中，学生必须经过自己的比较、分析、综合、归纳、演绎、类比、抽象、概括、分类、系统化等思维活动，才能获得诱导公式。在这个过程中，学生的独立思考、高层次数学思维都能得到保证，也就是学生的思维参与度是很高的，因此学生的逻辑思维能力也能得到较好的培养。

四、关于个性品质和辩证唯物主义观点

中学数学教学也承担德育的任务，结合数学的学科特点，具体应体现在培养良好的个性品质和初步的辩证唯物主义观点上。实际上，我国数学教学大纲中一直都有类似的规定，从实施义务教育以来，更是从提高全民族素质出发，明确提出了数学教学对学生良好个性品质形成的积极作用，而且把它作为数学教学的主要目的之一，从而明确了数学教学不是单纯传授数学知识，而是要把育人放到首要地位。良好个性品质的内容，主要有如下几个方面：

正确的学习目的与动机，浓厚的学习兴趣，顽强的学习毅力；理性精神；数学素养；独立思考、勇于创新的精神；良好的学习习惯。很显然，这些个性品质是当代社会每一个公民都应具有的基本素质，同时这些非智力因素也是数学学习内驱力的巨大源泉，因而这也是促进数学"双基"学习和能力发展的强大动力。从这个意义上说，数学教学中培养良好的个性品质比传授知识、培养能力更为重要。特别是这个问题重视不足的今天，更有必要加以强调。

1. 数学学习目的、动机、兴趣和毅力

学习目的是学生在数学学习过程中的奋斗目标；动机是引起学习行为的内驱力量；兴趣是一种带有情绪色彩的认识倾向；毅力是学习中表现的坚持性。学习目的、动机、兴趣和毅力都属于非智力因素范畴。

数学学习目的对整个学习活动都有导向功能，是学习动机中具有长远目标且有长期效应的动机成分，因此，数学教学中应当特别重视使学生树立正确的学习目的。

动机决定着学生学习积极性的高低，但学习动机很复杂。例如，按其与社会需要的联系，可以分为直接动机、长远动机等；按其与智力、思维的联系，可以分为具体动机、抽象动机；按其价值，可以分为正确动机、错误动机；按内容，可以分为为个人（如考入重点大学、要出人头地等）、为他人（如为父母、为社会等）。没有动机就没有学习的动力，因此数学教学中培养学生正确、高尚的学习动机是非常重要的。

要激发正确、高尚的学习动机，培养浓厚的学习兴趣非常重要。兴趣有直接和间接之分，这与动机的社会需要有关，与直接动机、长远动机联系在一起；兴趣有倾向性、广泛性、集中性和深刻性等品质，这与学习目的的特征有关，与学习动机的抽象性、价值观等又有密切关系。同时兴趣又是一种特殊的学习动机，是最活跃的非智力因素，是学习的内在"激素"，可以引发学生对数学学

习的愉悦性情感体验。所以，激发学生对数学的兴趣对数学教学至关重要。

学生在学习上的刻苦精神、顽强毅力来源于正确的学习目的和动机以及浓厚的学习兴趣。

数学教学中培养学生的非智力因素，将目的、动机、兴趣等结合起来培养是非常重要的。在整个数学教学过程中都需要不断地、反复地用生动的事例阐明数学的重要性，使学生逐步体会到数学在信息时代的直接的、无处不在的应用，使他们逐步认识到数学应用的广泛性，从而认识数学的重要性，懂得具备一定的数学知识、能力和素养，对于当代社会公民的重要性，知道今天的学习正是为了将来进入社会，成为合格公民的需要，使学生看到数学的作用以及对自己终身发展的重要性，从而激发他们的数学学习兴趣。以应试的需要去激发学生学习数学的积极性，对于那些升学有望的学生可能奏效，但对于升学无望的学生则失去了效力，因此厌学，自然也就无法学好数学。如果让学生具体感受到数学和他的日常生活、将来的学习和工作有密切关系，就容易克服厌学情绪，引起学习兴趣。在此基础上，不断地通过适当的、具有智力挑战性的数学学习任务，激发学生的数学学习欲望，从而使他们产生持久的数学学习热情。总之，从成为合格公民的角度，从数学的广泛应用性，从数学学科内在的美，以及数学学习对学生智力和能力发展的意义，使学生逐步明确数学学习目的，才能使他们产生持久、浓厚的数学学习兴趣，也才能使他们能锲而不舍地学习数学。所以提高学生学习兴趣的根本方法，是用数学的力量和魅力去吸引学生，而不能满足于利用某些有趣的事例或游戏去引起学生的学习兴趣。

2. 理性精神

理性精神的内涵非常丰富，实事求是的科学态度，正直诚实的品格，追求真理的勇气和信心，寻求一般性模式、追求简捷与形式完美的思维方式和行为习惯，追究逻辑的严谨性和结论的可靠性的意识等，都是理性精神的内涵。

数学具有逻辑的严谨性。数学教学中充分体现这个特点，努力使学生做到言必有据，一丝不苟，坚持真理，修正错误，这就是对理性精神的培养。教学中，通过推理论证的训练，培养学生推理的意识，培养学生追求真理的科学态度，这也是对理性精神的培养。数学具有高度的抽象性，通过数学概念、命题形成过程的教学，使学生养成透过现象看本质的习惯；通过用数学解决问题的训练，使学生逐步形成数学地思维的习惯，从而使他们在处理复杂的事物和现象时，能有意识地区分主要因素与次要因素、内在本质与表面现象，这也是对理性精神的培养。特别地，数学学习给学生以定量思维的训练，即数学学习中经常要求学生"从实际中提炼数学问题，抽象化为数学模型，用数学计算求出此模型的解或近似解，然后回到现实中进行检验，必要时修改模型使之更切合实际，最后编制解题的软件包，以便得到更广泛的方便的应用"。精确定量思维方式是数学教学所能给予学生的最重要和最基本的特质，也是培养学生理性精神的最好体现。

3. 独立思考、勇于创新的精神

这也是与理性精神密切相关的个性品质。一个数学问题往往有多种解决途径，除让学生掌握方法外，应特别鼓励学生不要墨守成规，而要勇于独立思考、标新立异、另辟蹊径。一个数学问题解决之后，往往还可以通过加强或减弱条件、加强结论、推广、特殊化、类比等引申或转化成其他问题。在数学教学中充分利用这些有利条件，可以培养学生独立思考、勇于创新的精神。

4. 数学素养

所谓数学素养，也就是人们常说的数学头脑。准确地说，是指能数学地思维，具有用数学的思维方式思考和处理问题的自觉意识和思维习惯。

在教学中，至少可以培养推理意识、抽象意识、整体意识和化归意识等数学素养。

推理意识是指推理与讲理的自觉意识，即不凭感觉或经验处理问题，强调"数据说话"，注重通过严密的逻辑推理得出结论，做到落笔有据，言之有理。推理意识是具有一般文化修养性质的基本素质，具有道德色彩。长此训练有助于培养正直和诚实的品格，以及遵纪守法、尊重科学的习惯和严肃认真的科学态度。

抽象意识是指学生在学习数学的过程中，应形成下面的思维习惯：

（1）从本质上看问题，对于复杂的事物、现象，有意识地区分主要因素与次要因素、本质特征与表面现象，从而抓住本质解决问题；

（2）能习惯地把其他问题转化为数学问题，即具有解决问题的数学头脑。培养抽象意识就是要使学生形成这样的思维习惯和能力：不被表面现象所迷惑，能透过现象看本质，具有数学地看待和思考问题的习惯。

整体意识是指有联系地、全局性地看问题的习惯。面对问题时，不仅强调把握整体，而且还要强调用联系的观点处理整体与局部的关系，整体与局部的相对性、局部与局部的关系。

客观事物是不断发展变化的，事物之间的相互联系和转化，是现实世界的普遍规律。数学中充满了矛盾，如已知和未知、复杂和简单、熟悉和陌生、困难和容易等，实现这些矛盾的转化，化未知为已知，化复杂为简单，化陌生为熟悉，化困难为容易，就是化归的思想实质。任何数学问题的解决过程，都是一个未知向已知的转化过程，是一个等价转化的过程。化归意识就是指在解决问题的过程中，能有意识地转化问题从而实现问题的解决。化归意识还意味着用联系、发展、运动变化的眼光观察问题和认识问题。

数学素养影响着人们看问题的思想观点和思维方式，培养学生良好的数学素养，有利于他们形成全面、深入地分析、思考和解决问题的习惯。特别地，数学素养还具有较强烈的道德色彩，例如正直诚实的品格，实事求是的科学态度，客观、全面地认识事物的思想方法等，这些都是良好数学素养的内涵，这也正是现代社会公民所应具有的素质。强调培养数学素养，可以使数学教学中的德育更好地落实在数学知识的教学过程中。通过数学思维方式的培养，可以使学生形成科学的思维方式。提出数学素养的培养问题，对于提高我国数学教学的层次水平，充分发挥数学教育在人的发展中的独特作用，都有积极而深远的意义。

5. 良好的学习习惯

数学严谨的逻辑性特点，数学推理论证的表达方式（特别是三段论），有利于培养学生良好的思维和行为习惯，使他们养成有条理地思维、逻辑清晰地表达、井然有序地行动的习惯。教学中，要求学生根据明确目的拟订计划，寻求合理方法去完成计划；清楚、简明地书写推理过程和结果；对结果进行检验，找出错误原因并自觉补救和改正；乃至要求学生拟订学习计划，学会使用教科书，按时完成作业，书写整洁、美观；等，这些都是在培养学生良好的学习习惯。

6. 辩证唯物主义观点

关于辩证唯物主义观点的教育，"大纲"曾经作过明确规定："初中数学中辩证唯物主义教育因素主要是：数学来源于实践又反过来作用于实践的观点；数学内容中普遍存在的运动变化、相互联系、相互转化等观点。"数学中有丰富的利于对学生进行辩证唯物主义观点教育的内容。其中蕴涵着辩证唯物主义思想因素，只要在教学中深入揭示这些知识的实质，就能进行有效的辩证唯物主义观点的教育；另一方面，只有用辩证的观点而不是机械的观点去认识对立统一的概念、性质，才能深刻领会许多数学知识的本质。所以进行辩证唯物主义观点的教育也是学好数学本身所要求的。曾经有不少文章阐释过这方面的问题，这里不再赘述。但须指出，数学教学中进行辩证唯物主义观点的教育，不是外加的，切不可重蹈"穿靴戴帽"的覆辙。

思考题

1. 如何确定中学数学教学目的？

2. 中学数学教学目的是什么？如何认识和理解其中的基本要求？

3. 简述数学基础知识、基本技能以及数学能力的含义，并谈谈它们之间的关系。

第二章　中学数学教学改革

　　自 20 世纪初以来，中学数学教学改革始终没有间断过，特别是近五十年来，以美国为代表的一些发达国家差不多十年更换一个口号：20 世纪 60 年代"新数学"；70 年代"回到基础"；80 年代、90 年代"问题解决为学校教学的核心""大众数学"；世纪之交又提出"平衡基本技能、概念理解和问题解决"。新口号的提出代表了数学教育改革的新动向，这是社会发展对数学教育提出的新要求，说明数学教育改革的步伐永远不会停止。作为中学数学教师和数学教育工作者，应当关心并及时了解数学教育改革的现状和发展趋势，以便把握数学教育发展方向，改进教学工作，提高教学质量。

§2.1　20 世纪数学教育改革综述

　　数学教育改革乃至一切改革都不是偶然的，它与社会发展需要紧密相关。因此在介绍数学教育改革的发展概况时，我们将结合阐述开展大规模数学教育改革的背景和原因。

一、克莱因—贝利运动

　　在 20 世纪初期，开展了一场数学教育近代化运动，史称"克莱因—贝利运动"。19 世纪末，科学技术飞速发展，数学课程的内容和方法已不能适应当时的科学和生活需要，也不能适应数学自身发展的需要，迫切要求改革。在教育的理论与实践上，杜威的实用主义哲学占据主导地位。"克莱因—贝利运动"是杜威提出的"活动中心""儿童中心""儿童兴趣中心"思想在数学教育改革实践中的具体反映。

1. 克莱因的改革主张

　　克莱因（F. Klein, 1849—1925）是德国哥廷根大学教授，世界著名数学家。1900 年，他在德国学校协议会上发表的演讲中强调应用的必要性，并要求中学讲授微积分。1904 年，他在哥廷根大学发表专题演讲，提出数学的意义、内容、教材和方法等，必须根据时代发展要求不断进行改革；必须结合近代数学和教育学的新进展，重新认识初等数学。据此，他从数的理论、集合论、群论、函数论、新几何学及其他现代数学与数学史等方面，并结合教育学理论，再次深入地研究初等数学的内容。在此基础上，他提出中学数学教学应"以函数为中心"的主张，这些思想不仅在当时数学教育改革中起了积极作用，就是在今天，许多观点也有参考价值。他提出的数学教育改革主张是：

（1）顺应学生心理的发展规律，选取和组织教材；

（2）融合数学各分科，密切数学与其他各学科的关系；

（3）不过分强调数学的形式训练，应当强调实用方面，以便充分发展学生对自然界和人类社会诸现象能够进行数学观察的能力；

（4）以函数观念和直观几何作为数学教学的核心。

2. 贝利的改革主张

英国数学家贝利（J. Perry，1850—1920）提出"数学教育应该面向大众""数学教育必须重视应用"的改革指导思想。他的数学教育改革主张是：

（1）要从欧几里得《原本》的束缚中完全解放出来；

（2）要充分重视实验几何；

（3）要重视各种实际测量和近似计算；

（4）要充分利用坐标纸；

（5）应多教些立体几何（含画法几何）；

（6）应更多地利用几何学知识；

（7）应尽早地讲授微积分概念。

他认为，数学教育的目的应当是：

（1）培养高尚情操和愉快的心情；

（2）启发思考，培养逻辑思维能力；

（3）数学是研究自然科学的武器（工具）；

（4）通过实验，训练技能；

（5）让每个人都像使用自己手脚那样自由地运用数学逻辑，终生受益，不断进步；

（6）教育人们不固执个人主观想法，探索事物本身的规律，不屈服于权威，坚持真理；

（7）从事应用科学的人应该懂得：应用科学是以数学为基础的，数学能发展应用科学；

（8）数学能给哲学研究者提供迅速、准确、满意的逻辑思维方法，从而防止抽象空洞的发展哲学问题的倾向。

3. 美国的改革主张

1902 年 12 月，美国芝加哥大学教授穆尔（E. H. Moore，1862—1932）在全美数学年会上作"关于数学的基础"的报告，使数学和数学教育工作者受到相当大的震动。1903 年"大学中等学校北部中央协会"的数学委员会，在会长穆尔指导下，发表了一份报告，其中提出，"代数可以作为理论算术教；几何图形与算术一起教；必须引入直观几何。从具体到抽象好。学生应该做到：

（1）正确观察、思考；

（2）把事物用语言、图形、方程正确地表示出来；

（3）正确推理；

（4）明了并记述自己的工作，应该经常进行训练。学生不是被动的听讲者，而是积极的活动家。"

芝加哥大学附属中学根据穆尔的观点，开了"相关数学"课程，它把重点放在了数学的联系与统一上，综合地讲授算术、代数、几何、三角等科目。

4. ICMI 的改革主张

在各国相继开展数学教育改革的基础上，1908 年，第 4 届国际数学家大会在罗马举行，会上正式通过一项提案，决定成立国际数学教育委员会（ICMI），克莱因担任该委员会的第一任主席。委员会对中学数学教学改革提出的基本方向是：

（1）在算术、代数、几何、三角等学科之间建立紧密联系，同时加强数学课与物理课的联系；

（2）增加高等数学（数学分析、解析几何）的基础知识，加强初等数学和高等数学的联系；

（3）加强下列主导思想的作用：函数在算术、代数中的作用，运动在几何中的作用等；

（4）改变教科书中应用题的性质和解法（加强分析和综合法的作用）；

（5）在数学教学中更广泛地应用探索法；等。

本次改革的重点是数学课程的内容。通过这次改革，初等函数成了中学数学的核心内容；解析几何、几何变换、微积分等知识都进入中学数学课程，并成为主要内容，数学教材的实践性也得到加强。这次改革对中小学数学教学产生了深刻的影响。

但是，由于过分强调了以"儿童为中心""从经验中学"（即"做中学"），过分强调了实用，降低了学生认识活动的起点，导致知识质量的下降，再加上两次世界大战等外部原因，这场改革运动未能取得较好的效果。

二、新数运动

第二次大规模数学教育改革从 20 世纪 50 年代后期开始。1957 年 11 月，苏联发射了第一颗人造地球卫星，是兴起新数运动（也称数学教育现代化运动）的导火索。美国人经过认真反思和深入研究，认为空间技术落后的主要原因是基础教育落后，特别是数学教育水平落后了。因此美国政府开始注意和支持有关基础教育改革的研究。1958 年，美国国会通过"国防教育法"，在美国数学协会（MAA）和全美数学教师理事会（NCTM）的支持下，由美国政府资助成立了"学校数学研究小组"（SMSG），动员全国数学教育界人士和舆论，大力推进数学教育改革。

事实上，这次改革还有更加深刻的内因和外因。

1. 改革的内、外因分析

（1）社会发展对人的数学素养提出高要求

1959 年 9 月，美国国家科学院在伍兹霍尔召开会议，讨论如何改革中小学数理学科的课程问题。著名心理学家布鲁纳（T. S. Bruner，1915—）担任会议主席，他在题为《教育过程》的大会总结报告中指出："……我们是否产生了足够的学者、科学家、诗人、立法家，来满足我们时代的需要。""如果促使所有的学生充分利用他们的智力，就将使我们这个处于工艺和社会异常复杂的时代的民主国家，有更好的生存的机会。"这样，不仅科技、管理等高层次人才，即使是普通劳动者也都越来越需要一些现代数学的训练，以提高他们的数学素养。

（2）数学教育中存在着一些亟待解决的问题

数学教育中存在许多不能适应时代发展需要的内容和做法。例如：

①过分强调运算技巧，脱离实际，学习数学退化成了死记公式、模仿解题，对数学概念不求甚解；

②数学本是中学课程中最富系统性和联系性的科目，但现在却是算术、代数、几何、三角等各自为政、互不联系，没有共同的理论基础，而且内容陈旧、观点落后；

③现代数学的抽象程度越来越高，演绎推理的方法广泛使用，所以不仅是几何课程，代数课程也要促使学生理解演绎推理的方法，培养严密的逻辑思维能力，而传统课程远不能承担这一重任，这是引发新数运动的一个很重要的

因素；

④教学方法单调，多年来形成了一套教师讲解定义、定理、公式、演算例题，学生记忆、模仿解题的固定格式，教学中注重演绎法而忽视归纳法。

（3）20世纪数学的飞速发展

反映在两个方面：一方面，电子计算机的出现不仅要有数理逻辑、算法语言的知识，而且算法（特别是追求算法的合理性以及比较不同算法的效率）、离散数学（如组合数学、布尔代数、差分方程、图论）等的重要性将得到加强；另一方面，现代数学飞速发展，出现布尔巴基学派，提出"结构主义"思想，认为数学大厦建立在三个最基本的结构（即代数结构、顺序结构和拓扑结构）上，导致数学的抽象化、公理化、结构化程度越来越高，数学应用也越来越广泛。数学的新发展不仅要求中学数学的内容进行调整，增加一些基础性的新内容，而且要求从根本改造所有的数学教学大纲。

（4）心理学理论的发展

现代心理学研究中，以皮亚杰为代表的"日内瓦学派心理学"提出"新结构主义"思想。皮亚杰认为，结构主义有两个共同特点：第一是认为一个研究领域里要找出能够不向外面寻求解释说明的规律，能够建立起自己说明自己的结构来；第二是实际找出来的结构要能够形式化，作为公式而作演绎法的应用。结构有三个要素：整体性、有转换规律、自身调整性。运算是形成结构的基础。皮亚杰认为，由于布尔巴基结构主义的研究，数学成了一个以群结构推广而得的结构系统，这个系统可归结为三类"母结构"，即代数结构、顺序结构和拓扑结构。这三类结构在人类幼年已经在与客观世界接触而得的动作的普遍协调里萌芽，所以数学思维的结构与数学结构是非常相似的。

布鲁纳在《教育过程》中提出了如下新思想：第一，学习任何学科，务必使学生理解该学科的基本结构，即所谓结构思想；第二，任何学科的知识都可以用某种方式教给任何年龄的学生，即所谓早期学习的思想；第三，让学生像科学家那样去发现所要学习的结论，即所谓发现法；第四，激发学生学习积极性的首要条件不是考试，而是对学科的真正兴趣。

皮亚杰和布鲁纳的思想对数学教育改革都产生了很大影响。

（5）高等学校数学教育的发展

在很长一段时间里，高等学校数学的基础都是数学分析，认为数学主要是在物理和工程上能够得到应用。近来情况有了显著的变化：第一，在技术和物理中应用的数学工具大大扩充了，不仅包括传统的"数学物理方程"，而且还包括泛函分析中相当精深的内容和概率论、数理统计等；第二，近年来数学

"扩张"到了生物学、医学、经济学、语言学、法律和考古学等过去很少甚至根本没有想到要运用数学方法的领域中。"应用数学"这个概念本身有了很大的扩展。因此许多国家大学中开设了像信息论、博弈论、动态规划、算法论、图论、线性规划等过去不曾有过的课程。中学数学教学要为升学作准备，不能不考虑适应大学数学课程革新的要求。

2. 新数运动概况

从美国兴起的这场数学教育改革运动，很快得到世界许多国家（我国等少数几个国家除外）的响应，它们都开展了大量的关于中小学数学教育改革的研究和试验，并且召开了多次国际性会议，交流和讨论改革中出现的带有普遍性的问题。这个世界规模的中小学数学教育改革运动在各国采取了不同的途径，经历了曲折的发展过程。

各国的新大纲与新教材及教学方法，种类繁多，各有特色。它们的共同特征是在中学引进现代数学的概念，使整个数学课程统一化、结构化。概括起来有以下几点：

①结构化—统一化。以集合—关系—映射—运算、群—环—域—向量空间的代数结构为主线，把中学数学建成统一的数学；

②公理化—抽象化。把集合论的初步知识和公理化方法引入中学数学教材；

③现代化—通俗化。增加近、现代数学内容，使用近、现代数学语言和符号；通俗化而便于学生接受，利用生活中的事例作模型，帮助学生理解；

④几何代数化。打破欧氏几何体系，重代数、轻几何，大量删减传统几何内容，用各种方法取代欧氏几何；

⑤精简传统数学内容。被精简的传统数学内容，几何学最多，其次是开方、根式、无理函数和三角方程等；

⑥教学手段现代化。计算机和计算器的逐步普及，使中学数学教学发生了很大变化，计算器、计算机不仅能帮助运算、节省教学时间，而且提供了辅助教学的现代化手段，它和数值分析、概率论、数理统计以及各种函数的学习相结合，使数学教学出现了新面貌；

⑦教学方法多样化。研究电化教学、程序教学和个别化教学，提倡"发现法"，教学方法趋向多样化。

各国数学教育改革的情况（学制、教材内容），大致可分三种类型：

第一种类型，开始于美国，逐步波及英国及欧共体国家，他们的教材力求具备上述所有特点。美国的《统一的现代数学》，20 世纪 60 年代英国的 SMP

教材，比利时的 Papy 的课本，都是这一类型的代表。

第二种类型，基本上保留中学数学教材的传统体系，加进一些近、现代数学内容，如集合、映射、变换、向量、矩阵等，保留着代数、几何的分科。对欧氏几何作了必要的精简，用新方法处理。苏联的中学数学课本可作为这一类型的代表。

第三种类型，是介于前两者之间的"中间型"。它打破了单科独进的传统教学方式，将中学数学内容重新组合，增加概率、统计等新内容，混合编写为统一的新教材。日本的中学数学课本就是这种类型的代表。

新数运动经历十几年的实践，渐渐暴露出缺点和问题，出现了许多批评意见。到了20世纪70年代，开始总结经验教训，重新评价改革方向。

1980年8月在美国的伯克利（Berkeley）举行的第4届国际数学教育大会（ICME—4）上，对新数运动进行了分析和评价。会议中一些报告认为，这场运动的主要缺点是：

①增加的内容分量过重。有些国家把教学内容浓缩，引入片断的现代数学概念，十分抽象，学生难以理解；课程内容庞杂，教学时间不足，学生负担过重；过分强调结构化、抽象化、公理化，脱离学生的认识水平和生活实际，教材内容过难，多数学生接受不了。

②只强调理解，忽视必要的基本技能训练；强调抽象理论，忽视实际应用。

③只面向成绩好的学生，忽视了适应不同程度学生的需要，特别是学习困难生的需要。

④教师培训没有跟上，有的国家只培训了少数教师，多数教师准备不足，不能胜任"新数"课程的教学工作。

新数运动受到挫折的根本原因是脱离实际，急于求成。一场大的课程改革，必须经过充分准备，例如先要经过小范围试验，取得经验后逐步推广；搞好教师培训，做好课改的舆论宣传；在改革的指导思想上，一定要处理好改革、继承和创新的关系，要强调渐变而不是突变，否定一切另搞一套的做法必然要引起混乱，教育领域的革命是注定要失败的。

尽管如此，新数运动毕竟是对传统数学课程的一次有力冲击，改革过程中提出了一系列有益的新思想，各种改革方案中也不乏真知灼见，积累的经验教训也为进一步的改革奠定了良好基础。在ICME—4的报告中，从促进数学教育研究与发展的角度，对这场运动取得的成果进行了概括：

①出现了一批对数学和数学教育有远见、有洞察力、有影响的数学教育工

作者，一些国家建立了中学、高等学校数学教师以及认知心理学家之间的合作机构来研究数学课程的发展；

②大多数国家的中学数学课程形成一个统一的整体，强调结构和原理，克服了传统数学只强调机械计算的毛病；

③由于各种方案设计、会议、讨论，已形成数学教育工作者之间的联络网。每四年一届的国际数学教育大会，各国数学家和数学教育家互相交流信息，交流思想，大有益处；

④数学教育大变革使教师更加集中注意教育的成果，使教师经常考虑教什么、如何教以及如何学三者之间的关系和问题，特别是继续辩论中学数学中哪些内容是必需的，从而对数学课程作更加正规、更加审慎的研究。

由于新数运动对数学教育的传统采取简单否定的做法，排斥广大数学教育工作者（特别是数学教师）在实践中积累起来的已有经验，引起广大数学教师对改革的严重抵触情绪；改革的理论准备不充分，提出的改革观点存在过于理想化的严重缺陷；"新数"教材没有进行有计划、有步骤的科学实验；过早地要求学生掌握过难的内容，没有考虑大多数学生的接受能力，脱离了学生的认识规律，学生学习效率低下；没有注意学生之间的个体差异，只面向接受能力强的学生；"只强调理解，忽视必要的基本技能训练""强调抽象理论，忽视实际应用"；"发现学习"的设计难度大、对教师和学生要求高，一般教师难以胜任，严重脱离了普通教师，因此导致了课程实施的巨大困难。再加上一些来自教育外部的原因，导致这场教育改革运动没有取得预期结果。在20世纪70年代又喊出了"回到基础去"的口号。

尽管这次改革的结果不尽如人意，但对世界数学教育改革产生了非常深远的影响。实际上，到现在仍然有许多人认为新数运动的方向并没有错。这次改革中提出的一些思想，例如，要把现代数学的最新发展、最新思想反映到课程中来，重视科学方法的学习，强调发现式学习，重视学生的自主探究和亲身实践，把数学学习看成是一个过程而不是结果等，都是非常重要的。不难看出，这些思想在我国当前的数学教育改革中也有重大影响。

三、问题解决为核心

在新数运动受到挫折后，世界各国都对数学教育现代化问题进行了深刻反思，在此基础上，提出了各种新的改革方案与措施，修订或重新制订教学大纲或课程标准，编写相应的新教材。

人们在总结新数运动受挫的原因时认为，"新数"的主要特征是对于抽象分析以及数学知识内在逻辑结构的片面强调，这就违背了基本的认知规律，由于学生没有必需的经验和数学基础知识，所以他们并不能理解"结构"的意义，也不能进行真正意义上的抽象分析，从而导致数学教育质量的明显下降。鉴于此，在 20 世纪 70 年代，作为对新数运动的"反动"，"回到基础"又成了美国数学教育界的主要口号，即重新强调基础知识和基本技能，并认为只需通过反复讲授和大量机械练习，就可使学生较好地掌握基础知识和基本技能（因此 20 世纪 70 年代被称为"机械练习的十年"）。但此后十年的实践表明，"回到基础"并不能达到真正提高数学教育质量的目的。即使就基础知识和基本技能的掌握而言，也未能实现预期的目标。于是，人们又把目光投向了问题解决。

1977 年，全美数学督导委员会提出"学习数学的根本目的是学会问题解决"。1980 年，NCTM 发表《行动的议程——对 20 世纪 80 年代学校数学的建议》（An Agenda for Action—Recommendations for School Mathematics of 1980's），提出"必须把问题解决作为 20 世纪 80 年代学校数学的核心"。这一口号很快得到世界各国数学教育界的响应，并由此掀起了问题解决研究热，并延续到 20 世纪 90 年代。

问题解决的研究主要集中在以下几个方面：一是对各种数学问题的区分和研究，其中关于探索性问题和开放性问题的研究成为焦点；二是对解决问题过程的研究，参与这方面研究的人员有认知心理学家、数学家、数学教育研究人员和数学教师，他们分别从认知心理学、数学、脑科学等不同角度出发对问题解决过程进行系统研究；三是将问题解决研究与数学教学联系在一起，使问题解决成为课程设计的一条主线和课堂教学的一个核心。20 世纪 90 年代前后各国相继推出新的数学课程标准，可看成是这一阶段研究的重要成果。

随着研究的深入，在问题解决教学实践中也出现了许多问题。例如，问题解决的含义到底是什么？实践中有许多不到位的认识。一些问题解决课程仅仅是在原课程中增加了一些叙述琐碎的文字题，就以为进行了问题解决；另一些则仅仅是孤立地研究了一些简单的解题技巧，如找到几个模式，举几个例子，然后再布置一些相仿性的家庭作业，就以为是在进行问题解决教学。事实上，孤立地教给学生一些技巧，并不能使他们掌握数学思维，也不能使他们学会数学应用，更不能利用数学模型和思想去理解事物。因此，为了使数学课程能真正反映问题解决和数学地思维，还有许多理论和实践工作要做。

在反思和检讨新数运动的成败得失后，许多国家提出了新的改革方案，力图克服"新数"课程的缺点，注意从实用出发精选传统内容，增加应用的新课题，以适应社会生产和科学技术发展的需要；同时，强调数学课程更大的灵活性和多样性，以适应各类学生的不同要求。

四、"大众数学"运动

1. 背景

20世纪80年代以来，随着社会的进步，中等教育的普及，终身教育思想的兴起，基础教育的目的发生了变化：从过去的主要为升学做准备转变到为学生提供今后得以发展和接受继续教育的基础。科学技术的迅猛发展、信息技术在日常生活中的广泛使用，要求广大普通老百姓能更深入地理解数学。同时，新数运动以后，人们对数学教育改革进行了认真总结与反思。数学的课程理论研究不断深入，教育观念也在发生深刻变化，教学内容和体系不断地改革。但现实是：一方面数学教育改革在不断地更新花样、新招迭出，广大数学教育工作者试图破解提高教学质量、发展学生数学素养的难题；另一方面数学教学质量却在持续下降。这种现实引起人们的普遍忧虑。正是在这种情况下，在"问题解决为学校教学的核心"的口号提出不久，在1983年华沙国际数学大会的数学教育会议上，德国数学家达米洛夫就提出"大众数学"（mathematics for all）的思想，得到广泛响应并迅速被人们广泛接受。继而，在1984年第5届国际数学教育大会上作为中心议题，专门交流"大众数学"的研究成果。人们围绕"什么样的数学课程才符合大多数学生的要求？""应当如何建立这种课程？"等进行广泛讨论。这次会议的总结中认为，"大众数学"应当是今后较长一段时间内数学教育的主要问题之一。

2. 改革的主要特点

从20世纪90年代前后开始的"大众数学"运动就是在这样的背景下进行的。这次改革的指导思想是"大众教育"，理论基础是建构主义。数学教育旨在发展学生的数学素养，促进学生自主地、主动地学习数学，提高教学质量。本次数学课程改革的重点在课程目标和指导思想上，而教师培训成为课程改革取得成功的关键。人们越来越清楚地看到，数学教材是落实数学课程目标的载体，但教师教育思想的变革、教学水平的提高更加关键。教育思想的变革是教学过程、教学手段、教学方法等变革的基础，教师水平的提高才是教学质量的根本保证。因此，数学教师"专业化"问题受到普遍关注。

比较这一时期各国的数学教育发展情况，尽管存在各自的特点，但也有许多共同之处，反映了数学教育改革发展的主要倾向。这些共同特点，概括地说大致有：

（1）面向全体学生，建立大众数学，以提高人的素质为主要目的，更多地考虑满足日常生活和就业的需要；

（2）强调数学知识的应用性；

（3）为满足学生的个性、兴趣爱好、能力的差异，降低数学课程的统一性，增加多样性和选择性；

（4）强调自主、探究、合作等学习方式；

（5）充分使用计算器和计算机，相应地，注重算法、估算和近似计算；

（6）评价"不仅依据考试分数，而且还依据学生的努力程度、行为表现以及到校上课率等因素"①。

3. 改革进程中的调整

在教学实践中人们发现，过分强调"问题解决"导致了基础知识、基本技能不落实，严重影响了教学质量；过分强调数学的应用性，不但破坏了数学学科应有的系统性，而且还由应用情境的复杂、混乱导致了知识学习的困难；过分强调学生兴趣爱好，与数学学习过程内涵的艰巨性、数学思维过程的复杂性等产生严重冲突，过分的多样性和选择性导致数学课程没有任何可资遵循的标准，实际教学出现极大的随意性，使美国数学教学的整体水平持续下降；过分强调学生对数学知识的自主建构，造成学习目标不明确，并且与学生实际的数学学习能力产生矛盾，大部分学习时间浪费在与数学本质无关的细枝末节上，学习效率和效果都极不理想；合作交流活动的组织存在较大困难，在没有精心设计的教学情境中的合作交流，会使学生不知所措，交流的内容远离主题，并且会导致学生的依赖心理，责任心和独立思考能力下降，"强调合作学习、问题解决和数学应用削弱了个人责任和掌握基本计算技能的重要性"（NCTM，1998）；而学习评价的无据可循、主观权重过大导致随意性，评价的信度大大下降。

在这样的情况下，美国在世纪之交又提出，要平衡基本技能、概念理解和问题解决，重新强调基础知识的重要性，强调读、写、算等基本技能的训练，尽可能使学生获得系统的数学知识，同时把问题解决调整为数学教育的过程目标之一，而不再作为数学教育的"核心"；认为"学习数学不可能总是好玩的"，应当使学生在一个有激励性和挑战性的学习过程中，正视理解新概念的困难，为自己的数学学习负责，通过克服困难的过程而发展更深入的概念意义理解，培养积极致力于数学本质的精神；应当精心地选择和有效地组织数学内容，以确保数学课程的内在的一致性，一个具有数学思想的相互联系性、知识结构的系统性的数学课程才能更有利于学生获得和利用数学知识；教师应当对

---

①许明，胡晓莺. 美国基础教育课程标准评述. 教育研究，2002（3）.

教学作出精心设计，要平衡讲授、引导、提问和作数学总结，以保证学生的数学理解。另外，在评价上，他们也在重新审视考试（全国性或州统考）的作用，认为没有考试这样的外部压力，学习质量无法得到保证，并且美国政府还采取了一些鼓励学生参加统考的措施。

五、对我国数学教育改革的简单回顾

1. "文化大革命"前的数学教育改革

新中国成立后，特别是在 1961 年～1966 年，我国数学教育发展势头良好。例如，1961 年制定的中学数学教学大纲（草案）中提出的确定教学内容的原则是：

第一，必须选择算术、代数、几何、平面三角、平面解析几何各科中主要方面的基本知识，使学生既全面又有重点地掌握数学的基本知识和基本技能；

第二，适当增加在近代科学技术上广泛应用的数学知识，如函数的知识应特别加强，近似计算、概率、视图等知识应适当介绍；

第三，注意与高等学校的学科衔接，如关于极限的概念在中学就应当引入，长期培养；

第四，必须注意反映我国数学上的优良传统和成就，如勾股定理、祖冲之圆周率、祖暅原理、杨辉三角等。

这一时期，算术在小学学完，平面几何在初中学完，高中增加了平面解析几何和概率初步，数学内容的要求得到提高。

人民教育出版社根据这一大纲编写的、1963 年开始使用的十二年制中小学数学教材，包括代数、平面几何、立体几何、平面三角、平面解析几何，当时普遍认为这是新中国成立以来编写得最好的一套教材，而且口碑传诵至今。与以往教材相比，这套教材增加了平面解析几何，适当加深、拓宽了数学各科的内容，如初中几何增加三角初步知识，高中代数增加了概率初步和行列式知识，增加的内容比较适合我国国情，使我国中学数学教学质量得到稳步提高。

在数学教学中，强调了如下几点：

第一，讲清概念、法则、定理、公式以及解题、证题的方法和步骤；

第二，突出重点，抓住关键，解决难点；

第三，加强练习，培养学生正确而迅速的计算能力、逻辑推理能力和空间想象能力；

第四，适当地联系实际。

在 1961 年～1966 年这段时间，我国数学教育改革在经历"大跃进"的浮夸、不恰当地联系实际等挫折后，通过总结经验教训和深刻反省，制定了符合国情的、切合数学课堂教学实际的教学大纲，并编写了相应的教材，从而使数学教学回到正确轨道。特别突出的有三点：一是在 1963 年的大纲中首次提出"三大能力"，这是根据数学教育的实践经验及华罗庚等世界级数学家的意见而确定的，并在大纲中对如何培养学生的数学能力给出了明确、具体的指导意见；二是特别强调落实基础知识的重要性，从基础知识的教学到练习、巩固等，都提出了具体的、可操作的建议；三是提出"适当地联系实际"，对片面的、形式主义的数学应用进行了纠正，明确了联系实际的首要目的是为了"透彻理解和牢固掌握基础知识"。正因为注意了这些，才使得这一时期的数学教学质量成为我国数学教育发展史上的黄金时期。

2. 改革开放后的数学教育改革

改革开放之初，为了适应社会发展的需要，根据邓小平"教材非从中小学抓起不可，教书非教最先进的内容不可。当然，也不能脱离我国的实际情况"的指示，通过对先进国家的数学教学大纲和教材的分析研究，1978 年制定了《全日制十年制学校数学教学大纲（试行草案）》，并据此编写了全国通用的数学教材。这份大纲对教学内容的确定提出了"精简、增加、渗透"的六字方针，即：（1）精简传统的中学数学内容，从传统数学内容中精选参加工农业生产和学习现代科学技术所必需的基础知识，删去传统数学中用处不大的内容；（2）增加微积分以及概率统计、逻辑代数等的初步知识；（3）把集合、对应等思想适当渗透到教材中去。在内容的体系安排上要求：把代数、几何、三角、解析几何、微积分、概率统计等内容综合成一门数学课；注意由浅入深、由易到难，循序渐进，符合学生的认识过程和接受能力；要加强教材的系统性。在各年级的内容水平上，初中讲完二次函数、二次不等式、直线与圆的方程、统计初步等；高中安排微积分、行列式、概率、逻辑代数等初步知识。在教学中强调：用辩证唯物主义观点阐述教学内容；坚持理论联系实际；使学生学好数学基础知识；提高练习质量；注意复习巩固；等。

由于增加的新内容多、要求高，导致学生负担重，教师水平跟不上，对综合编排的教材体系不适应等问题。为此，教育部在 1980 年召开中小学数学教材改革座谈会，讨论改变教材编写体系（把综合改为分科）和中学学制问题（五年改为六年）。嗣后，为六年制重点中学制定了新的教学大纲，代数、几何分开编排。由于我国幅员辽阔，各地发展极不平衡，为了大面积提高数学教学质量，对数学教学内容又进行了多次调整。1983 年 11 月，教育部颁发了《高中数学教学纲要》，提出两种教学要求：基本要求与较高要求。在基本要求中又区分为必学内容和选学内容，还编写了甲、乙两种版本的教材，进行课程设置与教学要求多层次的改革试验，数学教学开始关注个别差异，实行数学课程统一性和灵活性相结合。1985 年 6 月，国家教委颁发《调整初中数学教学要求的意见》，对教学内容作进一步的调整。例如，提出可根据实际情况，把二次函数、一元一次不等式组和一元二次不等式移到高中学习等。1986 年 11 月，国家教委又按照"适当降低难度，减轻学生负担，教学要求尽量明确具体"的原则制订过渡性的《全日制中学数学教学大纲》，将微积分初步、概率、行列式和线性方程组改为选学内容，理论要求有所降低。例如对方程、不等式同解原理，不要求学生判别两个方程或不等式是否同解；对习题的难度也作了规定。这份大纲提出的"教学中应注意的几个问题"中，除了强调以教育方针、教学计划和教学大纲为依据，对学生进行思想教育，理论联系实际，提高练习质量和注意复习巩固等内容外，还明确提出要使学生学好基础知识和掌握基本技能，要重视能力的培养，认为"掌握知识、技能和培养能力是密不可分的，相互促进的。在教学中，要根据数学本身的特点，着重培养学生的运算能力、逻辑思维能力和空间想象能力，要使学生学会分析、综合、归纳、演绎、概括、抽象、类比等重要的思想方法。同时，要重视培养学生的独立思考和自学能力"。

　　1988 年 1 月，国家教委制订《九年制义务教育全日制初级中学数学教学大纲》，并在 1992 年正式颁布《九年制义务教育全日制初级中学数学教学大纲（试用）》，从实施九年义务教育、使现代社会中每一个公民"受到必要的数学教育，具有一定的数学素养，提高全民族素质，为培养社会主义建设人才奠定基础"的高度，为数学教育改革指明了方向。这是数学教学由升学教育向公民素质教育的历史性转变。在内容方面强调知识面要宽，难度要适当降低，要求要具体而明确。相应地，对于教学强调了如下几点：

　　第一，由义务教育的性质决定，教学必须面向全体学生，即大纲中规定的必学内容的教学要求是基本要求，必须让全体学生达到。要为所有学生打好共同基础，并发展他们的个性和特长，促进每一个学生的发展。同时，面向全体与关注个性差异是辩证统一的。学生在数学知识、技能、能力和兴趣爱好等上面都存在差异，只有承认这种差异，区别对待，因材施教，因势利导，才是真正的面向全体。对学有困难的学生要及时采取有效措施，激发他们学习数学的兴趣，指导他们改进学习方法，帮助他们解决学习中的困难；对学有余力的学生，要通过选学内容等，满足他们的学习愿望，发展他们的数学才能。

　　第二，结合教学内容对学生进行思想品德教育，就是数学教学要促进学生全面发展。思想教育要结合教学内容和学生的实际来进行，如用辩证唯物主义观点阐述教学内容；通过阐述数学产生和发展的历史，介绍我国和其他国家的古今数学成就，以及数学在实践中的广泛应用，使学生逐步明确为国家富强、人民富裕而努力学习的目标；使学生树立学好数学的信心；帮助学生体会数学的科学意义和文化内涵，理解、欣赏数学的美学价值；陶冶学生的情操，帮助他们树立科学的世界观和人生观；培养他们严格认真、刻苦钻研、实事求是的态度，勇于创新的精神，以及认真整洁地书写作业、对解题结果进行检查等良好的学习习惯。

第三，重视基础知识的教学、基本技能的训练和能力的培养。知识、技能和能力三者的关系是互相依存、互相促进的。能力是在知识的教学和技能的训练过程中，通过数学思想的形成和数学方法的掌握才能得到培养和发展；同时，能力的提高又会加速、加深对知识的理解和技能的掌握。

在教学中，要突出重点、抓住关键、解决难点，要引导学生在学好概念的基础上掌握数学的规律，进行基本技能的训练，并着重培养他们的能力。在进行基础知识的教学时，应当从实际事例或学生已有的知识中，逐步引导学生加以抽象，弄懂它们的含义，并搞清它们的来源，分清它们的条件和结论，弄清抽象、概括或证明的过程，了解它们的用途和适用范围，以及应用时应注意的问题。对于基本技能的训练和能力的培养，要遵循学生的认识规律，结合教学内容选择合适的教学方法，有目的、有计划、分阶段地进行。时间多少，量多大，都要因教材内容和学生情况而异。要随着学生对基础知识的理解不断加深，逐步提高对基本技能的训练和能力培养的要求。

学生在不同的教学阶段所获得的知识往往是局部的。只有在整体中才能看清局部知识的意义和作用，以及局部知识与其他知识的区别和联系。把各个局部知识按照某种观点和方法组织成整体，才便于存储、提取和应用。因此，在教学中必须注意知识的整体性和内在联系，指导学生认真阅读课文，及时进行复习和总结，把所学知识系统化。

第四，重视创新意识和实践能力的培养。这应成为数学教学的一个重要目的和一条基本原则。在教学中要激发学生学习数学的好奇心和求知欲，通过独立思考，不断追求新知，发现、提出、分析并创造性地解决问题，使数学学习成为再发现、再创造的过程。为此，在必学内容中增加了实习作业和探究性活动，为培养学生的创新意识提供一些机会。通过实习作业和探究性活动，引导学生将所学知识应用于实际，从数学角度对某些日常生活、生产和其他学科中出现的问题进行研究，或者对某些数学问题进行深入探讨，并在其中充分体现学生的自主性和合作精神。

　　教学中要坚持理论联系实际，增强学生用数学的意识。应使学生通过背景材料，并运用已有知识，进行观察、实验、比较、猜想、分析、综合、抽象和归纳，将实际问题抽象为数学问题，建立数学模型，从而解决问题并拓宽自己的知识。要引导学生接触自然、了解社会，鼓励他们积极参加形式多样的课外实践活动。

　　第五，重视改进教学方法。在教学中，教师起主导作用，学生是学习的主体。学生学习积极性的调动，知识的学习，技能的训练，能力的培养，都要靠教师在教学过程中精心设计、组织与实施。教学过程也是师生双方的认识过程，只有师生双方都积极地参与教学活动，才能收到良好的效果。教师应着眼于调动学生学习的积极性、主动性；教师的一切教学措施都要从学生的实际出发。

　　教学中，要重视改进教学方法，坚持启发式和讨论式，反对注入式，发扬教学民主，师生双方密切合作，师生之间、学生之间交流互动。要重视学生在获取和运用知识过程中发展思维能力。数学教学不仅要教给学生数学知识，而且还要揭示获取知识的思维过程，后者对发展能力更为重要。数学教学要立足于把学生的思维活动展开，辅之以必要的讨论和总结，并加以正确的引导。在教学时，应当注意数学概念、公式、定理、法则的提出过程，知识的形成、发展过程，解题思路的探索过程，解题方法和规律的概括过程，使学生在这些过程中展开思维，从而发展他们的科学精神和创新意识，形成获取、发展新知识，运用新知识解决问题，以及用数学语言进行交流的能力。

　　教学方法是多种多样的，每一种教学方法都有它的特点和适用范围。在教学时要根据具体情况，合理并创造性地运用教学方法，充分调动学生的积极性。

　　为了提高教学质量和教学效率，要提倡广泛使用科学计算器，并按照教学的需要和各地的实际情况，积极创造条件，采用模型、投影、录像和计算机软件、多媒体等现代教育技术手段。

　　第六，正确地组织练习。练习是数学教学的有机组成部分，对于学生掌握基础知识、基本技能和发展能力是必不可少的，是他们学好数学的必要条件。练习的目的是使学生进一步理解和掌握数学基础知识，训练、培养和发展学生的基本技能和能力，能够及时发现和弥补教和学中的遗漏或不足，培养学生良好的学习习惯和品质。要注意充分发挥练习的作用，加强对解题的正确指导，应注意引导学生从解题的思想方法上作必要的概括。为了使练习能起到应有的作用，应注意（1）目的要明确，题目要精选；（2）题量要适度，首先要保证必须的基本题；（3）习题难度要适中，布置作业要区别对待，对学习有困难的学生，要给予必要的辅导；（4）要循序渐进，由浅入深，由单一到综合，还要有适度的开放题；（5）要求学生在弄懂课文内容的基础上，独立完成作业。

第七，改进教学测试和评估。教学测试和评估必须以教学目标为依据，其目的不仅是评定学生的学习成绩，促进教师改进教学，更重要的是为了激励学生努力学习。要注意通过课堂提问、观察、谈话、学生作业和平时测验，及时了解学生的学习状况，吸收教学的反馈信息。要注意评估手段和方法的改革。考试、考查既要测量学生理解和掌握基础知识、基本技能的情况，又要测量他们的数学基本能力和综合运用数学的能力，并评估他们的创新意识和实践能力发展情况。要按照课程计划和本大纲的要求，控制考试、考查的次数，设计考题要依据教学内容和教学目标，试题要体现教学重点，难易适当，不出偏题、怪题和助长死记硬背的题目。要及时做好试卷分析和教学评估工作，针对发现的问题改进教学。对于学生学习中的缺陷，要积极采取补救措施。教学测试和评估的过程，是师生交流的过程，应有利于学生树立学好数学的信心，充分发挥他们的才能，以获得更好的学习效果。要改进测试和评估的结果的报告形式，选择能描述学生学习效果的最佳方法，鼓励他们的点滴进步，促进他们数学素养的不断提高。

从上述七点可以看到，我国在实施义务教育后，数学教育改革已经关注到方方面面，而且是从现代社会公民的基本素质、全面和可持续的发展这样的高度对数学教学提出要求。应当说这是符合时代发展要求的，也是符合培养人才的基本规律的。如果能够按照这样的思路不断地进行调整、充实和创新，我国的数学教育就能走向一种稳健发展的道路。

国家教委按这个义教大纲组织编写了适应不同地区（沿海、内地）、不同学制（"六三""五四"）的多套数学教材，经审查通过后，从 1993 年开始在全国试用。同时，上海针对发达地区城市的需要，编制了《九年制义务教育数学学科课程标准（草案）》，并据此编出了全套数学教材，在上海地区实验。这套教材贯彻了上海市的课改思想，力求全面提高学生素质，减轻学生过重负担，体现经济、文化比较发达地区的特点。浙江省针对农村的需要制定数学教学大纲，编写体现农村特点的数学教材进行实验。按照项武义的设想组织编写的《中学数学实验教材》，以"精简实用，返璞归真，顺理成章，深入浅出"为基本指导思想，精选内容，注重通性通法。体系安排与教材处理上注意逻辑顺序与认识程序相统一，知识教学与能力培养相统一，完整性与发展性相统一。

　　为了适应时代发展要求，与义务教育阶段的数学教学相衔接，国家教委在1996年制定了《全日制普通高级中学数学教学大纲（供试验用）》并编写了教材，从1997年9月开始在江西、山西和天津进行试验。这个新大纲精简了内容，更新了部分知识、讲法和技术手段，增加了灵活性而且重视数学应用。比如删减了幂函数、指数方程、对数方程、部分三角恒等变形公式、反三角函数、三角方程、立体几何中的面积与体积计算等，增加了简易逻辑、平面向量、空间向量、概率统计、微积分初步等。实行三种不同的要求，高中一、二年级的教学内容和教学要求相同，作为共同基础，高中三年级分三种不同的水平，即文科、实科、理科，打好分流基础。

　　进入21世纪，我国又开始了新一轮的数学课程改革。这一轮课程改革，与"大众数学"运动相呼应，也是以"大众教育"为指导思想，以建构主义为理论基础，从课程、教材、教学、学习、评价、管理等各个层面进行了全方位的、前所未有的、翻天覆地的改革。

　　从上所述可见，数学教育改革总是在曲折中前进的，改革中存在许多永恒的课题。例如，"大众教育"与"精英教育"；数学课程的统一性和选择性；数学教育的"社会功能"和"育人功能"；数学教育的"学术性"和"教育性"；数学的实用性与数学的思维性；书本知识的系统学习和数学知识的应用性学习；数学知识的严谨性与学生认知水平的发展性；数学知识、基本技能的掌握与创新精神的培养；探究式学习与接受式学习；学生自主学习与教师指导帮助；数学教育必要的稳定性与社会发展对人的数学素养要求的变化性；等。如何处理这些关系往往成为历次改革的焦点，并且在处理这些关系时常常出现"钟摆现象"。数学教育改革的历史告诉我们，这些关系的处理，关键是把握好平衡，任何强调一个方面而忽视另一个方面的做法都是不可取的。例如，在大力加强创新精神和实践能力培养的正确要求下，有的人却把它与必要的"双基"学习与训练对立起来，有的人甚至说，强调数学基础知识与基本技能的学习与落实是过时的，"双基"观是陈旧落后的数学课程观的典型代表等。显然，这种观点是片面的。创新精神、实践能力的培养与打好坚实的基础是相辅相成的。心理学的研究以及社会实践早已表明，一个人是否能够成功地解决某个问题，其决定因素是他是否具备解决这个问题所需要的专门知识。所以，在强调创新精神与实践能力培养的今天，"双基"不但不能削弱，而且还应加强，这是由基础教育的任务决定的，也是由儿童青少年的身心发展规律所决定的。现在的问题不应该是要不要"双基"的问题，而应当是用什么原则、什么标准来确定和选择"双基"的问题。矫枉过正、过犹不及，历史的经验教训值得记取。

§2.2　教学内容和教学方法的改革

数学教育改革发展的实践表明，任何一次改革往往首先侧重在课程内容的改革上，随着改革的深入，逐渐进入到教学方法的改革。从前面的论述可以看到，上个世纪的数学教育改革大致可以分为两个阶段：20世纪80年代之前，以"数学教育现代化"为主要特征；20世纪80年代之后，以"大众数学"为主要特征。相应的，在教学内容和教学方法上也表现出各自的特点。下面我们从教学内容和教学方法这两个方面，分阶段进一步考察数学教育改革问题。

一、教学内容的改革

1. 教学内容的"现代化"

各国对数学教学内容的现代化处理，由于指导思想不同，具体条件不同，因而在做法上并不一致。在改革的思路上，主要从增加新内容、改革传统内容和变革教材的体系结构等几个方面进行考虑。

（1）增加新内容

在克莱因—贝利运动以后，函数、解析几何等内容在中学站稳了脚跟，而且"以函数为纲"的思想被广泛接受，微积分的基础内容也在许多国家的教材中出现。这为新数运动的"教学内容现代化"奠定了一定的基础。

在新数运动中，各国提出的内容改革方案虽各不相同，但大多数方案倾向于增加以下内容：

①集合论初步。数学中，集合已成为数学各分支不可缺少的基础和工具，所以增加集合论的初步知识是数学发展的内在需要；从学生认知水平看，由于集合的具体背景在日常生活中非常普遍，集合的一些基本概念比较容易让学生感知和理解，通过日常生活中一些具体事例来引入集合的初步知识，是符合学生认知发展水平的。具体内容包括：集合、子集、空集、全集、集合的运算（并、交、补）及其基本性质；韦恩图、关系、二元关系、箭头图、笛卡儿积；关系的性质：自反性、对称性、传递性，等价关系，顺序关系，映射，定义域与值域，映射的复合，恒等映射与逆映射，数集的映射，运算作为特殊的映射。

②数理逻辑初步。在中学引入数理逻辑初步，不但对培养学生逻辑思维有

重要意义，而且对学习和掌握计算机的原理和技能也有益处。数理逻辑初步主要是指命题演算（布尔代数是它的等价形式），内容包括：命题（或句子）、否定（非）、合取（与）、析取（或）、蕴涵(若……则……)、等价（当且仅当）、真值和真值表、代换原则、推理格式、否命题与逆命题、直接与间接证明、开句等。有些大纲还引入量词：全称量词、存在量词。

③近世代数的某些内容。包括向量空间、矩阵代数等。具体内容是：

向量空间：向量，向量的加法，数量积，向量空间，线性相关与线性无关，基底；

矩阵代数：矩阵的定义，加法，乘法，纯量乘法，环（M_2，＋，·），矩阵方程，矩阵与变换，解线性方程组。

④微积分初步。微积分是分析领域的基础，至今仍是数学中应用最广泛的分支之一，西欧与日本早就在中学高年级讲授微积分初步。美国、苏联也在中学增加导数、积分、级数等内容，而且反对的意见也日趋减少。

⑤概率与统计初步。内容包括：排列与组合，概率的概念，概率的加法与乘法，样本空间，条件概率，独立事件，随机变量和分布，条形图，平均值与标准差、方差，统计推断等。英国和北欧一向比较重视统计。

⑥算法语言与程序设计初步。随着电子计算机的发展和普及，要求学生具备计算机的一般知识以及使用计算机的初步能力，为此许多国家都加进了这方面的内容，包括二进制、框图、程序设计、算法语言。

以上增加的六方面内容，前三项内容（集合、逻辑、群、环、域等）主要是从数学的基础着眼，体现了数学知识发展的内在逻辑需要和逐级的抽象性；后三项内容（微积分、概率与统计、算法语言等）主要是从应用的角度考虑，体现了数学的广泛应用性。这两方面是相辅相成的。但是从国外的一些改革方案看，往往顾此失彼。国外学者也注意到，如凯梅尼在 1962 年斯德哥尔摩会议上说："……各国为改良纯数学的教学作了巨大努力，但却似乎忘记了应用数学。""中学教育是否必须局限于纯数学，这是一个亟待解决的问题。数学的应用在社会上的影响越来越大……应用数学的教学能培养新的思维习惯，在大多数场合中，这种新的习惯与纯数学是不同的。"关于数学的应用方面，我国在当时也考虑得不多。在后续改革中，许多数学教育工作者都注意到了这一点，并加强了数学应用。

（2）改革传统内容

传统内容的改革主要从两个角度进行：一是用现代化观点处理传统内容；二是精简传统内容。

首先讨论用现代化观点处理传统内容的问题。

许多国家将原来是大学数学课的内容下放到中学来，但并不是单纯的增设和简单组合，更重要的是将现代的数学思想与传统内容有机地结合起来，用较高的观点来处理传统内容。下面举例说明。

例 1　如图 2.2.1，已知 $AB \perp \alpha$，$a \subset \alpha$，$a \perp BC$，求证 $a \perp AC$。

证明
$$\underbrace{(AB \perp \alpha) \wedge (a \subset \alpha)} \wedge (a \perp BC)$$
$$\Downarrow$$
$$\underbrace{(AB \perp a) \wedge (a \perp BC)}$$
$$\Downarrow$$
$$\underbrace{(\text{面 } ABC \perp a) \wedge (AC \subset \text{面 } ABC)}$$
$$\Downarrow$$
$$a \perp AC。$$

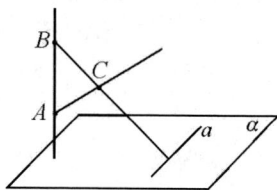

图 2.2.1

用集合与逻辑的符号及其思想进行几何推理，使得推理过程表述得简捷明了。

例 2　用变换和向量的观点处理平面几何内容。

(1) 如图 2.2.2，已知 $AB \perp BC$，AC 与 BC 交于点 C，C 与 B 不重合，求证：$AC > AB$。

证明　作点 A 关于 BC 的对称点 A'，连接 $A'B$，$A'C$。由轴对称的性质可得：
$$AB = A'B, \quad AC = A'C, \quad AA' = AB + BA'。$$
在 $\triangle A'AC$ 中，由 $\qquad AC + CA' > AA' = AB + BA'$
可得 $\qquad 2AC > 2AB$，即 $\quad AC > AB$。

这是利用轴对称变换证明几何定理的一个例子。由于对称、旋转、平移等变换与学生的日常生活经验关系密切，认知基础比较扎实，所以，在平面几何中，早些引入对称、旋转、平移、位似等概念，不仅是可能的，对建立变换的思想很有好处，而且也能对几何的学习产生非常积极的影响。

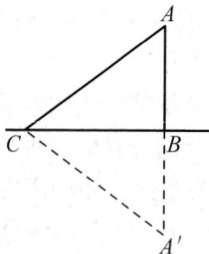

图 2.2.2

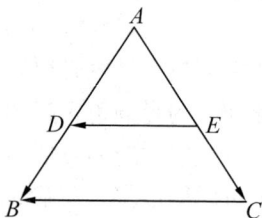

图 2.2.3

(2) 如图 2.2.3，在 $\triangle ABC$ 中，D，E 分别是 AB，AC 的中点，求证：$DE // BC$，且 $DE = \frac{1}{2} BC$。

证明　因为 $\overrightarrow{AD}-\overrightarrow{AE}=\overrightarrow{ED}$，$\overrightarrow{AB}-\overrightarrow{AC}=\overrightarrow{CB}$，$\overrightarrow{AB}=2\overrightarrow{AD}$，$\overrightarrow{AC}=2\overrightarrow{AE}$，

所以，$\overrightarrow{ED}=\dfrac{1}{2}\overrightarrow{AB}-\dfrac{1}{2}\overrightarrow{AC}=\dfrac{1}{2}(\overrightarrow{AB}-\overrightarrow{AC})=\dfrac{1}{2}\overrightarrow{CB}$。

所以，$DE \mathbin{/\!/} BC$，且 $DE=\dfrac{1}{2}BC$。

下面讨论精简传统内容的问题。

由上面的讨论可知，新数运动中，数学课程增加了许多新内容。但由于教学时间有限，因此必须对传统内容作一定精简。由于传统的代数内容可删去的不多，加之人们对学习欧几里得几何的价值有怀疑，所以矛盾的焦点主要集中在传统几何上。下面就着重谈谈这方面的问题。

在 1959 年 11 月，法国数学家狄奥东尼提出"欧几里得滚蛋"的口号，引起激烈争论。对几何内容的处理，确切地说是对欧几里得几何的处理，是中学数学现代化的过程中争论最大、最难解决的问题，某种意义上也是中学数学现代化的核心问题，当时曾为此召开过多次国际性会议。但这个问题不仅当时没有解决，实际上直到现在也没有解决。

主张砍掉欧氏几何的理由是：

第一，欧氏体系在逻辑结构上有许多缺点。如公理不完整（缺少顺序公理、连续公理等）。这样推理的基础就不稳固，会出现一些似是而非的结论；许多问题用综合法处理太麻烦，而用其他方法（如代数、坐标、向量、变换等方法）处理反而简捷。

第二，当代数学中几何这个分支已没有多少独立的位置。布尔巴基学派认为，"人们承认经典几何在数学发展中的重要性是无可争议的，但是今天对于职业数学家来说这个源泉是枯竭了！因为其中不再有任何结构上的问题可影响到数学的其他分支。"这就是说欧氏几何的内容陈旧过时了，对数学发展已起不到什么作用了。

第三，作为数学教育的一部分，几何还是应该要的，因为几何的语言与直觉仍然保持其生命力，但不一定要欧氏几何。"打倒欧几里得"只是不要它的不合时宜的古典表现形式，几何不局限于欧氏空间，其他空间也是重要的。

主张保留欧氏几何的理由是：

第一，欧氏几何对培养学生的逻辑思维能力有重要意义，而且采用了比较自然而又朴素的方式，是行之有效的，其他方法（如用向量、坐标、变换等方式处理几何问题或用抽象代数来培养逻辑推理能力等）都不如欧氏几何那样直接、自然，即使能部分取代欧氏几何也不可能完全代替欧氏几何。

第二，欧氏几何的内容虽然古老，但大部分内容至今还是最基本的，有广泛的应用价值。其他方式处理不能包括所有欧氏几何中有用的内容。

第三，欧氏综合几何虽然在公理系统上不完善，但在中学阶段，从学生年龄特征来说不大可能讲授不借助于直观的完善的公理系统（如希尔伯特公理系统），即使能讲，所花的时间也比较多，不符合精简的要求。

上述两种对立意见在很长时期内都争执不下，事实上，如何处理欧氏几何的问题至今仍有不同意见。我们认为这不是坏事，因为学术问题，尤其是处于改革方案讨论的过程中，应该有不同意见的争论。真理越辩越明。不过，据美国1973年的一次调查，中学教师主张保留欧氏几何的还是占多数。

由于对欧氏几何的态度不同，改革的方案自然也有很大差别。例如，法国废弃欧氏几何，以线性代数做替换；德国采用变换几何；英国有的以欧氏几何为主，有的以变换几何为主（如SMP），有的以向量几何为主；美国基本保留欧氏几何体系，用伯克霍夫—比尔泰公理体系弥补欧氏几何的缺点；日本基本上保留欧氏体系，加进一些变换思想；苏联基本上保留欧氏体系，渗透变换、向量思想；我国基本上保留欧氏几何体系。

这些方案之间的差异，反映了学术上的不同观点，它们各有千秋，并不能说某个方案一定比其他方案更好。实践中，几种方案同时并存、相互补充的可能性是有的。

(3) 变革教材的体系结构

教材的体系结构问题不解决，增加的新内容也要落空。所以处理和简化数学教学体系是现代化的一个重要问题。概括地讲，主要有下面三种教材体系：

第一种教材体系，强调结构与统一，破除传统体系，砍掉欧氏综合几何，以集合、关系、映射为基本概念，群、环、域、向量空间等为基本结构，其中包括线性代数、微积分、概率统计、程序设计等内容。打破代数、几何、三角等分科界限，用现代化观点重新处理传统内容。

"新数"企图用"数学结构"来统一各数学分支，解决数学各分支之间的割裂问题。例如，学习一个代数系统，就可以掌握同构的几个系统，可以达到"思维经济"、以简驭繁的目的。

西方一些数学家和心理学家非常推崇这种结构观点。例如美国数学家费尔（H. F. Fehr）认为，"结构的思想成为当代的或现代的数学观点。"道斯（P. H. Daus）认为，"最重要的是整体思想，它遍历所有的数学，强调共同的结构和实在的模式。"

布鲁纳认为，"学习结构就是学习事物是怎样相互关联的。""学习任何学科主要是要使学生掌握该学科的基本结构。所谓基本结构是指基本原理或基本概念。"①

第二种教材体系，基本上保留传统体系，加进现代内容。这类方案大都保留代数、几何等分科形式，对传统内容进行了必要的精简，保留欧氏综合几何，在原有体系的基础上局部渗透集合、映射、变换、向量、矩阵等现代数学的思想和内容，但不讲群、环、域等近世代数结构。增加微积分、概率、数理逻辑初步知识和电子计算机方面的知识。

第三种是前两者的"中间型"。它打破了代数、几何等的分科，成为一种统一的数学，但每个年级的各部分仍然保留分科的内容。各部分渗透有现代数学的结构思想，但没有用结构思想把各部分统一起来，总体上还是保留了传统的体系。

这三种类型的教材很难说哪一种类型有明显的优越性，因为各国的社会条件、传统习惯、师资力量等都有差异，这种差异对数学教育有很大影响。所以，在进行改革时也就不能强求统一性，如果不根据自己的实际情况量力而行，那么必然会出现问题。

2. 教学内容的"大众化"

在数学教育大众化的基本理念下，数学教育目的的变化也突出地反映了这种"大众化"的要求。实际上这也是数学在社会生活和人的发展中的作用的体现。这些目的包括：实用目的，即要帮助个人解决日常生活问题；公民目的，即使公民能够明智地参加公民事务；职业目的，即要为学生找工作、就业或学业务作准备；文化目的，数学教学要传递人类文化的主要因素。应当说这样的教育目的是非常关注人的因素的，但也是非常实用主义的。在这样的目的下，数学教学内容被规定得更加宽泛而浅显。

在教学内容的变革中，各国在算术、度量、代数方面没有很大的差异，都给予了充分重视，但在教学的侧重点上，由于信息技术的发展，人们认为代数教学"不应使学生完成大量的代数运算训练，而应使学生懂得在许多场合下代数是解决问题的自然的工具。但是运用公式和其他代数表达的能力将仍是必需的"。总之，代数学习中，运算技能可以削弱但理解和运用公式解决问题的能力要加强。

几何历来是内容改革中被广泛关注的，而且可以认为是改革的"风向标"。在新数运动以后，几何内容的设计，大致有三种可能的选择：

①［美］布鲁纳. 布鲁纳教育论著选. 邵瑞珍，张渭城，译. 北京：人民教育出版社，1989：41.

第 1 种，放弃那种几何应该或能够在学校中作为一个知识体系来处理（演绎地或非演绎地组织）的想法，在这种体系中，各种概念和结论之所以要学，仅仅是因为它们属于这个体系。代之以把几何与空间看作在各种水平上为多种创造性活动提供极好话题的源泉，还应通过提供代数方法使几何教学服务于生活；

第 2 种，仍然试图在修改过的欧几里得几何或变换几何的基础上进行公理化或拟公理化的几何课程教学；

第 3 种，在普通课程中给有些学生至少提供几何的孤岛，即局部的演绎系统（例如关于圆的角的单元，关于初等射影几何的单元）。

计算器在新的数学课程中应起重要作用，计算机将带来数学课程重点的改变，特别值得注意三点：一是算法，它需要更加强调，虽然计算的复杂性的理论不能进入中学数学，但要注意比较解决同一问题的不同算法的效率；二是离散数学，对离散数学——布尔代数、差分方程、图论……的兴趣已经有了很大的增长，要求在中学课程中列入更多的离散数学，甚至使得传统上对微积分的强调，无论在中学或大学中都成了问题，虽然这未必会导致取消微积分教学，但是微积分教学必定要改革；三是符号操作，现在计算机软件可以有效地进行全部微积分的运算——微分、分部积分、换元法、展开成幂级数——并且还能处理多项式代数的大部分内容，那么是否仍有必要教学生去做这些计算机能做的内容呢？

从上述简单论述可以看到，大众教育观念下的数学内容改革，一是强调与人的生存和发展紧密相关的基础内容，即选择那些生活和就业必须的内容；二是强调问题解决、数学建模等实践性很强的内容；三是与计算机科学相关的数学内容，如算法、离散数学等得到强调；四是数据分析（统计与概率）这类实践性很强的内容得到重视，以此强调数学与生活、其他科学的联系性；五是不强调运算等技能，认为计算机能干的事就让计算机去干。

二、教学方法的改革

从 20 世纪数学教育改革的发展历程看，课程改革受到主要关注，教学改革被放在次要地位；教材改革受到重视，教法改革被相对忽视。人们没有把目光投向决定数学教育成败的关键——数学教师，这是一件非常令人遗憾的事情，也是值得政府的决策人员、教改人士和广大数学教育工作者认真反思的。但是，真正的改革发生在课堂，任何好的改革理想只有在教学实践中得到体现才能发挥作用。因此如何有效地提高教师的教学水平，改革教学方法，切实提高课堂教学质量和效益，应当成为数学教育改革的重点。数学教育改革的实践也证明，数学教师的专业化发展是数学教育质量的根本保证。

由于内容和方法是紧密相联的，所以在 20 世纪 60 年代后期，新数运动达到高潮时，人们意识到教学方法的改革也是非常重要的。1969 年，第一届国际数学教育大会作出决议，认为"各国应尽可能努力进行数学教学现代化的工作，包括课程内容和教学的表现方式。内容和方法是不可分的，数学教学方法理论正在形成一门科学，它既包含数学内容也包含教育学内容。"[1] 随着课程改革的不断发展，教学方法的改革得到日益加强，改革规模也越来越大，出现了一些新颖的数学教学方法。这里介绍一些有代表性的事例，并对它们的内容、背景及意义进行讨论。

1. 发现法

发现法的主要倡导者是美国教育心理学家布鲁纳。他认为，教学应当从儿童、青少年的好奇、好问、好动的心理特点出发，在教师的引导下，围绕着一定的问题，依据教师和教材所提供的材料，让学生自己去发现问题，回答和解决他们自己的问题，使他们成为知识的发现者，而不是知识的消极接受者。

发现法的提出与对注入式教学方法的批判直接相关。长期以来，人们习惯于注入式教学，在这样的教学中，教学的内容、过程和结果都是由教师掌控的，学生只是扮演了听众的角色。虽然大家都认识到应当改变这种局面，并且提出过一些改革的措施，比如启发式教学法（因启发式在各种教学方法中都需要，所以放到后面再详细阐述）就是针对注入式而提出的，但没有从根本上解决问题。到了 20 世纪中叶，为了适应社会发展对创造性人才的需求，布鲁纳运用当代认知心理学的学习理论，提出了"发现法"。在《发现的行为》[2] 一文中他详细地阐述了发现法的基本思想。他认为，教学方法要认真考虑的一个事实是，一门课程不但要反映知识本身的性质，而且要反映求知者获得知识的过程。我们教一门课程，不但要在学生头脑中建造一个小型的图书馆，而且应当使学生像　名数学家那样思考数学，像　名史学家那样思考历史学。因此，"发现不限于那种寻求人类尚未知晓之事物的行为，正确地说，发现包括着用自己的头脑亲自获得知识的一切形式。"

---

①华南师范学院数学系数学课程现代化研究组编. 数学课程现代化研究，1978（1）.

②中译本. 瞿葆奎，主编. 教育学文集·教学（上册）. 北京：人民教育出版社，1988：583~598.

布鲁纳提倡"发现法"的理由主要有三个：一是他赞同"关于人类的全部生活中最独特之点在于人类能够亲自发现"的观点，认为人不是一个被动的有机体，掌握概念、解决问题等都是主动的过程；二是他认为学习的中心环节是头脑中的"重新组织"或"转换"，以便有所发现；三是他十分强调直觉思维在学习中的作用，他认为直觉思维是从事任何一项工作的思想家极其珍贵的财富，要及早地培养这种品质。

发现法的缺点主要是不经济，需要花费很多时间，不利于使学生掌握系统的知识，形成必要的技能。

发现法教学的一般步骤是：

提出要解决的问题，激发学生探究的欲望，明确发现的目标或中心；

对所提问题，提出解答的假设，指导学生思考的方向，推测出各种答案；

创设特定问题的情境，使学生在这种情境中面临矛盾，使之产生问题；

寻求问题的解答——协助学生收集和组织有关资料，尽可能提供发现的依据，得出应有的结论，如有不同观点可展开讨论，使学生能够运用自己所获得的知识捍卫自己的观点，提出论据和论证；

对争论和证明作总结，得出共同的结论。

运用发现法的要求是：

激励学生发现问题的自信心，使他们相信自己能够解决问题，能够找出证据证明结论的正确性，使学生对研究的问题产生浓厚的兴趣；

帮助学生把已有的知识同他们正在研究的问题结合起来，指导他们从"规律性"和"联系性"的角度对遇到的事物加以组织，使他们按照一种促使信息更迅速地用于解决问题的方式去获取信息，以促成学生的发现；

协助学生进行自我评价、仔细思考，提出共同的结论。

从20世纪70年代以来，通过"发现法"在教学中的试验和运用，国内外改革者进一步发展了这种教学方法，以更好地体现"教师为主导，学生为主体"的原则，落实"既重视传授知识，又强调培养能力"的要求。例如"研究法"就是对"发现法"的发展：首先，教师根据具体教学内容，按照教学目的，提出富于思考性的研究题目和要求，由学生独立思考；然后组织学生互相研究，得出自己的初步认识、理解、判断和概括；最后教师再归纳总结，讲授正确答案，纠正错误意见。它的一般程序是：教师提出问题——学生独立思考——互相研究——回答教师的问题——教师总结提高。与发现法不同的是，研究法不限于引导学生自己发现命题和规则，还可以通过研究使学生对问题加深理解或进行一些总结。

2. 程序教学法和单元教学法

程序教学法和单元教学法都是根据教材内容的划分而创立的教学方法。如果从教材内容划分的粗细角度分析，则它们是恰恰相反的教学方法。

(1) 程序教学法

美国心理学家斯金纳（B. F. Skinner）在心理学实验中发现，动物的复杂行为可以用逐步接近的方法，经过步步强化而最后形成。同时他观察了当时的课堂教学，认为教师对学生的正确反应缺乏必要的即时肯定，即没有及时强化。因此他把这种对动物形成复杂行为的方法应用于人类的学习，提出程序教学法。随后在美国得到心理学界和教育界的响应，进行了广泛研究，在1958年达到高潮，并被介绍到其他国家，可谓风靡一时。

程序教学法之所以被推崇，主要是人们认为它有如下有利因素：

第一，主动积极的反应。班级授课主要是老师讲授知识，学生是被动的接受者。即使提问，一堂课中也只有少数几个学生有机会回答问题。而程序教学中，学生人手一套程序或一个机器，边读边练，自己动手动脑地学习，根据自己的实际决定学习进程。因此学生掌握了学习的主动权，能有效地增进学习积极性和学习效率。

第二，小步子。小步子是编写程序教材的重要原则。采用小步子编写的教材可以使初学者容易读懂，特别是对难点的内容或抽象概念，小步子分解了难点，为理解抽象概念铺设了合理台阶，使学生学得懂、理解得深。当然，如果程序教材都按小步子编写，不仅篇幅要成倍增长，而且学生长期使用这类教材会产生思维的依赖，从而妨碍了思维能力的发展，这是需要探讨的问题。

第三，及时强化（当时知道结果）。斯金纳用步步强化的方法使动物形成复杂的行为，据此他认为强化原则可以应用于教学设计。教学中，学生的每个正确行为都应当得到及时强化。班级授课制下的强化是不及时的，例如教师批改作业的结果常常要隔天甚至更长时间才能反馈给学生。而程序教学的学生对每一步的反应都能当时知道结果，进行对照，辨明止误，这对学生学习能起积极的促进作用。

第四，自定步调。学生的个体差异是客观存在的。班级授课与因材施教存在难以调和的矛盾。程序教学的自定步调则被认为能适应个性差异。当然，实验的结果并不像斯金纳所想象的那样能够很好地解决个性差异问题，而且还会出现新的教学管理问题。

程序教学是一种个体自学方式。程序化的教材通过机器或课本来呈现，因而有"机器教学""自动教学"等许多名称，后来又发展到计算机辅助教学。

（2）单元教学法

单元教学法（Unit Teaching）在西方相当流行。它在组织和安排教学内容时，改变以往按课时划分教学内容的方法，而以教学单元来划分。其特点是使学生的学习内容和学习活动保持完整，它反对把教材分成一课又一课，认为这是一种割裂，不符合学生心理（尤其不符合完形心理学原理），不易掌握，更不利于发展学生的能力和合作精神。这种教学方法的具体步骤为：

①自学探究。根据教材内容的特点，分两种形式进行。属于讲述概念和描述现象的内容可用自学读书的方式，属于观察实验和推导论证的内容可用探究的方式。开始教师把这个单元的内容概括地介绍一下，给学生描绘出进行自学探究的路线图，启发学生进行思考，诱导学生去观察、实验、论证。为此，教师可以出些思考题或让学生提问题，引导学生去自学探究，自己得出结论，自己去运用，教师及时了解学生自学探究的情况，收集学生提出的问题，为下一步重点讲授作准备。

②重点讲授。教师根据学生自学探究的情况，确定重点讲授的内容，即这个单元的重点、难点。要讲科学过程，要讲怎样获得科学结论，要讲知识之间的相互联系和规律性，要讲知识的起源、发展和去向。其目的是使学生在自学探究的基础上，将所获得的知识提高一步，取得规律性的认识。这种讲授是比较困难的，要求教师有较高的水平。

③综合训练。综合训练就是学生综合运用已掌握的科学原理和科学方法，灵活地去解决一些比较复杂的习题。搞综合训练，首先要选择好习题，即要选择有明确目的性和典型性的题目；其次要安排好训练程序，先练什么，后练什么，要精心地设计，并使训练程序呈阶梯式的过程，根据学生的水平，确定训练的梯度，使学生经过努力能够达到。在解题过程中要依次抓住审题、设计解题方案、突破解题关键、书写解题步骤、检查解题错误等几个环节。

④总结巩固。在前三步的基础上，对本单元的内容进行总结，让学生整理理论、整理方法、整理习题，使本单元的内容在学生头脑中形成一个完整的系统，从而达到巩固提高的目的。在总结时，可以让学生撰写研究性的文章，阐述自己的见解，还可以把内容引申、扩展和变更，找出新的理论和方法。

前两步都是获得知识的实践活动，培养独立获取知识和探究发现问题的能力；后两步是运用知识的实践活动，培养分析问题和解决问题的能力。

（3）因材施教

由于智力发展和成长环境的不同，学生在数学知识的掌握和数学能力的发展水平上存在差异，他们在数学学习上的需求也会有很大不同。为了满足学生的不同要求，做到既面向全体，又照顾个性差异，这就需要我们采取恰当的教学方法，切实体现因材施教，唯有这样才能使全体学生在数学上都能得到发展。从 20 世纪初开始，人们为解决因材施教问题进行了不懈的努力。例如，19 世纪末 20 世纪初就出现并流行的"分组教学法"[①] 就是为满足这样的需要而创造出来的。这种方法大致分为两大类：一类是在一所学校内按学生智力或学习成绩分成年限长短不同、内容也各异的几种课程（或者年限不同、内容相同）；另一类是在一个班内，根据学生学习情况的变化和分化，分成内容深浅不同或进度各异的小组进行教学。最著名的是美国哈利斯创建的"活动分团制"（Elexible System）。20 世纪 80 年代以来，我国也对因材施教问题进行了大量研究和实践，出现了许多类似于"分组教学法"的做法。比如按照全国重点、省重点、地区重点等划分学校等级，创办和命名示范性高中，学校内部按成绩分班，搞重点班普通班，也有叫做"分层教学"等都与之类似。这些做法虽然在一定程度上体现了因材施教，但也带来了学生、教师和家长几方面心理的和社会的种种矛盾。近来，重点学校、重点班制度受到严重质疑，人们认为这种做法不利于体现教育公平原则。对这种方法的存在价值有待进一步研究。

（4）现场教学

这种教学方法最早出现在 19 世纪末，当时有代表性的就是杜威实用主义的"从做中学"（Learning by Doing）的教学方法，即通过周围的环境、游戏或实验，让学生自己提出问题，写成调查报告，从而得出结论。在这个过程中，允许学生思索、假设，甚至犯"错误"，以体验数学思维的发生发展过程。后来，这种"从做中学"的教学方法在我国得到进一步发展。我国的改革者们在理论联系实际的大前提下，强调教和学的实用价值。1958 年，为了贯彻教育与生产劳动相结合的方针，把学生的生产实践经验运用到学习活动中来，对数学课程中的某些章节内容（如测量）放到工厂、农村的生产现场中去边讲、边看、边做。于是创造出现在名叫"现场教学"的教学方法。到了 20 世纪 60 年代末、70 年代初进一步发展到"开门办学"和"以典型产品组织教学"。

这种教学方法的特点不只是地点的转移，也不只是教学方法的不同，它在内容和分量上有时突破了教学大纲和教材的范围；在时间上也突破了通常的课时表；另外，在学生的组织上也可能是小组的、个人的，并经常有现场的工人、农民、技术人员和工作人员参加，由他们共同完成教学任务。从局部上看，它对克服"注入式"和"模仿加记忆"的教条主义的教学也能起到一定作

---

①王策三. 教学论稿. 北京：人民教育出版社，1985：283.

用。因此，它也含有合理的积极的因素。但是，如果不注意的话，可能会出现处理理论和实践关系的绝对化或以偏概全的现象，特别是有否定教师主导作用、忽视基本理论和基础知识教学的危险。

（5）问题教学法

为了使学生能清楚地理解，并激发和促进他们的学习，美国教育家杜威创立了这一教学方法，这是他把"做中学"的思想运用于学校教学的产物。他认为，活动至少应包括某种质的和量的有形的做（doing），知识的增长完全不可能在头脑内部产生，为了学习和发现，必须动手做某些事情。在《我们怎样思维》一书里，杜威概述了这种方法的步骤：

第1步，学生必须感觉到困难，最好是他在自己所参与的活动中感到受挫，从而产生如何使活动继续下去的问题，以引发学习需要；

第2步，一旦感觉到了问题，学生就得加以探究并明白地确定问题；

第3步，在深入分析和思考了情境以后，学生就要搜寻资料，以明确怎样使自己开始时的活动得以重新继续下去，或者将其改造成一个更合适的形式；

第4步，接下来，学生根据假设从自己的资料中推出它的含义，这时他要通过自己的思考而验证每个假设；

第5步，最后，把看来最能达到目的的假设付诸实践，以通过实际验证这个设想的正确性。

其中，在第5个步骤里，杜威特别提出要学生根据自己选定的假设进行实践，这样既验证了假设在理论上所预言的东西是否真的产生了，同时又使学生参与到经验中去，只有这样学生才能真正理解有关的概念和内容。

在杜威提出问题教学法以后，这一教学法一直都有拥护者，而且不断被发扬光大。例如，"问题解决为学校教学的核心"可以看成是杜威教学理论的发展；当前提倡"大众数学"，强调构建问题情境、学生探究活动和合作交流、强调情感态度价值观等，也是"问题教学"的延续等。

综上所述，教学方法的改革不像教学内容的改革那样受到重视，理论性也较差。但是近年来，这方面的研究有很大的变化和发展，并创造出各种各样新的突破传统的教学方法，这些都是可喜的成就。另外，我们不能抽象地说一种教学方法好还是不好，判定一种教学方法的优劣不能脱离教学的具体因素。我们赞成这样的观点：一种好的教学措施，应该是多种教学方法的有机配合。

§2.3　面向未来的数学教育

　　国际数学教育界对如何进行改革的问题一直争论不休。20 世纪 60 年代是改革的一个高潮；到 60 年代末 70 年代初，法国、苏联、日本等都推行新大纲与新课本，美国、英国和德国等虽没有统一的大纲，但也不断地编写出各种"新数"课本，在一定范围内实行；70 年代开始，对"新数"教材的批评意见日益增多，改革步入低潮，提出"回到基础"，强调"最低基本技能"，重视"计算技能"等；80 年代，在总结新数运动的经验教训时，人们认为用"对分法"来对待改革是错误的，新数运动受挫并不能作为回到"旧数学"的理由，"新数学与旧数学有很多交叉，我们应该兼取两者各自的最好部分。"改革中应该恰当处理好各种相互对立的关系，例如：旧数学与新数学，教育与训练，技巧与理解，有用的教育与有趣的教育，培养尖子与平均主义，建立结构（系统）与解决问题，公理法与构造法，艺术与科学，纯粹数学与应用数学等；①经过调整，"问题解决"成为美国学校数学教学的核心；90 年代，在美国兴起"标准化运动"。进入 21 世纪，数学教育又面临着一场新的变革。这场变革的基础是什么？会有怎样的发展趋向？下面我们作一简单论述。

一、数学教育改革的基础

1. 数学的社会需求变化对数学教育的影响

　　我们生活在一个飞速变化的时代。随着信息技术的迅速普及，研究和交流数学的新知识、新工具和新方法不断涌现和发展；几年前只有少数人才能接触到的数量信息，现在可以通过大众媒体得到广泛而迅速的传播。日常生活和生产中对理解和应用数学的需求越来越广泛和提高。

　　在信息技术时代，那些懂得且能运用数学的人在规划他们未来时有更多的机会和更广的选择。精通数学使人们走向了通往美好未来的光明大道。为了体现以人为本的思想，使所有学生都享有规划自己美丽人生的机会和基础，应当使所有学生都有机会并帮助他们深入地、理解性地学习重要的数学内容，享受高水平的数学教育。

---

　　①Peter Hilton. 今日数学和科学的教育：流行着的错误"对分法". 数学通报，1980 (1)(2).

2. 数学自身的变化

从数学的新近发展看，数学的性质及其应用的途径发生了变化。不仅出现了许多新的数学领域，而且数学的应用范围扩充了。最显著的是信息技术的迅猛发展和应用要求发展新的数学。同时，与广泛应用相联系的几个主要数学分支中产生了许多新的思想方法。

数学的现代发展促使人们对"数学是什么"进行新的思考。数学是研究数量关系和空间形式的科学。数学不仅是一门科学，而且也是一种语言。数学有自己的专门语言和表达方式，同时它是自然科学、社会科学和行为科学的基础，一门学科是否成熟的标志是其应用数学的成熟度。由于计算机和互联网的支持，商业和工业都越来越依靠现代数学的分析方法。数学可以作为商业和科学的语言，是因为数学是描述模式的语言。数学的符号和句法、词汇和术语成为交流关系和模式的通用工具。因此现代社会中，数学成为每个人都要学习和使用的语言。

从数学应用角度看，学好数学就意味着能在复杂、模糊的问题情境中辨明数量关系，并用数学语言符号表示，从而将实际问题转化为数学问题，并能用适当的数学知识和思想方法解决问题。其中，核心是进行定量思维。

从数学自身的变化得到启示，数学教育应在使全体学生学习基本而重要的数学的前提下，更加强调数学与现实的联系，使学生有机会用数学解决各种问题；要把数学学习看成是一种创造性的、生动活泼的过程，使学生能用理解的方式学习数学；要使学生有机会进行各种方式的数学交流，从中学会数学地思维和表达，而不仅仅是机械地计算和逻辑推理。

3. 信息技术的发展对数学和数学教育的影响

信息技术的发展深刻地改变了数学世界。数学与信息技术的相互促进与紧密结合，形成了作为高新技术核心成分和工具库的数学技术。科学计算和理论分析、科学实验共同形成了当代科学研究的三大支柱。计算科学向数学提出了大量有挑战性的问题，同时也给数学研究提供了新手段，为数学发展带来了难以预料的变化。信息技术使数学变得更加现实了，使数学模型思想发展到了前所未有的水平，它可以把数学家头脑中的"数学实验"变成现实，精深的数学概念、过程可以得到模拟，复杂而困难的计算和方程求解，只要给出算法就能得到解决，复杂多变的几何关系，利用计算机动态的作图功能可以得到表示。总之，信息技术使得数学思想容易表达了，数学方法容易实现了，数学与现实的联系更加紧密了。计算机时代的数学研究中，逻辑推理、演绎证明等是重要方法，观察、实验、猜想、合情推理等科学方法也有重要作用，假设与检验、尝试与纠错、数据分析与处理、度量与分类等都是数学家常用的技巧。"数学实验"对于理解数学和应用数学都是重要的。从数学内容来看，算法（特别是追求算法的合理性以及比较不同算法的效率）、离散数学（如布尔代数、差分方程、图论等）等将得到加强。

正如人类发明和使用工具（石器、铁器、蒸汽机、计算机等）成为社会发展阶段的标志一样，信息技术与数学课程的整合必将带来数学教育的深刻变革，这是与传统意义下的数学教育有着根本区别的发展新阶段。

信息技术的发展已经影响到学生的数学学习内容和学习方式。例如，对常规的计算技能的训练，学生应当更加关注对算理的理解，更加强调对算法的设计，更加强调口算、估算，而对运算技巧的重视程度可以适当降低，以腾出时间来发展对数学过程、数学本质的理解力，把更多的时间花在实质性的数学思考上。信息技术可以为学生创造出图文并茂、丰富多彩、人机交互、即时反馈的学习环境，在这样的环境中，学生可以利用信息技术模拟现实情境，自己构建数学内外问题的模型，进行数学探究、数学应用、数学交流等实践，这在传统的数学学习中是较难实现的。信息技术提供的外部刺激具有多样性和综合性，既看得见又听得见，还可以动手操作。这有利于学生调动多种感官协同作用，对数学知识的获取和保持具有重要意义，也是数学学习方式转变的具体体现。在信息技术为学生提供的交互式学习环境中，实验、探究、发现等将成为重要的学习方式，学生可以按照自己的认知基础、学习兴趣来选择内容，这就为学生主动性、积极性的发挥创造了条件，使学生的主体性得到充分体现。

信息技术对教师的教也将产生深刻影响，有利于教师对数学语言文字、符号、图形、动画、实物图像、声音、视频等教学信息进行有效的组织与管理，能使过去难以实现的教学设计变为现实。例如，在信息技术的帮助下，教师可以对形状复杂的二维、三维数学对象进行操作，使隐蔽的几何关系得到显示，从而延伸学生的视觉，加强学生的直观能力。由于现实问题往往涉及复杂的数据，过去我们无法在数学教学中使用它。借助于信息技术强大的数据处理功能，教师可以让学生解决一些日常生活中的真实问题。又例如，教师可按数学知识间的相互关系，把相应的课文、练习、习题、测验及解答，以及相关的其他学习资源有机地组合在一起，以"超文本"的方式提供给学生，这对课堂教学和学生的课外自学都是非常有利的。信息技术使教师获得了解放，使他能把主要的时间和精力用于思考和设计教学情境上，借助于信息技术的力量构建多元联系的、灵活可变的、蕴涵重要数学内容、过程和结果的、有交互性的学习环境，为学生提供丰富的数学活动源泉，同时也为数学学习共同体中成员间的协作和交流提供了广大的空间。总之，强调实践、操作和探究行为，注重对数学思想方法的领悟，重视合作交流、情感体验的"活动式教学"将在信息技术环境中得到实现。

4. 数学教育心理学理论的发展对数学教育的影响

数学教育心理学研究学和教数学的规律（如何学和如何教），并根据这种规律发展提高数学教学质量和效益的方法。目前，国际心理学界对学生学习的研究，在学习的定义、学习规律、学习机制、学习类型、学习指导、学习迁移、学习动机、学习策略、教学与学习、学习评价等[1]各方面都有许多进展；而对教师的教学的研究，在教学的要素（一般指教师、学生和教学内容）、教学与认知的关系、教学与发展的关系、师生在教学中的地位和作用、教学评估、教学方法等[2]方面也有很大进展。对于诸如如何激发、维持学生的数学学习兴趣和动机？怎样创设问题情境？用什么媒体向学生呈现学习材料更有效？怎样引导学生的尝试与探究活动？怎样设计训练方式才有效？如何针对不同的学习任务做出恰当的反馈？如何根据学生的外在表现，准确地推测学生的数学能力和个性品质的变化？如何指导学生根据学习材料的特点选择适当的学习方式？等，几乎所有与数学教学有关的问题都得到了大量实证性研究。

总之，数学教育心理学的研究使数学教学逐渐摆脱了直接经验的束缚，在概括数学教育实践经验的基础上，逐步建立起更加坚实的数学教育理论根基，增强了数学教学的科学化，使数学教学行为更好地反映了学生数学学习的规律，数学教学质量和效益的提高也有了更好的保证。

二、关于课程改革的几点讨论

1. 处理好坚持中国特色与借鉴国外经验的关系

国外（特别是西方）在数学教育中所强调的内容是值得我们考虑的。例如，他们的课程与教材具有多样性，教师、学生的选择余地比较大；教学中，特别关注学生的情感体验，主张以学生的兴趣、内在动机来引导学生学习，强调学生主动学习；在学习过程中，比较强调问题解决、自主探索，强调学习中的理解性思维活动；强调教学过程中的师生、生生互动等。使不同的人有不同

---

①林崇德. 学习与发展：中小学生心理能力发展与培养（修订版）. 北京：北京师范大学出版社，2003：8.

②同上书，3页。

的选择可能，关注学生的情感，主张个性的张扬是一个基本的指导思想。我们认为，世界各国都面对同样的新世纪的需要、数学的发展、教育的变化。数学教育的现状，我们的优势正是他们的缺陷，我们的问题正是他们的长处。各国的数学教育，不是孰优孰劣的问题，而是相互借鉴、取长补短的问题。过去，西方对中国的数学教育否定较多，但随着他们自己的数学教育改革的深入，对改革中暴露出的问题的思考，对改革指导思想的反思，他们开始重视中国数学教育的经验，思考中国学生取得数学好成绩的原因。例如，他们提出了一个"中国学习者的悖论"（瑞典教育家马登，F. Marton）：如果说中国的教学完全属于"传授—接受"的模式，这也就是说，教师在教学中起着绝对的支配作用，而学生则处于纯粹被动的地位，学生所需要的只是记忆与模仿。按照西方的理论，这样的学习是不可能取得好成绩的，因为学生在这样的学习过程中既没有主动学习的动机，也不会有积极的学习兴趣，更不会有成功的情感体验，他们的个性得不到体现，主体性得不到发挥，创造性被完全扼杀，所能产生的只有厌恶数学，怎么能取得好的学习效果呢？但是，相关的比较研究却又清楚地表明，中国学生与其他国家、特别是西方国家的学生相比有着较好的学习效果，这种被动的学习怎么可能产生如此好的学习结果？他们自己也意识到，"将背诵与反复训练等同于'不求甚解'或'强记'"是"过于简单化了"。实际上我们在数学教学中采取的"变式训练"对于学生的数学学习有着各方面的意义：不仅仅是巩固知识，在深刻地理解知识、创造性地应用知识等方面都有很好的作用。他们在改革思路上作出了调整，例如，从 1989 年强调以"问题解决"为核心，到 2000 年强调基本技能、概念理解和问题解决的平衡，再到 2006 年《课程焦点》提出通过对少数核心数学内容的深刻理解和熟练掌握，同时强调年级之间、相关知识与核心内容之间的联系，建立聚焦的、内在一致的数学课程体系，NCTM 的数学课程标准的足迹使我们看到这样的发展线索：数学课程，必须强调选取数学核心概念和思想方法，并建立结构合理的课程体系；数学教学，强调引发学生数学兴趣时，必须强调掌握数学基础知识、熟练掌握运算和推理的基本技能的重要性（要达到"自动化"水平）；数学学习中，在提倡"问题解决""发现学习""探究性学习"的学习方法时，必须强调数学基本概念、原理的记忆，数学运算、推理和证明的训练，而且要有一定训练量的保证。

　　面对国外数学教育研究中出现的新情况，我们应当反思：如何看待外国的东西？如有的人学习美国 20 世纪 80 年代提出的以"问题解决"为核心组织教材和教学，提出"以'数学主题'而非完全以'知识点'的形式呈现内容"，而且认为不这样做（仍然保留数学知识体系的话）就是陈旧、落后。又例如，在理解和运算的关系上，我们过去有某种程度的运算"繁""难"现象，但现在如果反过来，像有的人提出的，不强调具体的论证过程（对平面几何逻辑推理论证的要求大幅度降低），只强调"发展证明的意识，理解证明的必要性和意义"，只讲理解而忽视运算，这是"矫枉过正"。另外，仅仅通过降低标准的措施来"减轻负担"也是不可取的。例如，将平面几何的"圆"作为高中选修内容显然是一种倒退。我们在学习和借鉴国外经验时，应当有分析和鉴别，以避免把不正确的东西也学过来，把我们自己的优势改掉了。在数学教育改革实践中，应当全面地、准确地反映国际数学教育发展的趋势，客观、科学地看待别国经验，根据我们的具体国情来吸收借鉴。

2. 数学教育改革应当体现数学的学科特点

数学的根本特点是它的抽象性，具有严谨的逻辑性、结构性。数学教育的价值，学习数学的最主要目的是培养人的思维能力、特别是逻辑思维能力，在学习过程中培养人的辩证唯物主义观点、数学地看待事物的态度和习惯。由于在数学思考过程中，需要观察、比较、类比、合情推理、抽象、归纳、概括等各种思维形式，因此在数学基础知识学习、基本技能训练过程中，创新精神和实践能力也能够很好地得到落实。正是因为数学学科有这样一些别的学科所无法替代的特点，才使得它有存在的价值，在学校教育的"育人功能"上能够发挥独特的作用。

数学学科有相对完整的知识结构体系、能够给人以系统的逻辑思维训练，使人在较短时间内掌握今后适应社会发展所必需的基础知识和思想方法，这是数学作为基础教育阶段主要学科的理由。数学学科不是现在有的人提出的那种"活动课程""经验课程"，不能舍弃数学的知识结构而单纯地强调学生的生活经验、亲身实践。知识的系统性、结构性与学生的创造性学习、自主式的学习之间不是对立的。学生掌握的数学知识不能是零碎的，从数学能力的角度来说，掌握了系统的数学知识才能有数学能力的良好发展，这样的知识才有生命力，在今后的学习、工作和生活中才能发挥作用。当然，在编写教材时需要对结构化的数学知识体系作适当的处理，特别是在课堂教学中，需要教师针对学生的具体情况进行教学法加工，使教学内容符合学生的思维发展水平，内容的呈现方式能够引导学生的数学思维，教学过程符合学生的认知规律。

3. 数学教育改革应当全面反映数学学与教的特点

教育心理学认为，学生数学学习的特点是"接受—建构"，是在教师的启发引导下，接受前人已有数学知识的过程，而在学习过程中又必须有学生自己积极主动的建构活动。由于学生处于身心发展阶段，教师的启发引导是必须的。因此，在新的教育思想指导下，寻找教师对学生数学学习的指导与学生自主探究式学习之间的平衡，把握好教师对学生数学学习的"干预度"，是数学教育工作者面临的一个关键性课题。传统上，我们的数学教育比较强调教师的主导，比较强调经过学生艰苦努力，经过反复的练习而达到对数学知识的理解，而对学生数学学习的情感体验、自主探究、合作交流等有某种程度的忽视。所以，在我国数学教育改革中，强调学生主体性的发挥，强调转变学生的数学学习方式，强调学生的自主活动，变被动学习为主动学习等，有重要意义。但是，我们又必须防止走向另一个极端。学生的自主性的发挥是有条件的，需要教师的引导，否则，既不符合学生的认知发展规律，也不利于学生的健康成长。过分强调学生自主，强调让学生开展课题讨论、独立活动、合作交流，把教师的地位放在"合作者"上，不能反映学校教育的本质，国外的教训应当借鉴，自主发展变为"自由发展"就不是我们社会主义教育的原则了。另外，我们的国情也制约着数学课堂教学的改革，在许多地方，一个班级的班额在 50 人以上，有的甚至达到 70 人以上，在这样的课堂里开展讨论交流，在教学组织上会遇到极大的困难。

另外，对于数学学习中学生的生活经验的作用问题也应注意科学把握。前已指出，过去的数学教学偏重于书本知识，对学生的生活经验有所忽视。在改革中应当注意加强数学与学生生活经验、社会实践之间的联系。但是，这并不等于说，数学学习只能从学生的生活经验（直接经验）出发、从学生的动手实践开始。数学的研究对象本身就具有高度抽象性，数学中的各种性质、关系很多是难以从经验中直接得到体验的，对这种性质和关系的认识主要依靠人的理性思维。过分强调生活经验会削弱数学应有的严谨性。实际上，在教育教学过程中，不是所有的东西都可以靠学生自主式的亲身实践而获得的。数学与生活经验必须有所差异，许多科学知识（如关于极限的知识、非欧几何等）是无法从生活经验中得到的，这样的知识，只要我们采用适当的方法讲授就可以了。

4. 更广泛地听取各方面的意见和建议

深入了解我国的国情，到教学第一线去了解中小学数学教育最迫切需要解决的问题，广开言路，使各方面的意见都能够得到充分反映，依靠最广大的数学教师、各级教学教研员、数学教育理论工作者，才能搞好本次改革。无论是国内还是国外，数学教育改革在历次基础教育改革中都充当了先锋和重点的角色，事关重大，关系到全国几亿人的健康成长，应当慎重，注意循序渐进。

我们应当把数学教育改革看成一个没有终点的过程，以科学的态度从事数学教育的理论和实验研究，根据研究成果来不断修正和完善，真正做到"小改不间断，中改要实验，大改先研究"。可以相信，只要我们沉下心来，扎实工作，有中国特色的数学教育理论和实践的建设一定可以成功。

三、数学教学方法的现代发展

考察现代数学教学方法的发展，其特点概括起来有以下几个方面。

1. 以发展智力、培养能力和创新精神为出发点

20世纪60年代起，随着教育心理学研究的深入，发展学生的智能被确定为教学的一项重要任务，这自然要求改革教学方法。如果说以往教学方法以保证数学知识的传授为主，那么现代教学方法则以发展学生的智力、培养能力和创新精神为出发点。可以说，这是当今数学教学方法的时代特色。从布鲁纳的发现法到问题解决教学，再到当前强调以保证学生独立思考、自主探究与合作交流为特征的教学方式变革，都是为了适应发展学生创新精神与培养数学能力的时代要求。人们认为，教学中强调学生独立自主地探究和发现，对于提高学生的智慧潜力具有重要作用。通过问题解决、探究性学习等，可以使学生体验探索新知的方法，使他们的创造力得到培养。"人们只有通过练习解决问题和努力于发现，方能学会发现的探索方法。一个人越有这方面的实践经验，就越能把学习所得归纳成一种解决问题或调查研究的作风，而这种作风对他可能遇到的任何工作都有用处。"

长期以来，由于受苏联教育理论的深刻影响，我国的教学方法主要强调掌握"双基"，强调通过教学使学生在头脑中正确反映所学的事物和现象，使他们能自觉地分析事实，进行概括，循序渐进地将所掌握的知识系统化，培养技能，并能在实践中运用知识。随着时代的发展，知识经济的到来，人们发现尽管"双基"对于学生的全面、和谐与可持续发展依然重要，但如果学生缺乏创新精神与实践能力，那就很难适应信息化社会的需要，所以在强调"双基"重要性的同时，必须把培养数学能力和创新精神放在突出位置。为此，所采取的教学方法，除了针对"双基"外，还要使学生形成创造性活动的经验。实践中，教师不再采用单一的"讲授法""活动法"等，而是根据需要采用综合的教学方法，实质上是形成了以学生在教学中的思维参与度、探究活动的方式与水平为标准的一个教学方法系列，其目的就是为了使学生学会数学地思维，培养创造性活动的兴趣，发展创造性活动的能力。

现代数学教学方法强调坚持"育人为本、德育为先"。期望在数学知识的教学过程中，引导学生在学会数学的同时，掌握数学学习方法，培养数学学习

兴趣，形成正确的数学观，养成科学的理性精神。因此，现代数学教学方法强调教师能洞悉数学教学内容中蕴涵的价值观资源，并能把它们发掘出来，能以学生可以理解的方式呈现出来，使价值观影响融合于整个数学教学过程中，达成数学教学的"育人"目的。

2. 学生主体作用和教师主导作用相结合

中外教育史上的许多教学方法，有的强调教师的主导作用，有的则带有浓厚的学生中心主义的色彩。现代教学方法既重视学生的主体地位，又肯定教师的主导作用。由于现代教学方法是以学生的发展为本，因此强调教学要满足学生的好奇心，调动学生的学习积极性，形成学生积极主动的学习态度和学习方式就不言而喻了。有人认为，现代社会强调创新能力，教学中就要把培养学生的主动学习精神放在首位，教师的地位只能是"数学学习的组织者、引导者与合作者"，这样的认识是有失偏颇的。实际上，即使是布鲁纳这样的积极主张发现法的教育家，在重视学生自主发现的同时，也特别强调教师的主导作用。他曾指出，学生发现活动的引起、维持和达到教学目的都有赖于教师的指导。皮亚杰也说，认为儿童不需要指导，单凭自己就能意识到问题所在，准确、清楚地提出问题，这是非常荒唐的。一段时间以来，建构主义观点非常盛行，"学生不是空着脑袋走进教室""学生有自己对世界的看法""学习过程是学生的主动建构过程"等被广泛传播，更有极端建构主义者认为教师的任何指导都是对学生主动建构活动的干扰。但是随着教学改革实践的深入，人们越来越认清了这些观点的偏颇，重新向强调学生主体与教师主导相结合、发挥师生两个积极性回归。

事实上，教学方法的本质就在于它是师生二位一体的活动，师生的活动是相互联系、相互配合的。所以，每一种教学方法都是相互联系着的师生活动方式的结合体。提高教学质量和效益的关键就是教师把握好引导学生独立思考的度，保证学生在数学学习中的思维参与度，使他们在学习过程中保持高水平的数学思维活动。需要注意的是，现代教学方法强调学生的主体性，不仅是为了使学生掌握"双基"，更主要的是注重学生掌握"双基"的心理过程，强调理解性学习，促使学生积极开展紧张的智力活动，掌握有效的学习方法，训练思维，培养创新精神和实践能力。教师的主导作用主要体现在对学生的数学学习活动进行激励、组织、启发、引导和调控上，其中核心是调动学生学习积极性，启发学生通过自主学习达到教学目标。

现代教学方法普遍强调创设问题情境、引导学生尝试探究、组织学生交流、开展变式训练、归纳概括、反思等步骤，就是为了更好地体现教师的主导和学生的主体。反映当前教学内容的本质、对课堂教学起关键作用、有一定困难但又是学生经过努力能解决的"问题情境"，既可以激发学生的学习欲望，又可以创设一种有利于学生积极思维的教学情境；"引导学生尝试探究"体现了接受式学习与活动式学习相结合的学习方式，教师讲授与学生尝试相结合的教学方式，教师的作用主要体现在对如何发现问题、如何找到解决问题的方法等方面的引导上，学生则需要通过独立思考和尝试活动，具体实施解决问题的过程；"交流"可以使学生相互启发、取长补短，同时也给教师发现学生存在的问题和采取补救措施提供依据；"变式训练"不仅可以提高练习效率和质量，而且可以更好地培养数学能力，通过变式，可以排除非本质特征的干扰，提高新旧知识的可辨别性，可以发展学生的概括能力，为开放式教学提供条件，为发展学生创造性思维创造条件；把"归纳概括"作为教学的一个基本环节，强调随时组织和指导学生归纳出有关"双基"方面的一般结论，并结合必要的讲解，揭示结论在整体中的相互关系和结构上的统一性并纳入知识系统，对于提高练习的质量和效益都大有好处；"反思"包括对过程的反思、对结果的反思、对方法的反思、对学习过程的优化等，其最终目的是要解决学生"学会学习"的问题。从上所述可见，现代教学方法不仅强调了学生主体和教师主导的结合，而且还具体地反映出了何为主体、何为主导及其结合的方式。

3. 注重应用学习理论的研究成果

按教学方法的本义，理应包括教的方法和学的方法两个方面。但长期以来，注重教法有余，而对学法的研究不够，把学习规律应用于实际教学就更显不足。实践证明，忽视学法，教法也就失去针对性，其效果也就被削弱了。现代教学论一方面批判传统教学"目中无人"，另一方面主张学生既是教学的客体又是学习的主体这一指导思想。在探讨教学方法问题时，加强了对学习方法的研究。这主要体现在如下几个方面：

（1）以研究学生有效的数学学习方法作为创立现代教学方法的前提

人们认为，检验教学方法的科学性要以学生学习的有效性为标准。教学过程中，任何教学方法的运用，只有在符合学生数学学习规律的前提下，才能做到有的放矢，其效果才能得到保证。因此，在现代教学方法的研究中，自然要加强对学习理论的研究。例如，布鲁纳的认知—发现理论关于知识学习过程的论述（学习过程是认知结构的组织和再组织过程，包括新知识获得、旧知识改造和评价三个几乎同时发生的过程），及其发现学习理论（以问题的形式呈现知识，让学生通过自己不断的探究来获得结论）；美国心理学家奥苏伯尔（D. P. Ausubel）的有意义言语学习理论关于学习类型的划分，即将学习按两个维度区分为接受学习与发现学习、有意义学习与机械学习，认为有意义接受学习应当成为学校学习的主导方式，影响有意义接受学习的最重要的心理因素是学生已有的认知结构；加涅的认知学习理论关于学习的概念、过程以及学习的条件和结果的论述；建构主义学习理论关于学习是个体主动建构内部心理表征的过程，学习过程既有对新信息意义的建构又有对原有经验结构的改造和重建，不同的学习者因为原有经验的差异而对同一事物的理解方式也不同；维果茨基的"最近发展区"理论；等。这些学习理论对现代教学方法研究已经产生很大影响。实际上，对学习理论的研究已经成为教学方法研究的直接的、最重要的基础。

（2）在教学方法的运用中，既有教法的要求，也有学法的要求，两者相辅相成

以往的教学方法，多数只对教师提出要求，而对学生如何学习的问题很少涉及。现代教学方法强调要着眼于使学生学会学习。例如，对于传统的讲授法，现在特别强调启发式教学思想的应用，强调启发学生数学思维活动的重要性，要求教师不仅要使学生掌握好讲授的内容，而且要使学生在听讲过程中独立思考，理解教师讲授的思路，领会讲授内容的本质，懂得分析问题、解决问题的方法和途径。对于练习法，不只满足于得出正确答案，而且注重答案的获得过程；教师在学生练习过程中要加强指导，同时要组织学生进行交流，使学生能相互启发、取长补短、优化解题过程，从而实现举一反三、触类旁通、概括迁移的目的。基于使学生学会学习的指导思想，现代教学方法要求教师进行必要的讲授、示范、引导和点拨，更要求学生自主学习、独立思考，形成自己的学习方法。

（3）以学生的思维参与度作为评价教学方法的基本标准

这就是说，评价教学方法的标准发生了重心转移——移到了学生方面。从学生掌握知识、发展能力的角度看，可以有不同的水平层次：准确地记忆和复现所学内容；按照已有的模式，在熟悉的情境或变式情境中运用知识；在新情境中变换和灵活运用已有知识，发现新的知识。显然，在不同的水平上，学生思维参与度是不同的。正是学生掌握知识过程中存在的这些差异，使各种教学方法的区别也得以确定。

4. 重视非智力因素的作用

学生的学习活动是智力因素与非智力因素的综合效益，学生的数学学习成绩不仅受其智力与能力的影响，而且与其非智力因素的水平有密切关系。实际上，在数学学习活动中，乃至在数学能力的发展中，非智力因素都起着动力作用、定型作用和补偿作用。任何智力活动必然有情感活动相伴随。当然，智力

因素与非智力因素之间的影响或作用是相互的而不是单向的，而且非智力因素只有与智力因素一起才能发挥它在智力活动中的作用。因此，教学中既要依靠和利用学生的智力，又要培养和发展学生的数学学习情感。教学方法一旦触及学生的情感和意志领域，触及学生的精神需要，就能发挥高度有效的作用。实际上，学生对数学具有内在的兴趣，这是最好的动机。

现代教学方法强调非智力因素在教学中的作用，强调积极的数学学习情感体验在提高学生数学学业成绩中的决定性作用，强调创设生动、有趣的、对学生的智力具有挑战性的问题情境，用以激发学生的好奇心和学习热情，使学生兴趣盎然地投入学习，这是现代教学方法发展的重要特征。现代教学方法正沿着"苦学——乐学——会学"的道路发展。

5. 强调自我调控学习

现代教学方法强调学生在教学过程中的自我调控学习，主要意义在于解决学生"学会学习"的问题。有意义学习的过程是一个自我发现、自我调节的过程，它是通过个人真实的体验来调节的学习，无法由他人传达。因此，现代教学方法特别强调学生自我监控学习的作用，强调把学生对自己的认知活动不断进行积极地、自觉地监控和调节纳入教学过程中，其中包括设置学习目标、预习课文、引发疑问、分析如何完成学习任务；在学习过程中，强调对每一个步骤进展状况的监控，及时评价、反馈学习中的各种情况，发现其中存在的问题，并据此及时修正、调整学习过程；及时检验结果；及时采取补救措施。总之，现代教学方法认为教会学生监控自己的学习进程，是一项让学生终生受用的技能，要保证教学的质量和效益，必须有学生自我监控学习的参与。

6. 强调对传统教学方法的继承、发展与创新

尽管新的教学方法层出不穷，传统教学方法受到抨击和质疑，但传统教学方法并不能被完全取代。事实上，新教学方法不一定完美，传统教学方法也不一定一无是处。例如，强调学生独立自主探究的教学方法，长处是有利于培养学生的探索精神和创造性思维能力，但它耗时较多，课堂教学组织困难，与在短时间内掌握大量数学知识的学校教育目标有矛盾。因此，发现法、探究法等并不能成为学生学习的唯一重要方法，讲授法、问答法等也是必需的。有意义接受学习能保证在较短时间内接受大量书本知识，因此是学校中主要的学习方法。实际上，教师的启发式讲解是传授知识最有效和最经济的方法，没有教师的讲授，教学的质量和效益都无法得到保证。当然，人们在继承传统教学方法的过程中，也非常注意研究它们的缺点以及运用中的问题，对它们进行发展和创新。例如，讲授法之所以产生机械学习的后果，主要是：

（1）对认知能力还没有发展成熟的学生过早地运用单纯的语言讲授；

（2）不加组织地让学生接触许多没有关联的事实；

（3）没有有效地调动学生已有认知结构的作用；

（4）把学生是否能认知一些零散事实或回忆概念作为衡量学生学习效果的标准。

因此，要使讲授法成为积极的、能动的、有意义的，就要做到：

（1）要让学生在接触典型、丰富的具体例证的基础上，再归纳概括出一般概念与原理；

（2）所讲的材料要符合学生已有的认知发展水平，即在学生有了充分准备之后，再把有关概念教给他们；

（3）定义要明白而正确，要区别有关概念之间的类似点与差别；

（4）要求学生能运用自己的语言复述学会的概念与理论。

当前，传统的教学方法，如讲授法、谈话法、练习法等的运用也与过去不同，已由主要是再现、重复，变为更多地要求有启发性、学生思维的独立性，要有利于发展学生的数学能力。新的教学方法也在不断发展和完善。例如，使用那些强调学生自主探究、合作交流的教学方法时，为了使学生真正经历探究的过程，使交流活动真正有利于学生的数学理解，应当实行"问题引导学习"，通过恰时恰点的问题情境（系列）引导学生的探究活动。当然，学生在教学中进行的探究与发现，不是要他们重复人类认识史上原始的探索发现过程，而是一种"再发现"。这样，在构建恰时恰点的问题情境时，需要教师对学习材料进行：缩短——将原发现的冗长过程予以剪辑，变成短途径；平坡——原发现的过程其坡度（难度）较大，所以要加以改造，使其变成对学生稍有难度而仍有学习的可能；精简——削枝强干，突出核心概念和重要的数学思想方法。

当前，在教学方法改革与创新中，人们考虑的一个核心问题是：如何在接受式学习中融入问题解决的成分，使启发式讲授教学与活动式教学有机结合。现代教学方法要求教师根据学生数学思维发展水平和认知规律以及数学知识的发生发展过程设计课堂教学进程，尽量采用"归纳式"，让学生经历概念的概括过程，思想方法的形成过程。要求教师在教学中要做到"既讲逻辑又讲思想"，引导学生通过类比、推广、特殊化等思维活动，自己找到研究的问题，形成研究的方法；促进学生在建立知识之间内在联系的过程中领悟本质；充分使用"先行组织者"，在思想方法上多引导，在具体细节上让学生自己多动手做、多阅读、多思考、多交流，让学生多发表意见，教师自己参与到学生的活动中去，多听少讲，在关键点上让学生有机会提出自己的见解。认为只有这样才能保证学生的思维参与度，让学生真正通过自己实质性的思维活动获取数学知识、方法和数学思想，并逐渐发展数学能力。

思考题

1. 20世纪的100年间，国际数学教育改革大致可以分为哪几个阶段？每个阶段有哪些主要特点？

2. 20世纪50年代末开始的世界范围的大规模数学教育改革的原因是什么？

3. 什么是新数运动？新数运动受到挫折的原因有哪些？你认为我们可以从中吸取哪些经验教训？

4. 什么是"问题解决"？你认为"以问题解决为学校数学教学的核心"有哪些合理因素？会产生怎样的问题？

5. 提出"大众数学"这一口号的历史背景是什么？你认为实施"大众数学"应当注意哪些问题？

6. 我国20世纪50年代以来的数学教育改革有哪些特点？改革中有哪些经验教训值得记取？

7. "教学内容现代化"的真正含义是什么？

8. 比较布鲁纳的"发现法"与传统的"讲授法"，说明它们各自的特点。你认为"发现法"的优点、缺点各有哪些？

9. 进入新世纪的数学教育改革需要关注哪些新的条件？

10. 你是怎样理解"数学教育改革的关键是把握好各种矛盾的平衡"的？

11. 数学教学方法的现代发展有哪些主要特点？

12. 你认为我国数学教育有哪些优良传统值得继承？为什么？

13. 通过本章的学习，结合对自己所受数学教育的反思，你认为我国数学教育中存在的主要问题有哪些？应当如何进行改革？

第三章 数学能力

在第一章我们已经指出，数学能力是一种特殊的心理能力。本章先介绍数学能力的研究概况，介绍数学教育界关于数学能力实质的一些探索，然后讨论中学数学教学中的能力培养问题。我们知道，中学数学教学要培养的基本能力是逻辑思维能力、运算能力、空间想象力和初步的数学应用能力，而逻辑思维能力是中学数学教学中要培养的数学能力的核心，但逻辑思维能力又是思维能力的一种。鉴于此，我们在本章先讨论运算能力、空间想象力和数学应用能力及其培养的问题，而把逻辑思维能力及其培养的问题放在后续的关于思维能力的有关章节中进行论述。

§3.1 数学能力概述

数学能力是数学教育研究，特别是数学教育心理学研究的一个重大课题，也是现代中学数学教育研究的一个重要项目。随着数学在社会生产实践和科学技术中的作用日益提高，人们越来越清醒地认识到在数学教学中不但要向学生传授知识，而且要培养学生的数学能力。但是，数学能力究竟是什么呢？对于这一问题，目前无论在理论上还是在实践上都没有被很好地解决。本节只是对学术界众说纷纭的见解作一概述。

一、两种数学能力的区分

要给数学能力下一个准确的定义并非易事，或者是不可能的。不过，许多研究者认为应把数学能力区分为两种水平，这两种水平标志着两种不同层次或不同类型的数学能力，即学习数学的能力和创造性数学能力。

学习数学的能力，是指在学校里学习（学会、掌握）数学的过程中表现出的能力，这种能力具有个体意义；创造性数学能力，是指在数学研究中表现出的能力，这种能力产生具有社会价值的新成果或新成就。如何认识这两种水平

的数学能力之间的关系呢？对这个问题，可以归纳出三种不同的观点：①

第一种观点认为，这两种能力在性质上不是一回事。例如，勃金汉姆
（B. R. Buckingham）和贝兹（W. Betz）认为，中小学的数学与真正的数学活
动涉及两种不同形式的能力。瑞典心理学家魏德林（I. Werdelin）指出：所谓
在中小学一定阶段上的数学能力未必等同于据以对数学进行科学研究的那种能
力。国内也有人持这种观点，在他们看来，学习数学的能力不能算创造性数学
能力。奥苏伯尔的观点常常作为他们的主要理论根据。奥苏伯尔认为，尽管中
小学生在其学习过程中也能表现出某种机动灵活性，不受固定程式的束缚，但
这至多也只能算作创造力的一种辅助能力（supportive abilities）而已，而与
科学家的创造活动具有质的区别。

第二种观点认为，这两种数学能力本质上相同，只是在程度上不同。例
如，数学家阿达玛断言，在试图解数学题和几何题的学生的活动与数学发现者
的活动之间，仅仅只有程度上和水平上的差异——这两种活动在性质上是相似
的。目前，我国有许多学者持这种观点。他们多以美国心理学家布鲁纳的观点
为主要根据。布鲁纳声称，智力活动，无论在科学的前沿或是在三年级的课堂
里都是一样的，其间的差别仅在于程度而不在于性质。

第三种观点是以克鲁捷茨基为代表的观点，他与第一种观点完全不同，而
与第二种观点较为接近。这种观点认为，学习数学的能力是创造性数学能力的
一种表现。"对数学的彻底的、独立的和创造性的学习，是发展创造性数学活
动能力的先决条件——是对那些包含新的和社会意义的内容的问题，独立地列
出公式并加以解答的先决条件。"② 中小学生的数学能力是高水平数学能力的
初级阶段。

分析上述三种观点可以发现，根据第一种观点，学习数学的能力和创造性
数学能力是很不相同或者是有很少相同的，那么数学教学培养学生数学能力的
意义就值得怀疑，数学家的创造性数学能力只能在数学创造的实际过程中获
得，这显然不太合理；第二种观点认为这两种数学能力本质上相同，只是在程
度上不同，这是有意义的，但这种观点对这两种数学能力缺乏结构上的差异分
析，因此显得有些武断；而第三种观点不仅强调学习数学的能力是创造性数学
能力的一种表现，而且指出前者是后者的初级阶段。所以，我们认为这种观点

①王永会. 数学能力的实质初探. ［硕士学位论文］. 北京：北京师范大学数学系，1988.

②［苏］克鲁捷茨基. 中小学生数学能力心理学. 上海：上海教育出版社，1983：87.

不仅有意义，而且提法也比较合理。

譬如，独立地创造性地掌握数学、对较简单的数学问题作系统阐述、找到解决问题的方法和手段、发现定理的证明、独立地演绎公式以及发现非标准问题的新颖解法，都是有联系的。所有这一切也都是创造性数学能力的表现。另外，学生重新发现某些已知的知识，这对他们自己（主观）来说无疑是一个新发现、一种发明，或者是某种新成就。已知的东西重新发现可以是创造性的，只是"创造"的程度或层次存在差异。这种"创造"的结果，虽然没有社会意义，而且往往是在教师的指导下完成的，但对个体而言，其过程却是创造性的，是具有个体意义的。因此，学习数学的过程中表现出的创造性，是一种创造性数学能力。

基于上述分析，我们可以认为，这两种数学能力都是在创造性的数学活动中形成和发展起来的，因此它们在本质上是相同的。但由于形成这两种数学能力的实际活动分别属于不同的层次，因此它们有区别。同时，在一定条件下，学习数学的能力可以发展成为创造性的数学能力，而且要具备创造性数学能力，必须首先具备学习数学的能力。

把数学能力区分为这两种水平是有意义的。中学数学教学中所要培养的数学能力——运算能力、思维能力、空间想象力、运用数学解决简单问题的能力等，主要属于学习数学的能力。这样，以下所要讨论的数学能力均可限定在学习数学的能力范围内。

二、关于数学能力意义的各种观点

在已有的数学能力研究中，对于数学能力意义有各种各样的不同回答。但就其本质来说，大致可分为四类，即先验论观点、"合金"论观点、技能观以及类化经验说。[①]

先验论观点认为，数学能力与个体经验无关，它是先于个体经验而存在的实体。按照辩证唯物论的观点，人类先天并不存在心理，也就不存在任何心理特征。数学能力作为一种个性心理特征，是社会实践和数学活动的产物。因此数学能力的先验论观点不足以说明数学能力的意义。

数学能力的"合金"论观点分两类：一类认为，数学能力是先天因素和后天因素的融合物。苏联心理学家鲁宾斯坦为此提供了理论依据。鲁宾斯坦在《心理学的原则和发展道路》一书中指出：能力是在具有这样或那样先天秉赋

[①] 王永会. 数学能力的实质初探. ［硕士学位论文］. 北京：北京师范大学数学系，1988.

的人与周围世界相互作用的过程中形成的。人的活动成果经过概括和巩固，作为"建筑材料"而包含在他的能力结构中。人的能力本身是先天秉赋和他的活动成果的"融合物"。另一类认为，数学能力是数学知识技能与概括的心理活动的"融合物"。魏德林说，"数学能力是理解数学问题、符号、方法和证明的本质；学习以及在记忆中保持和再现它们；把这些与其他问题、符号、方法和证明联系起来的能力和解答数学课题时运用他的能力"。他的论述包括再现性和创造性，包括理解和运用，因此他的观点属于"合金"论观点。

"合金"论观点具有一定的合理因素，尤其"合金"论观点的第二种表现，强调概括化的心理活动是能力的一个重要因素是有意义的。但这种观点的任何一类都是把条件（第一类中的先天因素，第二类中的数学知识技能都是能力形成的条件）混同于数学能力的本质，这是值得讨论的。

数学能力的技能观对数学能力和数学技能不加区分，认为技能就是能力。这种观点在我国颇为普遍。直到今天，许多人仍对二者不予区分。

在第一章，我们根据心理学的观点已经指出技能和能力是两个不同的概念，并且讨论了数学能力和数学技能的具体联系和区别，两者不能混为一谈。如果把数学能力和数学技能混为一谈，则会对数学教学产生不利影响。例如：

（1）误认为训练技能就是培养能力。教学中，有些教师虽然时刻想着培养学生的数学能力，但实际上却并没有抓住关键，充其量只是在训练技能，学生得到的也只是技能的形成和熟练。例如，目前教学中让学生做大量机械重复的习题，要求学生记住许多解题技巧，这对提高学生的数学能力并不能起多少积极作用，甚至对技能的形成也收效甚微；又如，"就题论题"式的教学，针对具体题目给出解题的一招一式，这样的教学也只是对形成技能有一定效果，而对能力的提高意义不大。

（2）忽视培养能力的许多关键环节。按照能力的技能观指导教学，必然会忽略许多培养能力的关键环节。例如，如何发现问题和提出问题、如何观察和分析问题中的关键因素、如何运用类比、特殊化、一般化等推理方法化归问题、如何举一反三（概括）、触类旁通（联想）等。而实践经验告诉我们，教学中培养数学能力，正是要在这些方面狠下工夫。

由此可见，把数学能力等同于数学技能，不仅从理论上难以自圆其说，而且对数学教学实践也有不利影响。

数学能力的类化经验说认为，作为个体心理特征的能力乃是类化了的经验，这种类化了的经验是由于学习迁移过程不断发生的同化与顺应，使主体在生活及学习活动中取得的经验得以不断概括化与系统化而形成的，其中概括化了的知识与熟练了的技能是构成活动调节机制的基本要素。比如布莱克韦尔把数学能力解释成为在数字、符号和几何形状范围内把一般原则运用于特殊情况下的能力，就类似于类化经验说观点。这种观点试图把能力与认知活动统一起来加以认识。这种尝试有意义，但把能力等同于概括化了的知识与熟练了的技能却未必合适。

三、数学能力的组成成分

数学能力究竟由哪些成分组成？它的结构怎样？国内外学者还没有统一的看法，人们从不同的角度进行探讨，提出了一些具有启发性的观点。这里对两种观点作一概括的介绍。

1. 克鲁捷茨基的数学能力成分观①

从数学思维的基本特点出发，克鲁捷茨基认为，数学能力的组成成分包括：

（1）使数学材料形式化的能力，即从内容中分离出形式，从具体的数量关系和空间形式中进行抽象，以及运用形式结构（即关系和联系的结构）进行运算的能力；

（2）概括数学材料的能力，即从不相关的材料中找出最重要的东西，以及从外表不同的对象中发现共同点的能力；

（3）用数字和其他符号进行运算的能力；

（4）"连续而有节奏的逻辑推理"的能力，这种推理是证明、形式化和演绎所必需的；

（5）缩短推理过程、用缩短的结构进行思维的能力；

（6）逆转心理过程的能力（从顺向的思维系列转到逆向的思维系列）；

（7）思维的灵活性，即从一种心理运算转向另一种心理运算的能力，从陈规俗套的约束中解脱出来的能力，思维的这一特性对一个数学家的创造性工作是重要的；

（8）数学记忆力，它的特征也是从数学科学的特定的特征中产生的，是一种对概括、形式化结构和逻辑模式的记忆力；

（9）形成空间概念的能力，这与数学的一些分支如几何（尤其是立体几何）有着直接的关系。

我们认为，克鲁捷茨基强调从数学的学科特点出发，以数学思维为核心来

---

①［苏］克鲁捷茨基. 中小学生数学能力心理学. 上海：上海教育出版社，1983：111.

阐述数学能力的主要成分，这是到目前为止对数学能力的最详尽的论述，对数学能力研究具有重要的启发性。

2. 林崇德的数学能力结构观

林崇德经过长期的教学实验，并在他的思维心理结构理论指导下，提出了数学能力结构观。这一观点认为，数学能力是以数学概括为基础，三种基本能力（运算能力、空间想象力和逻辑思维能力）与五种思维品质（思维的深刻性、灵活性、独创性、批判性和敏捷性）组成十五个交结点的开放性动态系统。[①]

关于数学能力结构的提法越来越多，例如顺向思维能力、逆向思维能力、分析与综合能力、归纳与演绎能力、假设与检验能力、类比与分类能力、模拟与想象能力等，这些都反映了人们对数学能力结构认识的深入。但是，"三大能力"和五种思维品质是最基本、最核心的。另外，从教学层面上看，数学思维品质具有更强的具体性、外显性，因此培养数学思维品质的可操作性更强。这样，"加强数学概括能力的培养，重点放在培养学生的数学思维品质上"的数学能力培养观既体现数学能力培养的关键，又具有可操作性，容易被广大教师把握。因此，林崇德的数学能力结构观对数学教学中的能力培养问题的指导意义更强。当然，这一数学能力结构观主要还是从数学知识教学中培养能力的角度提出的。从中学数学教学全局看，还应当包含用数学解决实际问题的能力。

另外，考察"三大能力"的关系，可以发现，运算能力是逻辑思维与一些具体的运算知识和技能相结合而在处理数量关系方面表现的个性心理特征；空间想象能力则是逻辑思维与一些经验几何知识和识图、作图技能相结合而在处理空间图形方面表现的个性心理特征。所以，逻辑思维能力是中学数学教学中要培养的数学能力的核心。

四、关于数学能力实质的探索

由于数学能力问题的复杂性，要想具体而全面地回答什么是数学能力的问题是困难的。长期以来，人们对数学能力的实质问题从不同角度、以不同方式进行了探索，丰富了我们对数学能力实质的认识。下面概括介绍其中的两种。

[①]林崇德. 学习与发展：中小学生心理能力发展与培养(修订版). 北京：北京师范大学出版社，2003：329.

1. 数学概括能力是数学能力的核心①

这种观点认为，学生的数学能力是影响学生创造性地掌握数学课程的学习活动得以成功的那些稳定的个性心理特征。根据这一前提假设可以得出：

（1）数学概括的特殊性决定了数学概括能力在数学能力发展中的特殊地位

概括是一种思维过程，它包括两种意义：其一，指在思想上把具有相同本质特性的事物联合起来；其二，是把被研究对象的本质特性推广为范围更广的包含这个对象的同类事物的本质特性。所谓概括能力就是影响概括活动顺利进行的那些稳定的个性心理特征，它表现为找出一类事物本质特性和把本质特性推广到同类事物中去，形成系统表述的能力。

根据概括和概括能力的上述理解，数学概括能力是数学活动中表现出来的概括能力，即是概括数学对象、数量关系和空间形式的能力，它是一种特殊的概括能力。首先，这种概括是概括基础上的再概括，比如数学中的研究对象：数、点、线、面等概念本身都是现实世界中概括出来的，而数学概括是对这些经过概括而得到的对象的再概括；其次，数学概括的进行和最终结果应用了数学语言，正因为这样，数学概括进行得迅速，并且结果也很简捷；再次，数学概括过程包括如下几个方面：第一，数学概念和数学规律的概括；第二，把概括的东西具体化；第三，在现有基础上进行更广泛、更高层次的概括；第四，在概括的基础上把数学知识系统化，这是概括的高级阶段。所以数学概括是一种特殊的概括。这一特殊性决定了数学概括能力是特殊的概括能力，决定了数学概括能力在学生数学学习中即在学生数学能力发展中的特殊作用和特殊地位。

（2）数学概括能力是学生学习数学的必要前提

诚然，任何作为特殊认识活动的学习活动都离不开抽象和概括，否则这种活动无法深入下去，但是数学的高度抽象和概括，使之完全脱离了具体的事物，仅考虑形式的数量关系和空间形式，特别是使用了高度概括的形式化的数学语言。因此，在数学学习中更需要进行抽象概括，只有通过逐步地从具体到抽象的概括，才能使学生真正掌握数学知识，不仅掌握形式的数学结论，而且掌握形式结论背后的丰富事实。更进一步地说，学生的数学学习就是数学知识的学习，而知识既有其产生过程，又有其结果的表现形式。数学教学实践表明，无论是掌握知识的结果表现形式（如概念、定理、公式），还是认识知识

---

①蔡金法. 论学校数学学习中的数学概括能力. ［硕士学位论文］. 北京：北京师范大学数学系，1987.

的产生过程（如创造概念、发现定理、推导公式）都依靠对数学对象、结构、关系以及各种经验的概括。所有这些都表明，由于数学概括的特殊性和数学概括在数学学习中的特殊意义，决定了不仅数学概括能力是学习数学所必需的能力，而且是学习数学的前提条件。

（3）概括是导致迁移的实质

所谓迁移就是一种学习对另一种学习的影响，当一种学习对另一种学习起促进作用时，叫做正迁移。因此从迁移的角度看，数学教育的目标无非是为学生的后续发展奠定基础，使学生学会举一反三，把一种学习中形成的学习经验迁移到另一种学习中去，即学会自我学习。正迁移量越大，说明学生通过学习所产生的适应新情境或解决新问题的能力越强，就数学来说即数学能力越强。因此学习的正迁移可以看成学生数学能力强弱的最可靠的指标。

"迁移就是概括"，任何学习的迁移都必须通过概括这一思维过程才能实现。概括性越强、迁移范围就越大。因此，在数学教学中，与其说"为迁移而教"不如说"为概括而教"。

所以，为了把一种课题的学习迁移到另一课题的学习，应当通过概括揭示出这两个课题的共同本质，这是实现迁移的内部条件。形成能力的必要条件是相应的心理过程的概括化，并在个体头脑中固定下来，从而实现从一种学习对象到另一种学习对象的迁移。这种固定下来的个性特征——能力，恰恰表现为能够从一些条件迁移到另一些条件，从一种情境迁移到另一种情境的活动中。这说明数学概括能力是数学能力的核心。

（4）概括能力是思维能力的核心

前已指出，中学数学教学要培养的三大能力的核心是逻辑思维能力，而思维的显著特性是概括性，个体思维能力上的差异主要体现在概括能力的水平上。另一方面，逻辑思维过程离不开概括，正像鲁宾斯坦指出的："思维都是在概括中完成。"况且逻辑思维的形式和规律本身是概括了客观事物的本质和规律而产生和形成的。综上可知，概括能力是逻辑思维能力的核心，从而也就是数学能力的核心。

综合以上四个方面的论述，可以认为，数学概括能力是数学能力的核心。

根据这种观点，中学数学教学要培养学生的三大基本能力，即可归结为培养学生的数学概括能力，特别从数学的特点和思维特性加以论述，具有一定的说服力，所以教学和研究中，这种观点具有一定意义，值得参考。但这种观点对数学能力的理解是否有点狭隘？这还可以进一步探讨。

2. 数学能力实质的认知结构说①

长期以来，人们对认知和能力缺乏统一的研究。数学能力实质的认知结构说认为，既然数学能力是在数学活动（围绕数学理论而进行的一切活动）中形成和发展并表现的，那么，只有把数学能力与认知结构联系起来，才有可能比较清楚地理解数学能力的实质。下面介绍这种观点的主要思想。

（1）数学认知结构

①认知结构。所谓认知结构是指学科知识的实质内容在学习者头脑中的组织。换言之，认知结构是主体对客观知识结构反映的产物。

②数学认知结构的基本元素。对学生来说，数学知识具有两方面的含义：第一，结论性的数学知识（称之为数学理论）——概念的定义、定理的文字叙述和逻辑证明的文字表达、方法规则的程序等；第二，围绕着数学理论而进行的一切数学活动（称之为数学活动）。学生在掌握知识的过程中，产生以下三个结果：数学理论的内化；数学技能的形成；数学活动经验的逐步积累。因此，内化了的数学理论、主体形成的数学技能和数学活动经验构成了数学认知结构的基本元素。

这里，数学活动经验是指：第一，对具体数学理论或数学技能的应用背景和条件的概括。例如，学生掌握了"换元法"的具体步骤，他就获得了换元技能，而在什么条件下应用换元技能更为有效，这就是一种活动经验。活动经验和理论、技能是不同的。获得了某种理论、技能，未必就获得了相应的活动经验。因为理论、技能应用的具体背景和条件是多变的、复杂的，理论、技能本身可以在某一具体背景下习得，但如果没有一定的概括，相应的活动经验就难以获得。第二，对数学活动中一般活动方式、方法的概括。例如，解决一个数学问题的一般过程与步骤也是一类数学活动经验。概言之，数学活动经验的核心是数学思想方法。

③数学认知结构的发展。随着数学活动的进行，学生的数学认知结构也在不断地发展和完善。数学认知结构的发展和完善是以数学理论的不断获取与内化、数学技能的不断形成以及数学活动经验的不断积累为基础的。数学理论的内化方式可以是机械的，也可以是有意义的。机械的数学理论的内化是指学生获得对数学理论的字面联想。有意义的数学理论的内化要经历两个阶段：在第一阶段，学生首先意识到数学理论的内容（what），然后开始考虑它的逻辑依据

---

①王永会. 数学能力的实质初探.　［硕士学位论文］. 北京：北京师范大学数学系，1988.

（why），这样新理论与原有的有关理论就开始发生联系；最后要寻求这一理论的思维过程（how），这意味着，新的理论要转化为个人参照系，使之与本人的数学认知结构趋于和谐；第二阶段应是数学理论的应用和保持，即在不同具体情境中应用数学理论，获得反馈信息，以加深对它的理解，在理解了抽象的意义之后，把它"转移"到自己熟悉的、反映理论本质的、典型的具体事例中去，即由抽象到具体。正是通过这一阶段，才能实现数学抽象意义的直觉性保持。

数学技能的形成是学生在获取数学理论过程中进行练习的直接结果。因此，数学技能的形成途径有两条：伴随着数学理论的习得形成数学技能；在综合应用数学理论过程中形成数学技能。相应于数学理论的两种内化方式，数学技能的形成方式也可以是机械的或有意义的。

数学活动经验的不断积累一般包括模仿、概括、强化和发展四个方面。数学活动经验主要来源于两个方面，即接受外来的活动方式，形成活动经验；在独立进行数学活动中形成数学活动经验。

考察数学认知结构的发展，可以从纵向和横向两个方面进行。所谓纵向考察，就是从原有认知结构与新数学理论的关系着手，考察学习新的数学理论对数学认知结构发展的意义；所谓横向考察，即在纵向发展过程中截取一定阶段，考察在没有习得新数学理论的情况下，数学认知结构的发展和完善。

数学认知结构的纵向发展，要经历分离期（即新旧元素处于分离状态）和联系期（即新旧元素建立起一定联系）。

数学认知结构的横向发展和完善，要经历系统化（即把某一阶段所获得的内容形成一个系统 S_i）和超系统化（即把若干 S_i 组成一个更大系统）两个基本过程。数学认知结构的横向发展，不仅表现在数学理论、数学技能以及数学活动经验的系统化和超系统化方面，而且还表现在一系列复合体的产生。这些复合体是由一定的系统化的数学理论、数学技能和数学活动经验综合而成的。这种复合体的系统化和概括化水平较高，且具有相对独立的意义。同时，这种复合体也在不断地系统化和超系统化。

（2）数学能力是主体一般数学认知特点的概括化形式

心理能力是一种个性心理特征，因此数学能力也是一种个性心理特征。数学能力是在数学活动中形成和发展起来的，而数学活动是一种主客体相互作用的活动。数学能力作为一种个性心理特征，来源于数学活动中的心理活动。心理活动包括认知、情感和意志三个方面，数学能力的形成与发展主要取决于数学心理活动的认知方面。认知过程和认知结果是数学心理活动中认知方面的两种主要表现形式。每一具体的认知过程都会产生具体的认知结果：理论的获得，技能的形成或数学活动经验的进一步积累。这些具体的认知结果显然对数学能力的形成与发展有着重要的作用，但这些结果本身并不能成为数学能力。数学能力直接来源于数学认知过程。在每一具体的认知过程中，主体都会表现出某些数学认知特点，这些具体的认知特点通过主体自身长期不断的概括，就逐步形成了一种主体的一般数学认知特点，它是影响主体所有数学活动效率的最直接、最基本的因素。作为数学能力实质的个性心理特征就是这种一般数学认知特点的概括化形式。

（3）个体素质、智力和数学认知结构是其数学能力形成和发展的三个最基本、最直接的基础

影响数学认知特点的因素是多方面的，但追本溯源，个体素质、智力和数学认知结构是影响数学认知特点的三个最基本、最直接的因素。个体素质是指脑神经系统的某些解剖生理特点，它是主体从事任何活动的生理基础，因此主体本身的素质状况必将影响其数学认知特点。智力属于个性心理特征范畴，它必然要对认知活动进行调控，所以它也必然要影响主体的数学认知特点。除此之外，数学认知结构的状况在相当程度上决定着数学活动的认知特点：

第一，数学认知结构包括三类基本元素（即内化了的数学理论、主体形成的数学技能和数学活动经验），这三类基本元素构成了数学认知结构的基本内容。内容上的差异必将导致主体数学活动中认知特点的差异。

第二，每个学生数学认知结构的组织特征上的差异也将导致主体数学认知特点的不同。这里所谓的组织特征包括数学理论的内化方式、数学技能的形成方式的特征；数学认知结构系统化和超系统化水平的特征以及数学活动经验的类型特征。

既然数学能力是主体一般数学认知特点的概括化形式，而个体素质、智力和数学认知结构是影响数学认知特点的三个最基本、最直接的因素，因此，个体素质、智力和数学认知结构构成了数学能力形成和发展的三个最基本、最直接的基础。

（4）数学能力的形成和发展

就个体而言，在其出生后的最初时期，他是借助于遗传的本能适应环境变化的，从中开始获得并积累起一定的知识技能和活动经验。随着个体的发展，他便在本能的无条件反射活动基础上发展起获得性条件反射活动。随着这种条件反射活动的发生，个体的知识、技能和经验也就日益丰富而多样化，从而导致主体内部一般心理活动调节机制的初步形成和发展，这种心理调节机制基本上属于一般心理能力（智力）范畴。

当儿童开始接受系统的数学教育之后，其数学认知结构就开始逐步形成和发展。最初数学认知结构形成的快慢、优劣及其组织特征直接受着学生智力发展水平及其类型的制约。数学认知结构的发展和完善状况使得主体在运用已有数学认知结构进行数学活动时表现出自身的认知特点，这种特点经过不断的概括，便形成了一种稳定的个性心理特征，这就是主体的数学能力。它是逐步从主体的一般能力（智力）中分化出来的。数学能力一经形成便会反作用于数学认知结构。

当然，数学能力并不是等到主体数学认知结构完善之后才开始形成的。主体的数学能力是在一定素质及其智力发展水平基础上，随着其数学认知结构的形成、发展而开始逐步形成和发展的，而数学能力的形成又通过调控数学活动，反过来促进主体数学认知结构的进一步发展。也就是说，二者处于一种动态的相互作用的状态之中。

综上所述，数学能力实质的认知结构说认为，数学能力是主体运用数学认知结构进行数学活动所表现出的数学认知特点的概括，它以一定的个体素质作为其生理基础，以个体智力作为其一般能力基础，而数学认知结构则构成了其存在和发展的"物质"基础。这里，所谓的"物质"意味着，数学认知结构不是纯粹客观的或生理的东西，它既具有某种"客观实在性"，又的确是主观的一部分，也就是说它是主客体的统一。

综合上述两种观点，我们可以对数学能力与数学认知结构的关系作如下进一步思考。数学能力的核心是概括能力，而迁移的实质就是概括。由于认知结构是学习新知识的基础，原有知识对当前的数学学习具有决定性作用，因此数学认知结构对迁移的发生具有决定性影响。这种影响力取决于认知结构的如下三个成分：①可利用性，即认知结构中是否有足够的旧知识可被利用来固定新知识，如果旧知识的可利用性低，那么新知识的学习就只能用机械学习的方式，这必然会对新知识的理解产生不利影响，并最终导致新知识的遗忘；②可辨别性，如果新旧知识不能清晰地分辨，那么新获得的意义的最初分离强度就很低，这种低分离强度很快会减弱和丧失，并被原有知识的意义所取代，从而导致遗忘；③稳定性和清晰性，如果起固定作用的已有知识不稳定或模糊不清，那么它就不能为新知识的学习提供有效的"固着点"，而且也会使新旧知识的可辨别性下降。上述三个成分也是良好数学认知结构的标志。所以，为了有效地培养学生的数学能力，教学中必须把主要精力集中在塑造学生良好的数学认知结构上。

§3.2　运算能力

一、对运算的理解

运算是在运算律指导下对具体式子进行变形的演绎过程。这里的"进行变形"，如果抽去变形中的具体内容而考察它的本质，那么实际上就是一个映射，所以有人把运算理解为一个特殊的映射。

中学数学的运算主要涉及数与式的各种代数运算（整式、分式、根式运算）；初等超越运算（指数运算、对数运算、三角运算）；向量运算；求导数、求积分的初步运算；概率运算和统计中的数据处理；初等的、简单的"集合运算"和"逻辑运算"。运算是数学学习中的一项重要活动。

总之，运算这个课题在中学课本中是贯彻始终的。

从运算的心理过程看，可以区分为精确计算、心算和估算。按照运算法则进行计算可以训练学生的推理技能，可以使学生形成按程序进行操作的技能，可以培养学生按规则办事的素养和习惯；心算和估算可以培养学生全面把握问题情境、洞察事物本质的能力，以及对数据特点的准确理解、对算法的合理选择、对结果合理性的正确判断等能力。精确计算是一种定量思维形式，有一定的规律可循；估算是对面临情况的一种整体把握，是通过与头脑中已有数学模型的类比而实现的，是对事物本质的直觉判断，因而是一种定性思维形式，有更大的灵活性和可变通性。

二、运算能力的特点及衡量指标

1. 运算能力的特点

在这里，我们将着重讨论中学数学教学中运算能力的两个特点。[1]

（1）运算能力的综合性

运算能力不可能独立地存在和发展，而是与思维能力、空间想象力以及观察力、记忆力、理解力、想象力等一般能力互相渗透、互相支持的。

学生不熟记各种数据和公式，就无法正确、迅速地进行各种运算；如果对

---

[1] 马明. 运算能力及其培养途径. 数学通报，1984（6）.

数学概念或基础知识的理解不透彻，或者根本不理解，运算时就必然带有盲目性；学生不善于观察，不能发现算式的特点，就不可能对算式进行有效的分解、组合等变形，也就不能选择合理的运算方法进行有效运算，甚至对显然不合理的运算结果也觉察不出；如果缺乏想象力，学生就很难把数、式的运算与图形等其他数学表示形式联系起来，其运算过程就会显得僵硬死板。特别是，运算过程涉及大量的、复杂的逻辑推理，这是与思维能力紧密相关的，其中既体现了根据数学原理、公式、法则对算式进行变换操作的过程中表现的正确、灵活和熟练的程度，又体现了深刻理解算理的基础上，能根据问题的条件寻求合理、简捷的运算途径的水平。

运算能力的这种综合性特点，说明运算能力的培养绝不能离开其他能力的培养而孤立地进行。

（2）运算能力的层次性

运算能力的发展总是从简单到复杂、从低级到高级、从具体到抽象，有层次地发展起来的。

如三角形面积的计算是从具体的形的割补法到代数法、三角函数法，最后在坐标法中又借用三阶行列式这个有力的运算工具。

由三角形、多边形的面积计算，又发展到任意几何图形的面积计算，于是积分这个有力的运算工具又进入运算领域。

运算能力的上述两个特点说明，在实际教学中，既要以新的数学知识的学习为载体，循序渐进地促进学生运算能力的发展；同时，又要注意运算能力的发展与学生的智力发展水平、数学知识的掌握水平以及其他数学能力密切相关，不能超越这些而孤立地培养运算能力。另外，从发展方向看，中学阶段的运算能力是朝着更为抽象、综合和复杂的方向发展的。

2. 运算能力的衡量指标

在衡量运算能力的指标体系中，我们强调三条：正确、迅速和简捷。这里所指的"正确、迅速"，不是单纯的速度快、准确性高，其中也含有运算步骤要简捷，即含有"合理"的要求。这样，首先就要求学生对所学的理论知识的内涵（特别是相应的数学思想方法）、作用和用法掌握得广泛、熟练；其次还要求学生具有较强的观察力，善于发现用哪些知识解决问题才是获得运算结果的捷径；第三，懂得怎样的运算步骤是较为简便的。显然这些都是培养学生运算能力所不能忽视的问题。

这里特别说明一下为什么要有"速度"这一指标。心理学研究表明，数学能力强的学生的普遍特点是在运算时思维过程敏捷、反应快、速度快。"我们不应该把运算速度只看作对数学知识理解程度的差异，而且还要看作运算习惯的差异和思维概括能力的差异。"① 因此，在运算能力中强调运算的速度，实际上既强调了知识的牢固掌握问题，又强调了运算习惯和概括能力的问题。这也说明，单靠大量演算训练并不能使运算能力得到有效的提高，只有养成了良好的运算习惯，并有较强的概括能力，才能形成高水平的运算能力。

三、对运算能力研究的几点注解

随着数学教育的发展，运算能力的内涵也在不断发生变化。在运算能力的研究中，下面几点应特别注意。

1. 信息技术的发展对运算能力内涵的影响

当前，信息技术的飞速发展对数学和数学教育都产生了重大影响。从信息技术软件的功能看，与"运算"相关的有函数作图与分析功能、计算机符号代数功能、电子表格与数据处理功能、编程功能，其内涵如下表所示：

功　　能	内　　涵
函数作图与分析功能	函数的解析式、图像、表格；函数的零点；给定任意区间上函数的最大值和最小值；函数在某点的切线及其方程；两个函数图像交点的坐标；函数图像局部放大和缩小等
计算机符号代数功能	加、减、乘、除、乘方、开方等运算；代数符号运算；解方程；三角函数化简；极限、导数、积分等运算
电子表格与数据处理功能	基本的统计运算：平均数、方差等；用扇形图、直方图、条形图、折线图描述数据；确定数据的回归方程；对数据进行其他量化描述
编程功能	为处理某个问题编写小程序

由于一些技术（或软件）的功能非常强大，基本上能完成从小学算术到大学微积分的所有数学运算，因此必然对传统的数学运算的内容、学习和教学产生重大影响。信息技术作为计算工具、收集和处理数据的工具，可以帮助学生进行复杂的运算，减少解决问题过程中的机械、重复性的劳动，提高准确性。例如，用任何一种科学计算器都能进行"六则运算"，求对数，求三角函数值，

---

① 林崇德. 学习与发展：中小学生心理能力发展与培养(修订版). 北京：北京师范大学出版社，2003：375.

进行统计运算等；用图形计算器的强大的代数功能，可以方便快捷地进行数据拟合、函数迭代等。总之，信息技术的发展使得运算能力在传统意义的基础上，又赋予了新的内涵。例如，我们会更加强调对算理的理解、对各种运算的联系的理解、算法的选择、对运算结果的估计、判断运算结果的合理性等在运算能力中的重要性等。

当然，中学数学教学中使用信息技术，要注意把握与纸笔运算、逻辑推理的平衡，即它不能被用来代替基本的数学活动，如熟练的运算、基本的推理技能（如代数变换、解方程、逻辑推理、数学证明等）。学生应该懂得那些快速、准确的运算方法，并能有效地应用它们；一些简单的基本计算可以用心算，尤其是用心算估计计算结果，这样可以培养学生对计算结果合理性的觉察力；如果简单问题用笔算容易且迅速，就用笔算，这里的标准是算式中所含的数以不多于两个数字为宜；对于复杂问题，可以使用信息技术工具。总之，以准、快、合理、方便、省时、省力、满足需要为标准。

2. 估算的地位和作用应得到加强

估算反映了一个人在面临运算问题时的判断和选择能力，这是运算能力的高层次反映。估算与精确计算有内在联系。在精确计算过程中，一方面要求学生在理解算理的基础上讲究算法的合理性，并在计算速度上达到一定水平，在此基础上再要求学生不断对计算结果进行估计，以使学生形成适合于估算的直觉，进而培养对事物发展前景和结果的判断能力。在处理问题时，人们可以凭借这种直觉，对采取什么方法、方法的可行性以及可能的结果等作出判断。实际上，现实世界中，精确是相对的，模糊是绝对的。这样，对事物发生发展的可能性的估计、对结果的可能性的判断以及相应的对行动方案的选择，都需要人们的估计能力。例如在购物、旅行、观看体育比赛、投资、游戏等活动中，都涉及"估计"，当学生获得现实世界各种活动的日益广泛的经历，这些活动的结果可以由对各种数字进行大致估算而得到预测。

当前，人们对运算有一些误解，认为它就是按照各种运算法则进行加、减、乘、除，因此，学习运算就是把书本中给出的运算法则背诵熟练，形成一些运算的基本技巧，即能够根据熟记的法则，迅速地计算出给定式子的正确答案。实际上，按照算法规则进行逻辑推理而获得正确结果仅仅是计算的一个方面。更重要的，在计算中包含着对算法的构造、设计、选择，对算理的理解、运用等，这些是与运算能力更加紧密相关的内容。

四、中学生运算能力发展的特点①

1. 中学生运算能力的三级水平

林崇德经过实验研究，提出了中学生运算能力发展的三级水平：

第Ⅰ级，了解与理解运算的水平。学生对运算的含义有感性的、初步的认识，能够（或会）在有关的问题中进行识别，并进一步达到对运算的法则、公式、运算律的理性认识水平，即不仅能说出是什么、怎么得来的，而且知道运算的作用和相互之间的联系。

第Ⅱ级，掌握应用运算的水平。学生在了解和理解的基础上，通过练习，形成技能，能够（或会）用运算解决一些基本的常规问题。

第Ⅲ级，综合评价运算的水平。学生能综合运用多种运算，并达到灵活变换的程度，可以对同一问题采用不同的运算方案，并准确、迅速地判断出最合理、最简捷的途径是什么，从而形成高级阶段的运算能力。

2. 中学生运算能力发展的特点

中学生运算能力的发展，具有由第Ⅰ级水平到第Ⅱ级水平再到第Ⅲ级水平顺序发展的特点，而且这种发展顺序是不可改变的，因为低级水平是高级水平的基础与前提，高级水平是低级水平的发展方向和必然结果。

中学生运算能力的发展具有年龄特征，具体表现在：每一级水平的运算能力都是随着学生的年级升高而呈现上升趋势，初二学生的运算能力在第Ⅲ级水平上有所滑落，而初三学生无论是在第Ⅲ级水平上，还是在前两级水平上，都有一个飞速发展的过程，这一发展速度要大大超过由初一到初二的发展速度，这表明初中二年级时运算能力发展的新起点，初中二年级是运算能力发展的关键期，应该在初中二年级提高学生运算能力培养的质量和速度，为初中三年级学生的运算能力发展获得质的飞跃打下基础。

对同一年级的学生而言，是随着运算能力水平层次的提升，进入到高一级水平的学生人数在不断下降，即随着能力水平的提高，达到相应水平层次的学生人数越来越少。事实上，因为学生的运算能力水平是与其数学思维品质发展的质量紧密联系在一起的，学生的年龄越低，其数学思维品质发展越不完善，运算能力水平达到高层次的人数就越少。这说明，只有发展与完善学生的数学思维品质，才能使学生的运算能力发展到更高的水平层次。

运算能力的发展与运算的知识技能的增长既有联系又有区别。

---

①林崇德. 学习与发展：中小学生心理能力发展与培养(修订版). 北京：北京师范大学出版社，2003：351.

五、运算能力的形成机制问题

运算能力强的学生在遇到运算任务时，能够对运算所需要的公式、法则以及步骤等做出有效的选择。心理学家认为，这是学生对相应的公式、法则等进行了长期、广泛应用的结果。另外，运算中对运算技巧、运算策略的高水平把握也是具有运算能力的表现。由于这样的技巧、策略的运用需要有意识的控制，而这种意识的形成也是需要经过长时间训练的。所以，数学运算能力的培养与长时间的运算训练是分不开的。

一般说来，运算能力的形成需要经历从知识、技能到能力的转化。现代认知心理学把知识区分为陈述性知识和程序性知识，进一步的，认知心理学家认为，思维技能或认知策略属于程序性知识范畴，这类知识被称为"有控制的程序性知识"。这样的知识在运用时具有运行速度慢、有顺序、能有意识地监控、能准确表述等特点。从运算的知识、技能转化到能力，需要经历如下阶段：

首先，以相应的知识为依据，理解有关知识、熟悉运算的程序。这个阶段应当本着"先慢后快""先模仿后灵活"的原则，严格按步骤进行运算，并要做到步步有据，运算过程的表述做到规范准确、条理清晰。组织训练时，既要有一定的量，又要注意典型性，并要注意循序渐进。

其次，经过一定量的、有层次的、按部就班的训练以后，逐渐学会简化运算步骤，灵活运用公式、法则，以形成运算策略。运算能力形成的中心环节，是准确把握运算目标，学会根据问题特点选择适当运算途径的策略，形成合理、简捷地进行运算的意识和习惯。这就需要教师悉心指导，长期坚持。由于策略性知识的有序性、可表达性，因此教师可经常地要求学生说出"为什么要采用这样的运算策略"。

再次，通过适当的综合性训练，实现运算知识、技能的灵活迁移，从而形成运算能力。学生是否具有相应于某种运算的运算能力，主要看他是否能够在复杂情境下灵活地应用它，因此适当的综合训练非常重要。在这个过程中，运算的工具性和运算过程的思维性非常突出。运算主要是为推理、演绎、判断或证明服务的。

例1 已知正数 a，b，c，d，e 有以下关系：$a:b=b:c$，$a=b+c$，$b=c+d$，$c=d+e$，试证：a，b，c，d，e 成等比数列。

分析 根据等比数列定义，此题要证 $b:a=c:b=d:c=e:d$。这样，问题转化为通过运算是否能够得出四个"比"相等。由于条件很多，为了运算方便，可引进某个辅助元。例如，设 $a:b=b:c=k$，则有：$b=kc$，$a=bk=k^2c$。代入 $a=b+c$，得：$k^2c=kc+c$。于是，$k^2=k+1$。这里到底是否要具体解出 k 的值呢？具体解出当然可以，但由 $b=c+d$，将 $b=kc$ 代入有 $kc=c+d$，即 $(k-1)c=d$。可以发现，将 $k^2=k+1$ 转化为 $\frac{1}{k}=k-1$ 更加方便。由此可方便地得出：$c=kd$ 和 $d=ke$，进而使问题获解。

在上述分析过程中，主要涉及了运算途径的选择。简捷的运算来自于对条件的系统把握，在运算过程中做到"瞻前顾后"，从而避免了不必要的运算。另外，辅助元 k 的引进，使得几个条件之间有了联系的纽带，这种建立了内在联系的条件在解题过程中更容易发挥作用。应当说，在上述过程中，从运算问题的产生、目标的确定到运算途径的选择和运算的具体实施，都需要较高的运算能力。因此，这样的训练对于提高学生的运算能力是非常有效的。

六、运算能力的培养

前已指出，正确、迅速、合理、简捷地进行运算是具备运算能力的标志，合理、简捷地进行运算不仅是迅速运算的需要，也是准确运算的保证。因为运算不合理、过程烦琐是造成运算错误的主要原因。所以，根据问题的条件，恰当地选择运算途径，使运算做到合理简捷，是提高运算能力的关键。具体地，教师可从以下几个方面对学生提出要求。

1. 深刻理解数学概念，适当记忆数字事实

这是培养运算能力的前提。任何数学运算都是伴随着数学概念而产生的，都是在概念系统中进行的。许多数学概念还规定了运算的操作规则，例如集合的交、并、补，复数的模，等差数列的公差、等比数列的公比等。因此，深刻理解概念是合理、简捷地进行运算的前提。

另外，适当记忆一些数字事实也是非常必要的。虽然我们要把能力与知识、技能区分开来，但是能力与知识技能紧密相关，这种相关性在运算能力上表现得尤为突出。也就是说，必须使学生牢固地掌握那些常用的数字事实，并达到自动化水平，才能使运算能力得到切实提高。例如，20 以内正整数的平方数，10 以内正整数的立方数，特殊角的三角函数值，无理数 e，π，$\sqrt{2}$，$\sqrt{3}$，lg 2，lg 3 等的近似值，记忆最好要达到"一口清"，还要注意掌握一定的速算要领；20 以内正整数的心算，正负数运算规则，求根公式、判别式、韦达定理，配方、根幂运算等，都必须达到不假思索的自动化水平。一些常用的变换技巧，因为运算过程中经常遇到，所以也要达到自动化水平。

2. 注重数学思想方法在运算过程中的主导作用

运算中自觉运用数学思想方法，不但有利于提高学生的思维水平，而且有利于运算的合理简捷，从而提高运算的正确性和速度。因此应加强以数学思想方法指导运算的意识。

例 2　已知过 $A(4,1)$，$B(-2,4)$ 两点的直线与 y 轴交于 P 点，则 P 分 AB 所成的比 λ 是多少？

本题一般的思路是先求出直线 AB 的方程，再求出 P 点的坐标，再求 $|PA|$，$|PB|$ 的值，确定出 AP，PB 的方向，最后得出 λ 的值。用这样的思路求解，其运算量是比较大的。但如果用方程的思想，注意到分点 P 的横坐标为 0，立即可以由 $\dfrac{4+\lambda(-2)}{1+\lambda}=0$ 而得 $\lambda=2$。

3. 重点培养"选择"能力

灵活地选择公式、法则和运算途径，是高水平运算能力的体现。数学问题，特别是综合性的数学问题，往往可以使用不同的数学公式，采用多种运算途径，这就需要进行适当的选择。

例 3　已知 $f(x)=\sqrt{1+x^2}$，a，b 为相异实数，求证：$|f(a)-f(b)|<|a-b|$。

本题可以从不同的算法入手。如：

(1) 从代数不等式的角度直接运算；

(2) 转化为三角函数；

(3) 将 $f(x)=\sqrt{1+x^2}$ 解释为直角坐标系中直线 $y=1$ 上的点 $(x,1)$ 到原点 $(0,0)$ 的距离；

(4) 将要证的不等式转化为 $\dfrac{|f(a)-f(b)|}{|a-b|}<1$，而把左边看成是过两点 $(a,f(a))$ 和 $(b,f(b))$ 的直线的斜率；

(5) 引进复数，用复数模的性质来解决等。

实际运算表明，利用"数形结合"的思想进行转化可以简化运算，这样，(3)(4)(5) 都可以采用。例如用引进复数的办法，有：

设 $z_1=1+ai$，$z_2=1+bi$，其中 a，$b\in\mathbf{R}$，$a\neq b$。则 $|z_1|=\sqrt{1+a^2}$，$|z_2|=\sqrt{1+b^2}$，$|z_1-z_2|=|a-b|$。由 $z_1\neq z_2$，得 $|z_1-z_2|>||z_1|-|z_2||$，立即可得不等式成立。

4. 注重运算中的"全局观念"

以整体的思想看待问题，从全局的高度把握运算，是提高运算效率的关键，也是运算能力强的表现。学生在运算过程中，经常出现不必要的运算步骤、重复的运算过程等，其原因与不善于从全局把握问题有很大关系。为此，教师应加强对学生进行"换元"等方法的训练，以提高速度。

例 4 已知虚数 z 满足 $z^3=1$，求 $3z^5+3z^4+2z^2+2z+8$ 的值。

本题先由 $z^3=1$，求出虚数 $z=-\dfrac{1}{2}\pm\dfrac{\sqrt{3}}{2}i$，再代入和式求值，虽然可行但运算复杂。如果结合已知和所求，我们可以发现只要求出 z^2+z 的值，即可得解此题：

由 $z^3=1$ 得 $z^3-1=0$，所以 $(z-1)(z^2+z+1)=0$，于是 $z^2+z+1=0$，即 $z^2+z=-1$。所以，原式 $=3$。

5. 强调良好计算习惯的培养

前已谈到，计算习惯的培养是提高运算能力的重要措施。这里特别要强调，在运算技能的形成阶段，要让学生养成明确计算目标、计算步骤和步步有据的习惯。

事实上，每个具体的计算技能都是依据相应的基础知识而得到的。每个计算步骤也都是以相应的基础知识为指导而形成的。但是，理解了基础知识，并不等于已经形成了计算技能，因为从知识到技能还需有一个练习过程。这里特别要强调目标、步骤、依据。

总之，数学运算种类多样，涉及的因素复杂，相应的运算能力需要随着数学知识的学习而逐渐地加以培养，特别要注意运算能力的综合性，要把运算能力的培养与数学基础知识的学习、基本技能的训练，以及思维能力的培养结合起来。虽然计算机的高度发展为减轻运算的劳动量提供了技术条件，因此现在提倡控制运算量、限制运算的复杂程度，不必过分地追求运算的特殊技巧，不必过分强调运算的速度等都是正确的，但这并不等于说可以降低对运算能力的要求。实际上，有效地使用计算机进行运算，必须以使用者对算理、算法的高水平掌握为前提，这对运算能力提出了更高的要求。因此，数学教学中对运算能力的培养应当常抓不懈，对学生进行长期的训练，使运算能力随着数学知识的深入学习而得到不断深化和提高。

§3.3 空间想象力

一、对空间观念的理解

几何学科从事于几何体和图形的研究，研究它们的位置关系和量的关系。几何体是舍弃了现实物体的物质属性（如密度、质量、颜色等）而仅仅从它的空间形式的观点加以考虑的数学对象；几何图形是更一般的概念，其中甚至舍弃了空间的延伸。例如，三角形、平行四边形、圆……是二维的，直线是一维的，点是没有维的。点是关于线的顶端，关于精确到极限位置的抽象概念，点已不能再划分为几部分。这样，几何以"纯粹形式"的现实物体的空间形式和关系作为自己的研究对象。正是这种抽象程度导致几何研究方法的纯思辨性，对于没有厚薄的平面、没有粗细的直线、没有"维"的点，对于"纯粹形式"，我们无法通过做实验来得出结论，只有用直觉思维和逻辑推理的方法从一些结论导出一些新结论，而且最终一定要通过逻辑推理和证明来得出几何定理。

空间观念在研究数学以及其他科学中都是非常重要的，在基础教育阶段，它的育人功能也是不可替代的。杨乐院士说："我觉得平面几何的作用非常大。欧几里得的几何可以说是人类历史上在学术和理论上第一个系统和完美的理论，它从五条公理就可以推出那么丰富的内容。我想，在它之前，甚至和它同时代的，比它晚一点的其他理论都无法与之比美。我想，无论是几何直观能力的培养，还是从平面几何学习中受到的很严谨的逻辑推理能力训练，对中学生来讲都是非常重要的。虽然以后不会在生产、生活或工作中让你去证明或使用'两个三角形的对应边相等，那么这两个三角形全等'，但在平面几何中进行的几何直观能力和逻辑推理能力训练是很重要的。"

所以，几何的学习和研究是一种"思想实验"，直观与逻辑、推理与证明是几何的"内在之物"。通过几何学习，学生可以在掌握几何图形及其结构、几何关系及其度量的基础上，学会建立和操作平面或空间内物体的心智表征，学会从不同角度观察一个物体，形成准确感知直观世界的能力；能从"纯粹形式"的空间形式和关系的角度对物体进行抽象与推理论证，形成空间想象力与逻辑推理能力。这是几何思维的重要方面，而几何思维是所有高水平数学思维所必不可少的。同时，几何证明是中学阶段几何学习的核心内容，这是培养学生逻辑思维能力的最重要时机。

二、空间想象力的衡量指标

空间想象力是人们对客观事物的空间形式进行观察、分析和抽象的能力，它的特点在于善于在头脑中构成研究对象的空间形状和简明的结构，并能在离开实物的条件下，在头脑中对空间元素进行一系列操作和变换，对它们的位置关系进行相应的分析、归纳和概括等。

空间想象力的衡量指标主要包括下面几个方面：

第一，对基本的几何图形（平面与立体）的熟悉程度，包括熟悉图形的特征和它们之间的关系；能正确画图；能在头脑中分析基本图形中基本元素之间的度量关系及位置关系；等。

第二，用坐标和向量等表明位置和描述空间关系的熟练程度，包括能借助坐标系或向量正确地表征几何图形，以建立代数与几何的联系；能熟练地建立坐标系并用坐标法分析问题和探讨数学，能熟练地用向量法解决某些几何问题；等。

第三，能正确地借助对称、变换等原理，分析几何图形的形状特征及几何元素的位置关系。

第四，熟练地识图，包括能从复杂的图形中区分出基本图形；能在平面图形、立体图形和它们的表征之间进行转换；等。

三、中学生空间想象力发展的特点

1. 几何思维的五级水平

弗赖登塔尔的学生海尔（Van Hiele）提出的数学化过程的教学理论中，把几何思维区分为五个水平：

0—水平：直观。其特征是学生借助直观，笼统地从整体外表上接受图形的概念，但并不理解其构造和相互之间的关系，也不会进行比较。

1—水平：分析。其特征是学生开始识别图形的构造和相互之间的关系，也能借助于观察、作图等方法非正式地建立起图形的许多性质，但未掌握其间的逻辑联系。

2—水平：抽象。其特征是学生形成了抽象的定义，也能建立图形概念与性质之间的逻辑次序，但尚未对演绎的实质含义形成清晰的观念。根据思维变化与对象的不同特点，会混合使用实验观察与逻辑推理等各种不同的推导方法，但还没有理解公理的作用，自然更谈不上对数学内在结构体系的掌握。

3—水平：演绎。其特征是学生抓住了整个演绎体系，能在以不定义的基本关系和公理为基础的数学体系内进行形式推理，理解构造和发展整个体系的逻辑结构，能理解并分析相互之间的逻辑关系。

4—水平：严谨。其特征是学生领会了现代公理系统的严密性，对于几何对象的具体性质及几何关系的具体含义都可以不作解释，而是完全抽象地建立一般化的几何理论，这实质上已经将几何提高到一个广泛应用的领域。

2. 中学生空间想象力发展的特点

一般来说，学生几何思维的发展应当循序渐进地经历上述各级水平。与上述五个水平相对应，几何知识的掌握也需要经历五个阶段。在某一水平上进行的组织活动，往往成为下一水平的研究对象，通过重新组织又提高到一个新水平。在这不断提高水平的过程中，学生研究抽象层次逐渐提高的几何知识，逐渐学会处理几何问题的方法，同时也掌握了几何知识。

与几何知识的掌握和几何思维的发展相适应，学生的空间想象力也由低水平到高水平顺次发展。从借助直观，通过整体形状来认识二维或三维的几何图形，分析出简单几何图形，发展到能够从图形的结构和相互关系的角度认识图形，由较复杂的组合图形分解出简单的、基本的图形，在基本的图形中找出基本元素及其关系；再到能够用抽象的定义，使用实验观察、逻辑推理等各种不同的推理方法，认识和理解几何对象的某些性质和几何关系；最后发展到能在一个"扩大的公理体系"中进行简单的逻辑推理，初步了解几何体系的逻辑结构，并能用恰当的工具（坐标系、向量等）解决几何问题。这种发展次序是不可改变的。

中学生空间想象力的发展具有年龄特征，表现在：每一级水平的空间想象力都随着年级的升高而呈上升发展的趋势。其中，初二学生的空间想象力在第1，2级水平上，与初一学生相同水平层次上的能力相比并没有多大进步，相反地，在第3级水平上还有所滑落。到初三，前两级水平有一个飞速的发展，这一发展速度要大大超过其他时期的发展速度，这表明初二是空间想象力发展的关键期。因此，初二数学课程要注意丰富和加强几何（特别是平面几何）内容，以与学生的空间想象力发展关键期相适应，使学生的空间想象力在初三实现质的飞跃。

对同一年级的学生而言，随着能力水平层次的升高，进入到高一级水平的学生人数在不断下降，即随着能力水平的提高，达到相应水平层次的学生人数越来越少。在中学阶段，很少学生能达到第3级水平，几乎没有学生能够达到第4级水平。

　　学生从初二开始具备对三维几何图形的较低水平层次的想象力，但还不具备对三维几何图形的高层次想象能力，这需要具备对二维几何图形的较高认识水平之后才能实现。另外，从学生认识三维几何图形的能力发展过程来看，他们首先达到对几何形状的整体想象，然后达到对整体几何图形的分解与组合等。

3. 对几何课程体系的思考

　　我国以往几何课程体系，是在初中二年级开始安排带有一定公理化性质的平面几何；初三除了继续安排平面几何知识外，还安排了简单的三视图内容；高一开始安排立体几何、解析几何及向量几何等。这样的课程结构体系与学生空间想象力的发展规律基本吻合，但还需要改进。因为以公理化方式组织的几何课程结构体系，对于培养学生的逻辑推理能力是非常有好处的，但对于培养学生的空间想象力有一定的不利影响。所以，从初中二年级开始，应当适当渗透观察三维图形、了解图形的整体性质等方面的内容和要求；平面几何内容的安排，在保持"扩大的公理化体系"、注重逻辑演绎、强调严谨准确的前提下，要加强平面几何定理的发生发展过程，以利于渗透合情推理成分，从而使平面几何教学更加符合学生思维发展规律，使几何教学目标更加全面（逻辑推理与合情推理并重，培养学生的几何探究能力）；立体几何的课程结构，应当改变"四个公理——空间点、线、面的位置关系——空间几何体"的组织体系，先安排对空间几何体进行整体认识的内容，然后安排对整体几何图形的分解与组合——空间点、线、面的位置关系和度量问题。这样安排，不仅能够使课程内容与学生空间想象力发展规律相吻合，而且能使空间想象力的培养得到加强，并能使合情推理与逻辑推理并重，从而全面实现几何教育功能。

四、中学生空间想象力的培养

　　我们知道，学生空间想象力较差，往往是他们学习有关空间图形知识的绊脚石。由于空间想象力不可能一蹴而就，所以要想顺利地发展这种能力，往往要求提前对学生进行长期而耐心细致的培养和训练。

1. 构建一个从直观理解到形式化处理的几何学习过程

　　任何几何学习都可以从直观理解和形式化处理这两个极端之间的某一处开始。但是，从整体上看，几何学习应当根据学生思维从具体形象思维向抽象逻辑思维发展的规律，从直观、形象开始，通过"局部演绎"方法，逐渐使学习走向形式化、公理化，并最终学会依照公理化思想处理问题的方法，学会评价和应用一些严谨的推理方式。在这个过程中，逐渐使学生体会直观与逻辑、直觉与证明之间的关系，培养学生的空间观念和科学的思想方法。

在几何内容的安排上，一般是在小学及初中二年级之前安排"实验几何"，学生根据自己对生活空间的知觉和日常经验，在实验操作的基础上，通过类比、归纳的思维方式，建立起对空间各种几何元素的位置和数量关系的认识，形成空间观念和几何直觉。在这个过程中逐渐渗透"综合几何"的某些思想。在初二以后，逐渐过渡到以欧氏几何的逻辑结构为主要理论框架，适当简化其公理系统，并以欧氏几何的综合方法（如全等、相似、添加辅助线等）为主要论证方法的演绎几何，使学生掌握初步的公理体系和组织科学理论的逻辑方法，养成周密合理的思考习惯，精确严谨的语言和抽象概括的能力。同时，在初中引入直角坐标系，使学生逐渐体会"数"与"形"之间的内在联系，作为一些数形结合处理问题的方法。在基本掌握有关的几何知识和逻辑推理方法后（这时，相应的代数知识准备也已比较充分），再引入系统的解析几何，通过学习一些必要的基础知识，重点放在掌握一种重要的思想方法——解析法，从而使学生形成数形结合的思想：几何情境与其代数模型紧密联系，数值计算可以得到几何解释。

2. 强调"识图"能力的培养

几何主要处理图形信息。"图形"是对现实世界中客观事物空间形式的抽象，几何则是对"图形"的形状、大小和位置关系的研究。这样，在几何学习中，图形是作为几何的研究对象而存在的。所以，使学生能正确地"看图""读图"，顺利地从图形中得到需要的关键信息，就成为培养空间想象力的首要任务。

在培养"识图"能力的过程中，如下两个问题特别值得重视：

（1）强调学生动手操作

强调学生亲自动手操作的目的是为了使他们获得关于几何元素之间关系的直觉经验，借助于运动、变化着的直观形象，在操作过程中产生思维活动，实现对几何体的特征和性质的认识，不仅能为后续的抽象思维提供丰富而生动的素材，而且还能引起学生的思考、探索与研究，发展关于几何关系的数学论证，使思维由经验型向理论型深化。实际上，在学生实际动手操作的过程中，他们的思维活动就同时展开了，边演示、边思考，在相互交替中推进对几何知识的理解。

在具体实践中，可以让学生自己制作学具，通过图片的剪拼、接合、翻折、旋转、平移、放缩等活动，来体验全等、相似、平移、对称、旋转等变换，在此基础上对学生提出严格的作图、测量的要求。

还可以用变换来帮助学生理解图形之间的全等、相似关系。例如，图形通过平移、旋转、翻折变换，所得的图形与原图形全等；图形经过放大或缩小后，所得的图形与原图形相似。在这样的操作过程中，可以使学生建立起关于全等、相似的直觉经验，这种经验可以为定义和理解全等、相似提供根据。

（2）重视"三种语言"的相互转换

几何教学中，教师应当舍得花时间对学生进行文字语言、符号语言和图形语言相互转化的训练。事实上，能够顺利实现"三种语言"的相互转换是空间想象力强的表现。由于几何的概念、定理一般都使用文字语言来叙述，但在具体证明时，却要先根据题意画出图形（文字语言翻译为图形语言），然后再用符号语言写出证明，在根据题意正确地做出图形的过程中，可以加深对文字语言的理解，找到对问题中某些未知的、隐蔽的关系的直觉，为证明提供思路和方向，因此几何内容的这种特点也为培养"三种语言"的转换能力提供了平台。在"三种语言"的相互转换过程中，学生的空间想象力能够得到有效培养。

3. 重视几何思维的综合性

从处理问题的手段看，代数主要是进行"运算"或"恒等变形"。在运算过程中，有严格的算法、算理作为依据，因此处理代数问题常常可以实现"机械化"。但是几何（特别是平面几何）问题的处理，其综合性很强，不仅要用到许多几何概念、定理等专门知识，而且还要用到各种不同的推理形式、思维策略，还要使用"添加辅助线"之类带有高度技巧性的方法，因而常常使人在很长时间的学习后还难以把握其中的规律。在几何学习中，除了运用逻辑推理以外，还需要应用观察、比较、类比、直觉、猜想、归纳、概括等非逻辑思维。所以，几何学习中的思维是综合性的。正因为此，在几何教学中，要注意利用几何思维的综合性，从培养学生数学能力的整体出发，采取有效措施培养学生的空间想象力。

§3.4 数学应用能力

一、对数学应用能力的认识

数学应用能力主要是指用数学解决带有实际意义的和相关学科中的数学问题，以及解决生产和日常生活中的实际问题能力。在解决实际问题中，要使学生受到把实际问题抽象成数学问题的训练，逐步培养他们分析问题和解决问题的能力，形成用数学的意识。实际上，强调数学应用能力的培养的目的是为了使学生更好地理解与掌握知识，在解决实际问题的过程中，通过充分的观察、比较、分析、综合、抽象、概括等思维活动和必要的逻辑推理训练，使学生学会运用数学知识解决简单的实际问题，并在这个过程中提高学生学习数学的兴趣，增强用数学的意识。数学教学中培养学生的数学应用能力，其重要意义在于，在教学过程中要求教师在书本知识学习和应用的结合中促进学生掌握基本知识和技能，培养能力，学以致用，达到深刻理解理论实质，增长实践才干的目的。

二、培养数学应用能力的意义

1. 从数学理论的形成和发展过程看

中学数学中的基础知识都是来自于社会和生活实践。在人们的实践中经常碰到不能分割的有自然单元的对象，如人、鸟、兽等，为了对这类对象计数，产生了自然数的概念；对连续的、可以无限细分的量进行度量就需要有理数和实数；要解决数量关系问题，自然要研究数的运算及其遵循的规律；把数的运算律进一步系统化、形式化就产生了多项式理论。因此，数和式的理论是从生活和社会实践的需要中产生的。几何学的理论也来自实践，例如，由划地界、量地积，积累了大量几何事实。测地术传到古希腊，和亚里士多德的逻辑工具相结合，极大地提高了人们的智能，迅速推动了数学的发展，并促进数学从实践经验向系统理论的转化。欧几里得把前人的庞大资料加以系统化，写出了杰作《几何原本》。迄今，中学几何课教材仍以《几何原本》的改编本为基础写成。在求面积、体积、长度、斜率、瞬时速度等的实践中，人们很早就对"无限逼近""求极限"等有深刻的认识。由于第一次工业革命的需要而推动，在实践中积累了大量微积分知识，直到 19 世纪实数理论的建立才奠定了微积分的基础。由实践到理论，就是把现实中多样的事物、现象经过分析、综合、归纳、概括出简单而又具有普遍性的道理，这就是理论。只有精而简的理论才能用来"以简驭繁"，指导实践，解决实际问题。同时在解决实际问题中检验理论，发展理论。数学理论只要经过逻辑证明，就可保证其真理性，似乎不需要实践检验，而且数学真理只有实践的验证，而未经逻辑证明，还不能被承认。这是否说明实践对数学理论是无关紧要的呢？这是一种误解。要保证逻辑推证结果的真理性，首先必须保证作为出发点的公理是有实践基础，而不是主观臆造的；其次必须正确运用逻辑规律，而逻辑规律是经过实践检验的。所以数学理论终究要受实践的检验。实践在数学发展中在三方面起了决定性作用：实践向数学提出新的问题；刺激数学向一定方向发展；并且提供检验数学结论真理性的标准。在教学中要正确体现理论和实践的关系，不仅要学生记住结果，更要学生参与获得结果的过程，从而了解数学知识，特别是数学思想方法的来龙去脉，提高把实际问题化为数学问题并使用数学方法加以解决的本领。

理论来自实践，但它具有更大的概括性和一般性，它概括了丰富多样的事物、现象。比如，同一个二次方程，可以是多个实际问题的数学模型，即它可以概括多种实际的数量关系。如 $s = \dfrac{1}{2}gt^2$ 可以概括距离、时间、重力加速度的关系，其中 s，g，t 分别表示距离、重力加速度、时间，也可以概括动能、质量与速度的关系，其中 s，g，t 分别表示动能、质量和速度。因此，理论对实践有指导作用。掌握了精而简的理论，就能"以简驭繁"，解决纷繁多样的实际问题。所以学生对数学概念或结论的学习应当经历由感性到理性，由理论到实践的过程。

2. 从数学的学科特点看

数学教学中强调数学应用能力的培养是由数学的学科特点决定的。中学数学内容是非常现实的，但它舍弃了与数量关系及空间形式无关的性质，并以高度抽象的形式出现。这样，在教学中为了使学生易于理解抽象理论的实质，正确把握抽象理论的现实内容，必须有意识地加强数学知识与应用的结合。比如，把学习有理数和研究有相反意义的量的实例结合起来；建立代数式的概念和用字母写出表示一些数量关系的式子结合起来；建立指数函数、对数函数、三角函数等概念与相应的"指数爆炸""对数增长""周期变化"等实际模型联系起来；等。这样才能掌握和理解具有高度抽象性特点的数学理论。再者，数学是具有严密逻辑系统的科学，如果对某项抽象理论理解不正确、认识不深刻，则将影响到后续学习。因此，强调数学应用不仅是数学的高度抽象性特点所决定的，而且也反映了数学的严谨性特点的要求。数学的应用广泛性特点更要求数学教学中强调应用。固然，解决实际问题要综合地运用各方面的知识和技能，有些不在中学数学范围之内，但使学生掌握数学知识的简单用途和用法，也是为解决一般的实际问题奠定基础。强调数学应用正是起着使学生了解抽象理论的用途和用法，锻炼解决实际问题能力的作用。

3. 从学生的数学学习过程看

数学学习是一个认识过程，当然要遵循一般的认识规律，要做到理论和实践的结合。但是学习过程又是一个特殊的认识过程，学习的主要是间接知识，又有教师的主导，所以不可能，也不必要事事从实践开始，特别是有些理论是数学家经过若干世纪锤炼才能形成，要求学生在短时间内，在课堂上完成这个过程是不可能的，所以强调数学应用绝不是事事都要讲实践、讲应用。但是为了使学生真正达到对知识的理解和掌握，让学生了解实际背景、来龙去脉及其应用是重要的。实际上，信息社会中人的知识更新将越来越依赖于经验（包括直接经验和间接经验）而不是被动地消化事实来完成。因此，知识的应用与知识的学习在人的现代生活中是高度统一的。然而，由于数学语言的抽象性，数学在实践中的众多应用的间接性，使得一般人难以看到和体会到数学与日常生活的密切关系。另外，数学教材的呈现和数学课堂教学，比较偏向于数学理论自身的严谨性，强调逻辑演绎的严格性，而对数学的现实背景、定理或公式的发现过程关注不够。虽然一个组织良好的、纯粹的数学知识演绎体系，可以使学生在短时间内掌握主要的、必须的数学知识，但是如果忽视数学的背景和应用，就有可能导致学生对数学学习的误解：学习数学就意味着记住书本上的定义、法则、公式、定理等，形成一些基本技能和技巧，能够顺利地进行运算、变换或变形、解方程、证明等。实际上我们也常常能看到这样的学生，他能把一个数学定理的证明过程表述得非常熟练，但对定理所包含的根本思想却可以全然不顾，更不用说这种思想的来龙去脉了。所以，数学教学中，强调数学与日常生活的联系性，使学生能看到"自然环境"中出现的数学，通过恰当的教学情境，使学生经历和体会与数学伴随的观察、比较、分析、概括、类比、演绎等思维活动，在学生自己的观察、直观描述、猜想、试验等数学活动的基础上得到数学结论，形成对数学的确定性、精确性的认识，不仅有利于培养学生的数学应用意识，而且也有利于使学生形成正确的数学学习观和数学观。

三、数学应用能力的培养

前已指出，强调数学应用的目的是使学生更好地理解与掌握知识，学会运用数学知识解决简单的实际问题，提高数学学习兴趣，增强数学应用意识。所谓"数学应用意识"就是经常想到应用所学到的数学知识解决日常生活、工作、生产中遇到的实际问题，即培养起这样一种数学头脑：会数学地提出问题，数学地分析问题、解决问题。为了培养数学应用能力，在中学数学教学中，一方面要有意识地加强数学与实际的联系，另一方面要提高中学数学教学的理论水平。

1. 有意识地加强数学与实际的联系

课堂教学中加强数学应用能力的培养，首先要尽可能选择具有实际背景的素材，即尽可能从学生所熟悉的生活、生产和其他学科的实际问题出发，进行分析、综合、抽象、概括和必要的逻辑推理得出数学概念和规律，使学生受到把实际问题抽象成数学问题的训练。就是说，数学应用不应是"掌握了数学知识后再应用"，而应当在整个数学教学过程中都渗透数学应用意识的培养。首先，在概念、原理的教学中，要尽量地引导学生从自己熟悉的概念的丰富直观背景材料中进行对概念本质的抽象概括活动，让他们亲身体验概念的形成和发展过程。这不但是培养应用能力的需要，也是深刻理解概念的需要，也是发展思维能力的需要。当然，要做到恰如其分、精心设计。其次，应采取丰富多样的实践形式，引导学生把数学知识运用到生活、生产和其他学科的实践中去。例如，在统计与概率的学习中，引导学生提出适当的统计问题，并经历设计数据的收集方案、收集数据、整理数据、分析和解释数据等统计的全过程，以培养解决实际问题的能力；在函数概念的学习中，可以引导学生通过数据拟合的方法收集数据、建立拟合函数，解决实际问题；在学习解三角形后，可以安排与三角形、四边形、解三角形有关的实习作业，比如测量；等。总之，在数学教学中，有意识地加强数学应用，选好问题、发展方法，通过生动活泼的数学应用，培养学生解决实际问题的能力，增强数学应用意识，这是数学教学中的一项非常重要的任务。

2. 强调数学教学的理论水平

在处理数学的理论学习和实践应用的关系上，一定要强调数学"双基"学习的基础地位。"数学是思维的科学"，数学最重要的应用是"育人"，是通过数学教育发展人的几何直观能力、运算能力、逻辑思维能力。而且只有加深数学知识的理解，提高中学数学教学的理论水平，才能更有效地把数学知识应用于实际，数学应用能力的提高才有真正的保证。长期以来，我们的数学教育脱离实际，不能学以致用，除了数学的高度抽象性这一学科特点而使联系实际、数学应用存在较大困难的原因外，"讲结果而不讲过程""讲逻辑而不讲思想"

"讲算法而不讲算理"，理论水平不高，缺乏理论指导，满足于"记忆加模仿"，不注重理解和系统掌握知识，重解题技巧而轻普适性的"通性通法"等，也是非常重要的原因。提高中学数学教学的理论水平，主要要加强数学的核心概念和基本思想方法的教学，例如：数及其运算，代数式、方程、不等式，函数、数列、导数，向量、变换、坐标法，数据分析（不确定性的度量等），算法（组合论、图论、递推、递归），最优化（数学建模）等。核心概念和基本思想方法的包摄性大、迁移能力强，具有更广泛的、更长远的作用。例如，代数中的运算律就比因式分解的一些具体方法和技巧有更高的理论和实践价值。加强数学核心概念与基本思想方法的教学，关键在于使学生对这些概念和方法有深刻的理解和牢固的掌握。

　　理解是一个综合性的、复杂的心理过程，是指"心领神会"，既要知道是什么，又要知道为什么，即要知其然又知其所以然。理解核心概念和基本思想方法是指达到本质的、规律性的认识。不仅能举一反三、触类旁通，而且要转化为能自觉使用的工具，用以解决理论和实际的问题。所以，理解一个理论，从认识论角度考虑，就是要完成从感性到理性、由理论到实践两个飞跃；从心理学的角度考虑，就是要通过同化或顺应活动，发展或改造自己已有的认知结构，实现认知结构的组织与再组织。例如，在方程的教学中，不仅要让学生记住解方程的操作步骤，而且要让学生理解降次、消元的一般思想以及更一般的化归思想。这些一般的原理及方法具有更大的普适性、更强的解决实际问题的威力。

　　可见，理解本身包含着了解理论和方法的实际背景、来龙去脉、意义、作用、知识系统化的要求。理解是一个过程，教学的关键又是要求保证学生理解相应的知识。所以教学过程要按照理解过程的要求进行整体设计、全面考虑。例如，必须深刻理解哪些内容？应提供哪些背景素材？理解的过程如何？布置哪些练习？解决哪些实际问题？等。这些问题搞得清楚了、解决得好了，数学应用能力的培养才会有所保证。

§3.5　中学生数学能力的培养

从数学能力实质的探索中可以看到，影响数学能力形成和发展的因素是非常复杂的，比如数学概括、个体智力以及数学认知结构等。在数学教学中培养学生的数学能力，必须认真考虑这些影响因素。下面我们探讨如何培养学生数学能力的问题。

一、加强概括能力的培养

1. 培养概括能力的重要性

前已指出，数学概括能力是数学能力的核心。因此，抓住了数学概括能力的培养，就等于抓住了数学能力培养的关键。

从数学发展史看，数学概括一般是从具体到抽象发展的。例如，认识数的概念大致经历了从"自然数"到"正有理数"（引进分数），再到"有理数"（引进负数），再到"实数"，再到"复数"……这就是一个通过引入新的数和运算而实现的不断概括过程；又如，学生对空间形式的认识，要经历从宏观到微观、整体到局部的认识过程：从辨认几何图形的形状开始，到对图形的组成部分（如边、角）以及各类图形性质的直观（像"长方形对角线相等且互相平分""等腰三角形的两个底角相等"等），再到对各类图形性质的逻辑论证（如关于相似、全等的证明），再到用各种几何变换分析各种几何特征、用坐标法或向量法讨论位置关系，等；在"度量"的学习中，从用"长""短"之类的语言描述物体，开始学习度量知识，到面积、体积、周长、角度等更系统的度量概念，以及理解表示不同属性需要不同的度量单位（例如长度用"千米"，面积用"平方米"，质量用"吨"等），再到对各种度量内部之间关系的认识；等。

事实上，数学概念系统的这种概括过程也反映了学生从儿童到青年的思维、智力和能力的发展水平。例如，从小学到高中，学生在掌握数的概念的过程中，随着数概念的逐步扩展，他们的概括能力得到逐步提高。这种与数概念的扩展相伴随的概括能力可按如下指标来确定：[①]　①依赖直观的程度；②数的

---

①林崇德. 学习与发展：中小学生心理能力发展与培养(修订版). 北京：北京师范大学出版社，2003：368.

实际意义的认识程度；③数的大小顺序的理解程度；④数的分解、组合能力和归类能力；⑤数的概念定义的展开水平（能用自己的语言下定义，且不断揭露概念的本质）；⑥数的扩充程度。

由上所述，数学概念系统为我们在教学过程中培养学生的概括能力提供了"天然"的平台，而且从中小学数学学习过程的整体上看，就是一个以数学概念系统不断发展和深化为基本线索的循序渐进、螺旋上升的概括过程。重视基本概念教学的实质是让学生亲身经历数学概念的概括过程。因此，教学过程中强调概括能力的培养是数学学习的内在要求，也是培养数学能力的根本性措施。然而，在当前的数学教学中，教师常常采用"一个定义、三项注意"式的教学，概念、原理一带而过，或者让学生记忆概念的文字叙述了事，把大量时间和精力集中在例题讲解和习题操练上，学生没有通过自己的独立思考来概括数学概念的时间和机会。这种不重视基本概念、忽视概括能力培养的教学，其结果必然是学生在课堂中思维参与度低，独立思考少而简单模仿、重复训练多，最终把学生训练成解题的机器。这样的教学不但不能提高学生的数学能力，而且一定导致教学质量和效益低下，也难以达到理想的学习成绩。

2. 培养概括能力的几条措施[①]

（1）明确概括的主导思路，引导学生从猜想中发现，在发现中猜想

"猜想"的实质是学生的已有认知结构作用于新情境的尝试性掌握。强化发现猜想，首先要分析教材结构和学生的认知结构，明确概括过程的主导思路，然后围绕这条思路，确定引导学生不断深入地猜想发现的方案。这里必须注意三点：

①学生已有认知结构对新知识的同化、顺应，是在不断发现新旧知识间本质联系和区别的基础上进行的。发现猜想要促使同化和顺应，就必须围绕揭示知识之间的本质和内在规律来进行。因此，对教学内容的分析要抓住知识的联系与区别，形成贯穿整个学习过程的发现猜想的一条主线。

②在分析教学内容的基础上，分析学生的认知结构，准确把握哪些新知识需用同化方式，哪些新知识需用顺应方式，从而确定发现猜想的主要内容。

③在关键问题上，一定要坚持放手让学生猜想、发现。从单纯传授知识的角度看，重点、难点内容都由教师讲解，学生也能听懂和理解，但这样的教学最大的问题就是剥夺了学生独立思考的机会，这对学生思维能力的提高非常不利。实际上，重点、难点内容往往也是重要数学思想方法的主要载体，在这样

①林崇德. 学习与发展：中小学生心理能力发展与培养(修订版). 北京：北京师范大学出版社，2003：369.

的关键问题上放手让学生猜想、发现，对于提高学生的概括能力，往往能够起到事半功倍的效果。为了有效地推动学生的发现、猜想活动，教师应当注意采取"问题引导学习"的方式，通过适切的问题巧妙地引导学生思考、发现并概括出内容所反映的数学本质，从而使概括能力的培养落在实处。

（2）在把抽象的数学概念具体化的过程中强化发现猜想

在这个过程中，学生的认知结构与抽象的数学概念之间适应与不适应的矛盾最容易暴露，也最容易引起学生的数学理解活动。因此，有意识安排抽象概念的具体化活动，引导学生在具体化的过程中发现矛盾、强化猜想，对于培养学生的概括能力有着显著的效果。具体的，可以采取"概念举例（包括正例和反例）""按一定要求编题"等方式。

（3）通过变式、反思和系统化等，积极推动同化、顺应的深入进行

单纯传授知识的教学，在推理论证得出结论之后便基本结束教学活动，虽有小结，也只关注知识本身的系统归类，其目的是牢固记忆知识。这样的教学缺少对同化、顺应的推动。着眼于提高概括能力的教学，不能止于得出结论，而应强调得出结论后的反思，通过回顾整个推理过程，检查成败得失，加深对数学概念、通性通法的认识；通过追究数学概念、原理的不同表现方式，建立知识之间的相互联系，概括出更具一般性的规律，达到对概念的本质的更深入认识，从而推动同化、顺应的深入。

（4）大力培养形式抽象的能力

学生概括能力的发展与所学数学知识的不断深化紧密相关。例如，在代数的学习中，所学知识从有理数到代数式、简单方程，再到无理数、根式、较复杂的方程（二次方程、分式方程等），再到函数、数列、不等式，再到导数。与此相伴随，学生的数学概括能力也从依赖于具体形象的概括水平开始，先向初步的本质概括水平发展（与代数式、方程等的学习相适应），这是以对"字母代数"的理解和应用为核心的概括，不过这时仍然需要依赖具体经验帮助理解"字母"的数学含义；然后再发展到形式运算概括水平（与函数、数列、不等式等的学习相适应），这是以对"变量、映射"的理解和应用为核心的概括，其中以定义、定理、公式、法则等形式运算方式思考和理解数学成为这一水平阶段的主要学习方式；最后发展到辩证抽象概括水平（与导数的学习相适应），这是以对"极限"的理解和应用为核心的概括，其中以对立统一、矛盾转化等辩证思维方式思考和理解数学概念成为这一水平阶段的主要标志。正因为概括能力发展的这种阶段性特点，所以要注意结合学习内容，分阶段、循序渐进地培养概括能力。另外，从整体上看，概括能力的发展是以不断深入的形式抽象

为基本线索的，因此教学过程中加强形式抽象能力的培养是提高学生概括能力的最重要措施。具体来说，以下几点值得重视：

第一，要加强数学概念、原理的形成过程教学，利用反映当前学习内容本质的素材（包括实际问题、典型丰富的具体数学事例等）构建问题情境，让学生经历分析具体例证的共同本质特征从而概括出概念的过程，给学生独立自主地概括数学概念的机会，从而培养他们的概括能力。

第二，加强不同知识之间联系性的教学，引导学生研究当前学习内容与已有相关知识之间的联系，讨论不同知识相互解释、表示的方法，其中，数形结合、相互化归是培养学生数学概括能力的非常重要的措施。

二、重视数学思想和方法的教学

1. 数学思想方法教学的重要性

无论是从数学认知结构的角度还是从数学概括的角度探讨数学能力的实质，都强调了数学思想和数学方法的重要性。实际上，由于数学认知结构是主体对数学知识结构的主观反映，而正是由于数学思想和方法的存在，才使得数学知识不再是孤立的单点或离散的片断，使得解决数学问题的方法不再是刻板的套路和个别的一招一式，因此，数学思想和方法在数学认知结构中起着固定的作用。另一方面，数学思想和方法是数学概念、理论的相互联系和本质所在，是贯穿于数学的、具有一定包摄性和概括性的观念，因此，掌握基本数学思想和方法能促进学生数学概括能力的发展。所以，要培养数学能力，就必须重视数学思想和方法的教学。

2. 中学生应掌握的基本数学思想方法

在数学教材中应把基本数学思想方法作为基础和出发点。在基本数学思想方法的基础上展开整个中学数学内容。中学数学中，基本数学思想方法到底有哪些，这是一个有争议的问题。一般的，中学生应掌握的基本数学思想方法有：函数思想、分类思想、数形结合思想、化归思想、极限思想和统计思想。[①]

教学中，基本数学思想和方法要结合具体内容，采取渗透、提炼概括、应用等进行教学，而不能脱离内容形式地传授。教学可以从最高层次的基本数学思想出发，逐步演绎到低层次的基本数学思想和方法，并过渡到具体数学内容中；反之，也可以从具体数学内容出发，逐步归纳、概括到高层次的基本数学

---

①曹才翰，章建跃. 数学教育心理学（第2版）. 北京：北京师范大学出版社，2006：189～191.

思想和方法。

总而言之，数学思想和方法的教学是促进学生数学能力形成和发展的基石，并且数学思想和方法的教学应当与教材和教法相结合，要注意采取渗透、提炼、概括到应用的方式，有序地进行教学。

三、加强"联系性"

1. 从联系性角度看概念教学

首先，数学概念是数学知识之间的联系纽带。概念按照从具体形象到表象再到抽象的等级排列，概念的拥有量、抽象水平以及使用概念的灵活性是一个认知行为的基本要素。可以说，课堂教学是形成概念序列的思维活动。因此，从加强联系性、建立结构化的数学认知结构的角度加强概念教学，使学生形成逻辑关系清晰、联系紧密的概念序列，对于掌握知识、发展能力是至关重要的。下列做法值得关注：

（1）概念教学遵循从具体到抽象的原则，采取"归纳式"，让学生经历从典型、丰富的具体事例中概括概念本质的活动，而不是给出概念定义，举例说明，练习巩固；

（2）正确、充分地提供概念的各种变式；

（3）适当应用反例，罗列一些似是而非、容易产生错误的对象让学生辨析，是促进学生认识概念的本质、确定概念的外延的有效手段；

（4）在概念的系统中学习概念，使学生有机会从不同角度认识概念，建立概念的"多元联系表示"，这不仅便于发挥知识的结构功能，使概念具有"生长活力"，有益于知识的获得、保持和应用，而且对发展学生的概括能力有特殊意义；

（5）精心设计练习，在应用中强化概念间的联系，巩固概念网络，加深概念理解。

2. 从联系性角度看数学认知结构的发展

在一定的意义上，数学认知结构的三类基本元素——数学理论、数学技能和数学活动经验的系统化的过程就是一个不断揭示内容间彼此联系的过程。因此，数学教学注意数学内容间的联系性，可以促进或帮助学生更有效地组织其认知结构，以使每个学生的数学认知结构更加完善。这也是发展数学能力的重要步骤。为此，数学教学中应注意以下几点：

（1）扎扎实实地搞好数学"双基"的教学。那种匆匆忙忙赶进度、三年课程两年完、一年时间搞复习（升学考试演练）的做法有碍于对知识间联系性的理解。我们常常可以看到这样的现象：学生学习知识 B，觉得它似乎与已经学过的知识 A 有某种联系，但知识 A 在头脑中已经模糊不清了，这样他就很难发现 A 与 B 的联系，从而导致认知结构的系统化难以实现。显然，学过的知识不清晰、不巩固对于认知结构的发展非常不利，而这与匆匆忙忙赶进度、不重视"双基"教学有很大的关系。

（2）强调"联系性"应当贯穿数学教学的始终。注意内容间的联系，绝不仅仅是复习阶段的任务，教学中应时刻注意这一点。"联系性"是数学知识发生发展的内在规律。考察新数学知识与原有相关知识的关系，新知识或是原有知识的推广，或是原有知识的特例，或是原有知识的变式。即使没有这种直接关系，我们也可以从类比的角度找到新旧知识的相似性，并从中发现需要研究的问题及其方法。例如，在数及其运算的学习中，学生不但掌握了数的各种运算法则，而且还掌握了对应于各种运算的运算律，理解了定义各种运算的方法，懂得了研究运算律的目的等。在向量的学习中，循着"引进一个量，自然要研究相应的运算（加、减、乘、除、乘方、开方等）；引进一种运算，自然要研究其运算律（因为运算律可以简化运算）"，我们在引进向量的概念后，就要进一步研究它的各种运算及其运算律；由于向量不仅有代数意义，而且有几何意义，因此在研究它的运算及其运算律时，还要考察这些运算和运算律的几何意义。显然，在这样的类比过程中，学生不但可以明确向量的学习方向和学习内容，而且还可以从中悟出一些研究方法。所以教学中抓住新旧内容的"联系性"，既可以使教学本身富有启发性，又可以让学生形成知识发生发展过程的清晰线索，特别是可以有效地实现数学思想方法的正迁移量。

（3）强调"联系性"需要有"全局观念"。"联系性"不仅表现在局部知识技能间的联系上，而且也表现在整体内容的联系上。目前的数学教学中，对局部的知识技能一般比较重视，也能讲清楚，但对单元、章节以及整本书的结构，常常只是在小结时予以罗列，至于构成整体的内部联系，数学基本思想方法的联系性和一致性，以及学生在学习这些内容时的思维特点、认知规律等则缺乏必要的注意。这样的教学是造成学生不能通过联系性的学习而把握整体、建立数学知识的网络系统的原因，其结果必然是学生长时记忆中的概念、原理分散孤立，只能形成"理论＋例题＋类型＋解法"的知识"组块"。这样的数学认知结构的结构功能差、迁移能力弱，必然导致学生的数学能力水平低下。所以，注意从整体上把握数学知识，特别是在教学中时刻注意从数学思想方法的一致性和发展性的高度，引导学生思考和理解具体的数学知识，对于培养学生的数学能力是至关重要的。

例如，在方程、数列、不等式乃至解析几何的教学中，突出函数的观点，引导学生从函数思想出发思考和理解相关内容，从而使学生建立起"以函数为纲"的体现整体性、联系性的数学认知结构，对于丰富教学内容、提高学生数学学习中的思想性、发展学生的数学能力，都是非常有效的：

函数与方程 从函数的观点看方程 $f(x)=0$，它是函数 $y=f(x)$ 在变化过程中的一个特殊状态，$f(x)=0$ 的根就是函数 $y=f(x)$ 当 $y=0$ 时 x 的值，即函数的零点，因此，解方程就是求函数的零点。从而，对方程的研究（像根的性质、个数、分布范围等）就与对应的函数性质研究联系起来了。由于函数具有表现的丰富性、变化的过程性等特点，特别是利用函数图形可以实现数形结合的思考方法，这就给方程的研究开拓了思路和方法。

函数与数列 数列就是特殊的函数，它的定义域一般是指自然数集或其子集。自然数是离散的，因此，数列通常称为离散函数。数列作为离散函数，在数学中有着自己的重要地位。从函数的观点出发，学生就能比较容易地理解数列中研究的问题及其研究方法，例如数列的定义（通项公式、递推数列等）、用差分工具研究数列等，特别是在等差数列、等比数列的研究中，通过与一次函数、二次函数、指数函数的联系，可以使学生更好地认识它们的本质。

函数与不等式 在代数运算（变换）范围内研究不等式，对代数变换技巧要求高，给不等式的学习带来较大困难。用函数观点研究不等式，可以引进运动变化、数形结合等思想，以及导数、函数图像等工具，这对理解不等式的意义和解决有关问题都很有益。例如，求解或证明不等式的过程中，学生对于"不等式的基本事实的应用是最基础的"往往理解不深刻、应用不自觉。如果从函数的观点考察，这一思想的实质就是将不等式 $f(x)>g(x)$（或 $f(x)<g(x)$）的求解或证明转化为考察函数 $y=f(x)-g(x)$ 的图像与 x 轴的位置关系，这就可以把数式运算、数形结合等知识与思想方法应用到不等式的学习和研究中，这对认识不等式的本质和解（或证明）不等式的各种方法都是非常重要的。

函数与解析几何 数学史上，平面曲线曾为函数概念提供最初的例子，严密化、精细化后它们有差异，但仍有紧密联系。例如，从函数角度看，二次函数 $y=ax^2+bx+c$ 的图像是抛物线，体现的是变量间的对应关系；从方程与曲线的角度看，抛物线 $y=ax^2+bx+c$ 是平面上"到定直线和不在此直线上的定点的距离相等"这一几何特征所确定的曲线。在这样的联系中，不仅可以从不同角度体现数形结合等思想，而且也为具体问题的研究提供了思路。例如，曲线的范围与函数的定义域在本质上具有一致性。

四、正确对待练习

当前，在数学教学中普遍存在"多练"现象，不少人认为练习越多越好，以致出现了"题海战术"盛行的局面。怎样对待练习呢？回答这个问题，首先应对练习有一个正确的理解。

练习是学生对学习任务的重复接触或重复反应，目的是促进对知识的理解，形成相应的技能。这里的"重复"是指学生把已知数学理论、技能和活动经验应用到具体情境中的一种复现。固然，在一定情况下，免不了有机械重复的现象，但仅仅理解为机械重复则是对练习的误解。

掌握数学知识可分为两个阶段：第一阶段，学生首先意识到数学知识内容（what），然后开始考虑其逻辑依据（why），再寻求这一内容的思维过程（how），这意味着新知识要纳入个人意识范围内，使其与本人已有的数学认知结构趋于和谐；第二阶段，数学知识的应用和保持，即在变化的背景中应用数学知识，获得反馈信息，对已有的理解进行矫正。理解了抽象意义后，把它"转移"到自己熟悉的、联系紧密的、具体的事物中去，即由抽象到具体。数学知识的理解、掌握以及相应的数学技能的形成需要有媒介的作用，这一媒介就是练习。第一阶段的 why—how 两个过程都是对数学知识的反复接触和重复反应，是以头脑中进行思维活动为主的一种练习，我们称它为 E_1 型练习；第二阶段就是我们通常理解的练习，它既有头脑中的思维活动（$E_2^{(1)}$），又有外部的操作性活动（$E_2^{(2)}$）。在第二阶段，不仅要加深对数学知识的理解，而且还要形成一定的数学技能，积累一定的数学活动经验。

这样，通过 E_1 型练习可以获得相应的智力技能和活动经验，这对数学知识的理解是必要的；而通过 E_2 型练习可以熟练一定的数学技能（包括操作技能和智力技能），积累一定的数学活动经验，达到对数学知识的进一步理解。所以，两种类型的练习，都体现着三个作用：（1）促进数学知识的理解；（2）促进数学技能的形成；（3）促进数学活动经验的积累。一句话，练习起着形成和发展数学认知结构的作用。因此，培养数学能力，离开数学练习是不可能实现的。这正是强调练习对于培养数学能力重要作用的依据所在。

但是，上述两种类型的练习是有区别的。主张练习越多越好的人所指的练习仅仅限于 E_2 型练习，而教学实际中又往往忽视 E_2 中的 $E_2^{(1)}$ 方面，只注重外部活动的 $E_2^{(2)}$ 方面；同时，主张多练者往往只求数量多，就题论题，而不重视联系的质量，因此盲目性很大。这样不仅难以激发学生思考的积极性和主动性，而且也不利于数学活动经验的积累，因而这样的多练对学生的数学能力的形成和发展没有多少积极的作用。

显然，练习应重在理解，而不能只追求练习的数量。否则，盲目重复的练习，其效果只能是"报酬递减"，而且会使学生对练习产生错误理解，形成不正确的练习态度。另外，还要注意提供具有一定复杂程度的综合性练习，使学生得到对数学"双基"进行精致和协调的机会。这里，又要再一次提及变式训练的作用。通过一定的变式训练，才能使学生真正把握知识及其使用条件，从而不仅能正确地应用知识，而且还能根据问题情境选择适当的知识和技能。

总之，为了培养学生的数学能力，我们并不一概反对多练。问题在于不能盲目地多练，练习数量的多少应根据具体情况而定。当然，在教学中何时何地应安排多少数量的练习以及怎样练习，这是需要进一步研究的课题。但是不论在什么情况下，确定练习数量的准绳只有一条，那就是有利于数学认知结构的发展和完善，以使学生更有效地进行数学学习，更好地发展数学能力。

应当指出，上面讨论的数学能力培养问题，是当前数学教育界最关注的问题，而且是从认知方面入手的。实际上，数学能力的形成和发展是一个非常复杂的问题，培养学生的数学能力也是数学教学中的一项根本的、长期的任务。在数学能力的培养过程中，不仅要注意认知因素，而且还要注意非认知因素，即要把数学能力的培养与个性心理的全面发展联系起来。

思考题

1. 把数学能力区分为数学学习能力和数学创造能力的意义何在？两种水平的数学能力间有什么关系？谈谈自己的看法。

2. 你认为数学能力主要由哪些成分组成？

3. 试谈对数学能力实质的理解。

4. 中学数学教学中要培养哪些基本能力？其中的核心能力是什么？为什么？

5. 为什么说数学概括能力是数学思维能力的核心？怎样培养数学概括能力？

6. 运算能力有哪些特点？你认为培养运算能力应从哪些方面入手？

7. "空间观念"的内涵是什么？空间想象能力的培养需要注意哪些问题？

8. 简述数学应用能力的培养。

9. 试从加强"思想性"和"联系性"的角度谈谈数学能力的培养措施。

10. 数学教学中搞"题海战术"的危害是什么？

第四章　数学思维

现代数学教学，把发展学生的思维、培养学生的智力与能力提高到了应有的地位。苏联学者 B·A·奥加涅相在《中小学数学教学法》中指出："区别于传统教学，现代教学的特点在于力求控制教学过程以促进学生思维发展，而基本的思维方式则成为学生要掌握的专门内容。"林崇德更加指出："教学的重要任务，是在传授知识的同时，灵活地发展和培养学生的智力与能力。""思维是智力与能力的核心"，教学中应当"自始至终将思维的发展与培养放在首位"。在第三章讨论数学能力的有关问题时也曾谈到，数学能力的核心是数学思维能力。因此，从本章开始，我们将重点讨论数学思维的几个主要课题。本章讨论数学思维的概念、数学思维品质、数学思维成分以及数学思维结构等基本理论问题；第五章讨论数学思维过程，并在此基础上讨论数学思维能力的培养问题；最后，在第六章，从形式逻辑角度讨论一下思维形式问题。

§4.1　思维的概念及其本质

一、思维的概念和本质

在心理学的研究中，对于"思维的内涵是什么"的问题，人们进行了长期的探索。例如，有人认为，"思维是受社会所制约的，同言语紧密联系的，探索和发现崭新事物的心理过程，是对现实进行分析和综合中间接概括反映现实的过程。思维在实践活动基础上由感性认识产生并远远超出了感性认识的界限。"[①] 也有人认为，"思维是人脑对客观现实概括的和间接的反映，它反映的是事物的本质与事物间规律性的联系。"[②] 尽管各种心理学文献对思维意义的理解

---

①［俄］彼得罗夫斯基. 普通心理学. 北京：人民教育出版社，1981：343.
②章志光，主编. 心理学（第 3 版）. 北京：人民教育出版社，2002：174.

不尽相同，但细致分析可以发现，这些观点在本质上都包括两个方面，一是能反映，二是有意识。能反映，这是因为人脑是特殊的、高度复杂的物质，是思维的器官，它与生俱来地能够反映客体，其反映形式就是感觉。在这一点上，人和动物是一样的，大脑反映的仅是事物的个别属性、个别事物及其外部联系，属于感性认识。有意识，这是人与动物的一个根本区别，人脑可以产生意识（头脑中已有知识和自觉摄取知识的习性），而动物没有意识。具有意识机能的人脑能够反映一类事物共同的、本质的属性和事物间内在的、必然的联系，这样的反映已超出了感性认识的界限，属于理性认识，这是人的思维的最本质属性。

例如，在对三角形的认识中，感、知觉只能反映个别三角形的形体和大小，而思维则能舍弃三角形的具体形状和大小等非本质的特征，而把任意三角形都具有三条边和三个角这一共同的、本质的特征概括出来。因此，人的思维实现着从现象到本质、从感性到理性的转化，使之达到对客观事物的理性认识，从而构成了人类认识的高级阶段。

综上所述，思维的本质是具有意识的头脑对于客观事物的反映。"具有意识的头脑"是有知识的头脑，也是具有自觉摄取知识的习性的头脑。从思维的角度看，所谓"对客观事物的反映"是指对客观事物本质属性和内在联系的反映，而不是对其表面现象的反映。这是非常重要的一点，否则会出现理解上的混乱，因为概括性不限于思维，知觉和表象也有概括性；间接性也不限于思维，想象也是间接的反映。所以思维是对客观事物的内在联系和本质属性的反映，反映的方式不是直观的、零散的，而是间接的和概括的。

二、数学思维的特点

我们可以这样来理解数学思维：它是思维的一种，既受到一般思维方式的制约，包含一般思维所具有的本质，又表现出它自己的特性，这种特性是由数学的学科特点以及数学用以认识现实世界现象的方法所决定的。下面对此作一些具体分析。

1. 由数学的高度抽象性决定的特点

我们知道，思维有两个基本的特性，即思维的间接性和概括性（下一节详细论述）。由于数学的抽象性是其他学科所不能比拟的，因此数学思维的间接性更强。这种区别可以用数学的抽象与其他学科的抽象的特点来说明。因为不仅数学的概念是抽象的、思辨的，而且数学的方法也是抽象的、思辨的，数学是抽象之上的抽象，随着数学研究的不断深入，它的抽象层次不断提高，例如，自然界中并不存在数学意义上的点、直线和平面；现实世界中并不存在严格按照二次函数 $y=ax^2+bx+c$ 的规律变化的函数关系；数学中的判断和推理是用数学或逻辑的术语及相应的符号所表示的特殊语句（即数学有自己特殊的语言）；等。因此数学思维是高度的抽象性思维，主要表现为抽象逻辑思维。

2. 由数学对象的概括性决定的特点

数学的研究对象本身是概括的结果，如自然数概念和点、线、面的概念都是从现实世界中概括出来的，并且这种概括的结果是以理想化形式出现的；另外，不但数学概念是抽象概括的产物，而且数学的逻辑推理规则、方法也是总结了人类社会长期积累的经验，在实际应用中固定下来，概括成为一定的方法和规则。数学思维是在这些概括的基础上所进行的进一步概括，所以它是概括基础上的再概括。

3. 由数学表达方式决定的特点

数学有自己特有的符号体系和语言表达方式。在数学抽象的过程中，每一个抽象过程都伴随着符号的使用，数字"1，2，3，…"，运算"＋，－，×，÷，…"，图形的位置关系"⊥，∥，…"等，这些符号实际上代表了事物的某一个公共特点，但却忽略了它们的不同方面。数学史表明，正是由于数学家创造了反映数学概念本质的数学符号，形成了数学语言表达的特有方式，才使人们能方便地、简捷地表达自己的数学思想，阐述自己的研究成果。由于数学符号实际上是一个内涵丰富的"信息组块"，因此它可以成为人们进行智力活动时思维的理想载体。例如，"$\int_a^b f(x)\mathrm{d}x$"非常简捷地表示了"由 $x=0$，$x=a$，$x=b$，$y=f(x)(f(x)\geqslant 0)$ 所围成的曲边梯形的面积"。另外，数学符号语言能缩短数学思维过程，使思维过程变得简约、精练。

4. 由数学思维形式决定的特点

数学中充满着大量对立统一的辩证关系，例如，具体与抽象、已知与未知、简单与复杂、正与负、数与形、常量与变量、确定性与不确定性等。在这些关系的认识过程中，需要辩证思维发挥作用。因此，数学思维不仅有直观思维、抽象逻辑思维等形式，而且还有辩证思维的形式，这是数学思维发展的最高形式。

§4.2 数学思维品质

思维是智力与能力的核心。我们知道，智力与能力是一种个性心理特征，具有个性差异。这种差异由什么因素确定呢？

心理学研究表明，思维品质是思维活动中智力与能力特点在个体身上的表现，它是人的思维的个性特征。数学思维品质体现了个体数学思维的水平和数学能力的差异。为了提高数学教学质量，有效地培养学生的数学能力，关键是要抓住学生的数学思维品质这个突破口，做到因材施教。

我们认为，数学思维品质主要包括数学思维的深刻性、广阔性、灵活性、独创性、目的性、批判性和敏捷性。

一、深刻性

思维的深刻性又叫抽象逻辑性。人类的思维是语言思维，是抽象理性认识。在感性材料的基础上，经过去粗取精、去伪存真、由此及彼、由表及里的思维过程，产生了概括。由于概括，人们抓住了事物的本质和全体，抓住了事物的内在联系，认识了事物的规律性。个体在这个过程中表现出深刻性的差异。数学思维的深刻性集中反映了学生在学习中善于全面、深入、准确、细致地思考问题，善于抓住数学对象的本质和内在联系，善于从复杂的表现形式中寻找内在规律，善于进行抽象、概括、推理和证明。

数学抽象性决定了数学在反映客观世界规律性时所达到的其他学科所无法比拟的深刻性和本质性。因此，数学学科是培养学生思维深刻性的最佳载体，数学教学是提高学生思维深刻性的最佳途径。

数学概念的学习，既要受当前情境的制约（这是特殊的、有局限性的），又要受概念背景的制约（这是普遍的、具有广泛适应性的）。例如，函数概念的学习中，针对某一个具体问题（当前情境）的变量间的依赖关系，$y=f(x)$ 的表达形式是具体的——解析式、图像或表格，如果反映 $y=f(x)$ 的背景材料不全面，例如具体例证都是解析式，那么学生就会认为 $y=f(x)$ 只是函数的解析式，而不会想到它也可能是图像或表格，对 $y=f(x)$ 的认识产生不利影响。所以，概念的背景无形中影响到思维的深刻性。正因为此，强调概念教学中要"讲背景"，对培养学生思维的深刻性很重要。

在解决数学问题的过程中，学生数学思维的深刻性往往表现在通过类比、特殊化、一般化、化归等推理活动，对问题进行深层次探究的过程中。例如，在"解直角三角形"的学习中，学生建立了这样的经验：

如图 4.2.1，Rt$\triangle ABC$ 中，C 是直角，A，B，C 所对的边分别为 a，b，c，那么除直角 C 外，其余 5 个元素之间有如下关系：

(1) $a^2 + b^2 = c^2$；

(2) $A + B = 90°$；

(3) $\sin A = \cos B = \dfrac{a}{c}$，$\cos A = \sin B = \dfrac{b}{c}$。

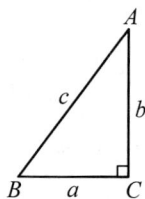

图 4.2.1

对于直角三角形，利用这些关系，知道其中的 2 个元素（至少有一个是边），就可以求出其余 3 个未知元素。

思维深刻性表现好的学生会在这样的经验下进一步思考：如图 4.2.2，$\triangle ABC$ 是锐角三角形，A，B，C 所对的边分别为 a，b，c，这 6 个元素具有怎样的关系呢？是否会有类似于直角三角形的结论？能否利用直角三角形的边角关系推导出锐角三角形的边角关系？需要知道几个元素才能"解"这个三角形？等。

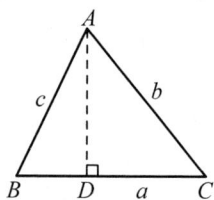

图 4.2.2

有了上述想法，就可以循着"将锐角三角形化归为直角三角形"的思路，推导出一般三角形的边角关系式。

循着"从二维平面推广到三维空间"的思路，还可以提出许多有趣的结论。例如，我们有如下的"关于空间四面体的勾股定理"：

考虑到直角三角形的两条边互相垂直，所以可以选取有三个面两两垂直的四面体，作为直角三角形的类比对象。那么，与围成直角三角形的边相对应的，是围成四面体的面；与直角三角形各边长相对应的，是四面体各面的面积；与直角三角形的两条直线交成一个直角相对应，是四面体的三个面在一个顶点处构成 3 个直二面角。于是有：如图 4.2.3，在四面体 $P\text{-}DEF$ 中，$\angle PDF = \angle PDE = \angle EDF = 90°$。设 S_1，S_2，S_3 和 S 分别表示 $\triangle PDF$，$\triangle PDE$，$\triangle EDF$ 和 $\triangle PEF$ 的面积，那么

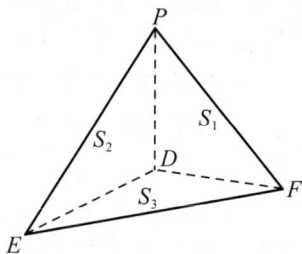

图 4.2.3

$$S^2 = S_1^2 + S_2^2 + S_3^2$$

成立。

总之，利用数学知识的联系性，引导学生通过类比、推广、特殊化、化归等逻辑思考方式进行推理活动，不仅有利于对问题本质的深入认识，而且也是培养思维深刻性品质的重要手段。

深刻的反面是肤浅。学生思维的肤浅经常表现在满足于一知半解，特别是对概念不求甚解；很少思考数学定理、公式、法则等成立的条件和依据，而是以记住它们为目的；面对问题时，只看表面现象而不注重实质；满足于机械模仿练习，不注重追究解题方法的数学思想实质；等。例如，不少学生解答

"已知方程 $x^2+x+p=0$ 的两个虚根为 α，β，且 $|\alpha-\beta|=3$，求实数 p 的值。"时，由 $|\alpha-\beta|=3$ 得到 $\alpha-\beta=\pm3$，或错误地将 $|\alpha-\beta|^2=(\alpha-\beta)^2$ 从实数范围推广到复数范围，从而造成错误。实际上，这都是没有深入思考实数的绝对值与虚数的绝对值之间的本质差异。

要使学生的思维具有深刻性，关键在于培养学生凡事都要问个为什么的习惯，使他们形成"打破沙锅问到底"的思维方式。

二、广阔性

思维的广阔性是指思路宽广，善于多方探求，不但能研究问题本身，而且能联系相关的其他问题。事物总是具有层次性和多面性的，因此在我们研究事物、解决问题的过程中，需要有立体思维，也就是要多角度、多层次地思维。在数学学习中，应要求学生既把握数学内容的整体，抓住它的基本特征，又注意深入观察细节和特例，拓宽自己的思路。思维的广阔性是以丰富的知识经验为基础的，而且与思维的深刻性相辅相成。

数学教学中培养学生思维的广阔性，就是要引导学生学会多角度、多层次地思考问题，使他们善于从概念的联系中考察问题，在寻求问题的多种解决方法的过程中拓宽自己的思维。例如，解答

"已知 x_1，x_2，y_1，y_2 均为实数，求证：

$$\sqrt{(x_1+x_2)^2+(y_1+y_2)^2} \leqslant \sqrt{x_1^2+y_1^2}+\sqrt{x_2^2+y_2^2}。"$$

由本题的形式结构，学生极易想到使用基本不等式 $\sqrt{ab} \leqslant \dfrac{a+b}{2}$。但实施后发现运算非常烦琐（具体步骤从略）。这时，教师可以引导学生细致分析待证不等式的结构特征和数学关系，克服思维定势，开拓思路，从不同角度观察和思考问题，从而得到新的解题思路。例如，从"形"的角度考虑，可以联想到"两点间距离公式"，得到如下证法：

如图 4.2.4，在直角坐标系中，设 $A(x_1, y_1)$，$B(-x_2, -y_2)$，则有

$$|OA| = \sqrt{x_1^2 + y_1^2}, \quad |OB| = \sqrt{x_2^2 + y_2^2},$$
$$|AB| = \sqrt{(x_1 + x_2)^2 + (y_1 + y_2)^2}.$$

(1) 如果 $x_1 y_2 - x_2 y_1 = 0$，则 A，B，O 三点共线。这时，当 A，B 在 O 的同侧时有 $|AO| + |BO| > |AB|$；当 A，B 在 O 的异侧时有 $|AO| + |BO| = |AB|$。

图 4.2.4

(2) 如果 $x_1 y_2 - x_2 y_1 \neq 0$，则 A，B，O 三点不共线。在 $\triangle ABO$ 中，有 $|AO| + |BO| > |AB|$。

综上，无论 A，B，O 有怎样的位置关系，都有 $|AO| + |BO| \geqslant |AB|$。于是

$$\sqrt{(x_1 + x_2)^2 + (y_1 + y_2)^2} \leqslant \sqrt{x_1^2 + y_1^2} + \sqrt{x_2^2 + y_2^2}.$$

如果从"绝对值""距离""复数的模"等的内在联系出发，可以发现待证不等式实际上就是关于复数模的"三角不等式"：$|z_1 + z_2| \leqslant |z_1| + |z_2|$。所以有如下证明方法：

设 $z_1 = x_1 + y_1 i$，$z_2 = x_2 + y_2 i$，x_1，y_1，x_2，$y_2 \in \mathbf{R}$，则

$$|z_1| = \sqrt{x_1^2 + y_1^2}, \quad |z_2| = \sqrt{x_2^2 + y_2^2},$$
$$|z_1 + z_2| = \sqrt{(x_1 + x_2)^2 + (y_1 + y_2)^2}.$$

于是，由 $|z_1 + z_2| \leqslant |z_1| + |z_2|$ 可得

$$\sqrt{(x_1 + x_2)^2 + (y_1 + y_2)^2} \leqslant \sqrt{x_1^2 + y_1^2} + \sqrt{x_2^2 + y_2^2}.$$

显然，上述两种方法比仅仅通过代数变形进行证明要简捷得多了。这样的训练对于开阔解题思路，培养思维的广阔性大有裨益。

另外，数学教学中经常引导学生以当前的解题方法为基础，通过变换、推广、化归等，不断地扩展已有数学思想方法的应用范围，也是培养数学思维广阔性的有效途径。例如，解析几何的教学中，以解答

"已知⊙O 的方程是 $x^2 + y^2 = r^2$，$A(a, b)$ 是⊙O 内的一个定点，点 P 是⊙O 上的一个动点，求线段 AP 中点 M 的轨迹方程。"

为出发点，总结归纳其中的基本思想方法（如"参数法""设而不求"的技巧等），然后引导学生考察变换问题、扩展解题思想方法应用范围的可能性。实际上，这里有多种扩展思路。例如：

(1) 改变已知曲线，即把"圆"改为椭圆、双曲线、抛物线，甚至可以是任意的曲线，解题的思想方法相同；

(2) 改变点 A 的位置，即把"A 是圆内的定点"改为圆外或圆上的定点，

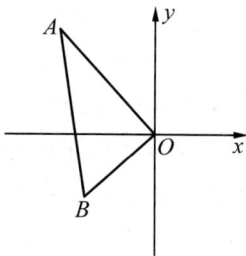

解题的思想方法也相同；

（3）改变 M 的位置，即把"AP 的中点 M"改为"分线段 AP 为定比 λ 的分点 M"，解题的思想方法也相同。

通过这样的变换、推广和转化，在考察已有数学知识的广泛应用中，可以有效地培养学生思维的广阔性。

广阔的反面是狭隘，具体表现为思考问题时，思维经常受已有模式的束缚，纠缠于固有思考方式而不能自拔；把数学思想方法作为教条，面临新的问题时只会简单套用"题型"，不能根据新的条件变换解题思路；学习过程中只能"就事论事"，不懂得通过数学概念的广泛联系而变换问题的表现方式以实现数学问题的"多元联系表示"；等。思维狭隘对于提高思维能力有很大的消极作用。

三、灵活性

思维的灵活性是指思维活动的智力灵活程度，其特点有：第一，思维起点灵活，即从不同角度、方向、方面，能用多种方法解决问题；第二，思维过程灵活，从分析到综合，从综合到分析，能全面而灵活地进行"综合地分析"；第三，"概括—迁移"能力强，运用规律的自觉性高；第四，善于组合分析，思维的伸缩性大；第五，思维结果往往是多种合理而灵活的结论，它们在质和量上都有区别。[1]

数学思维的灵活性，主要表现在：善于随着新条件而迅速确定解题方向，或者随着条件变化而有的放矢地转化解题方法；随着数学知识的不断丰富，善于从新的视角看待已有知识，重新组织自己的认知结构；善于从已知数学关系中看出新的数学关系、从隐蔽的形式中分清实质。正因为如此，爱因斯坦把思维的灵活性看成是创造性的典型特点。总之，思维灵活性的实质是"迁移"，"举一反三"是高水平的灵活，它的实现正是来自于思维材料和数学知识的迁移；"迁移的实质是概括"，只有经历了实质性的概括，才能有灵活的迁移。

数学教学是培养学生思维灵活性的最好载体之一。培养学生数学思维灵活性的方法很多，其中基本而重要的是利用数学知识的广泛联系性，引导学生通过广泛的联想而建立数学各学科之间的联系，从而为思维的灵活性奠定坚实的基础。事实上，数学问题的解决，归根结蒂是探求问题的条件和结论之间的逻辑关系和联系，其中所经历的数学思维过程本质上是一系列的联想过程。联想是数学学习中的一种重要的心理现象，通过联想而实现的解题"起点灵活"

---

[1]林崇德. 学习与发展：中小学生心理能力发展与培养(修订版). 北京：北京师范大学出版社，2003：297.

"过程灵活""方法灵活"等，就是思维灵活性的具体表现。

教学中，通过一题多解、一题多变、同解变形、恒等变形、逆向求解等，可以有效地培养思维的灵活性。

以一题多解为例。实际上，这是在相同的条件下运用不同的数学知识而获得不同解法的过程。一题多解的实现，需要多角度、多方向地考察问题，用不同的方法（如代数方法或几何方法）表征问题，运用不同的数学公式、法则设计多种解题方法，有时还要调整思考问题的方向。数学题目浩如烟海，盲目多做不仅不利于实现通过解题而理解知识的目的，而且还会使学生陷于题海，造成事倍功半的后果。因此，一题多解教学应重在引导学生举一反三，建立知识的联系，理解知识的本质，达到事半功倍的目的。

一题多解教学实际上是一种变式教学。教学中应注意：①

第一，基础知识教学要强调从不同层次，不同表征方式和不同交结点揭示知识之间的联系，使学生把握知识的系统结构；

第二，解题教学中，要强调从概念的不同层次、不同的观察角度、不同的背景（代数或几何）和对问题的不同表征方式等实施一题多解；

第三，强调使用类比、推广、特殊化、化归等科学思考方法，以有效地实现知识之间的联系，从而实现一题多解。

另外，"逆向思考"也是思维灵活性的重要体现。解决数学问题时，人们总有一定的习惯性，公式、定理等习惯于"正用"，面对一个数学题习惯于认为它"正确"，分析问题时习惯于问题条件的形式所限定的范围，等。这样的习惯有时会把我们的思路引向歧途。这时，教师可以引导学生分析出现解题困难的原因，摆脱惯性，转换思考方向，从已有思路的反面入手。这样的教学可以有效地促进思维的灵活性。

灵活的反面是呆板。知识和经验经常被人们按着一定的、个人习惯的"现成途径"反复认识，这就容易导致先入为主的现象，使思维循着某种业已习惯的方式进行下去，也即在处理新问题的过程中，人们往往习惯于熟悉的思维规则和思维方式，这就是思维的呆板性。

教学中，片面强调对问题进行"归类"，把分析、解决问题的过程变成一种规定好的"程序"，容易产生"功能僵化"现象，导致思维呆板而缺少应变能力。例如，有理数减法的教学中，教师反复强调"减去一个数，等于加上这

①林崇德. 学习与发展：中小学生心理能力发展与培养(修订版). 北京：北京师范大学出版社，2003：378.

个数的相反数"，规定必须按照 $a-b=a+(-b)$ 进行有理数减法运算，于是学生在计算"5-3"时，也机械地按照 $5-3=5+(-3)=2$ 的步骤进行计算，这就是呆板的一种表现。又如，在解方程的教学中，过分强调"去分母""去括号""移项""合并同类项"等步骤，并要求学生严格按照这些步骤一步步地解题。当遇到类似于"解方程 $(x-1)(x-2)+1=x$"的问题时，学生也"按部就班"，使解题过程复杂了。思维灵活的学生会发现，按下列方法更简单：移项得 $(x-1)(x-2)+1-x=0$；提取公因式 $(x-1)$，得 $(x-1)(x-2-1)=0$，即 $(x-1)(x-3)=0$，易得 $x=1$ 或 $x=3$。

　　教学中，因为不恰当的教学措施而导致学生思维呆板的现象屡见不鲜，思维呆板性是学习数学的极大障碍。

四、独创性

　　思维的独创性是人类思维的高级形态，它是在全新情境或困难面前采取对策，独特而新颖地解决问题的过程中表现出的智力品质。独创性不仅在创造发明中发挥着作用，在学生学习过程中也发挥着重要作用。

　　思维的独创性有如下特点：（1）思维的独创性往往与创造活动联系在一起；（2）思维独创性的成果——创造性地解决问题，必须在现有资料基础上进行想象和构思才能实现，因此，创造性思维是思维与想象的有机统一，创造性思维有个性色彩和系统性；（3）思维独创性所产生的新想法、新假设等，带有突然性，常被称为"灵感"；（4）一定意义上说，思维独创性是分析思维和直觉思维的统一；（5）思维独创性或创造性思维是发散思维与辐合思维的统一。

　　思维活动的独创性、创造性或创造性思维是同一个概念，只不过从不同角度分析罢了。思维的独创性强调"新颖"，也就是说，独创性是指经过独立思考而创造出有社会或个体价值的、具有新颖性成分的成果的智力品质。它的特点是主体对知识经验和思维材料进行新颖的组合分析、抽象概括以致达到人类思维的高级形态；它的结果，不论是概念、理论、假设、方案或是结论，都包括着新的因素，它是一种探新的思维活动。当然，这种新颖不是脱离实际的荒唐，而是具有社会价值的新颖。它可能被人们所忽视或误解，但它的见解或产物，最终会被社会所承认。

　　思维的独创性或创造性思维，是数学学习必不可少的心理因素或条件。从创造性程度看，学习可能是机械模仿性的或创造性的。机械模仿式的学习就是视书本为教条，鹦鹉学舌，人云亦云；创造性学习则不拘泥守旧，敢于和善于独立思考，敢于打破框框，具有创新精神。学生在学习中表现的创造性往往与他的智力和能力水平高低有直接关系，独创性是反映智力与能力水平的重要标志。数学学习中表现的创新虽然与科学家的发明创造活动不同，但也要求学生在自己已有发展水平基础上除旧布新。

数学教学中培养学生思维独创性，应当注意以下几个方面：

第一，要培养学生的问题意识。问题是创新的开始，没有问题就没有创新。教师要自觉地启发学生多提问题。不要给学生立下很多规矩，更不要因为学生的问题"肤浅"而嘲笑、打击他们。学生在学习中提出的不同观点或新见解往往蕴藏着智慧的火花，是发明创造的萌芽。哪怕只有一点点新意，也应给予充分的肯定和鼓励。

第二，要培养学生敏锐的观察力，特别要注意培养发现事物间各种矛盾的能力，这就要有意识地设计一些教学情境，为学生提供创造性观察的机会。

第三，要加强数学思维方式的指导。主要是要通过恰当的教学设计，引导学生经历如下思维活动：观察问题情境，找出问题的主要特征，从中抽象出概念，探索新概念的结构特征，（探索过程中）提出各种猜想，对猜想进行推理论证，获得正确结果以简捷地表现事物的数学规律。总之，要在让学生独立地抽象概括数学概念、原理的过程中，训练他们的数学思维方式。

第四，要加强独立思考和解决问题的训练。数学教学中，要求学生独立思考和独立完成作业是培养学生思维独创性的第一步。教学实践表明，数学解题活动中，独立起步比解答题目更显重要，出现解题困难的学生往往是因为面对问题不知如何下手，不会独立地迈出解题的第一步。

思维独创性的反面是思维的保守性。它的主要表现是在数学学习中受各种条条框框的限制，思维常常落入俗套而不能自拔；不愿独立思考问题，只求现成的"法规"，思维的惰性较强。消除思维保守性的有效方法是提倡学生多思和多问，在加强基础知识与基本训练的前提下，提倡学生独立思考。

五、目的性

思维的目的性是指在思考问题时，思维总是指向明确的目标，能够在该目标的指引下作出明智的选择，从而找到达成目标的捷径。

目的性往往与求知欲联系在一起，表现为主体自觉地、持续不断地探索问题，有努力获取知识的愿望。因为求知欲与人的兴趣、志向、好奇心等内在因素直接相关，因而思维目的性表现好的学生具有良好的学习主动性、积极性。在数学教学中，为了培养学生思维的目的性，教师应采取切实的教学措施（如经常问"为什么"），引导学生时刻关注学习目标，并利用学生认知水平与学习目标之间的差距，设置恰当的问题情境以挑战学生的智力，从而激发他们的求知欲，以有效地培养思维的目的性品质。

有良好的思维目的性品质的学生，其学习效率往往较高，因为思维的目的性强，因此其学习可以实现省时、省力且高效。另外，思维的目的性品质好的学生，学习过程中能表现出较好的选择性，能准确地抓住当前问题的核心，不被细枝末节所困扰，从而使思维过程合理、有序。

思维的目的性的反面是思维的盲目性。思维盲目性大的学生，其思维活动往往杂乱无序，尝试错误式的学习占据主导位置。在解决问题时，思维缺乏逻辑性、条理性，不能正确地分析因果关系，对下一步应当采取怎样的思维步骤心中无数，常常表现出"脚踩西瓜皮，滑到哪里算哪里"的状态。

六、批判性

思维的批判性是指思维活动中善于严格地估计思维材料和精细地检查思维过程的智力品质。它有五个特点①：①分析性，即在解决问题的过程中不断地分析相关的条件、假设、计划和方案；②策略性，根据思维课题的需要构建相应的解题策略或手段，并使这些策略在解决思维任务中发挥作用；③全面性，即在思维活动中善于多角度分析课题进展情况，随时注意纠正过程中出现的问题；④独立性，即不为情境暗示所左右，不人云亦云，不盲从附和；⑤正确性，思维过程严密、条理清晰，思维结果正确，结论实事求是。

思维的批判性品质是思维过程中自我意识作用的结果。自我意识以主体自身为意识对象，是思维的监控系统。人通过控制自己的意识而相应地调节自己的思维和行为，保证思维过程的准确性，保证思维活动的效率。在创造性思维活动中，思维的批判性品质发挥着不可或缺的作用。总之，思维的批判性品质来自对思维活动各环节、各方面进行调控的自我意识。

数学学习中，学生思维的批判性表现为善于在自我意识作用下对思维过程进行主动监控，即善于检验自己的数学学习方案，善于监控和调节自己的数学思维过程，善于对自己的数学思维活动成分（如观察、分析、归纳、概括、推理等）进行反思和检验，善于对思维结论进行检验和反思，善于发现和纠正自己的错误，从中吸取经验教训并重新设计解决问题的方案。

思维批判性往往是在对所学知识的系统化过程中表现出来的，当然其重点

---

① 林崇德. 学习与发展：中小学生心理能力发展与培养(修订版). 北京：北京师范大学出版社，2003：306.

是检查和调节自己的数学思维活动。因此，培养思维的批判性，可以从培养学生的自我监控学习过程的习惯、学会自我调节思维过程的方法入手。例如，是怎样发现问题的；是如何将实际问题"数学化"的；运用了哪些基本的逻辑思考方法；解题过程中有哪些数学思想方法发挥了作用；走过哪些弯路，为什么会走弯路；出现了哪些错误，是什么原因造成了错误；得出的结论的可靠性如何，是否有特殊情况，能否将结论推广；等。例如，在"实数的绝对值"的教学中，通过引导学生进行系统的归纳概括，让他们反思如下问题：第一，反思引入绝对值概念的背景，分析引入绝对值概念的必要性（主要是从数的运算考虑）；第二，分析一个数与它的绝对值的关系，总结如何从定义出发对问题进行分类，以实现问题的简化；第三，由"一个点到原点的距离"推广到"任意两点之间的距离"，分析"绝对值"与"数轴上两点间距离"的特殊与一般的关系，领会数学概念系统内在的和谐性；第四，反思解决绝对值问题中的常见错误，分析错误的成因，形成"由绝对值的定义决定了解题中一般要考虑分类讨论"的意识与习惯；第五，反思绝对值概念在"数及其运算"系统中的承前启后作用，从中体会数学概念系统的发展规律，进而领会数学思维方式（如：引进负数后，数的范围扩张了。引进数轴，给出数的几何表示的基础上，利用绝对值概念可以解释在新的范围内数的运算的意义，数的大小关系）。

七、敏捷性

思维的敏捷性指思维过程的速度或迅速程度。有了思维的敏捷性，在解决问题的过程中，人们才能适应解题的迫切需要来积极而周密地思考，并正确、迅速地作出判断。值得指出的是，思维的速度也包括正确的程度。只有速度而不讲正确性的"敏捷"是轻率的，它不是思维敏捷性品质的应有之意。另外，思维的敏捷性要求记忆清晰、牢固且具有条理性，这样才能保证在思维过程中能迅速地检索知识，实现知识的正确而有效的应用。

数学学习中，思维敏捷性的表现之一是能缩短运算环节和推理过程。例如，推导"点到直线的距离公式"，即

平面直角坐标系中，已知直线 l：$Ax+By+C=0$，点 $P(x_0,y_0)$，求点 P 到直线 l 的距离 d（用 A，B，C，x_0，y_0 表示）。

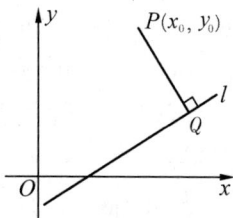

图 4.2.5

非常自然的思路是：如图 4.2.5，由 $PQ \perp l$，易得直线 PQ 的方程是

$$Bx-Ay-Bx_0+Ay_0=0。$$

解方程组

$$\begin{cases} Ax+By+C=0, \\ Bx-Ay-Bx_0+Ay_0=0, \end{cases}$$

求出垂足 Q 的坐标 (x_1, y_1)，就能求得距离

$$d=\sqrt{(x_0-x_1)^2+(y_0-y_1)^2}\text{。}$$

然而，具体实施后发现，思路自然但求 Q 的坐标、将 Q 的坐标代入距离表达式后化简等过程都较繁。这时，思维敏捷的学生会想：从距离表达式可以发现，不具体求出 Q 的坐标 x_1，y_1，而是从整体上求出 x_0-x_1，y_0-y_1，那么运算环节和推理过程都可以大大缩减。

数学学习中，思维敏捷性的另一个集中表现是能迅速沟通不同数学学科的联系，进而对一个问题作出不同角度的表征。例如，对于"点到直线距离公式"，通过建立几何、代数与三角的联系，可以将"距离"表征为"直角三角形的一条直角边""三角形的高""向量在某个方向上的射影"等，从而达到迅速解题的目的。

值得指出，思维的敏捷性是通过一定的综合性练习，并达到知识的融会贯通后产生的。经过综合性练习，形成对知识间联系性的认识，并达到较高的熟练应用知识的水平，从联系性中归纳数学思想方法，从而达到对数学知识的概括性认识。在这个过程中，思维的概括性水平也就得到了提高。克鲁捷茨基的研究表明，推理的缩短取决于概括，"能'立即'进行概括的学生，也能'立即'缩短推理"。

思维的敏捷性与其他思维品质不同，它本身并不表现为一个过程，这是思维的敏捷性与其他思维品质的区别。不过，敏捷性以前述各种思维品质为必要的前提，是这些思维品质的集中表现。特别的，从数学的学科特点看，数学思维的敏捷性更加需要以思维的深刻性、广阔性、灵活性等品质为基础。

以上我们讨论了七种数学思维品质。实际上，这七个方面的思维品质是相互联系、密不可分的，它们处于有机的统一体中。其中，思维的深刻性和广阔性分别从纵向和横向两个角度表现出思维的品质，它们是一切思维品质的基础；思维的目的性决定着思考的方向；思维的灵活性和独创性是根据思维的目的性，在思维的深刻性和广阔性的基础上引申出来的；思维的批判性是在深刻性基础上发展起来的；思维的敏捷性以其他几个品质为必要前提，同时它又是其他品质的具体表现。

§4.3　数学思维的基本成分

数学思维是一种极为复杂的心理现象。为了适应不同数学实践活动的需要，数学思维活动也具有多样性。数学思维可以根据不同的标准或从不同的角度进行分类。从数学的学科特点出发，数学思维的种类不外乎是数学中的形象思维、抽象逻辑思维以及直觉思维，或者是其中的一些种类的有机组合。也就是说，数学中的形象思维、抽象逻辑思维及直觉思维就是数学思维的基本成分。下面我们对这些基本成分分别作更细致的讨论。

一、形象思维

这种思维是指凭借事物的具体形象或表象的联想来进行的思维。在形象思维活动中，一方面是具体的、活生生的、个性鲜明的形象；另一方面又有着高度的概括性，能够使人通过个别认识一般，通过事物外部生动、具体和富有感性的表现认识其内在的本质和规律。数学教学中，我们经常要使用教具或学具，学生借助教具或学具进行数学学习的过程中，就大量存在着形象思维。

在某些场合下，利用形象思维可以较迅速地解决问题。例如，在讨论一元二次不等式 $ax^2+bx+c>0$（或 <0）$(a>0)$ 的解时，如果仅从抽象的代数角度考虑，那么在将 ax^2+bx+c 分解为 $a(x-x_1)(x-x_2)$（x_1，x_2 是方程 $ax^2+bx+c=0$ 的两个根）后，需要对 $x-x_1$，$x-x_2$ 的符号进行讨论才能得出解答。如果借助于函数 $y=ax^2+bx+c$ 的图像进行思维，那么在求得方程 $ax^2+bx+c=0$ 的两个根 x_1，x_2（$x_1 \leqslant x_2$）后，马上得到不等式 $ax^2+bx+c>0$ 的解为 $\{x \mid x<x_1$ 或 $x>x_2\}$。这一解题过程实际上是联系了 ax^2+bx+c 的生动表象，这一表象使我们迅速地抓住了 ax^2+bx+c 随 x 变化的符号规律，进而直接地把握了一元二次不等式的本质。

在数学思维基本成分的研究中，曾经有人对数学思维活动中是否存在形象思维心存疑虑。我们认为这是没有必要的。数学思维虽以其高度的抽象性和逻辑的严谨性著称，但数学思维中的形象思维成分是客观存在的。特别是在中小学数学学习中，形象思维起着非常重要的作用。例如，在解形如 $|x-2|>5$ 的不等式时，如果引导学生联想数轴，让学生在头脑中利用"数轴上到 2 的距离大于 5 的点的集合"这一表象进行思考，那么学生会想到，数轴上在 2 的左边

离 2 的距离为 5 的点是 −3，在 2 的右边离 2 的距离为 5 的点是 7，于是很快得到其解为 $\{x|x<-3 \text{ 或 } x>7\}$。

总之，在数学思维活动中，以从具体事物中抽象出的表象为思维材料的形象思维占有特殊的位置，特别是图形所形成的表象的作用更大。事实上，图形不仅是数学的主要研究对象之一，而且也是重要的数学语言，是数学思维活动中进行思维表达的工具。数学思维活动中，图形表象具有化抽象为具体、化模糊为清晰的作用，对抽象的数学内容的识记、保持和检索都有很大的帮助。

形象思维具有一定的层次性。一般的，我们可以将形象思维区分为具体形象思维和言语（逻辑）形象思维。前一种通常指以具体表象为材料的思维，其思维过程仍然保持着思维与实际动作的联系，即接近于具体动作思维，这是形象思维的初级形态；后一种不仅以表象为思维材料，而且有抽象逻辑成分的渗透，是一种以语言为物质外壳的思维活动，这是抽象逻辑思维的直接基础。

我们知道，数学并不研究事物的质，而只研究事物的量和形。因此，数学学习中运用的"形象"是对现实进行量和形的抽象后的理想形象，包括各种理想化的模型、图形（图像），以及各种数学记忆表象。数学思维活动中的形象思维材料的理想化、抽象性特点就决定了数学学习中的形象思维是言语形象思维。这是数学思维活动中的形象思维的一个显著特点。

二、抽象逻辑思维

抽象逻辑思维是以概念、判断、推理的形式进行的思维。数学概念的理解、数学公式、法则的证明、数学问题的解答等，总之，数学学习中的各种思维活动，都是用已有的相关数学概念和原理进行推理和求证的思维活动，这些都是抽象逻辑思维活动。抽象逻辑思维是一切正常人的思维，是人类思维的核心形态。数学思维活动中的抽象逻辑思维也包括形式逻辑思维和辩证逻辑思维两种。

1. 形式逻辑思维

形式逻辑是初等逻辑，它的概念具有确定性和抽象性，反对思维的自相矛盾。数学思维中的形式逻辑思维就是依据形式逻辑的形式和规则来反映数学的对象、结构及其关系，达到对其本质特征和内在联系的认识过程。它的特点在于其认识过程中各阶段的明确性，不论就其内容，还是就其所采取的分析步骤而言，都是完全符合逻辑规则的，而且是有意识的。显然，要使学生具有较强的抽象思维能力，就必须使他们掌握必要的逻辑方法和规则。例如，学会比较、分析、综合、概括、抽象；明确命题条件与结论间相互制约关系以及命题的四种形式；会用类比、归纳、演绎等进行推理；掌握基本的推理格式和证明方法（例如分析法、综合法、反证法等）；掌握基本的数学方法（例如代入法、消元法、换元法、配方法、割补法、坐标法、数学归纳法、待定系数法等）。

形式逻辑思维虽然主要依据概念、判断和推理等理论认识形式对数学对象及其结构、关系进行间接、概括的反映，但是，有时形式逻辑思维也不完全排除具体形象和感性材料。换句话说，就是形式逻辑思维也有一定的层次性。为此人们把形式逻辑思维分为经验型抽象思维和理论型抽象思维。例如，学习同底数的幂相除法则时，可以有不同的思维形式：

运用形象思维

$$10^5 \div 10^2 = 10^3 \Rightarrow 10^5 \div 10^2 = 10^{5-2};$$

$$6^{13} \div 6^8 = 6^5 \Rightarrow 6^{13} \div 6^8 = 6^{13-8};$$

······

运用经验型抽象思维

当 $m > n$ 时，$a^m \div a^n = \underbrace{a \cdot a \cdot \cdots \cdot a}_{m\text{个}} \div \underbrace{a \cdot a \cdot \cdots \cdot a}_{n\text{个}}$

$$= \underbrace{(a \cdot a \cdot \cdots \cdot a)}_{m-n\text{个}} \underbrace{(a \cdot a \cdot \cdots \cdot a)}_{n\text{个}} \div \underbrace{(a \cdot a \cdot \cdots \cdot a)}_{n\text{个}}$$

$$= \underbrace{a \cdot a \cdot \cdots \cdot a}_{m-n\text{个}} = a^{m-n};$$

运用理论型抽象思维

根据同底数幂的乘法法则，对于任意 x，n，有 $a^x \cdot a^n = a^{x+n}$。所以，当 $a^x \cdot a^n = a^m$ 时，必有 $m = x + n$，即 $x = m - n$。所以 $a^{m-n} \cdot a^n = a^m$。所以

$$a^m \div a^n = a^{m-n} \quad （除法定义）。$$

思维发展心理学认为，小学生的思维从以具体形象思维为主要形式过渡到以抽象逻辑思维为主要形式，但很大程度上仍直接与感性经验相联系，具有很大成分的具体形象性；初中生的思维中，抽象逻辑思维开始逐渐占优势，但在很大程度上是经验型的，他们的逻辑思维需要感性经验的直接支持；高中生的抽象逻辑思维属于理论型，他们能够在理论的指导下分析综合各种材料。因此，同底数幂的运算法则，小学高年级阶段可以从具体数字运算中适当渗透，让学生通过形象思维进行学习；初中阶段，在整数幂的学习中，给学生提供适当的感性经验（如一些典型的具体数字指数运算），并要求他们采用经验型抽象思维概括出运算法则；高中阶段，在指数与对数的学习中，引导学生在初中学习的基础上，运用理论型抽象思维对指数运算律进行推理和证明。

2. 辩证逻辑思维

辩证逻辑思维是抽象逻辑思维发展的高级阶段。这种思维依据的是辩证逻

辑。辩证逻辑是与形式逻辑相比较而存在，并且是在形式逻辑的基础上发展形成的，所以它属于高等逻辑。辩证逻辑的概念具有灵活性和具体性，强调思维反映事物的内在矛盾。因此，辩证逻辑思维就是客观辩证法在人们思维中的反映，是客观事物及其发展的辩证法在逻辑思维形式中的再现。

另外，辩证逻辑思维就其思维形成的过程而言，包括概念形成过程的飞跃、规律发现过程的飞跃、理论应用于实践的飞跃。更一般地说，就是在某种条件下一事物转化为另一事物的过程的飞跃等。

数学中有丰富的辩证逻辑思维。具体地说：

（1）数学中的正与负、常量与变量、微分与积分、直线与曲线等都是对立统一的概念；数和形（如曲线和方程、倾角和斜率等）体现了矛盾转化关系。

（2）数的概念体现了量变质变的关系，人们从量的差别中认识质的差异。分数与整数既有联系又有质的区别，如 $\frac{2}{3}$ 是 2 和 3 的比，但也可表示成 4 和 6、6 和 9…的比，这种替代是无穷的；$\sqrt{2}$ 在有理数范围内是无法确定的，所以表现出无限性；整数、分数和无理数一开始就存在质的差异，而当它们在量上进行比较时，就存在有限和无限的差别，其辩证的质的差别是从量的差异中认识到的。

（3）导函数的产生是对原函数实行"否定之否定"的结果。在求导过程中，先取差再把它扬弃，这不是简单地导致无，而是带来实际结果，即导函数。

（4）另外，从个别推广到一般、从相对认识绝对、从有限认识无限等都是数学中常用的辩证法。

所以数学中的辩证思维是数学思维的重要组成部分。正因为此，在数学教学中采用形式逻辑和辩证逻辑相统一的原则是非常自然的。

那么，数学教学中如何发展学生的辩证逻辑思维呢？从辩证逻辑思维的形成过程看，最主要的是要引导学生经历两个飞跃：首先要使学生学会从大量感性材料中进行观察、分析、综合、抽象、概括，学会从数学问题情境中去粗取精、去伪存真、由此及彼、由表及里地思考的方法，学会从典型、丰富的具体例证中发现数学规律、形成数学概念，这是一个从认识具体、个别和特殊事物的特征，逐步推广到认识一类事物的共同本质特征的飞跃，是一个从具体到抽象的过程；在此基础上，以对共同本质特征的已有认识为指导，探究其他同类事物的特征，或概括到已有本质特征中来，或找出其特有的性质，从而补充、丰富和发展对这一类事物的认识，这是从一类事物的共同本质特征到具体、特殊事例的认识的飞跃，是一个从抽象到具体的认识过程。这两次飞跃就是特殊到一般的抽象化过程和一般到特殊的具体化过程，二者是辩证统一的。例如，中学阶段学习函数概念，先在初中阶段认识正比例函数、反比例函数、一次函数等具体函数；再通过概括这些具体函数的共同本质特征，以"变量说"定义函数的一般概念，认识自变量与函数这两个变量之间的相依关系，达到对函数本质的初步认识；再以二次函数为载体，使学生进一步巩固对函数概念的认识；高中阶段，在"变量说"的基础上，先以"集合对应说"定义函数的一般概念，再在这一定义的指导下，进一步学习指数函数、对数函数、幂函数、三角函数以及常数函数、分段函数等具体函数，乃至只能用图像或表格表示的函数，在认识这些具体函数的过程中进一步加深对函数一般概念的认识，使函数概念的理解达到更高、更本质的层次。

需要注意的是，形式逻辑和辩证逻辑之间并没有不可逾越的鸿沟。实际上，辩证逻辑并不否认事物具有稳定性，而只是认为这种稳定是相对的；形式逻辑的客观基础是事物的相对稳定性，但它并不否认事物的矛盾运动及事物相对稳定与相对变化的统一。另外，在形式逻辑思维中，虽然使用形式逻辑是主要的，但这并不意味着不使用任何辩证思维。事实上，形式逻辑思维中包含有辩证逻辑的因素。同样，在辩证逻辑思维中，不仅要运用辩证逻辑，而且要用形式逻辑。所以，我们必须坚持辩证逻辑和形式逻辑相统一的学习观和教学观。

三、直觉思维[①]

关于直觉思维的意义、特征等，在思维研究的历史上有许多争论，但没有取得令人信服的结果，至今仍是学术界研究的重点课题。从国内外已有论述中可以看到，至少人们有如下两点共识：第一，直觉思维很重要，"逻辑是证明的工具，直觉是发现的工具"充分说明了直觉思维在生活和科研中的重要地位和作用；第二，直觉思维与分析思维相比较而存在，分析思维具有明确的步骤，思维者对其思维过程也有清晰的意识，而直觉思维则没有明确的推理过程，思维者对其思维过程也无清晰的意识。另外，人们普遍认为，高度的直觉来源于丰富的学识和经验，归根结蒂是以实践为基础的，它不是科学家或天才的专利品，而是一种基本的思维方式，属于思维的基本成分。

---

① 吴福能. 论数学直觉思维及其教学. ［硕士学位论文］. 吴福能. 数学发现的奥秘——试论数学直觉思维的形式. 数学通报，1987(7)(8).

1. 数学直觉思维的意义

概括地说，数学直觉思维就是具有意识的人脑对数学的对象、结构及规律性关系的敏锐的想象和迅速的判断。这里包括两个方面，一是判断，二是想象，并且两者有机结合。下面对此进行具体分析。

（1）数学直觉思维中的判断

数学直觉思维中的判断是人脑对数学对象及其结构关系的一种迅速的识别、直接的理解、综合的判断，也叫作数学的洞察力。因此，我们有时也称它为数学直觉判断。在这种判断中，人们不是分析性的按部就班地进行推理，而是直接从整体上把握。所以，有人认为，数学直觉思维是一种直接反映数学对象、结构及其关系的心智活动，它是人脑对数学对象、结构及其关系的某种直接领悟或洞察。另外，数学直觉判断是在刹那间完成的，是一种下意识的行为，因此要对它的过程进行分析、研究，甚至是追忆都是十分困难的。可以推想，这就是造成某些人认为直觉在数学活动中"太神秘"的客观原因。

数学活动中的数学直觉判断是客观存在的。例如，数学家从一阶导数上直觉到一种变化率；从某函数的解析式直觉到它的几何图形，或从某个函数图像直觉到这个函数的基本特征；甚至没有任何推理活动而直接从问题情境中洞察到结论。在学生的数学思维活动中也存在直觉判断。例如：

已知等腰直角三角形 $P_1 P_2 P_3$，其中 P_1 对应于复数 2，P_2 对应于复数 $4+2\mathrm{i}$，求 P_3 对应的复数。

作出图像（如图 4.3.1），经过观察后，立即得到 P_3 的坐标是（2，2）或（4，0），从而 P_3 对应的复数是$2+2\mathrm{i}$ 或 4。在这个过程中，学生主要是依赖于对几何图形、点的坐标和复数间的关系作出直觉判断而迅速得出答案。

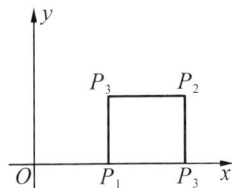

图 4.3.1

又如，课堂教学中常有这样的情形，教师呈现出数学题后，有的学生很快就说出正确答案，问其答案是怎么来的，他说"我想应该是这样的"。实际上，这里的"我想"就是一种直觉判断，是一种以不完全的形式、感觉或预感来描述数学结论的现象。诸如此类的例子在数学学习或研究中举不胜举。

（2）数学直觉思维中的想象

想象是人对头脑中已有的表象进行加工改造进而创造出新形象的过程，它是人脑特有的功能。在想象的作用下，即使眼前没有一定的实物或符号，人们也可以把新的关系、符号和事物自由地构想出来。当现有的数据或信息并不足以使人作出正确判断时，就要求助于想象或猜想而形成对事物内在规律性的直觉判断，并在这一判断的引导下继续收集数据或信息，以对已有判断作出证明或证伪。例如，牛顿认为，"如果研究抛射体的运动，那我们也许就容易理解为什么行星借助于向心力来保持一定的轨道。"于是他想象，以越来越大的初速度抛掷石头，直到石头终于像围绕地球运动的月球一样进入围绕地球的轨道。牛顿从抛射体运动出发想象行星运动，在此引导下，以对抛射体运动的正确认识为基础，猜想并证明了万有引力定律，完成了一个伟大的科学创造。显然，如果没有超凡绝伦的想象力，牛顿是不可能发现万有引力定律的。

从对表象进行加工改造的结果看，想象可以分为再造性想象和创造性想象两种。再造性想象就是根据语言的描述或根据图样、图解、符号、记录等在头脑中产生新形象的过程；创造性想象是不依据现成的描述而独立地创造出新形象的过程。由此推知，前一种想象中出现的形象是曾经存在或现在还存在的，但想象者在以往的实践中没有遇到过，因此对他来说是"新"的；后一种想象中出现的形象是当时还不存在的，是新颖、独创和奇特的，是想象者在头脑中将各种意象构思出来，并加以具体化的结果。它使我们能超越现实的限制，进入一个"无所不能"的境界。当然，创造性想象与我们长时记忆中储存的各种知识有极大关系，往往是这些知识随意组合的结果。

创造性想象对科学家的发明、创造是非常重要的，对数学家的数学发现甚至是更加重要的，这是因为数学的研究对象本身是高度抽象的，如果没有高水平的想象力，那么就连数学的研究对象本身都难以把握，更不用说对这些对象的性质及其关系进行研究了。牛顿发明微积分，很大程度上得力于他对几何与运动的敏锐、流畅、变通的直觉想象；德国数学家闵可夫斯基的想象力使他把三维空间和一维时间联系在一起，提出了四维时空的表达式；爱因斯坦在创建狭义相对论的过程中想象过人以光速行走，而在创立广义相对论时又设想光线穿过升降机时会发生弯曲现象；等。

需要特别指出的是，直觉想象所得到的东西，很多时候会包含一些臆测、幻想的成分，所创造的形象有时夸大了客观实际，与经验事实相去甚远，有时把风马牛不相及的东西想象在一起，从而极难找出确定的逻辑关系。例如，有的科学创造出现在梦境之中，有人认为这是因为处于睡眠状态的大脑，其思维和记忆相互脱节而不受意识控制，这时各种思维元素极其活跃，因而想象更加丰富，容易产生创造性的突破，使问题得到解决。不过，这时也往往显得更荒唐。所以，数学直觉思维的结果要经过严格的逻辑论证和实践检验。

综上所述，对数学对象、结构及其关系的直觉想象和直觉判断，是数学直觉思维的直接本质。同时，在数学活动中，直觉想象和直觉判断很难截然分开，两者常常交织在一起，有机地融合于同一个思维过程中，并且两者的交替过程有时进行得非常迅速，与先前的思维进程的关系也更加不清楚，甚至中途出现某种"断裂"。有时也会出现这样的现象：某一久思不得其解的问题，因为某种机缘巧合而受到启迪（自激而生或者由别的因素引发），突如其来地得以澄清和解决，因而形成一种"内现"或"顿悟"。这就是通常所说的灵感状态，或称灵感思维，有时也称灵感直觉思维。它是直觉思维的一种表现方式，非灵感的直觉思维有人称之为普通直觉思维。布鲁纳说："在数学中直觉概念是从两种不同的意义上来使用的：一方面，说某人是直觉地思维，意即他花了许多时间做一道题目，突然间他做出来了，但是还须为答案提出形式证明；另一方面，说某人是具有良好直觉能力的数学家，意即当别人向他提问时，他能够迅速作出很好的猜测，判定某事物是不是这样，或说出在几种解题方法中哪一个将证明有效。"① 这里，布鲁纳所说的直觉思维的两个方面，前一个方面属于灵感直觉思维，后一个方面属于普通直觉思维。

需要指出，虽然数学直觉思维是以想象和判断迅速交替进行的一种思维，甚至有时伴随灵感状态出现，好像难以预期，但实际上它需要一定的主客观条件，即它是主客观联系的一种形式，只不过作为认识过程来说，它是认识的一种飞跃。作为客观条件，必须有一个亟待解决的数学问题，并且已经具备了相当的解决问题的客观基础；作为主观条件，研究者必须顽强地坚持探索问题的答案，并且已经经历了一段时间的紧张思考。只有具备了这些基础，"机遇"和"顿悟"才有可能出现。也就是说，"机遇只提供给那些有准备的人"。

2. 数学直觉思维的特征

依据上述对数学直觉思维本质的分析和前面的有关论述可以推知，数学直觉思维与分析思维的区分标准主要有两条：一是结论的得出是否有明确的思考步骤；二是主体对思维过程有无清晰的意识。因此，数学直觉思维具有潜逻辑性和无意识性，这也是它的最基本特征。

（1）潜逻辑性

逻辑严密性是数学的基本特征之一。因此，在数学研究或学习中，不存在非逻辑的思维。数学直觉思维是非逻辑的提法是不正确的。 方面，作为一种数学思维，数学直觉思维也是人脑的机能，是高级神经活动的一种方式，也是一种对数学对象、结构及其关系的反映形式，所以，它与数学中的逻辑思维一样，也有着"逻辑过程"；另一方面，现代脑科学研究表明，这种"逻辑过程"

---

① [美] 布鲁纳. 布鲁纳教育论著选. 邵瑞珍，张渭城，译. 北京：人民教育出版社，1989：58.

是由潜意识脑的神经网络对信息加工处理的过程（所谓潜意识脑的可能神经结构有旧皮质、古皮质及脑干网状结构，有海马、苍白球、小脑等，具有维持和控制生命活动的功能，如呼吸、心率以及记忆、情绪等的潜逻辑计算和信息的储存），是非显露的，所以我们称之为潜逻辑过程。只有在潜意识脑中"实现"了加工结果，从而产生了直觉时，这个过程才逐渐转化为显逻辑过程。因此，正像舍瓦列夫所说的那样，"通常由'直觉'得到的结论可以分解成一个完整的结论链，而作出结论的那个人常常不仅实际上意识不到其中的所有环节，甚至连别人也无法使他意识到它们。"[①] 按照他的观点，一个人不能意识到一个逻辑上完整的论证中的所有环节。有时，直觉是用在简缩了的结构中进行思维的一种倾向，当这个结构内部一系列中间环节全被"略去"时，要想跟踪这些思路就很困难了。布鲁纳在试图解释洞察力的现象时也有类似的论述。他认为，"思想家获得了答案……但他对获得答案的过程很少有明确的意识。"

从现代科学对意识的研究可以推知，数学直觉思维过程的一些环节被省略而造成心理过程的缩减，是因为这些环节摆脱了显意识范围而处于一种无意识状态。因此，凭借直觉思维，有时一个人可以迅速得到一个数学问题的结论，但按其解答顺序再现解答过程却出现困难，或者只能再现一些片断。因此，数学直觉思维往往是难以陈述和交流的，也是很难证实的。

数学直觉思维的潜逻辑性常常集中表现在如下两点：

首先，与普通逻辑推理过程相比，其认识具有直接性，正如庞加莱所说，为直觉所指引的数学家不是以步步为营的方式前进的，"他们在第一次出击中就迅速达到了征服的目的"。另外，尽管直觉并非建立在严格的逻辑论证之上，但它往往伴随很强的"自信心"，这种信念常表现为诸如"现在我有啦！""我算出来了！""原来是这一招！"等惊叹，至于结果得来的中间环节，人们则很少过问，甚至有时会出现结果正确但中间环节有误的情况。例如，在 17 世纪下半叶创立微积分理论时，牛顿和莱布尼兹实际上都把无穷小量看成"要多小有多小"的常量，因此在推出导函数时，先把变量的增量当做微分，然后又强制抹掉（实际上是直觉的）高阶无穷小，通过错误的途径得到了正确的结果。

其次，与逻辑（推理）的抽象性相反，数学直觉思维常常以形象思维形式表现出综合性，即这时呈现在人们头脑中的是一幅整体的图像，尽管它的某些细节可能是模糊的。正是这种特性，我们考虑数学问题时常常画一个草图先从整体上进行分析。直觉思维的这种特性在数学活动中也是非常重要的。庞加莱

---

①［苏］克鲁捷茨基. 中小学生数学能力心理学. 上海：上海教育出版社，1983：376.

曾说："一个数学证明并不是若干个三段论的简单并列，而是众多的三段论在确定的序之中的安置。这种使元素得以安置其中的序要比元素本身主要得多。一旦我们感觉到它，也可以说，直觉到这个序，以致我们一眼之下就能领悟了整个推理，我们就再也不必害怕会忘掉任何元素。因为每个元素都将在序中各得其所，而这是不需要我们付出任何记忆上的努力的。"这里，庞加莱所说的"序"就是问题整体性、综合性的一种表现。如果不能直觉地把握这个"序"，那么在处理一个复杂的数学问题时就会遇到困难。

（2）无意识性

无意识是相对于意识而言的。不过，这里的无意识性与哲学中的无意识性的意义有所不同，它主要指思维过程的非自我意识性和非明确的目的控制性（包括"自动化"）。思维过程的非自我意识性，是指在思维过程中，由于注意力高度集中，思维主体不可能自省式地设立一个"自我"来静观另一个正在进行紧张思维的"自我"；思维过程的非明确的目的控制性，是指思维过程中，由于各种困难不得不有意识地暂时中断思维，而实际上脑的思维运动由于巨大的惯性还在进行，直至带进梦境中。这就是说，一旦思维被发动起来，那么就会因为惯性的作用而出现"自动化"思考，即大脑中出现潜意识活动。出现这种情况主要与以下几种无意识心理现象有关。

①自发性。这是由于人脑中储存着大量信息，但有些信息在某一特定时刻未被意识到，原因是这些信息还来不及纳入到当前解决问题的思维活动中，或者说，主体还来不及有意识地调动它。但只要问题发生变化，或受到某种信息的启示，它很快就能成为意识的对象。日常生活中常有这样的现象：偶然遇见自己非常熟悉的人时，一时会叫不出他的名字，转身后他的名字又自发地浮现在脑海中了，而对于为什么会出现这种现象，我们自己并不能作出解释。这就是潜存信息被自发地意识的例子。很多数学家也曾依据自己的亲身体验提到过数学直觉思维的自发性。例如，庞加莱在对自己的数学直觉进行追述时说：我曾力图构造 Fuchs 函数的变换，但努力很久却未能成功。后来，在一次乡间旅行中，当我的一只脚踏在刹车板上的刹那间，一个想法自发而生，我梦寐以求的不就是非欧几何中的变换吗？一个久思不解的数学难题就这样解决了。

②不可解释性。人的大脑由两个半球组成。左脑在言语功能和抽象思维功能方面优于右脑；右脑在空间概括能力、形象思维能力和情感性信息处理能力方面优于左脑。两半球之间的信息传递由胼胝体完成。在一般情况下，左、右脑是协调活动的。通过右脑处理的信息而得到形象的、直觉的结果，一般需要通过胼胝体传递到左脑，转换为逻辑语言信息，才能进行思想交流。数学直觉

思维就是把大脑中储存的各种信息，其中包括逻辑语言信息（概念）转换成形象模型，然后通过右脑的作用而加以判断或领悟，这是一种在非语言水平上进行的判断或领悟，因而是一种无意识心理现象。所以人们在进行数学直觉思维时，对它的过程难以表述，只有得出结果后，再把它转换成逻辑语言，才能被人理解。例如，高斯曾以数年的时间证明一个算术定理，但屡战屡败，无功而返，"最后我获得了成功，疑团就像闪光一样被解开了，但并非由于艰苦的努力，条件和结论怎样联系起来连我自己也无法说清。"因此，数学直觉思维的产生过程是"可以意会不可言传"的，即具有不可解释的特性。

③随机性。在数学活动中，数学直觉思维受到某种因素启迪而突然发生，而且这种念头存在得那么"短暂"，真可谓稍纵即逝，无论其产生还是其结果都带有很大的偶然性。为什么会有这种现象呢？前已述及，虽然大脑中潜存的信息在处理一个数学问题的特定时刻未被意识到，但在解题者对面临的问题的有意识思考过程中，与该问题相关或相近的信息（如已有知识、过去解答过的类似问题、自己熟悉的与当前问题情境相似的情节等）会得到联想和调动。在这个过程中，那些对解决当前问题有用的信息被触动了，导致思维的大门突然开启，数学直觉就这样产生了。所以，触发数学直觉的相关信息的出现，从时间、地点、条件、机缘等来看，都表现出某种随机性和偶然性。

研究数学问题时，经常会出现"说不清道不明的"的想法，这是"灵机一动""茅塞顿开"，其中的过程与结果都是模糊的。事实上，潜逻辑性集中表现为直接性、综合性和整体性，因而在细节上具有模糊性。无意识性中的自发性、不可解释性以及随机性也是思维过程表述上的模糊性。我们知道，确定性是数学的基本特征之一，严格性、精确性也是数学思维的基本特征，但这种确定性、精确性并不是一蹴而就的。数学发展中，数学概念、原理的严谨性、确定性总是从宽松、随意、模糊的状态中发展而来的；数学思维的严格、精确也是从模糊、混乱、不协调甚至是不着边际中成长起来的。而这种发展性又突出地表现在数学直觉思维过程中，所以模糊性是数学直觉思维的最根本特性。

综上所述，数学直觉思维就是大脑基于有限的数据资料和知识经验，充分调动一切与问题有关的显意识和潜意识，结合敏锐想象和迅速判断，从整体上直接领悟或洞察数学对象的本质、结构和关系的一种思维。这种思维的实质是对数学对象及其结构、关系的想象和判断。

§4.4　数学思维结构初探

数学教育的主要任务之一是使学生形成完善的思维结构并借助于这种结构去掌握数学知识、提高数学能力。数学思维结构是思维结构的一个子系统，它在数学学习中居于核心地位，发挥着特别重要的作用。因此，数学思维结构的研究对思维科学和数学教育都有重大意义。

一、数学思维结构的组成因素

从一般思维结构理论出发，结合前面对数学思维品质、数学思维基本成分等的考察，我们设想数学思维结构是个体在数学活动中，以数学知识结构为基础而建构和形成的具有数学特点的信息处理系统。其组成因素包括数学思维的目的、数学思维方式、数学思维基本成分、数学思维品质、数学思维自我监控和数学思维中的非智力因素等。其中，数学思维方式与数学的概念、思想和方法紧密联系，体现了一般思维结构中思维的过程、结果或材料等因素；数学思维基本成分体现了个体在数学研究或学习中使用的手段或方法；数学思维品质是个体在数学思维活动中的智力特征，体现了数学思维的个性差异；数学思维自我监控就是数学思维活动的自我意识，起定向、调节和控制数学思维活动的作用；数学思维中的非智力因素是数学思维的动力系统。这些因素和它们的协调作用就构成了数学思维结构。

1. 数学思维目的

数学思维是人们应用数学知识理解和解决各种问题的有目的的活动，即数学思维是在数学实践活动中得以出现、表现和发展的。它是一种具有高度抽象性的认知活动，因此必须以自觉地定向、能动地预见结果、有意识地调控数学活动讲程等为前提。所以，目的性是数学思维的根本特点，它反映了高度抽象、严谨的数学思维所具有的自觉性、有意性、方向性和能动性，构成数学思维结构的核心因素。

2. 数学思维方式①

数学思维方式是个体在学习数学知识、形成数学思想、掌握和运用数学方法的基础上逐步形成，是个体掌握的数学知识和数学思维方法相结合的多级系统，是数学知识与个体的认识结构长期相互作用的结果，并且是在数学学习中不断发展的。其中数学的知识、思想和方法等要素发挥着重要作用。个体必须掌握一定的数学思维方式才能进行有效的数学活动；同时，任何数学思维方式只有融合于个体的思维结构中才能发挥作用。所以，数学思维方式是数学思维结构的一个重要部分。

以中学数学知识结构为依据，数学思维方式包括以下内容。

（1）集合对应的思维方式

函数的"集合对应说"是集合对应思维方式的数学基础，抽象其中的数学思维内容，并用之于数学实践，就可总结出其思维方式：

①将有待解决的问题与其他问题区分并作出准确界定；

②将问题化归到已知的解题系统中进行解决；

③将②中得出的结果反射到①中，解决原始问题，必要时将结论推广。

数学研究和应用中的关系映射反演原理（RMI）、模型化方法等就是这种思维方式的典型应用。关系映射反演原理在中学数学中有许多表现方式，例如：坐标法、参数法、三角法、换元法、向量法等。

在具体教学中，各种具体的数学方法总是在不同年级或不同学习阶段，结合相应的数学内容逐个学习的。为了使学生有效地形成集合对应思维方式，我们需要在学习上述方法的基础上，引导学生进一步概括它们的共性，使学生掌握这些具体方法的一般原理——RMI 原理。另外，还要在学生对函数的"集合对应说"有了比较深入的了解后，进一步引导他们体验集合对应思维方式，使他们领悟这种思维方式的普适性。

（2）公理化结构化的思维方式

数学中，公理化方法是研究逻辑结构的特殊工具，是人们的认识由感性上升到理性的飞跃。公理系统是数学分支发展的新起点，公理一经确定，人们就可以由此出发，推出新的命题和结论，发展出内容相对独立的数学系统。所以，公理化方法不仅有整理知识体系结构作用，而且也是一种发展理论、发现新知识的工具。与公理化思想密切相关的是"结构思想"，它们的优点在于具

①任子朝. 论数学思维结构. ［硕士学位论文］. 任子朝. 数学思维结构初探. 数学通报，1987（7），有改动.

有高度的形式化。事实上，在形式化公理系统中，基本概念规定为不加定义的原始概念，它的含义、特征和范围都不是先于公理而确定的，而是由公理组隐含确定的，那些能满足公理组所要求的条件的"事物"都可以作为该公理系统的基本概念、基本研究对象。也就是说，公理系统中的基本概念只具"形式"而不具"内容"，凡是符合公理组要求的对象都可以作为该"形式"的内容。

教学中，公理化思维方式主要渗透在教学内容、学习素材的组织与安排过程中，是数学材料逻辑组织化的重要依据；结构化的思维方式主要表现在力图用统一的观点处理教学内容，重视通性通法，围绕"统一的观点""通性通法"展开教学。结构化的处理方式，首先使教学内容具有整体性，有利于学生形成系统的数学观念，使学生的整体思维结构得到发展；其次，结构间的相似性易于引起学生的联想，有利于建立知识间的相互联系，达到举一反三、触类旁通的效果；最后，学习结构功能良好的知识，具有思维过程的简单性、时间和精力的经济性，可以有效减轻学生的记忆负担，而且便于检索和应用。

（3）空间思维方式

空间思维是在头脑中构成研究对象的空间形状和结构，并对它们进行"立体化操作"的过程。

空间思维的主要操作单位不是词而是映象（客体在人脑中的摹写），并且是那些能表现客体空间特征的映象，如构成客体各因素的形状、大小、相互位置，客体各因素在平面内或空间中相对于某一特定位置的排列次序等。空间思维由于有这些特征而不同于其他形象思维，反映客体的空间特征和关系是空间思维的内容，而对于形象思维，区分空间特征并不是它的核心因素。

空间思维活动的目的在于改变头脑中已有的映象，即按照当前问题的要求运用映象。

空间思维是一种相当复杂的过程，它不仅包括逻辑（语言概念）操作，也包括大量的感知活动。没有这样的活动，以映象为形式的思维过程便不能进行。也就是说，如果没有充分的空间感知活动，那么辨认真实客体及辨认用各种图示手段表现的客体，或在解答题目的过程中运用映象等过程都不能进行。

（4）精确定量思维方式

精确定量思维方式是数学研究者必须具备的最重要的思维方式，也是数学教育所能给予学生的最重要和最基本的数学素质。

事实上，定量思维贯穿于解决问题的始终，而数学计算在其中又起到非常重要的作用。在基础教育阶段，定量思维主要靠数学的精确计算来培养。众所周知，计算和演绎是数学中紧密结合在一起的过程，从某种意义上说，数学学习的主要作用是形成"算法的思维"，培养按照规定的运算程序计算的习惯和设计新的计算程序的能力（实际上，数学的公式、法则、定理等都可以理解为规定好的计算程序）。数学计算是数学课堂中一项重要的教学活动，思维的创造性和应用数学的能力都可以从中得到培养。在学习数学的过程中，时刻都有构造算法、选择算法的需要，通过构造算法、比较不同算法的效率并选择算法的实践，可以使学生逐渐地养成从事智力活动的习惯：计划自己的工作，寻找和选择完成工作的合理途径，对结果进行批判和评价。

（5）算法思维方式

算法是数学及其应用的重要组成部分，是计算科学的重要基础。中国古代数学中蕴涵了丰富的算法思想。随着现代信息技术飞速发展，算法在科学技术、社会发展中发挥着越来越大的作用，并日益融入社会生活的许多方面，算法思想已经成为现代人应具备的一种数学素养。一般地，机械式地按照某种确定的步骤行事，通过一系列小的简单计算操作完成复杂计算的过程，就是"算法"过程。例如，人们很容易完成的基本计算是一位数的加、减、乘和进位、借位等，复杂计算过程实际上都是通过这些操作，按照一定的工作次序与步骤，组合完成的。

最后小结一下上面所讲的五种数学思维方式。数学思维方式是从具体的数学知识中抽象发展起来的，但这种抽象不是一次性的。在其抽象和运用过程中，体现出从低级到高级的发展和适用范围逐步扩大的四个层次：①具体的解题方法（如证明线段相等）；②一般数学思维方法（如同一法、换元法等）；③数学的发展与创新的方法（如归纳、演绎、类比、RMI原理等）；④运用数学理论研究对象的内在联系和运动规律的方法。前两个层次在数学学习中发挥重要作用，而后两个层次则具有重要的方法论意义，因为这些方法已不是一般意义的方法，而是相应方法的精神实质与理论依据，是在数学思维结果的基础上进一步抽象出的具有普适性的、能指导数学思维活动的思想精髓。数学是思维的科学，数学思维方式随科学的数学化，而被众多的学科所吸收，显示出其重要的迁移作用。抽象程度较高的思维方式因其具有普遍的指导作用，在建立更高层次和更大范围的思维结构过程中有重要意义。数学思维方式对于人们思考和处理各种问题也起着至关重要的作用。数学思维方式是思维结果的总结，由于数学内容是交互融合的，所以数学思维方式也是融合的，在思维过程中综合起作用。

值得一提的是，这些数学思维方式不仅有重要的方法、工具价值，而且其中的一些也是近代数学思想的反映。因此教学中加强这些思维方式的引导，对学生掌握现代数学思想具有重要的意义。

3.　数学思维基本成分①

如果说数学思维方式是对数学活动中各种数学思维方法的概括，那么数学思维成分则着眼于人的认知能力能动地作用于数学对象的过程的考察。也就是说，将数学思维作为一个动态过程来考察，那么，其中所反映出的获得数学知识的基本手段和方法，以及所使用的不同数学思维类型（即数学形象思维、抽象逻辑思维及数学直觉思维），就构成了数学思维的基本成分。数学思维基本成分是数学思维结构的因素之一。

数学思维的这些基本成分是大脑的认知机能的再现；是数学思维结构作用于思维对象的不同表现形态；是个体进行数学思维的真实途径。由于数学对象的特点，在进行数学思维时，有时需要形象，有时需要抽象，有时又需要直觉。各种思维成分作用于问题的侧面不同、方式不同，发挥的作用也各不相同。而其协调的功能则使我们不但能认识各种数学现象，还能认识它们的本质；不但能认识个别的数学概念，还能认识它们的联系和发展；不但能进行逻辑推理和证明，还能进行数学创造性思维。

另外，从思维结构的发展角度看，思维的基本成分是思维发展的几种形态，即由形象思维经抽象逻辑思维不断向直觉思维发展。由于数学知识在整体上是向抽象程度不断提高的方向发展的，并且数学思维的抽象性水平也将随之不断提高，所以随着数学学习的逐渐深入，各种数学思维成分就得到越来越严格的训练和进一步的发展。因此，数学学习为思维形态的发展提供了最佳载体。在这一意义上，数学在促进学生思维发展上具有其他学科不能替代的作用，因而是中学的一门极为重要的学科。

4.　数学思维品质

个体数学思维的发生和发展，既表现出一般的数学思维发展特点和规律性，又表现出个体差异性。这种差异性体现为个体在数学活动中的智力特征，就是数学思维品质。数学思维品质不仅是数学思维个体差异性的表现，而且还具有年龄特征。培养数学思维品质是发展学生的数学思维、数学能力的一个突破口。本章第二节对数学思维品质已经进行了较详细的讨论。

与一般思维结构研究类似，在考虑数学思维结构的组成因素时，我们应当把数学思维品质作为一种因素考虑在内。因为只有这样，我们才能了解数学思维结构的个体差异性。

①任子朝. 论数学思维结构. ［硕士学位论文］. 任子朝. 数学思维结构初探. 数学通报，1987（7），有改动.

5. 数学思维自我监控

作为思维结构的一个子系统，数学思维结构中也有一个监控系统，它的实质是主体对自己数学思维活动的自我意识，对数学思维起定向、控制和调节作用。

从数学活动过程考察，数学思维的监控结构主要包括计划、管理、检验、调节和评价五个因素。

（1）计划

在数学活动开始阶段，明确活动性质；对活动中的各种信息有准确的知觉和分类，并对有效信息作出迅速选择；调动头脑中已有的相关知识，安排活动步骤，选择解决问题的策略；猜想问题的可能答案和可能采取的解题方法，并估计各方法的前景和成功的可能性；等。这是对思维过程进行监控的前提。

（2）管理

在数学活动中，能够以恰当的方式组织信息（如引进恰当的数学符号，将数学材料中的重要信息按照它们的相互关系作成示意图，用图、表等来表达数量关系或用数量关系来描述几何关系等）；对问题作出恰当的分解和组合；注意活动的过程性和层次性，能够有意识地控制活动节奏；对活动中采取的各种方法、策略及其进程保持警觉，对整个过程做到"心中有数"，明确地意识到自己所采取的每一个步骤的意图。

（3）检验

能够采用恰当的方法检查活动过程和结果，总结归纳解决问题的关键（如用自己的语言叙述面临的问题，分析某种解题方法的理论依据，分析所采取的解题方法的合理性等）；对活动过程保持良好的批判性，反思自己是如何发现问题和解决问题的，反思活动中的成败得失及其原因、应该汲取的经验教训；从思维策略的高度对活动过程进行总结，从中概括出数学基本思想方法；解题后对问题的本质进行重新剖析，对问题进行推广、深化；优化已有的解题方法，寻找解决问题的最佳方案。

（4）调节

根据检验的结果，及时调整活动进程，采取新的方法，或者把活动推向高一级层次。如，遇到难以理解的抽象数学概念或数学原理时，能及时地用具体例子帮助理解；或者在解决具体问题陷入困境时，"回到定义去"；用某种方法解题感到困难或比较烦琐复杂时，能及时调整思路，设法寻找新的方法；重新考虑已知条件、未知数或条件、假设和结论；对问题重新表述，以使其变得更加熟悉、更易于接近；使数学思维进入更高层次；等。

（5）评价

在获得结果后，能够以"理解性"标准来看待思维质量和效果，而对解题过程则能以合理、简捷、和谐、优美等标准进行评价。

数学思维自我监控的上述功能，使之成为数学思维结构中的顶点和最高形式，成为数学思维主体性、自觉性的由来。

6. 数学思维中的非智力因素

在数学思维结构的研究中，将思维活动的动力系统考虑在内是非常自然的。我们知道，数学思维的动力来自于动机、兴趣、情感、意志等非智力因素，这些因素从根本上决定着能否进行正常有效的数学思维活动。下面我们作一简要分析。

（1）动机

在数学活动中，动机是在需要的基础上产生的，由其认识状态和刺激之间的相互影响所决定，旨在促动个体行为，达到一定目的，以获得满足为终结。动机的功能有：唤起——引起、指导和推动各种数学思维活动；定向——给数学思维以一定的目的性，赋予数学活动一定的主观性，维持数学学习的志向；选择——使主体只关注相关刺激或诱因，忽视无关刺激和诱因；强化——使主体自己对各种数学活动进行组织，以使主体预见结果；调节——使主体随活动需要及时调整数学思维，以保证与目标的一致性。

（2）兴趣

数学活动中，兴趣是一种带有情绪化的认识倾向，它以认识和探索某种数学知识的需要为基础，是推动数学学习的一种重要动机，是数学学习中最活跃的因素。有了数学学习兴趣，学生就能保持高水平的数学学习积极性，并产生某种肯定的、愉悦的情感体验。兴趣的个体差异表现在：兴趣的内容及其社会性，兴趣的起因及其间接性，兴趣的范围及其广泛性，兴趣的时间及其稳定性。数学兴趣层次高的学生表现出：具有为数学发展作贡献的倾向，对数学内容本身有强烈兴趣，对其他学科也有爱好，有稳定而持久的数学兴趣。

兴趣、动机以及理想、信念等，在心理学中都被归入个性意识倾向性，实际上它们都是"需要"的表现形态，是能力、智力发展的动力。

（3）情感

数学情感是学生对数学的一种特殊反应方式，是学生对数学的态度，是学生对自己是否需要学习数学而产生的一种心理体验。数学学习中，学生对新的数学知识会有好奇心，理解和掌握新知识后会产生喜悦的情感；遇到具有挑战性的数学问题，会产生惊奇和疑虑的情感；在给出似是而非的答案时，会惴惴不安；解决了一个难题后，会"心花怒放"；等。总之，数学情感以数学学习是否能满足自己的需要而决定，满足需要时产生积极肯定的体验，不满足时产生否定性质的体验。数学学习中，认知性学习与情感性学习是紧密结合、密切联系的。数学教学应当为学生营造积极的情感氛围，以使学生处于一种紧张而热烈的智力过程中，从而提高数学学习的质量和效益。

（4）意志

数学活动中，意志既可以作为心理过程影响数学思维，也可以作为一种性格特征影响数学能力。意志是学生自觉地克服困难而努力地完成数学学习任务的心理过程，是学习能动性的突出的表现形式。目的性和克服困难是意志的两个突出特点。与数学活动有关的意志因素，主要是意志品质，主要包括：意志的自觉性、果断性、坚持性、自制力等。

二、对数学思维结构的综合分析

以上对数学思维结构的组成因素分别作了分析。下面进一步对这一结构作一综合分析。

首先，数学思维结构具有整体性和内部的协调性。各种因素在结构中呈现出多侧面、多形态、多水平的有机联系性。它以数学知识结构和个体的数学素养为基础；数学思维方式和各种思维成分有机结合、交互作用；由数学思维品质来体现数学思维结构的个性差异；由数学思维自我监控结构进行监控和调节；以数学思维中的非智力因素作为动力系统。

其次，数学思维结构是静态结构和动态结构的统一，但动态性是它的精髓。上面我们对数学思维结构组成因素的分析，实际上是把它看成静态的，这是认识的必须过程。但从数学思维结构各成分的内在关系和联系以及它的发展上看，这个结构是动态的。这种动态性表现在如下几个方面：

（1）数学思维结构是主客观的统一，也就是说，学生在学习过程中积极主动地开展数学学习，将外在的数学知识结构内化到头脑中，成为自己的数学认知结构，在获得数学知识、应用数学知识解决各种问题的过程中逐步形成和完善自己的数学思维结构。

（2）数学思维结构的发生与发展突出地表现了它的动态性，这可以从思维的种类、形态和发展顺序上来看：在种类上，动作逻辑思维、形象逻辑思维和抽象逻辑思维一起发展、变化；在形态上，数学思维结构有一个内化、深化和压缩的过程，即通过不断深入的数学学习，随着所学数学知识内容的扩展和抽象程度的提高，主体的数学认知结构经过综合、联系等而不断向网络化方向发展，其整体结构功能不断得到加强，进而使数学思维逐渐概括化、符号化和减缩化；在顺序上，数学思维结构的发展要经历一系列具有不同表现形式、不同本质特征的阶段。

（3）动态性表现在数学活动中是数学思维结构的起点和动力，当学生在数学学习中发展了数学思维能力，当感知、表象和数学语言相互结合时，他们的数学思维结构也就逐渐产生和发展起来。

总之，在数学活动基础上建构的数学思维结构，它的发展体现了主客体的相互作用，体现了系统之间、层次之间和序列之间的变化，体现了多侧面、多层次、多序列的网络式变化。

数学思维结构是一个复杂的系统，对其构成和作用的研究还有待于进一步深入。

思考题

1. 什么是思维？它的本质是什么？

2. 怎样理解数学思维的特点？

3. 结合数学学科特点说明：为什么说深刻性是数学思维品质的基础？为什么说敏捷性是所有数学思维品质的集中表现？

4. 在数学思维能力的培养中，培养批判性思维品质的意义是什么？

5. 你认为应从哪些方面培养学生的数学独创性思维品质？

6. 数学活动中的形象思维有什么特点？它与抽象逻辑思维之间有怎样的关系？

7. 数学直觉思维有哪些特点？数学直觉思维的发展与创新意识的培养有什么关系？

8. 如何理解数学思维结构？

第五章 思维过程与数学思维能力

思维是一种认识或认知的活动，或者说是一种认识或认知的过程。传统心理学认为，思维过程通过分析和综合来实现。在分析、综合的基础上，产生了抽象和概括、比较和分类、系统化和具体化等一系列高级的、复杂的思维操作能力。认知心理学把思维过程看成一种信息加工过程，即对信息的接收、处理、存储和传递的过程，其基本框架是分析和检验问题、接收信息、加工编码、知识重组、概括抽象以得到结果，这是按思维过程涉及的不同环节来构建的。

我们研究数学思维过程，目的是探究形成数学认识结果的内在机制和方法。由于数学研究对象具有高度抽象性的特点，因此数学思维过程也有其特殊性，主要表现在其高度的逻辑性和抽象性上。为了便于讨论，结合现代心理学的研究成果，我们也从组成数学思维过程的几个基本环节来加以论述。

我们认为，组成数学思维过程的基本框架是：（1）观察与实验；（2）归纳与演绎；（3）比较与分类；（4）分析与综合；（5）抽象与概括。框架中的这些因素在数学思维过程中犬牙交错而有机地构成一个整体，它们相互作用、相互渗透，不能截然分开。把它们分开讨论的目的是为了研究的方便。

§5.1 观察与实验

一、观察的一般含义

对周围世界的各种客观事物和现象，在"原生态"条件下，通过考察它们自身存在的特征及其自然联系，而研究和确定它们性质和关系的方法，称为观察。

观察是一种特殊形态的知觉。观察之所以异于其他一般的知觉，首先在于实施观察之前，必须有一定的目的，并要根据目的拟订一个计划，然后按照计划去知觉有关事物。也就是说，观察是一种有目的、有计划、有组织的知觉。

其次，观察不仅是一种单纯的知觉过程，它还包含着积极的思维过程。例如，观察过程中，我们必须随时比较所观察的事物，了解它们的性质和关系。这里，对事物作比较就是思维活动的一种显著表现。正因为知觉和思维的密切联系是观察的一个主要特征，所以观察有时也被称为"思维的知觉"。再次，观察一个事物，既包括对它的知觉过程，但又不局限于知觉。如果观察的结果不能在记忆中保存并及时用词记录下来，那么这种"观察"就不能称为观察。

观察对于任何工作都是必要的，观察能力是每一个人都应具备的。人类一切知识，从起源到不断发展，都与观察紧密相关。不善于观察的人总感到事事平淡，不足为奇，因而凡事熟视无睹，以致孤陋寡闻；反之，一个勤于观察和善于观察的人，总感到处处出奇，因而能做到事事留心，注意"猎奇"。观察能力强的人，能随时发现问题，随时增长知识。所谓"留心天下皆学问"正是观察的重要性的体现。巴甫洛夫在实验室墙上挂着"观察、观察、再观察"的条幅，他在科学上的伟大成就与他勤于观察的个性品质以及高超的观察能力有直接关系。据说高斯 4 岁就能用简便方法计算出 $1+2+3+\cdots+100=5\,050$，虽然我们难以知道他是怎样想到简便方法的，但有一点可以肯定，就是他敏锐地看出了这个算式的特点，从而用"$1+100$"这个"平均数"，将不同数的求和问题化归为相同数的求和问题。因此，高水平的观察力是他能发现算式的特征、找到间接、简便的计算方法的基础。

我们既要勤于观察，又要善于观察。所谓观察能力强，主要是指能随时随地、迅速而敏锐地注意到有关事物的一些比较隐蔽但却非常重要的细节和特征。当然，任何观察能力都是在长期实践中发展起来的。数学教学中，培养和发展学生观察能力的着眼点是提高学生的观察质量。这就需要知道决定观察质量的因素。

我们认为，决定观察质量的主要因素主要有以下几个方面：

（1）事先须有明确的目的，没有明确的目的，就不可能有真正的观察；

（2）事先须有周密的计划，只有根据事先拟订的周密计划，才能有步骤、有系统地观察，而且越是复杂的观察目的越需要周密的计划，计划越周密观察也就越精密；

（3）事先须有必要的知识，任何优良的观察都要以必要的知识为基础，观察者的知识储备越充分，他就越容易把自己的观察聚焦于当前的目的，也就越能在观察中"看到点什么"。我们常说，一个人的知识结构决定他的思维方式，实际上也决定了他的观察方式，决定了他的注意力能否集中在观察目标上，也决定了他的观察结果；

（4）观察必须精密而全面，走马观花很难得到需要的观察结果，当然，精密和全面地观察，并不等于事无巨细，而是要根据观察的目的，发现一切有关的重要事实；

（5）必须注意记录观察过程中出现的所有细节，有条件的应当使用现代信息技术，这不仅是避免遗忘的问题，而且还涉及最后的结论是否符合客观实际、是否具有科学性的问题，只有忠实地记录观察到的事实，才能使我们后续的思维活动建立在客观的基础上，同时也有利于我们发现规律，得到正确的认识。

二、实验的一般含义

实验（试验）通常指一种研究客观事物和现象的方法，即根据事物和现象的自然状态和发展，创设一定的条件，人为地将它们分成许多部分，而且将它们同其他事物和现象联系起来以深入了解所研究的事物和现象的自然状态和发展情况。

任何实验都和观察相联系着，实验者必须观察实验的进程和结果。

教学中实施观察和实验，应当创设特别的情境，并使学生有可能从中抽象出明显的规律、事实及证明的思路等。通常，实验结果起归纳推理的前提作用，因此，从这个意义上说，观察和实验具有培养发现能力的作用，它对数学教学具有重要意义。

三、案例　三角形内角和定理及其证明

实验与观察一：对具体三角形内角和的测量

一般的，这个实验应当在小学里完成。具体操作时，可以先让学生任意地画出几个三角形，分别测量每一个三角形的内角，并看它们的和的大小。学生会发现，对于不同的三角形，测量所得的内角和大致都在$180°$。在测量的基础上，再作适当归纳，学生能接受"任意一个三角形三个内角的和等于$180°$"的事实。

实验与观察二：拼接具体三角形的内角和

在小学阶段通过测量的方法接受了"任意一个三角形三个内角的和等于$180°$"的事实。为了获得三角形内角和定理的证明方法，我们可以引导学生用剪贴拼接的方法，观察将三角形的三个内角拼合在一起时的图形形状。

在拼接三个内角的实验中，可以有不同的拼合方法。如图5.1.1，这是两种可能的拼接方法。

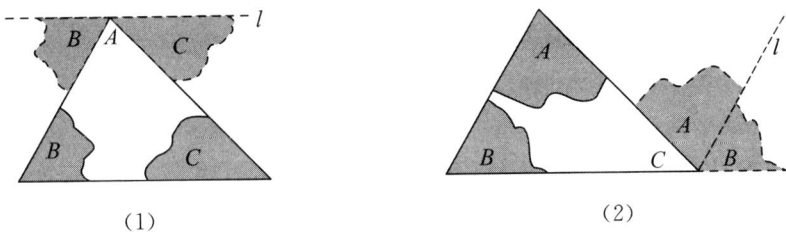

（1）　　　　　　　　　　　　　　　　（2）

图 5.1.1

通过度量的方法，可以验证一些具体的三角形的内角和等于 $180°$。在此基础上再提醒学生注意：由于形状不同的三角形有无数个，我们不可能采用度量的方法一一验证所有三角形。因此，我们需要寻找一种能证明任意一个三角形的内角和等于 $180°$ 的方法。

事实上，上述剪贴拼接的过程已经蕴涵了证明的方法。例如，在图 5.1.1 （1）中，$\angle B$ 和 $\angle C$ 分别拼在 $\angle A$ 的左右，三个角合起来形成一个平角，出现一条过点 A 的直线 l，移动后的 $\angle B$ 和 $\angle C$ 各有一条边在 l 上。由于 l 与 $\triangle ABC$ 的边 BC 相互平行，由这个图就能想到，可以过 $\triangle ABC$ 的顶点 A 作直线 l 平行于 $\triangle ABC$ 的边 BC，把 $\angle B$ 和 $\angle C$ 分别移到 $\angle A$ 的左右，使三个角合成一个平角。于是有下面的证明方法：

过点 A 作直线 l（如图 5.1.2），使 $l /\!/ BC$，则
$\angle 2 = \angle 4$，$\angle 3 = \angle 5$，
$\angle 1 + \angle 4 + \angle 5 = 180°$，
所以 $\angle 1 + \angle 2 + \angle 3 = \angle 1 + \angle 4 + \angle 5 = 180°$。

同样，由图 5.1.1 （2）得到启发，可以过顶点 C 作辅助线 l，使 $l /\!/ AB$ 而得出另一种证明方法。

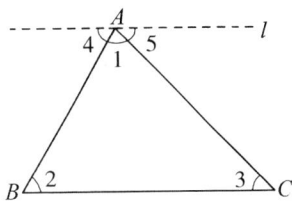

图 5.1.2

数学发展的历史告诉我们，许多数学发现都和实验与观察有关。欧拉曾说过："通常，在所谓的纯数学中，观察也占很重要的地位。这好像是很奇怪的说法，因为有一种流行的见解认为观察只有对能作用于我们感官的物理对象才有意义，既然我们应当把数看作纯粹的理智，那么也就很难明白，观察与实验在研究数的性质时能有多大作用。但实际上，正如我将要充分说明的，今天已知的数的性质大多数都是通过观察发现的。甚至许多数的性质是我们熟知的，但还不能证明，而只是通过观察才认识的。由此可见，在发展还很不完全的数论中，我们可以把极大的希望寄托在观察上，观察将不断地引导我们发现数的新性质，然后我们才努力去证明它们……"总之，观察与实验对于培养学生的创新精神、发现能力具有非常重要的作用。

§5.2 归纳与演绎

一、归纳

1. 归纳的一般含义

通过观察获得了一定的思维材料后，我们需要通过归纳而得出初步的结论。

归纳是从个别或特殊的经验事实出发推出一般性原理、法则的推理形式、思维进程和思维方法。从逻辑的角度看，归纳的实质是：

设 $A=\{a_1,\ a_2,\ a_3,\ \cdots\}$ 是一切可能的特殊情形的集合，在其中的每一种情况下，某性质 C 可能真或者假。假定，已知在 k 个情形中性质 C 成立，即有前提：$C(a_1)$，$C(a_2)$，$\cdots$，$C(a_k)$，我们有如下的归纳推理格式：

$$\frac{C(a_1),\ C(a_2),\ \cdots,\ C(a_k)}{(\forall x)C(x)?}。 \qquad (*)$$

归纳的特点是：

（1）归纳是由部分到整体、由个别到一般的思维或推理方法；

（2）归纳的前提是部分的、个别的事实，因此得出的结论超出了前提所界定的范围，其前提和结论之间的联系不是必然性的，而是或然性的，所以"前提真而结论假"的情况是有可能发生的；

（3）在归纳过程中，总是先收集一定的事实材料，有了个别性的、特殊性的事实作为前提，然后才能进行归纳推理，因此归纳要在观察和实验的基础上进行；

（4）通过归纳可以发现新事实、获得新结论，是做出科学发现的重要手段；

（5）归纳的一般步骤是：首先对有限的资料进行观察、分析、归纳整理，在此基础上提出带有规律性的结论——猜想，最后检验这个猜想。

2. 完全归纳

当 A 为含有"k"个元素的有限集合（一切可能的特殊情形为 k 个）时，也就是说，前提恰好穷尽一切可能的特殊情形，那么格式（*）就是根据等价

$$(\forall x)C(x)\Leftrightarrow\bigcap_{i=1}^{k}C(a_i) \qquad (**)$$

的推理规则，这时所得出的结论是可靠的（如果前提为真，那么结论必真）。

按照格式（**）构造的推理叫做完全归纳。

数学证明中，用完全归纳法进行推理的例子很常见，下面我们举一个例子。

例　圆周角定理的证明。

如图 5.2.1，设 a_1 是"圆心在角的一边上"的情形，a_2 是"圆心在角的内部"的情形，a_3 是"圆心在角的外部"的情形，那么 $\{a_1, a_2, a_3\}$ 就是一切可能情形的集合。如果 $C(a_i)$ 表示"对于情形 a_i 定理已证"，那么按照格式：

$$\frac{C(a_1),\ C(a_2),\ C(a_3)}{(\forall x)C(x)?}$$

推理，就得出对于一切可能的特殊情形命题都成立的结论，即得到"定理得证"的结论。具体证明略。

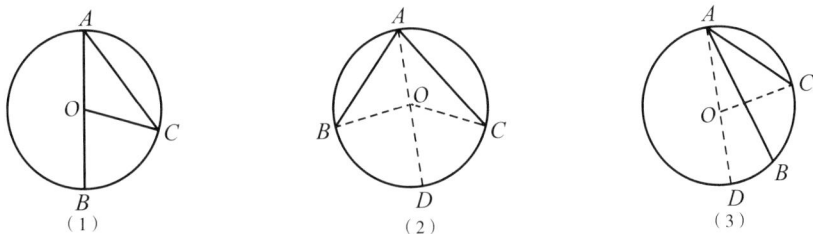

图 5.2.1

3. 不完全归纳

当一切可能的特殊情形的集合 A 包含的元素多于"k"个，或者含有无限多个元素时，即前提没有穷尽一切可能的特殊情形时，像格式（＊）那样，在结论的后面放上疑问号是适宜的，这是为了强调得出的结论不一定对所有可能的情形都成立。在前提真时，它只不过是或然的真（似真）。

这时，按照格式（＊）构造的推理叫做不完全归纳。

数学发展的历史上，用不完全归纳法发现数学猜想的情形非常普遍。由于结论不一定可靠，所以不完全归纳不能作为数学的证明方法。不过，它是强有力的"发现"的方法。随着科技、经济的不断发展，构建创新型国家成为我国社会发展的主要特征。相应地，数学教学应当把培养学生的创新精神和实践能力放在突出位置，这就要求我们在教学中特别强调不完全归纳法的使用。

由于前提没有包括一切可能的特殊情形，所以不完全归纳有可能导致错误的结论。数学史上，有过著名数学家采用不完全归纳而得出错误结论的史实。例如，因为 $2^{2^n}+1$ 形式的数，当 $n=1$，2，3，4 时为质数，大数学家费马（Fermat）就做出了"形如 $2^{2^n}+1$ 的数都是素数"的猜想。后来，欧拉凭着他神奇而高超的计算能力，发现当 $n=5$ 时，$2^{32}+1=4\,294\,967\,297=641\times6\,700\,417$。这说明费马的猜想是不正确的。

不过，尽管使用不完全归纳可能会得出错误结论，但我们还是要强调不完全归纳的学习。理由是：首先，让学生加强不完全归纳法的学习，主要目的是引导学生学会发现；其次，使学生理解通过不完全归纳而得出的结论具有似真的特点，即这样得出的结论只能是假定、猜想，其正确性还需要进一步用逻辑推理的方法进行证明或证伪。

二、演绎

1. 演绎的一般含义

演绎是由一般性知识的前提出发，得出个别性或特殊性知识的结论的推理形式、思维进程和思维方法，是与归纳相对的。

一般来说，演绎与归纳的区别是：演绎是由一般推到特殊，归纳是由特殊推到一般。在认识事物的过程中，两者是相互联系、相互补充的。演绎所依据的理由来自于对特殊事物的归纳，演绎离不开归纳；而用归纳的方法对特殊现象进行研究，又必须有一般原理的指导，所以归纳也离不开演绎。因此，抹杀两者的联系，把两者对立起来，或者孤立地强调一个而贬低另一个的做法都是形而上学的思维方法。

演绎法被广泛地应用于数学。人们通过观察，积累了大量资料而形成一定的感性知识，把其中的某些知识作为公理。从它们出发，运用逻辑推理（包括数学计算），得出一些结论；再根据这些结论以及原来的公理或新的公理，运用逻辑推理又得出一些结论。如此继续，层层推理，得出各种各样的数学结论，并构建起辉煌的数学大厦。

数学史上，第一个用演绎法建立起来的数学理论体系是欧几里得几何学。在《几何原本》中，欧几里得应用了通过引进几个命题——公理，用纯演绎的方法获得了几何理论的全部内容的基本思想。"许多人都为欧几里得几何学这座科学宫殿所感动，它是多么庄严、宏伟并且赋予内部旋律啊！它的推理，明确而又严密；它的论断，深远而又清晰。然而，不管这座宫殿多么富丽堂皇，其结构却很单纯：全部结论都是从少数公理经过演绎而来的。"[1]

2. 演绎法应用举例

有人认为，应用演绎法不能导致发现或创造，只有应用归纳、类比、推广等合情推理的方法才能导致发现。这种认识是片面的。实际上，科学和数学发展中的许多发现都是通过演绎得来的。下面举两个例子。

---

[1]王梓坤. 科学发现纵横谈新编. 北京：北京师范大学出版社，1993：101.

关于自由落体运动，亚里士多德曾断言，物体下落的快慢与其质量成正比，即重的物体要比轻的下落得快。因为亚里士多德至高无上的权威，这一错误结论被延续了 1 800 多年。但伽利略不迷信权威。他认为，在真空中，自由落体落地的时间只与高度有关而与质量无关。他不仅用实验进行验证，而且还用演绎推理的方法进行证明：设物体 A 比物体 B 重得多，那么按亚里士多德的理论，A 应当比 B 先落地。现把 A 和 B 捆在一起，那么，一方面，它的质量比 A 重，应该先于 A 落地；另一方面，由于 B 落得比 A 慢，因此 B 应当减慢 A 的下落速度，所以又应该后于 A 落地。这一矛盾说明，亚里士多德的论断是错误的。简单明了的演绎推理推翻了长期延续的错误论断。在感叹伽利略的睿智和勇气的同时，我们不得不承认演绎法的力量。

下一个例子也显示了智慧的光芒。欧几里得出版《几何原本》不久，人们对其公理体系就产生了质疑。其中主要是对第五公设产生了怀疑，认为它可能不是独立的，即可以由其他公设和公理推出第五公设。不幸的是，在近两千年的"第五公设证明"中，无数数学家都无功而返，有的甚至为此付出了终生精力而一无所获。到了 18 世纪中叶，罗巴切夫斯基、高斯和波约（J. Bolyai）等著名数学家都认识到，第五公设的否定与其他公设、公理可能是和谐的，而这就意味着存在另一种异于欧氏几何的几何。在这种思想的指导下，罗巴切夫斯基等数学家以欧几里得几何的其他公理和第五公设的否定（过直线外一点至少可以引两条直线与该直线不相交）组成一套新的公理体系，并从这一组新的公理出发来推导出结论。至此，一种全新的、与我们的直觉相矛盾的几何——非欧几何诞生了。为此，高斯在 1817 年给友人的一封信中写道："我愈来愈深信我们不能证明我们的 [Euclid] 几何具有 [物理的] 必然性，至少不能用人类的理智，也不能给予人类的理智以这种证明。或许在另一个世界中我们可能得以洞察空间的性质，而现在这是不能达到的。直到那时我们决不能把几何与算术相提并论，因为算术是纯粹先验的，但可把几何与力学相提并论。"①

上述两例说明，虽然我们不能说人的智慧是万能的，但是严密、准确、深刻的演绎思维常常可以导致惊人的发现。

①[美] M. 克莱因. 古今数学思想（第三册）. 上海：上海科学技术出版社，2002：289.

§5.3　比较与分类

一、比较

1. 比较的一般含义

比较是一种确定事物相同点和相异点的方法，是一种判断性的思维活动。根据一定的标准，把彼此有某种联系的事物加以对照，从而确定其相同与相异之点，进而对事物进行初步分类，这就是比较。

比较有两种基本形态。一种是纵向比较，例如某一事物在发展的不同阶段所产生的变化的比较；另一种是横向比较，例如为解决同一问题而设计的不同方法的比较。

有比较才能有鉴别，对事物的认识通常是在比较中形成的。物理学家开普勒说："我们珍视类比胜于任何东西，它是我最可信赖的老师，它能揭示自然界的秘密。在几何中，它应该是最不容忽视的。"因此，比较是进行科学研究的非常重要的方法。

一般地说，与归纳一样，比较所得出的结论只是似真的，具有假说、猜测的性质。因而，比较也是获得发现的一种基本方法，在数学学习和研究中具有重要意义。

2. 使用比较法的原则

使用比较法时，必须注意下列几个原则。

（1）彼此之间具有确定联系的对象才能进行比较，即比较应当有意义。例如，我们可以比较两个函数的性质，比较两个同类量的关系（如大小、位置等）。但将三角形的周长与物体的质量作比较是没有意义的。从这个意义上说，类比也可看做一种比较。

（2）比较应当依据一定的标准。任何一种事物都会有许多不同的属性，在对事物进行比较研究时，我们必须以某一种属性为标准，并以此为依据对事物进行对照，以确定它们是否具有这一属性，进而确定相同点和不同点。

（3）比较应当做到全面。一般的，一个数学对象会有不同的属性，这是从不同侧面反映出的性质，这就要求我们在比较的过程中，必须按一定的顺序和步骤对这些属性进行全面的比较。例如，对于三角形，我们可以从边、角、形状（如全等、相似等）、度量（如边长、角度、面积等）等分别进行比较。

二、分类

通过比较确定了事物的相同点和相异点后，就可以对它进行初步分类了。

分类主要是依据事物的属性。只有把握了事物的本质属性，才能进行正确的分类，并能解释其分类的理由。一般的，分类的依据有：

单一属性，即许多事物的属性虽然各不相同，但可以找出一种特性来，就可以作为分类的依据。例如，三角形各种各样，它们的大小、形状都不相同，但如果用"角的大小"作为分类标准，则可以分为锐角三角形、直角三角形和钝角三角形；等。

联合属性，即几种属性联合在一起，作为分类依据。例如，"同类项"有两个属性："所含字母相同""相同字母的指数也分别相同"。数学中的许多概念都是用联合属性分类的。

关系属性，即将分类的标准，不放在个别事物的属性上，而是放在各种事物的相对关系方面。越是复杂的概念就越要依据复杂的关系来归类。例如，圆锥曲线，依据"平面内到一定点的距离与到一定直线（不过定点）的距离之比值与1的大小关系"，分为椭圆（比值小于1）、抛物线（比值等于1）和双曲线（比值大于1）。

三、类比——特殊而重要的比较

1. 类比的含义

在数学活动中，常常应用类比。类比是指根据两个或两类事物在某些属性或结构上的相同或相似，而推出它们在其他属性或结构上也相同或相似。类比主要包含两个方面：一是根据事物某些特征或性质方面的类似进行比较；二是根据对象集合的结构之间的类似进行比较。用于类比的对象，它们相互之间在属性或关系上可以完全不同；它们在直观上可以属于完全不同的领域，因而在通常意义下似乎根本没有"类似"之处。

下面看一个从结构的角度进行类比的例子。

如图 5.3.1 所示，这是一个电路示意图。设给定电源为 E，负载为 Y，两个开关为 S_1 和 S_2。

我们的目的是要给出这个"开关电路"的数学模型，即要给出开关 S_1 和 S_2 在一切可能状态下的电路状况（电流通或不通）的数学描述。

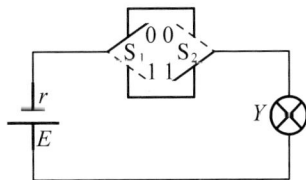

图 5.3.1

每一个开关都有且只有两种可能状态，我们可用"0"表示"断开"状态，用"1"表示"接通"状态。这样，开关 S_1 和 S_2 的有序对（S_1，S_2）的一切可能状态的集合，就与下述由 1 与 0 组成的有序对的集合相对应：

$$A = \{(1, 1), (1, 0), (0, 1), (0, 0)\}.$$

现在，用同样的符号"0""1"表示电路的状态（无电流通过为"0"，有电流通过为"1"），那么，我们可以建立起开关 S_1 和 S_2 的每个状态的有序对与电路的某种状态的对应关系。这一对应关系给出了上面电路图的特征：

```
(1, 1) ──────→ 1
(1, 0) ──────→ 0
(0, 1) ──────→ 0
(0, 0) ──────→ 1
```

这样，我们就得到了一个函数：

$$f: A \mapsto \{0, 1\}.$$

舍弃具体的物理意义，保留抽象的数学关系，那么，$f: A \mapsto \{0, 1\}$ 就是上述"开关电路"的"数学模型"。当然，我们也可以把"开关电路"作为函数 $f: A \mapsto \{0, 1\}$ 的物理模型。

从上述"建模"过程可以看到，每一个开关只有两种状态，即"开"或"关"，由电路中各开关的各种状态的组合（如上述的有序对）决定了电路的状态（接通或断开）。函数 $f: A \mapsto \{0, 1\}$ 正是开关电路的这一本质特征的反映。如果某一个实际问题具有与开关电路类似的情况，那么我们就可以通过类比，用开关电路的数学模型来研究和描述它。

例如，任何一个命题都只有"真"或"假"两种状态。如果把"0"解释为假命题，把"1"解释为真命题，那么上述数学模型 $f: A \mapsto \{0, 1\}$ 就是等价 $x \Leftrightarrow y$ 或两个蕴涵的合取 $(x \to y) \wedge (y \to x)$ 的模型。反之，我们也可以把这个等价看成是函数 $f: A \mapsto \{0, 1\}$ 的模型，因而又是开关电路的"逻辑"模型。

开关电路（图 5.3.1）与逻辑（如两个命题的等价）有同一个数学模型——函数 $f: A \mapsto \{0, 1\}$。这表明，虽然这两个体系没有任何外形的类似，但却有深刻的内在的类似。正是这种类似性，使我们能够用同一个函数来描述这两个体系。

数学家布尔（G. Boole）于 1847 年引入了用以研究命题演算的数学理论——布尔代数。后来，美国电气工程师申农指出，可以用布尔代数来研究开关电路及其相关问题。申农的这一观点正是基于布尔代数与开关电路这两个系统所存在的结构一致性。

我们知道，高度的抽象性及其带来的符号化、形式化是数学的基本特征之一。不同的实际问题经抽象、概括后，可得到相同的数学概念、运算法则，乃至同一数学理论；反之，同一数学概念、运算法则和数学理论可应用到表面看来完全不同的实际问题中。在这样的数学研究和应用的过程中，类比或类比推理起着非常重要的作用。而类比推理之所以有效，主要是因为性质不同的对象集合之间内在的相似性，或者是它们在结构上的一致性。

2. 类比的特点

（1）类比是从特殊到特殊的思维或推理过程；

（2）类比是从人们已经掌握的事物特征，推测目前研究的事物特征，所以得出的结果具有猜测性，不一定可靠；

（3）类比是以旧的知识经验为基础推测新的结果，具有发现的功能。类比在数学发现中有重要作用，例如，通过空间与平面、向量与数、无限与有限、不等与相等的类比，可以从熟悉的知识（平面、数、有限、相等）中得到启发，发现可以研究的问题及其研究方法；

（4）由于类比的前提是两类对象之间具有某些可以清楚定义的类似特征，所以进行类比的关键是明确地指出两类对象在某些方面的类似特征。

3. 类比的一般模式

一般地，类比应用于从一个事物 A（类比物）的属性（类比项）推测另一事物 B 的属性。因此，类比的一般模式是：

事物 A：属性 a_1，a_2，a_3，a_4；关系 r
事物 B：属性 b_1，b_2，b_3
b_1，b_2，b_3 与 a_1，a_2，a_3 类似

$\Rightarrow$ 事物 B 具有属性 b_4，关系 $s(?)$

其中，b_4，s 与 a_4，r 具有类似的关系。

例1 空间正四面体与正三角形的类比。

正三角形	空间正四面体
平面上最少数目的直线围成的有限图形	空间最少数目的平面围成的有限几何体
三条边长相等	四个面全等
顶点到对边中点连线交于一点（重心），重心是连线的"三分点"	顶点到对面重心连线交于一点（重心）（?），重心是连线的"四分点"（?）
内心、外心、重心"三心合一"	存在内接球（?）、外接球（?），且"三心合一"（?）
正三角形内任意一点到三边的距离之和是定值（高）	正四面体内任意一点到四个面的距离之和是定值（?）
……	……

上述类比中，由正三角形是"平面上最少数目的直线围成的有限图形""三条边长相等"，而正四面体是"空间最少数目的平面围成的有限几何体""四个面全等"，得到它们具有结构上的相似性，因而它们具有类比关系。于是，我们可以根据正三角形的性质，经过类比推理得出正四面体相应性质的猜

想。显然，上述通过类比得出的结论不是乱猜，而是具有一定根据的，因而也就具有较高程度的可靠性，而且两个事物的已知相似属性越多，这种可靠性就越大。不过，无论可靠性有多大，这些结论都是有待证明的猜想。

从上述例子可以看到，类比一般可以通过以下几个步骤完成：

第1步，依据某种相似性，确定合适的类比对象。一般是根据当前研究对象的某些属性，联想起自己熟悉的某种事物具有类似属性，从而把这一熟悉的事物确定为类比对象。

第2步，列举出类比对象的各种属性，从而明确类比的方向（确定可以类比的属性）。

第3步，分别从类比对象的各个属性出发，推测当前研究对象的可能属性，即类比做出猜想。

4. 类比在中学数学中的应用

许多数学定理的发现都与类比和归纳的应用有关。我们知道，从特殊到一般、从具体到抽象、从局部到整体是最重要的归纳方法；类比则把领域甲中已知的事实与领域乙中类似情况相对比，从而猜想出在领域乙中可能正确的结论。法国科学家拉普拉斯说：甚至在数学里，发现真理的主要工具也是归纳与类比。

在中学数学中，我们可以找到许多应用类比的例子。例如，数与式的类比；平面图形和空间图形的类比（如把点"翻译"成线，把线"翻译"成面，把面"翻译"成体）；向量及其运算与数及其运算的类比；椭圆、双曲线、抛物线之间的类比；等差数列与等比数列的类比；有限与无限的类比；解题方法的类比，等。

例2 "向量及其运算"与"数及其运算"的类比。

"数及其运算"是学生最熟悉的。其中，学生建立了这样的观念：引进一个新的数，就要研究它的运算；引进一种运算，就要研究它的运算律。这是一种基本思想。如果没有运算，那么数就不可能有发展。因为有了运算，数才能发展到式，式才能发展到函数。

向量是既有大小又有方向的量。"如果没有运算，向量就只是一个路标"。所以，类比"数及其运算"，应该引进向量的运算；引进向量的一种运算，就要研究它的运算律。例如，对于向量和数的加法，可以作如下类比：

数及其运算		向量及其运算	
运算	运算律	运算	运算律
加法	交换律　$a+b=b+a$ 结合律　$(a+b)+c=a+(b+c)$ 逆运算　减法：减去一个数等于加上这个数的相反数	加法	交换律　$\boldsymbol{a}+\boldsymbol{b}=\boldsymbol{b}+\boldsymbol{a}$（?） 结合律　$(\boldsymbol{a}+\boldsymbol{b})+\boldsymbol{c}=\boldsymbol{a}+(\boldsymbol{b}+\boldsymbol{c})$（?） 逆运算　减法：减去一个向量等于加上这个向量的相反向量（?）

从上述例子可以看到，类比不仅在探索数学问题的求解、发现证明方法时能发挥重要的启发思考、引导思维的作用，而且在学习数学概念和原理的过程中也有重要的启迪作用。在类比的引导下，我们不但可以得到应该研究哪些问题的启发（类比引导发现问题），而且还使我们在类比的过程中获得解决问题方法的启示（类比引导解决问题）。

四、对比——比较的常用形式

在数学中，比较也常常以对比的形式出现。常用的对比形式有以下几种。

1. 正反对比

即指正运算概念与逆运算概念的对比（着眼于已知和结论）。例如，加与减，乘与除，乘方与开方，指数与对数，微分与积分，函数与反函数（定义域、值域、对应法则），等。

2. 同类对比

即指把内容属于同一范畴的对象加以对比。例如，正弦、余弦，正切、余切，它们的定义域、值域、单调性、周期性、极值等方面可以加以对比；二次曲线中椭圆、双曲线及抛物线可以在方程、准线、焦点等方面进行对比；等差数列、等比数列可以在定义、通项公式、中项公式、求和公式等方面加以对比。

3. 同义对比

即指两个对象虽然不同，但它们之一是另一个的推广或扩张。例如，代数是算术的扩张，学习代数时应与算术进行对比；同样，立体几何的学习应当与平面几何进行对比，可以把立体几何中的"线"与"面"，与平面几何中的"点"与"线"进行对比，这样就可以从平面几何的定理与公式，推测出立体几何中相应的定理与公式。

4. 数学知识与实际背景的对比

例如：

运动	函数
匀速运动　$s = vt + s$	一次函数 $y = kx + b$
$\dfrac{\Delta s}{\Delta t} = v =$ 等速	$\dfrac{\Delta y}{\Delta x} = k =$ 等速变率
非匀速运动 $s = f(t)$	非一次函数 $y = f(x)$
$\dfrac{\Delta s}{\Delta t} = \dfrac{f(t + \Delta t) - f(t)}{\Delta t} =$ 平均速度	$\dfrac{\Delta y}{\Delta x} = \dfrac{f(x + \Delta x) - f(x)}{\Delta x} =$ 平均变化率
$\lim\limits_{\Delta t \to 0} \dfrac{\Delta s}{\Delta t} = \lim\limits_{\Delta t \to 0} \dfrac{f(t + \Delta t) - f(t)}{\Delta t}$	$\lim\limits_{\Delta x \to 0} \dfrac{\Delta y}{\Delta x} = \lim\limits_{\Delta x \to 0} \dfrac{f(x + \Delta x) - f(x)}{\Delta x}$
$=$ 瞬时速度	$=$ 瞬时变化率

5. 一般与特殊对比

数学中常常分特殊情况与一般情况来研究问题。例如，立体几何中多面体部分的棱柱与棱锥和旋转体部分的圆柱和圆锥有密切关系，后者是前者的特殊情况（应用取极限的方法）。

6. 局部与整体对比

例如，圆弧长与圆周长、扇形面积与圆面积就是局部与整体的关系。当我们讲授扇形面积时，只要逐步变化圆心角，就能从圆面积公式推导出扇形面积公式（如图 5.3.2）。

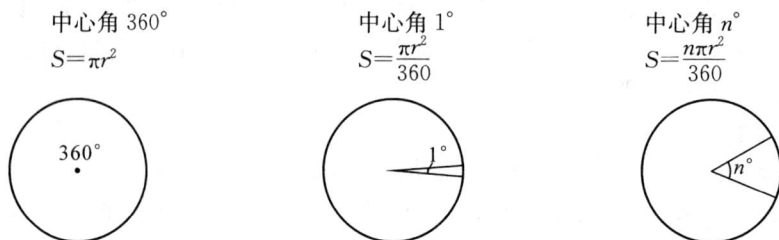

中心角 360°
$S = \pi r^2$

中心角 1°
$S = \dfrac{\pi r^2}{360}$

中心角 $n°$
$S = \dfrac{n \pi r^2}{360}$

图 5.3.2

7. 错误与正确对比

学生在应用某些数学公式时，往往由于没有完全把握其实质而产生混淆，以致用错。因此，在推证一个公式后，不仅要强调如何认识它、记忆它、运用它，有时也要从学生的作业中，找出典型的错误例子，与正确的做法进行比较，并指出错误根源。通过这种对比，加深印象，以有效地防止再次出现错误。例如：

$$a^m \cdot a^n = a^{m+n}, \qquad (a^m)^n \neq a^{m+n};$$
$$\lg(PQ) = \lg P + \lg Q, \qquad \lg(PQ) \neq \lg P \cdot \lg Q;$$
$$(a+b)^2 = a^2 + 2ab + b^2, \qquad (a+b)^2 \neq a^2 + b^2 。$$

观察、实验、归纳、比较都可得出猜想，因此，它们是获得直觉思维的有力工具，也是培养学生创造性思维的好方法。在教学中，经常注意培养学生这方面的能力，有非常深远的意义。

§5.4　分析与综合

分析与综合是思维过程中很重要的成分，也是两种科研方法。在数学的研究和学习中，它们也是非常重要的两种方法。

一、分析

分析是思维的基本过程，是把事物分解为各个部分加以考察的方法，包括从事物的组成因素、属性、联系和关系等不同角度所进行的分解和考察。

在分析时，事物或问题的某些最重要、最有意义、最有趣、最本质的属性会成为最强烈的刺激，因而最能引起我们的注意。不过，某些最关键的属性或关系，有时会以隐蔽的方式出现，这时必须做到细致入微，不被表面现象所迷惑，能"由此及彼，由表及里，去粗取精，去伪存真"。

二、综合

与"分析"相对，综合是把事物或问题的各个部分联结成整体加以考察的方法。

在数学学习中，综合法是大量被使用的。例如，如果用综合法解决

已知 a，b，$c>0$，求证 $a(b^2+c^2)+b(c^2+a^2)+c(a^2+b^2) \geqslant 6abc$。
我们的思维会经历如下过程：

首先，从待证的不等式可以看到，它的右端是 3 个数 a，b，c 乘积的 6 倍，左端为三项之和，其中每一项都是一个数与另两个数的平方和之积。据此，只要把两个数的平方和转化为这两个数的积的形式，就能使不等式左、右两端具有相同形式。

其次，寻找转化的依据及证明中要用的其他知识，这里很自然地想到应用基本不等式 $x^2+y^2 \geqslant 2xy$，另外，不等式的基本性质也是证明的依据。

最后，将上述分析综合起来，给出具体证明：
由 $b^2+c^2 \geqslant 2bc$ 及条件 $a>0$，根据不等式的基本性质，有 $a(b^2+c^2) \geqslant 2abc$；
类似地，得 $b(c^2+a^2) \geqslant 2abc$，$c(a^2+b^2) \geqslant 2abc$。
从而有　$a(b^2+c^2)+b(c^2+a^2)+c(a^2+b^2) \geqslant 6abc$。

这样，从已知条件、基本不等式 $x^2+y^2 \geqslant 2xy$ 和不等式的基本性质，通过推理得出结论成立。

三、分析与综合的联系和区别

1. 分析与综合的联系

上面我们分别讨论了分析和综合。但在实际的思维过程中，分析和综合是彼此相反而又紧密联系的过程。分析是从整体中分出部分来，再分别对各部分进行考察；综合则是在对各部分特征进行考察的基础上，再依据各部分之间的相互关系而整合成为一个整体而实现的。因此，分析与综合是同一思维过程的两个方面，它们相互联系、相互制约。

分析和综合的统一在比较的认识过程中已经明显地表现出来。在了解周围世界的开始阶段，各种对象首先是通过比较被认识的。两个或若干个对象的任何比较，都是从两者之间的对照、对比，也即是从综合开始。综合的进程依赖于对被比较的现象、对象和事件等的分析，即要分析出两者的共同点和不同点。

思维过程从对问题的分析开始。思维的分析可以有两种形式：一是过滤式分析，这是通过尝试对问题情境作初级分析，它能淘汰那些无效的尝试；二是综合的、有方向的分析，这是通过对问题的条件和结论的相互联合而实现的，实际上就是"综合的分析"。

综合的分析是思维活动的主要环节，它使思维主体能"眼观六路，耳听八方"，不断地使相关知识、各种条件都及时地纳入到问题解决过程中来，以建立各种解题要素之间的新联系，在"车到山前疑无路"时，实现"柳暗花明又一村"的效果。

2. 分析与综合的区别

一般地，分析是从结果追溯到其产生的原因（执果索因）的一种思维方法；而综合则是一种从条件逐渐推导出结果（由因导果）的思维方法。

笛卡儿（1596—1650）在他的《逻辑学》一书中详细地研究了分析和综合的这种意义。在叙述这两种方法的本质时，他用下面的例子直观地说明了这两种方法的区别：

"我提出一个问题，我是不是查理大帝的亲属？回答这个问题可以有两种方法。可以在'系谱表'里往前查，即从我查到查理大帝；也可在'系谱表'里往后查，即从查理大帝查到我。""如果我们两个的名字在同一系谱表上，那么我们就是亲属关系。"这里，前一种方法是分析，后一种方法是综合。

如果按照这种意义来理解分析和综合，那么用算术方法或数形结合的方法解题体现的是综合，而用代数方法解题体现的是分析。

§5.5 抽象与概括

一、抽象与概括的一般含义

一般地，任何事物都有许多属性。那些仅属于某一类事物，并能把这类事物和其他事物区别开来的属性，叫做这类事物的本质属性。抽象就是在思想上把事物的本质属性（或特征）和非本质属性（或特征）区分开来，并抽取出本质属性（或特征）而舍弃非本质属性（或特征）。抽象是在对事物的属性作分析、综合、比较的基础上进行的。经过抽象过程，事物的本质属性和非本质属性的界限就清楚了，我们的认识也就上升到了理性阶段。概括是在思想上把从某类个别事物中抽取出来的属性，推广到该类的一切事物中去，从而形成关于这类事物的普遍性认识。概括的过程，就是把个别事物的本质属性推广为同类事物的本质属性，这是思维由个别通向一般的过程。

抽象与概括是相互联系的。如果没有抽象，我们就无法知道哪些是事物的本质属性，哪些不是事物的本质属性，因而就失去了将本质属性推广到同类事物中去的基础；同样的，没有概括就不能形成对一类事物的共同本质属性的认识，因而就失去了抽出本质属性的基础，也就不能实现更高层次的抽象。

二、概括的不同层次

概括具有不同层次，我们将其区分为初级的、经验的概括或感性概括和高级形式的科学概括或理性概括。

1. 感性概括

感性概括是一种低级的概括形式，它往往是在直观基础上自发地进行的。它是根据事物的外部特征，对不同事物进行比较，舍弃它们互不相同的特征，对它们的共同特征加以概括，这是知觉表象阶段的概括。

例如，学生经常看到锐角、直角与钝角，却认为角是由两条线交叉所组成的平面图形。类似这样的认识，虽然在形式上是抽象的，而且在外延上也涉及一类事物，但在内容上却没有反映出该类事物的本质特征。因为"角"的本质特征不在于两条线的交叉，而在于"由一个端点引出的两条射线所构成的平面图形"。

感性概括通常是在直观基础上进行的。事物的某些要素，或是学生有机会重复接触，或是在学生日常活动中具有特殊意义，使它们与其他要素相比，处于感知优势地位。这些要素的刺激作用在大脑皮层上引起的兴奋，根据负诱导的神经活动规律，可以抑制其他要素的刺激作用。这样，它们就容易与其他要素分离，而被认为是事物的本质特征。实际上，这种概括并没有经过细致而深刻的分析和抽象，而是依靠对象各要素之间的强弱对比，强要素的泛化而掩蔽了弱要素，进而实现"概括"，这是不自觉地完成的概括。

感性概括是科学概括的基础，但由直觉经验为基础的感性概括往往是表面的、不充分的，所以，感性概括有可能导致认识错误。例如，"垂直"的感性概括基础是日常生活中建立的"与地平线（面）垂直"，也就是说，关于"垂直"的直觉经验是以地平线（面）为参照系的，这种经验与几何学中的"垂直"概念有本质的区别。两条直线相互垂直，是以其中的任意一条直线为参照系，看另一条直线与它的交角是否为 90°。在几何学习之初，学生往往会以日常生活中对"垂直"的感性概括为基础，把"与地平线垂直"作为"互相垂直"。有研究表明，让初二年级学生作钝角三角形的三条高（如图 5.5.1（1）），被试中有一半学生不知怎样画，有 35% 的学生作出如图 5.5.1（2）所示的错误图形。这样的表现显然是受了垂直的感性概括的影响。

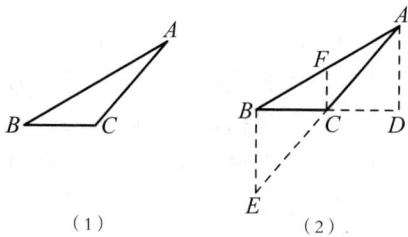

图 5.5.1

教学中，首先应当开发感性概括的概念认知基础作用，引导学生把感性概括作进一步的抽象，并概括到数学概念中去；其次也要特别注意防止感性概括的负面作用，采取与数学概念相比较的方式，认识感性概括的局限性，形成理性概括，以促进数学概念的深刻、全面的理解。

2. 理性概括

理性的概括是高级形式的科学概括，它是一个对感性经验进行加工改造，进而揭示事物一般的、本质的特征与联系的过程。所以，这是在头脑中进行的思维水平的概括，具有高度的抽象性。

理性概括是一个相当复杂的过程。心理学家对这一过程的特点进行过深入研究，发表了许多成果。对教学而言，其中有三点值得注意：

（1）理性概括不是自发进行的，它是主体在意识到感性经验的不足或矛盾时，利用自己已有的知识对感性经验进行一系列更深入的分析和综合的基础上完成的。通常，在教学中，当需要学生把一些外表很不相同的事物归入同一类别，并以同一名称命名时，他们会感到凭借感性知识经验不足以理解这种归类和命名；或者学生已有的知识经验不足以解释某种事物的某些新现象时，这种"不足或矛盾"的意识就会产生。这种意识正是引导学生进行理性概括的原动力。

例如，学生原先认为"角"是由两条线交叉形成的图形。当角的范围扩展，需要把平角、圆周角等也纳入"角"的范围，并以"角"来命名时，就会感到与原有的角的定义有矛盾（平角、圆周角都没有"交叉"的形象），从而产生重新认识角的本质特征并重新定义角的概念的需求。这种需求能引导学生对"角"进行新的理性概括活动。

（2）理性概括的结果不再是事物的表面特征或联系，而是事物的具有普遍意义的特征与联系，是事物的本质特征与联系。"普遍意义"表明这些特征与联系是一类事物所共有的，而不是个别事物特有的；"本质特征与联系"是那些能明确区分此类事物与其他事物的特征与联系，也就是概念与法则的逻辑定义所揭示的那些特征与联系。

（3）在教学条件下，理性的概括通常是在已有正确认识的指导下，对一类事物的特征与联系进行一系列的分析和比较，从而区分一般（共有）与特殊（非共有）属性而实现的。例如，学生在领会圆的概念时，需要在教材中关于圆的定义的指导下，对各种圆的图形的属性进行分析，区分出圆心、圆心到圆周的距离、圆面积的大小等属性；在此基础上，再对这些属性进行比较，区分出哪些是所有圆都具有的（圆周上各点到中心点的距离都相等），哪些不是共有的（如圆的面积，半径的大小，圆心的位置等）；最后进行理性概括，得到圆的定义：圆是平面内到定点的距离等于定长的点的集合。这里，已有正确认识的指引（如概念的定义）、从具体事物中抽取的属性的比较，是学生进行理性概括的两个不可缺少的前提。因为没有已有正确认识的指引就难以确定比较的方向；没有比较就难以区分出一类事物所共有的普遍属性，从而也就难以确定事物的本质特征。

理性概括一般有两种不同的形式。一种是先有结论，然后是对结论的分析、检验和修正；另一种是分析以后再得出结论。

§5.6　数学思维能力及其培养

一、对数学思维能力的理解

1. 两种不同的角度

（1）"过程、方法"角度

对数学思维能力的考察可以从两个角度入手。一是从数学思维过程、方法考察。如前所述，数学思维过程有五个相互融合、紧密结合的基本环节：观察与实验，归纳与演绎，比较与分类，分析与综合，抽象与概括；"数学的主要方法，是逻辑的推理"（陈省身）。因此，在过程、方法中表现出的数学思维能力主要是指：会观察、比较、分析、综合、抽象和概括；会用归纳、演绎和类比进行推理；会合乎逻辑地、准确地阐述自己的思想和观点；能运用数学概念、思想和方法，辨明数学关系，形成良好的思维品质。

（2）"对象"角度

我们知道，数学的对象不外"数"与"形"。从数学所特有的思维对象出发，数学思维能力可以包括：空间想象、符号表示、运算求解、体系建构等诸多方面，能够对客观事物中的数量关系和空间形式进行抽象、概括、推理和判断。

2. 数学思维能力的界定

在数学思维能力研究中，如何从一般的思维能力研究中获取营养，并从数学的学科特点出发，把那些唯有数学学科才有的思维能力提取出来，是一项艰巨但有意义的课题。当然，由于人的思维的抽象性、综合性、复杂性，也许我们根本不可能区分出"唯数学才有的能力"。下面我们看两种数学思维能力的界定方法。

（1）对中学生逻辑思维能力的列举及剖析

林崇德认为，学生掌握数学知识和技能的快慢、深度、巩固程度以及迁移广度等方面表现的差异，就是数学能力上的差异，这种差异的外化表现主要是敏捷性、灵活性、深刻性、独创性和批判性等数学思维品质的水平层次上。因此，从这五个方面考察数学思维能力的表现，可以列举、剖析中学生逻辑思维能力。[1]

---

①林崇德. 学习与发展：中小学生心理能力发展与培养（修订版）. 北京：北京师范大学出版社，2003：339～342.

（2）综合数学的对象、过程、方法，列举数学思维能力

例如，在 2003 年颁布的《普通高中数学课程标准（实验）》中提出："人们在学习数学和运用数学解决问题时，不断地经历直观感知、观察发现、归纳类比、空间想象、抽象概括、符号表示、运算求解、数据处理、演绎证明、反思与建构等思维过程。这些过程是数学思维能力的具体体现……"

这一提法，体现了数学思维从观察、感知等直观活动开始，通过抽象表示和运算，用证明演绎方法加以论证，乃至构成学科体系的全过程。从数学活动过程中提取质的因素，再从这些因素中析取数学思维成分，从而对数学思维作出界定，也是一种值得借鉴的研究思路。

3. 逻辑思维能力是数学思维能力的核心

逻辑思维能力是数学思维能力的核心。概括地说，逻辑思维能力就是正确、合理地进行思考的能力。当然，这里所讲的逻辑思维，不是指狭隘的形式逻辑思维，而是指广义的逻辑思维。思维必须要有逻辑，严格地说，没有逻辑的思维是不存在的，在数学中尤其如此。从这个意义上说，思维就等于逻辑，只是它们的逻辑形式化的水平不同而已，有的有完整的逻辑形式，有的没有完整的逻辑形式。因此，我们这里所说的逻辑思维，不仅包括形式逻辑思维，而且包括辩证逻辑思维，同时也包括非形式化的逻辑思维，比如动作思维、形象思维以及直觉思维等包含的逻辑思维成分。

逻辑思维是人类揭示客观世界的本质和规律的极其重要的思维活动形式，几乎渗透到人类获取所有理论和新认识的每一过程。前已指出，从逻辑思维能力与运算能力、空间想象能力的关系看，运算能力是逻辑思维与一些具体的运算知识和技能相结合而在处理数量关系方面表现出的个性心理特征；空间想象能力则是逻辑思维与一些经验几何知识和识图、作图技能相结合而在处理空间图形方面表现的个性心理特征。所以，逻辑思维能力是数学能力的核心。

另外，我们还可以从逻辑思维能力的作用考察其地位。

第一，只有具备较强的逻辑思维能力，才能正确地认识数学规律，完成数学思维任务。具体说，观察、比较数学对象，对数学概念和命题的分析、综合、抽象和概括，在数学推理（包括合情推理和逻辑推理）活动中，运用归纳、演绎、类比、分解、组合等基本逻辑思维方法，以及运用数学知识解决问题过程中准确地、有逻辑地阐述自己的思想和观点等，都是以逻辑思维为核心的数学活动。因此，没有较强的逻辑思维能力，学生就无法完成这些活动。

第二，逻辑思维能力是正确、严谨、完备地论证数学定理、法则、公式和发现数学错误的前提。掌握了正确的思维形式与规律，就可以从形式的必然联

系来鉴别某一数学命题的真假而不必借助具体的实验。

第三，逻辑思维能力是揭露错误思想的有力武器。例如，逻辑思维能力强的人，可以及时而有效地识破和揭露偷换概念、同语反复、循环论证等现象。

第四，逻辑思维能力是掌握数学知识的根本保证。无论是在数学概念、原理学习时进行的分析、归纳和概括，还是在应用数学知识解决问题时所进行的推理、论证、判断、检验等，都必须以符合逻辑的思考、首尾一致地表达思想的能力，即逻辑思维能力为前提。

爱因斯坦是伟大的科学家，他的科学研究方法"基本上是演绎法，而演绎法的依据是思想体系"。他认为，"适用于科学幼年时代以归纳为主的方法，正让位于探索性的演绎法"。经验科学的发展过程就是不断的归纳过程，但这不能导致理论的重大进展。应该"有经验材料作为引导""提出一种思想体系，它一般是在逻辑上从少数几个所谓公理的基本假定建立起来的"。建立思想体系可以分为两步，第一步是发现公理，第二步是从公理推出结论。

逻辑思维主要依靠公理、概念、定理来思维。逻辑体系精密地一步步推进，做到每一个命题都绝对不容置疑。欧氏几何是逻辑推理的典范。

二、逻辑思维能力的衡量指标

中学生数学逻辑思维能力，我们强调三条，即严密性，准确性，明确性。

首先，逻辑思维的严密性是数学思维的最基本精神，也是数学逻辑思维能力最根本的衡量标准。"数学，作为人的思维的表达形式，反映了人类积极进取的意志、缜密周详的推理和对完美境界的追求。"它以抽象的形式，追求高度精密、可靠的知识，成为人类精密思维的典范。同时，严密的逻辑思维又使人们对数学事实和它们相互间的逻辑关系理解得更加深刻、透彻。

其次，数学的计算具有无可争辩的准确性，数学定理只有当它从逻辑的推理上得到准确的证明才能被认可。从一些清楚的定义和相容的"明显"公理出发，进行准确的逻辑推理，以获得数学定理，形成完美的、系统的数学理论体系，这是数学研究的基本思想和方法。因此，准确地计算、合乎逻辑地证明是具有数学逻辑思维能力的一个标志。

最后，每一个数学结论都是明确的，2×2 只能等于 4 而不能是其他；数学结论的推理过程也必须具有明确性，即在数学推理或证明的过程中，必须做到步步有据，不能有半点含糊其辞，必须使每一个懂得它的人都确信无疑、心服口服。因此，明确性成为数学逻辑思维能力的第三条衡量指标。

三、中学生逻辑思维能力发展的特点①

数学逻辑思维能力也可以分为三级水平：具体逻辑思维，形式逻辑思维，辩证逻辑思维。在中学，辩证逻辑思维融于形式逻辑思维的培养之中，在数学概念、原理的形成和发现过程中，对立统一、否定之否定等辩证因素得到充分展示。因此，形式逻辑思维的发展是中学生数学逻辑思维发展的主流。

中学生逻辑思维能力的发展，可以从多个角度进行考察。下面我们从数学概念形成水平的发展、数学命题演算水平的发展和数学推理能力的发展三个方面进行讨论。它们代表了逻辑思维能力发展的主要方面。

1. 中学生数学概念形成水平的发展

中学生数学概念形成水平可以分为三级：

第一级，了解与认识概念，即对概念的内涵有感性、初步的认识，能说出概念的外延，能在有关问题情境中识别。

第二级，理解与掌握概念，即对概念达到了理性认识，明确了概念的内涵、外延和作用，懂得它的来龙去脉及与其他概念之间的关系，能用概念解决一些问题。

第三级，灵活运用概念，即能够建立各概念之间的关系，形成概念网络，能够解决复杂的、综合性强的问题。

2. 中学生数学命题演算水平的发展

中学生掌握数学判断形式的能力的发展，表现在进行命题演算的水平上。在掌握命题句法结构方面，其发展水平分为如下三级：

第一级，能对带有全称量词的简单命题进行演算，但不能理解命题演算过程中逻辑连接词的含义，即学生还不能脱离命题的语义内容进行形式上的命题句法结构的演算；能对带有特称量词的简单肯定命题进行演算，理解了命题中量词的含义。

第二级，能进行简单命题的合并，即能进行命题的合取（$p \wedge q$）和析取（$p \vee q$）演算；能对简单命题进行否定演算。

第三级，能进行复合命题的否定演算，即不但能理解逻辑连接词的含义，而且能够按照命题演算的法则进行正确的操作。

上述命题演算水平的发展顺序，反映了中学生逻辑思维能力的水平由低到

---

①林崇德. 学习与发展：中小学生心理能力发展与培养(修订版). 北京：北京师范大学出版社，2003：360～367.

高、由简单到复杂的发展过程。中学生正是通过对越来越复杂的命题形式的演算，来发展自己的逻辑思维能力，从而使思维结构趋向成熟。从发展的年龄特征看，初中生主要集中在第一级水平上，进入高中后，第一级水平的发展似乎停滞，第二、第三级的发展有一个飞跃。这是运算能力、空间想象力的发展所没有的特征。其原因主要是高中阶段包含了集合与简易逻辑的数学内容的学习，这一学习对命题演算水平的发展有很重要的作用。

3.　中学生数学推理能力的发展

中学生推理能力可以分为逻辑推理能力和合情推理能力。逻辑推理能力的发展，可以分为四级水平：

第一级，直接推理水平。具体表现为对条件、套公式，用单个概念直接推出结论。

第二级，间接推理水平。需要对条件进行变换、化归，多步骤地进行推理而得出结论。

第三级，迂回推理水平。分析前提，提出假设，并进行反复验证后才导出结论。

第四级，综合推理水平。按照一定的逻辑推理格式，能根据需要选择相应的推理方式，进行综合性推理，推理过程简练、合理。

四、中学生数学思维能力的培养

培养学生的数学思维能力，特别是逻辑思维能力，是数学教学义不容辞的任务，这是由数学的学科特点所决定的。数学在它产生、发展的过程中，总是朝着科学真理的最完美的境界——抽象、严密、系统前进（如公理化体系）。在数学领域中，只有被严密论证了的东西才被承认为正确，因此数学是体现逻辑最为彻底的学科。中学没有逻辑学科，数学就很自然地承担了这方面的责任。另外，数学教学不仅要教给学生知识，而且要教会学生正确思维：会确定地、无矛盾地、有条理地去思考问题。中学生若只学到一堆死知识，不善于灵活运用知识解决问题，也就是不能在实践中进行有效的思维，那是走不远的。知识可能被遗忘，只要会思考，遗忘的知识可以恢复；但如果不会思考，缺乏思维能力，那么即使记住了知识也不能灵活运用。从这个意义上说，培养思维能力比传授知识更重要，学生的思维能力决定着他们的发展水平。

1.　培养数学思维能力的关键在于变革数学课堂教学

数学教学中培养学生的数学思维能力，其关键是让学生参与到卓有成效的数学活动中来，让学生扎扎实实地经历观察与实验、归纳与演绎、比较与分类、分析与综合、抽象与概括等数学思维的基本过程。衡量学生的数学思维能力是否得到真正培养，关键是看学生在数学活动中的思维参与程度，看他们是否有实质性的、高水平的数学思维。课堂教学中，学生数学思维的参与方式多种多样，听教师精心设计的讲解、参加一个主题明确并有精心准备的讨论、几个同学合作进行的活动，或是自己的独立思考等，都需要高水平的数学思维，因而也能成为高效的数学活动。但是，如果教师处理不当，极有可能使思维水平下降。也就是说，不同的教学设计对学生会产生不同的认知要求，这会带来学生思维参与水平的差异。课堂教学中，只有在关键的地方坚持让学生独立思考，才能卓有成效地培养他们的逻辑思维能力。

2. 认知要求是培养数学思维能力的核心

传统上，为了使学生更快地掌握知识，常常提倡"分散难点""小步快进"，这是我国数学教学的一个显著特点。其有效性有目共睹，但必须注意防止另一种倾向：把知识分解为一些没有内在联系的片断，不重视内涵于知识整体中的那些综合的思想和策略。一般的，综合的、联系的教学任务有高认知要求，是一种要求高水平数学思维的教学任务，对数学思维能力的培养意义更大。

保持高水平数学思维的课堂可使学生获得最大效益，但完成高认知要求的数学任务困难较大，实际教学中往往被转化为低水平的任务。例如，在学习了"平面与平面垂直的判定定理、性质定理"后，教师使用了如下教学任务：

已知 $\alpha \perp \beta$，$\alpha \cap \beta = AB$，$a /\!/ \alpha$，$a \perp AB$，$a \not\subset \beta$，求证 $a \perp \beta$。

学生由于受刚学的"性质定理"的定势影响，作出如下"证明"：

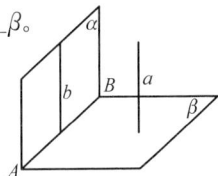

图 5.6.1

如图 5.6.1，在 α 内作直线 $b \perp AB$，则 $b \perp \beta$。又由 $a \perp AB$，$b \perp AB$，得 $a /\!/ b$。于是，由 $a \not\subset \beta$，$a /\!/ b$，$b \perp \beta$，得 $a \perp \beta$。

教师带领学生仔细检查证明过程后发现，"由 $a \perp AB$，$b \perp AB$，得 $a /\!/ b$"在空间是不成立的。这时，教师直接采取了"告诉"的方法：

因为 $a \perp \beta$，设 $a \cap \beta = P$，在平面 β 内过 P 作直线 c，使 $c \perp AB$，过直线 a，c 作平面 γ，设 $\gamma \cap \alpha = b$。因为 $a /\!/ \alpha$，所以 $a /\!/ b$。因为 $a \perp AB$，所以 $b \perp AB$。所以 $b \perp \beta$。所以 $a \perp \beta$。

事实上，在上述证明中，对学生真正具有挑战性的认知任务就是联系直线与平面平行、垂直的性质定理，通过构造平面 γ，得到 γ 与 α 的交线 b，再由 b 的双重身份（a 的平行线，β 的垂线），得到结论。当老师采取"告诉"的方法后，这一认知任务的思维价值大大降低，几乎剥夺了学生的思维训练机会。

那么，如何才能使一个教学任务具有挑战性，以引发学生的高水平数学思维，从而有效地培养学生的数学思维能力呢？事实上，学生独立思考的机会并不是自然产生的，学生完成任务时的思维参与度决定了学生能受到怎样的思维训练。按照运算程序进行的运算操作给学生提供的是一种思维训练，而启发学生与意义或相关的数学思想建立内在联系的任务给学生提供的是另一类完全不同的思维训练。数学教学中，学生在深层次思维参与中得到的熏陶，可以使他们体验到数学的本质，并使他们产生对数学价值的认识，从而逐渐地转化为从数学的角度对事物进行分析的观点，这就是在数学学习中培养起来的数学思维方式。因此，教学任务中所包含的认知要求形成了学生数学思维能力发展的基础。

当然，必须注意的是认知要求与学生思维发展水平的适应性问题。例如，解决"一个平面内的 $n(n \geqslant 2)$ 条直线至多有多少个不同的交点？"有人认为使用归纳法很容易得出结论：因为任意两条直线至多有一个交点，因此 2 条直线至多有 1 个交点；3 条直线至多有 $1+2$ 个交点；4 条直线至多有 $1+2+3$ 个交点……n 条直线至多有 $1+2+3+\cdots+(n-1)$ 个交点。所以，在许多初中教辅资料、课堂教学中，都让学生解这个题目。殊不知，这样的任务大大超越了初中生的认知发展水平：首先，他们对于"至多""至少""存在""唯一"等的数学含义的理解存在困难；其次，对归纳法的理解和掌握，即对 n 赋值，先考察几个具体事例，观察其中的规律，再归纳出一般结论的思想方法，需要较高的思维发展水平；再次，对归纳过程中涉及的技巧，如以上一次的结果为基础进行下一步推理、每一次都保留步骤而不算出具体结果等，他们还没有养成习惯。总之，虽然这样的教学任务包含了高水平的认知要求，但由于它与初中生思维发展水平的不适应，教学中就不能随意使用。否则的话，一个本来具有高水平思维的教学任务，会因为其超出学生思维发展水平而降为低水平思维任务：学生只能采取死记硬背解题过程的方式进行学习，更可怕的是由此会影响学生的数学学习态度和自信心。

为了保持高水平的数学思维，突出并坚持要求学生使用数学概念和原理解释一些现象发生的原因，要求学生自己创设满足某些条件的例子，并探索解题的不同方法等，都是有效的，也是切实可行的办法。许多时候，同样一个问题，如果提问的角度不同，就会产生不同的效果。例如：

"求证：等边三角形的内角不可能是直角"；"等边三角形的内角是否有可能为直角？有可能的话请举出例子，不可能的话请说出理由"。

"求 2，4，6，8，10 的平均数""如果 5 个数的平均数是 6，那么它们可能是哪些数？请你举出尽量多的例子"。

两个问题的本质一样，但认知要求却有差异。前一问法只要求学生确认一个事实，后一问法要求学生自己创设满足条件的例子。

3. 处理好抽象与具体的关系

数学教学中，处理好抽象与具体的关系对于培养数学思维能力是非常重要的。这也是给学生提出恰当的认知要求的体现。

抽象是公认的数学的一个最显著特点。但是，数学的结论往往是从具体中得来的。具体中蕴涵了许多本质的东西。抽象不能离开具体，没有具体就会使抽象变成无源之水、无法感觉、无法把握。本质包含在具体之中。

从具体中可以进行多次抽象，即抽象是有层次的、逐渐深入的；还可以从不同的角度进行抽象。

解答数学问题时，让学生举个例子，让他们在具体例子的引导下先猜测一下问题的答案，对于启发学生的思维，获得解题方法，都是非常重要的。实际上，其结果是使学生获得了对问题的具体而全面的感知。学生不能打开思路，想不到好的解题方法，主要原因是不考虑具体例子。学生解题如此，教师教学也是如此。如果给学生提供了大量理解抽象的数学原理所需要的具体例证（而不是在抽象层面大讲特讲），学生也就不会感到数学抽象难懂了；为了让学生理解抽象的数学结论，先设置一个学生熟悉的具体情境，把抽象结论寓于其中，使学生经历一个从具体到抽象的过程，学生对数学原理的理解也就变得自然了，数学也就变得具体、形象而生动了。而这正是培养学生数学思维能力的"不二法门"。

思考题

1. 什么是观察与实验？数学是演绎学科，为什么说在数学教学中观察与实验也是重要的？
2. 为什么说"演绎不能导致创造"的说法是不正确的？你能举例说明吗？
3. 数学教学中，应当如何处理好归纳与演绎的关系？
4. 根据自己的数学学习体验，谈谈类比在数学创造性思维中的重要性。
5. 分析与综合有什么关系？它们通常以哪些形式出现？
6. 什么是概括与抽象？数学中的概括与抽象有哪些基本特点？
7. 如何理解数学思维能力？为什么说逻辑思维能力是数学思维能力的核心？
8. 你认为应如何培养学生的数学思维能力？

第六章　思维形式

思维是多门学科的研究对象。其中，逻辑学只研究思维形式及其规律，即研究思维形式的结构和思维的基本规则。正因为这样，在逻辑教科书中，人们常常把逻辑定义为研究思维的形式及其规律的科学。因此，从某种意义上说，本章实际上是介绍逻辑和它在中学数学中的作用。

§6.1　思维形式的一般概述

一、思维结构

思维过程的内容就是思想，而思维的存在总是表现为一定的形式。如果把感觉、知觉、表象等看作感性认识阶段的反映形式，那么概念、判断、推理就是理性认识阶段的形式，而理性认识阶段就是思维。因此可把概念、判断和推理叫做思维形式。思维有内容和结构两个方面，反映在头脑中的客观现实叫做思维内容，而思维内容各部分的联系方式，即思维内容的组织结构叫做思维结构。下面看几个例子。

例 1　判断的思维结构。

分析如下三个判断的结构：

（1）一切无理数都是无限不循环小数。

（2）一切菱形都是平行四边形。

（3）一切三角形的内角和都是 $180°$。

它们分别断定三类不同的具体对象（无理数、菱形、三角形的内角和）所具有的属性（无限不循环小数、平行四边形、$180°$），这就是三个判断的思维内容。尽管这三个判断的具体内容是不相同的，但它们却有共同的组织结构，即"一切……都是……"，这就是上述三个判断的思维形式的结构。如果我们用 S 表示反映思维对象的概念，用 P 表示思维对象所具有的属性的概念，那

么这三个判断的内容之间的联系方式是

$$一切 S 都是 P。$$

例 2 推理的思维结构。

分析如下两个推理的结构：

  （1）所有平行四边形都是对角线互相平分的

    所有菱形都是平行四边形

    所以，所有菱形都是对角线互相平分的

  （2）所有无理数都是无限不循环小数

    所有开不尽的有理数方根都是无理数

    所以，所有开不尽的有理数方根都是无限不循环小数

它们的内容虽各不相同，但它们各部分间的联系方式却相同。分别以 M，S，P 表示这两个推理中各判断所反映的对象及对象所具有的属性，如在第一个推理中，以 M 表示平行四边形、P 表示对角线互相平分，S 表示菱形，那么上述推理的内容各部分间的联系方式是

$$所有的 M 都是 P$$
$$所有的 S 都是 M$$
$$所以，所有的 S 都是 P$$

或简单地表示为：

$$M 是 P$$
$$S 是 M$$
$$所以 S 是 P$$

这就是这两个推理的结构。

  关于思维形式的结构，以后还要继续介绍。当然，在实际思维中，逻辑的形式和逻辑的具体内容是紧密结合在一起的。没有思维的具体内容，就无所谓思维的逻辑形式；反之，没有思维的逻辑形式，思维的内容也就无法存在和表现。但是，人们在科学研究中可以把思维的逻辑形式从具体思维中抽象出来，可以暂时撇开思维的具体内容，只研究其逻辑形式。形式逻辑正是从逻辑形式方面研究思维的。

二、形式逻辑的基本规律

  运用各种思维形式时，必须遵守一定的思维规律。我们把概念、判断、推理等各种思维形式都必须遵守的规律叫做思维的基本规律。形式逻辑的基本规律有同一律、矛盾律、排中律和充足理由律。当然，除各种思维形式都应遵守

的基本规律外，它们还有各自的特定的规则。如概念有概念的规则、判断有判断的规则、推理有推理的规则，它们还应遵守各自的特定规则。

下面，我们还要说明一下形式逻辑与数理逻辑之间的关系。数理逻辑本身也是逻辑，是形式逻辑本身内在矛盾发展的一个必然结果。形式逻辑有下面三点不足：

第一，形式逻辑讨论的内容限于主宾式语句。但是人们日常使用的语句都不限于主宾式语句。例如，最基本的数学语句：

a 大于 b；点 C 介于点 B 与 D 之间；……

都不是主宾式语句。

第二，形式逻辑仅限于三段论。但是三段论式并不能囊括日常使用的各种推理形式。例如，下列推理就不符合三段论的要求：

a 大于 b，b 大于 c，故 a 大于 c。

第三，形式逻辑没有关于量词的研究。所谓量词，是指"凡""任何""所有"（这些叫做全称量词）以及"有""有些"（这些叫做存在量词）这一类词。形式逻辑虽然也有这些量词，但由于形式逻辑限于主宾式语句，更由于形式逻辑没有"变元"的概念，致使量词的作用受到极大的限制。

正因为形式逻辑有这些缺点，所以需要进行改革，这便导致数理逻辑的兴起与发展。

数理逻辑是用数学方法研究推理、证明等问题的。它在形式化方面丰富和发展了形式逻辑。它运用符号把概念、命题（判断）抽象为公式的推演。因此，为使形式逻辑现代化，必须吸取数理逻辑中一些具有普遍意义的成果，把数理逻辑中有益的东西应用到形式逻辑中来，但不能以数理逻辑来代替形式逻辑。下面的内容也正是以这种思想为指导的。我们主要介绍形式逻辑，但必要时辅之以数理逻辑，目的是把一些问题阐述得更清楚些。

§6.2 概念、定义和原名

一、什么是概念

概念是反映事物本质属性的思维形式。例如，圆是一类事物，是平面内到定点的距离等于定长的点的集合，这是圆的本质属性，圆的概念就是这一本质属性的反映。至于圆的半径的长短就不是圆的本质属性，而是非本质属性，圆的概念已经舍掉了这样的非本质属性。

正确的概念是科学抽象的结果。人们在实践的基础上得到了丰富的感性认识材料，经过"透过现象看本质"的认识过程，舍掉事物的次要属性，保留事物的本质属性，进而形成了概念。例如，自然数概念，最初是从计数的需要产生的。在很长的历史时期里，人们总是把自然数与某种具体内容联系在一起。例如"五"总是与"五个手指""五只羊""五头牛"等联系在一起。随着实践活动的丰富，人们一方面从"五个手指""五只羊""五头牛"等具体事物中抽取出数量的共同特征；另一方面还发现同类东西还有可加性，这样就慢慢抽象成了一些抽象的自然数。又如，对太阳、满月等事物形状的感觉、知觉，人们初步形成了关于圆的观念，通过制造圆形器皿等生产实践，逐步认识了圆的本质属性，从而形成了圆的概念。

概念和语词是密切联系着的。语词是概念的语言形式，概念是语词的思想内容，两者紧密联系，不可分割。但是，概念和语词之间并不是一一对应的。这是因为不是所有的语词都表达概念（如虚词一般不表示概念）；同一个概念可以用不同的语词来表达（"等边三角形"和"正三角形"表示同一个概念）；一个语词在不同的情况下，可以用来表达几个不同的概念（如"整数"，在小学表示的是零和自然数；在中学表示的是零、正整数和负整数）。

概念是发展、变化的。这是因为，一方面，事物本身是发展变化的，因此反映事物本质属性的概念自然也要随之而发展变化；另一方面，由于人们的认识是不断深化的，因而关于事物的概念也要随着认识的深入而发生变化。例如，数的概念就是逐步发展的：

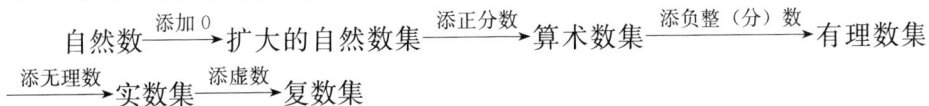

自然数 $\xrightarrow{\text{添加}0}$ 扩大的自然数集 $\xrightarrow{\text{添正分数}}$ 算术数集 $\xrightarrow{\text{添负整（分）数}}$ 有理数集 $\xrightarrow{\text{添无理数}}$ 实数集 $\xrightarrow{\text{添虚数}}$ 复数集

概念是思维的细胞，它是基本而重要的。没有概念，就不可能进行判断、推理和论证。因此掌握一门科学，首先必须掌握这门科学的概念。此外，判断是由概念构成的，推理是由判断构成的，论证又是由判断和推理构成的，因此概念是构成判断、推理和论证的"基本元件"，它是其他思维形式的基础，这也是我们把概念看成是思维的细胞的原因。

二、概念的内涵和外延

任何概念都有含义、意义。例如"矩形"的含义是：两组对边分别平行、有一个角为直角的四边形，这就是"矩形"的内涵。此外，任何概念都有所指，即概念所指的每一个事物是什么。例如"矩形"是指长方形、正方形的全体，这就是"矩形"的外延。

概念的内涵就是指反映在概念中的对象的本质属性；概念的外延就是指具有概念所反映的本质属性的对象。

概念的内涵是概念的质的方面，它说明概念所反映的事物是什么样的；概念的外延是概念的量的方面，通常说的概念的适用范围就是指概念的外延，它说明概念所反映的是哪些事物。概念的内涵和外延是两个密切联系、相互依赖的因素。每一个科学概念都既有其确定的内涵，也有其确定的外延。因此，概念之间是彼此相互区别、界限分明的，不能混淆，更不能偷换概念。教学中要求概念明确，从逻辑学的角度看，基本的要求就是要明确概念的内涵与外延，即明确概念所反映的对象具有什么本质特征，明确概念所指的是哪些对象。只有对概念的内涵和外延两方面都有准确的了解，才能说已经明确了概念。

三、概念间的关系

所谓概念间的关系就是概念的外延间的关系。根据概念的外延有无重合之处，概念间的关系可分为相容关系和不相容关系。

1. 概念间的相容关系

概念间的相容关系，是指两个至少有一部分外延重合的概念之间的关系。它又可分为完全重合和部分重合。因此，概念的相容关系又可分为同一关系、属种关系和交叉关系三种。

（1）同一关系

如果两个概念的外延完全重合，则这两个概念之间的关系是同一关系（或叫全同关系）。我们可以用图 6.2.1 的方式表示这种关系（A，B 表示两个概念）。

例如，下列各组概念间的关系都是同一关系：

a. 等角三角形；等边三角形。

b. 最小的质数；最小的正偶数。

c. 无理数；无限不循环小数。

d. 正方形；等角菱形；等边矩形。

e. 过圆心的弦；圆的直径。

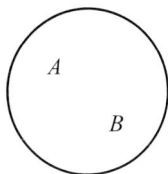

图 6.2.1

在汉语中常常用"……就是……""……即……"表达概念的同一关系。

　　了解更多的具有同一关系的概念，可以对反映同一类事物的概念的内涵作多方面的揭示，有利于认识对象，有利于明确概念。从某种意义上说，"明确概念"的含义是将具有同一关系的概念转化为自己熟悉的概念。在证明中，具有同一关系的两个概念可以互相代替。

　　（2）属种关系

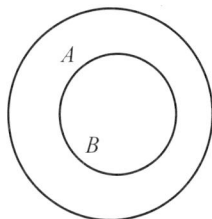

图 6.2.2

　　如果两个概念之间，一个概念的外延完全包含在另一个概念的外延之中，而且仅仅成为另一个概念外延的一部分，则这两个概念之间的关系是属种关系。

　　概念的属种关系可用图 6.2.2 表示。图中 B 概念的全部外延包含在 A 概念的外延中，而且 B 概念的外延仅仅是 A 概念外延的一部分。

　　例如，四边形和平行四边形是具有属种关系的概念；实数和有理数也是具有属种关系的概念。

　　在属种关系中，外延大的、包含另一个概念的外延的那个概念叫做属概念（图 6.2.2 中 A 概念就是属概念）；外延小的、包含于另一个概念的外延之中的那个概念叫做种概念（图 6.2.2 中的 B 概念就是种概念）。

　　应当指出，属概念和种概念是相对的。例如，平行四边形是矩形的属概念，但它又是四边形的种概念。另外，一个概念的属概念未必是唯一的，它的种概念也未必是唯一的。例如，平行四边形、四边形、多边形都是矩形的属概念；矩形、菱形、正方形又都是平行四边形的种概念。

　　（3）交叉关系

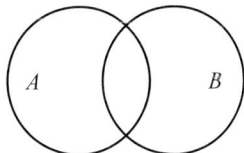

图 6.2.3

　　如果两个概念的外延有而且只有一部分重合，则这两个概念之间的关系就是交叉关系。这种关系可用图 6.2.3 表示，其中 A，B 两个概念的外延既有相同部分，也有不同部分。

　　这种关系在数学中是常见的。例如，菱形和矩形是交叉概念，交集为正方形概念的外延；等腰三角形和直角三角形是交叉概念，交集为等腰直角三角形概念的外延；正数和整数是交叉概念，交集为正整数概念的外延。

2. 概念间的不相容关系

所谓概念间的不相容关系（也叫全异关系），是指属于一个属概念中的两个在外延上没有任何重合部分的种概念之间的关系。例如，正有理数和负有理数都是有理数这个属概念下的两个种概念，而它们的外延没有任何重合部分，所以它们具有不相容关系。

概念的不相容关系又可分为矛盾关系和反对关系。

（1）矛盾关系

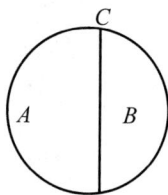

图 6.2.4

如果两个概念的外延完全不相同，并且它们的外延之和等于其属概念的外延，那么这两个概念之间的关系就是矛盾关系。我们可用图 6.2.4 表示这种关系，其中 A，B 两个部分表示具有矛盾关系的两个概念的外延，这两部分没有任何共同的地方，而且加起来等于属概念 C 的全部外延，即

$$A \subset C, \quad B \subset C, \quad A \cup B = C, \quad 且 \ A \cap B = \varnothing。$$

例如，有理数和无理数相对实数来说就是矛盾关系。

（2）反对关系

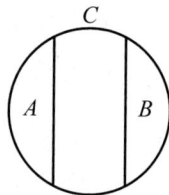

图 6.2.5

如果两个概念的外延完全不同，而且它们的外延之和小于其属概念的外延，那么这两个概念之间的关系就是反对关系。

反对关系可用图 6.2.5 表示，图中的 A，B 两个部分表示具有反对关系的概念的外延，这两部分完全没有相同的地方，但两者之和小于属概念 C 的全部外延。即有

$$A \subset C, \quad B \subset C, \quad A \cup B \neq C, \quad A \cap B = \varnothing。$$

例如，正有理数和负有理数相对于有理数来说，是反对关系。

综上所述，概念间的关系可概括为：

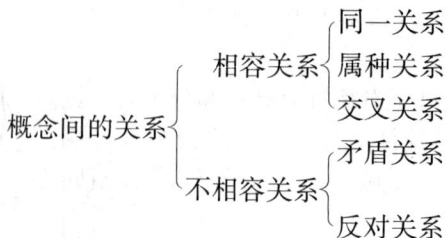

四、内涵和外延的反变关系

具有属种关系的两个概念，它们的内涵和外延具有反变关系，即设 A，B

是具有属种关系的两个概念，如果 B 的内涵比 A 的内涵多，那么 B 的外延就比 A 的外延小；如果 B 的内涵比 A 的内涵少，那么 B 的外延就比 A 的外延大。例如，"平行四边形"的内涵是：有四条边，两组对边分别相互平行；"菱形"的内涵是：有四条边，两组对边分别相互平行，邻边相等。因此，菱形的内涵要比平行四边形的内涵多，但其外延要比平行四边形的外延少。平行四边形除了包括菱形外，还包括其他一般的平行四边形。

应当注意，这种反变关系只对一个概念可以列入另一个概念的外延中的那些概念而言，即只适用于属种关系的那些概念。

五、定义

1.　定义的组成和表达

前已指出，"概念要明确"的含义就是要明确概念的内涵和外延。那么，怎样才能使概念的内涵和外延明确呢？在逻辑学里，定义就是明确概念内涵的逻辑方法，而划分是明确概念外延的逻辑方法。

定义是揭示概念内涵的逻辑方法。例如：

平行四边形就是两组对边分别平行的四边形。

这一定义采用了"……就是……"的形式。我们用"D_S 就是 D_P"来表示它。D_S 称为被定义的项，它是我们需要加以明确的概念。D_P 称为定义项，是用来明确被定义项的概念。"就是"是用来联合被定义项和定义项的，称为定义联项。

任何定义都离不开上述三个部分：被定义项（D_S），定义联项（"就是"），定义项（D_P）。但在具体叙述时，表达的方式可以多种多样。

2.　下定义的方法

（1）邻近的属加种差定义

这是最常用的一种下定义的方式。

在一个概念的各个属概念中，其内涵与这个概念的内涵之差最小的，叫做这个概念的邻近的属。如平行四边形是矩形的邻近的属概念，而四边形、多边形都不是矩形的邻近的属概念。

设 B 概念是 A 概念的种概念。显然，A 概念的本质属性也都是 B 概念的本质属性，但 B 概念还有用以区别 A 概念的其他种概念的其他属性，这样的属性就叫做 B 概念的种差。例如，矩形是平行四边形的种概念，平行四边形的本质属性都是矩形的本质属性；矩形用于区别平行四边形的其他种概念（如菱形）的种差是"一个角是直角"。

分析下面的定义：

一个角是直角 的　平行四边形 叫做　矩形。
（种差）　　　（邻近的属）　　　（被定义的项）

两组对边分别平行 的　四边形 叫做　平行四边形。
（种差）　　　（邻近的属）　　　（被定义的项）

可以发现，这种定义方式可用下述公式表示：

被定义项＝种差＋邻近的属。

用这种方式下定义需要做两件事：第一，找出被定义项的邻近的属，被定义项的概念的外延要被包含在那个属概念的外延之中，这是在外延方面揭露；第二，指出它区别于这个属概念下的其他种概念的种差，这是在内涵方面揭露。

对于同一个概念，可以选择同一个属的不同的种差，作出不同的定义。例如，可用如下两种方式定义平行四边形概念：

①两组对边分别平行的四边形叫做平行四边形；

②两组对边分别相等的四边形叫做平行四边形。

这两个平行四边形的定义中，邻近的属都是"四边形"，但第一个定义的种差是"两组对边分别平行"，第二个定义的种差是"两组对边分别相等"。

（2）发生定义

有的种差是被定义概念所反映的对象产生或形成的情况。人们用一类事物产生或形成的情况作为种差作出定义，叫做发生定义。

例如，"圆是由平面内到一个定点的距离等于定长的动点运动而形成的封闭曲线。"这就是一个发生定义，它的种差是指如何画出圆的情况。椭圆、双曲线、抛物线等都是用发生定义来下定义的。由于发生定义刻画的是概念的形成和产生的过程，一般来说，语言叙述比较冗长，但它有直观、生动的优点，有时还可用图形直接表示出来。

（3）关系定义

有的种差是被定义概念所反映的对象与另一对象之间的关系，或它与另一对象对第三者的关系。用对象之间的关系作为种差而作出定义，叫做关系定义。

例如，"偶数就是能被 2 整除的整数"是一个关系定义，它的种差就是偶数与 2 的一种关系；"$b(\neq 0)$ 整除 a 就是存在一个整数 c，使 $a=bc$"是一个关系定义，它的种差是"$b(\neq 0)$ 整除 a"与整数 c 的一种关系；"0 是这样一个数，它和数 a 相加得 a"也是一个关系定义，它的种差是 0 与数 a 的一种关系。

（4）外延定义

在外延定义中，D_S 是属，而 D_P 是几个种的并。

例如，"有理数和无理数统称为实数"，这里 D_S 是实数，而 D_P 是有理数集和无理数集的并。在特殊情况下，D_P 中也可包含 D_S 的某个单元素集。例如，"有理数是正整数、负整数、正分数、负分数和零的统称"，即 $D_P = \{$正整数$\} \bigcup \{$负整数$\} \bigcup \{$正分数$\} \bigcup \{$负分数$\} \bigcup \{0\}$，其中，$\{0\}$ 就是单元素集。

（5）递归定义

当被定义的对象直接与自然数性质有关时，常采用递归定义。

例如，$\sum\limits_{i=1}^{n} a_i$ 的意义是 $a_1 + a_2 + \cdots + a_n$，但这里的 "$\cdots$" 是什么意思就不明确。例如，$1+4+9+\cdots$ 的第四项，可以认为是 $16(a_n = n^2)$，也可以认为是 $22(a_{n+1} = 2a_n + a_{n-1})$，这就显得不确定。但采用递归定义就确定了：

$$\sum_{i=1}^{n} a_i = f(n),$$

这里，$f: \mathbf{N}^* \to \mathbf{R}$ 满足

① $f(1) = a_1$；

② $f(n+1) = f(n) + a_{n+1}$。

在中学课本中，幂的定义 $a^n = \overbrace{a \cdot a \cdot \cdots \cdot a}^{n 个 a}$ （$n \in \mathbf{N}$）用递归定义如下：

① $a^0 = 1$；② $a^{k+1} = a^k \cdot a (k \in \mathbf{N}^*)$。

递归定义只适用于与自然数的性质有直接关系的对象。

（6）公理定义

这种定义在数学中也是常见的。例如群的定义：

在集合 G 上定义了一个运算，如果满足（i）封闭性；（ii）结合性；（iii）有 0 元；（iv）对 G 内每个元有逆元，那么，G 对这个运算来说叫做一个群。

这个定义就可以看作公理定义，即满足这四条公理的就是一个群。

3. 定义的规则

形式逻辑的定义规则是在已有的具体知识的基础上，提供下定义所普遍需要遵守的规则，这也是分析一个定义是否正确的方法。下面仅限于属加种差的定义方法谈几条规则。

规则 1　定义项与被定义项的外延必须全同

这就是说，定义应该恰如其分。以定义的形式 "D_S 就是 D_P" 来说，如果所有的 D_S 都是 D_P，且所有的 D_P 都是 D_S，那么 D_S 和 D_P 的外延就全同。

如把平行线定义为两条不相交的直线，这就是定义项的外延大于被定义项的外延，这样定义太宽了，因为两条异面直线也不相交。只有把平行线定义为同一平面内的两条不相交的直线才恰如其分。

犯定义过窄的毛病是定义项的外延小于被定义项的外延。如把无理数定义为开不尽的有理数的方根，这就犯了过窄的毛病，因为数 π，e，$\lg 2$……都是无理数，但它们不是开不尽的有理数的方根。把无理数定义为无限不循环小数才是恰如其分的。

规则2　定义不能循环

这是指定义项中不能直接或间接地包含被定义项。下定义是为了用定义项去明确被定义项，如果在定义项中直接或间接包含被定义项，这样的定义项仍然是不明确的，也达不到明确被定义项的目的。这样的错误通常叫做循环定义。

例如，把两条直线垂直定义为："相交成直角的两条直线，叫做互相垂直的直线"；同时，又把直角定义为："一个角的两条边如果互相垂直，这个角就叫做直角"。这样，用"直角"定义"垂直"，同时又用"垂直"定义"直角"，两个定义就产生了循环。这时，既没有揭示出直角的涵义，又没有揭示出两条直线垂直的涵义。如果把直角定义为："一个角如果和它的邻补角相等，这个角就叫做直角"，这样，前后两个定义就不循环了。

规则3　定义项不能包含模糊不清的概念

定义项中不能用比喻。例如："椭圆是压扁的圆"，虽然这一说法很生动，但它没有直接地、准确地指出椭圆的本质特征（椭圆是平面内到两个定点 F_1，F_2 的距离之和等于定长 $2a(2a > |F_1F_2|)$ 的点的轨迹）。

定义要简明，即定义中不能包含可以由推理得出的本质属性。例如，把平行四边形定义为"两组对边分别平行且分别相等的四边形叫做平行四边形"就违背了简明的要求。因为"两组对边分别平行"和"两组对边分别相等"这两个本质属性中，任何一个都可以根据另一个经过推理而得出。因此在定义平行四边形时，只要从这两个本质属性中任取一个就可以了。

规则4　定义项一般不应包含负概念

在思维中反映对象具有某种属性的概念叫做正概念；反映对象不具有某种属性的概念叫做负概念。表示负概念的语词往往带有"无""不""非"等字样。如果定义项中包含了负概念，那么定义项只能表示被定义项不具有某种属性，而没有表示被定义项具有某种属性。这样，定义项就没有揭示出事物的本质属性。例如，"偶数就是非奇数""圆是不方的几何图形"等，都没有从正面肯定偶数的种差或圆的种差，我们并不知道"非奇数""不方的几何图形"到底指什么，所以这样的定义是没有什么作用的。

当然，这个要求并不是绝对的。如果某种属性的含义非常清楚，而某个事物的本质属性只能用缺乏这种属性来反映，那么就只能用负概念对这一事物下定义。例如，"无理数是无限不循环小数"，因为"循环"的含义很清楚，而无理数的本质属性用"无限不循环"来反映也非常清楚（与"有限或无限循环"相对应），所以这样定义无理数是可以的。

4. 原名

由于下定义不能循环，所以只能用已被定义过的概念去定义新的概念。这样顺次上溯，必将出现不能用前面已被定义过的概念来下定义的概念。

例如，把平行四边形定义为两组对边分别平行的四边形，必须先定义两条直线平行、四边形及其对边；定义四边形时，必须先定义多边形及其边；定义多边形时，必须先定义折线；定义折线时，必须先定义点和直线。但是，在初等几何的理论体系中，点和直线都无法再用已被定义过的概念来下定义了，只能用公理间接地来定义。

这样，不能引用别的概念来定义，且又用来定义其他概念的概念，就叫做基本概念，或简称为原名。数学中，点、直线、平面、集合等都是原名。在中学数学课本中，原名虽然也有解释，但这种解释并不是定义，它们只是对原名所反映的对象的一些直观描述而已。

六、划分

1. 什么是划分

如果说下定义是明确概念内涵的逻辑方法，那么划分则是明确概念外延的逻辑方法。

单独概念的外延只是指一个单独的事物，即单独元素集（如太阳、地球等都是单独概念）；普遍概念是指反映某一类事物的概念，它的外延不是由一个单独对象构成的，而是指由许多分子组成的类（用集合语言叙述，就是由多于一个的元素组成的）。分子有多有少，有的数量有限，研究它的外延时一一列举就可以了；有的数量很多，把它们一个一个列举，有时不必要，有时不可能，因此，对这样的概念，我们需要用另一种方法来明确其外延。这就是将一个概念所指的事物，按照不同的属性分成若干于类，从概念来说，也就是将一个属概念划分为若干种概念，这就是明确概念的外延的方法——划分。划分就是把一个类分为若干子类。被划分的类叫做划分的母项，若干子类叫做划分的子项。子项的分子必然是母项的分子，这是划分的特点。

通过划分，一方面可使概念系统化、完整化，从而建立概念的结构体系；另一方面能获得对概念外延的更深刻认识。

划分必须依据一个确定的、统一的标准来进行。例如，把实数分为有理数和无理数，所依据的标准是"循环"。依据的标准不同，划分的结果也会有所不同。例如，对三角形进行划分，如果依据边长是否相等（三边各不相等、只有两边相等和三边全相等），那么可分为不等边三角形、等腰三角形和等边三角形三类；如果以内角的范围为依据（三个角都是锐角、有一个为直角、有一个为钝角），那么可分为锐角三角形、直角三角形和钝角三角形三类。

2. 划分的规则

规则 1　划分后各子项应互不相容。

这一规则要求划分后不能有一些分子同时属于两个子项。所以，在各个子项之间必须有全异关系。违反这条规则，叫做犯了子项相容的错误。

规则 2　各个子项必须穷尽母项。

这一规则要求划分后各个子项的总和（并集）应当与母项全同。如果子项不穷尽母项，那么必有一些属于母项的事物不属于任何子项。违反这条规则，叫做犯了子项不穷尽的错误。

简单地说，这两条规则就是划分必须不重不漏。例如，把平行四边形分为菱形、正方形和矩形三类，这样一方面犯了子项相容的错误（因为正方形与菱形、正方形与矩形是相容的），同时又犯了子项不穷尽的错误（因为这样的划分把邻边不相等的斜平行四边形漏掉了）。

规则 3　每一次划分时应当用同一个划分标准。

不同的划分目的，可以有不同的划分标准。但是，每一次划分时不能同时用两种或两种以上的划分标准，否则就会造成划分的混乱甚至错误。

此外，还应注意划分不应越级，应取最接近的种概念。违反这一条就叫做犯了越级分类的错误。例如，把实数分为整数和分数就犯了越级分类的错误。

3. 二分法

二分法在划分中起着重要的作用。因为采用二分法进行划分时，首先把被划分的概念分为两个互相矛盾的概念，再继续按此方法进行，最后所得到的种概念就一定能满足上述几条规则，而不致发生错误。

例如，下列对于数概念的划分就是用二分法进行的：

```
                ┌ 虚数
        复数 ┤        ┌ 无理数
                └ 实数 ┤        ┌ 分数
                        └ 有理数 ┤        ┌ 自然数
                                  └ 整数 ┤
                                          └ 负整数
```

§6.3　判　断

一、判断与语句

判断是对思维对象有所断定的一种思维形式。例如，"三角形内角和等于180°""点 P 在直线 AB 上""π 是无理数"等，都是判断。

在判断中常反映着：①某属性是否属于这个或那个思维对象；②各思维对象间的关系如何；③各对象间有什么制约关系；等。因此，对思维对象有所肯定或有所否定乃是一切判断的最显著特点。

判断有真假之分。如果一个判断所断定的内容符合客观实际情况，与事实一致，那么这个判断是一个真实的判断；否则，这个判断就是一个虚假的判断。

判断作为一种思维形式、一种思想，不能离开语句而独立地存在。判断的形成和表达都离不开语句。但应当注意，并非所有语句都表达判断。

在数学上，我们只研究可以判断真假的陈述语句，这种语句也叫做命题。

我们用 p，q，r 等来代表任意的语句，这种代表任意语句的符号通常称为"语句变元"；用"1"代表任意一个真语句取的值，以"0"代表任意一个假语句取的值，"1"和"0"都称为"语句常项"。当语句变元 p 表示一个真语句时，我们说它取真值，记作"$p=1$"；否则，我们说它取假值，记作"$p=0$"。

二、判断的种类

判断可按不同的标准进行分类。

1. 简单判断和复合判断

首先，按判断本身是否包含其他判断，把一切判断分为简单判断（即本身不再包含其他判断的判断）和复合判断（即本身还包含其他判断的判断），相应地，也有简单语句和复合语句。然后，对于简单判断，再按其所断定的是对象的性质还是关系，将其分为性质判断和关系判断；对于复合判断，再按照组成复合判断的各个简单判断之间的结合情况，将其区分为负判断、联言判断、选言判断、假言判断。这样，我们就得到：

$$判断 \begin{cases} 简单判断 \begin{cases} 性质判断（如菱形是平行四边形）； \\ 关系判断（如三角形两边之和大于第三边）； \end{cases} \\ 复合判断 \begin{cases} 负判断（"并非""不"）； \\ 联言判断（"且""和"）； \\ 选言判断（"或"）； \\ 假言判断（"若……则……""……当且仅当……"） \end{cases} \end{cases}$$

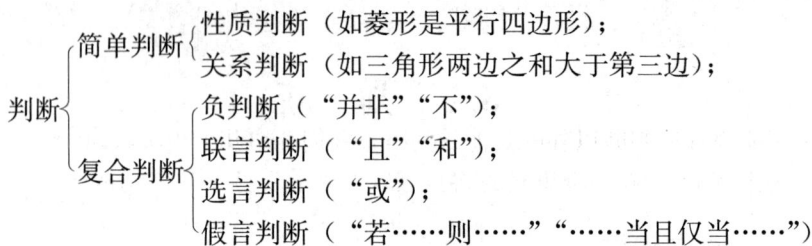

若按判断是否含有模态词（如"必然""可能"），还可分为模态判断和非模态判断。数学中主要考虑非模态判断。

2. 性质判断

（1）性质判断的组成

一切性质判断都由下述几个部分组成：

①判断的主项，即表示判断对象的概念，主项用"S"表示。例如，"菱形是平行四边形"中，"菱形"就是主项。

②判断的谓项，即表示判断对象的性质的概念，谓项用"P"表示。上述判断中，"平行四边形"就是谓项。

③判断的联项，常用"是"或"不是"表示，一般称为判断的"质"。

④判断的量项，即表示判断中主项数量的概念，一般称为判断的"量"。进一步地，量项又可分为两种：一种是全称量项，它表示在一个判断中对主项的全部外延作了断定，通常用"所有""一切"来表示。在判断的语言表达中，全称量项的语言标志（"所有""一切"等）可以省略。例如，"所有菱形是平行四边形"中的"所有"可以省略。另一种是特称量项，它表示在一个判断中对主项作了断定，但未对主项的全部外延作出断定。通常用"有的""有些"来表示。在判断的语言表达中，特称量项的语言标志（"有的"等）不能省略。例如"有的三角形不是等腰三角形"中的"有的"不能省略。

（2）性质判断的种类

性质判断的基本逻辑结构是"所有（有的）S 是（不是）P"。性质判断可以按"质"和"量"分成下面四种：

①全称肯定判断，通常用"A"表示，也可写为"SAP"，逻辑形式是"所有 S 都是 P"；

②全称否定判断，通常用"E"表示，也可写为"SEP"，逻辑形式是"所有 S 都不是 P"；

③特称肯定判断，通常用"I"表示，也可写为"SIP"，逻辑形式是"有的 S 是 P"；

④特称否定判断，通常用"O"表示，也可写为"SOP"，逻辑形式是"有的 S 不是 P"。

（3）逻辑联词

为了研究性质判断以外的其他的判断，我们介绍几个逻辑联词。

①否定（非）。在一个语句的前面冠以"并非"两字，就构成了一个新的语句，叫做原来语句的否定（相应的判断叫做原来判断的负判断）。

命题 p 的否定命题记作 $\neg p$，读作"并非 p"，或简单地读作"非 p"，称 $\neg p$ 为 p 的否定式。显然，如果 p 为真，则 $\neg p$ 为假；如果 p 为假，则 $\neg p$ 为真。这样，我们可用下面的真值表来表示：

p	$\neg p$
1	0
0	1

特别地，$\neg 1 = 0$，$\neg 0 = 1$（这里"1"表示真语句，"0"表示假语句）。不难看出，$\neg(\neg p) = p$。

值得指出的是，否定与"换质"不同。例如，对于命题"一切 S 是 P"，其换质是"一切 S 不是 P"，其否定则是"并非一切 S 是 P"（这里并不排除有些 S 是 P）。

②合取（与、并且）。两个语句 p，q 用"与"联结起来所构成的新语句"p 与 q"称为合取式，有时也称为联言命题，记作"$p \wedge q$"，p，q 称为联言肢。

当且仅当 p，q 都为真时，$p \wedge q$ 为真，其他都为假。即

p	q	$p \wedge q$
1	1	1
1	0	0
0	1	0
0	0	0

类似地，我们可以把两个以上的语句用"$\wedge$"联结起来构成一个新的语句。显然，当且仅当所有的语句为真时，合取式为真，否则为假。

③析取（或）。两个语句 p，q 用"或"联结起来所构成的新语句"p 或 q"称为析取式，有时也称为选言命题，p，q 称为选言肢。

"或"有两种不同的意义。一种是不可兼的"或"，用 $p \veebar q$ 表示。例如，"我们登山或游泳"；"$\triangle ABC$ 或是锐角三角形，或是直角三角形，或是钝角三

角形"。这种不可兼的"或"排除选言肢同时存在的可能。另一种是可兼的"或"，用 $p \vee q$ 表示。例如，"我们弹琴或唱歌"；"a 大于或等于 b"。这种可兼的"或"不排除选言肢同时存在的可能。

不可兼析取的真值表是：　　　　　　可兼析取的真值表是：

p	q	$p\underline{\vee}q$
1	1	0
1	0	1
0	1	1
0	0	0

p	q	$p\vee q$
1	1	1
1	0	1
0	1	1
0	0	0

以后如果没有特别说明，我们所说的析取指可兼析取。

选言命题与联言命题有一个很重要的关系，这就是**德·摩根定律**：

$$\neg(p \vee q) = \neg p \wedge \neg q；\neg(p \wedge q) = \neg p \vee \neg q。$$

用语言表示就是：否定选言得联言，否定联言得选言。

下面我们用真值表证明德·摩根定律：

p	q	$\neg p$	$\neg q$	$p\vee q$	$\neg(p\vee q)$	$\neg p\wedge\neg q$	$p\wedge q$	$\neg(p\wedge q)$	$\neg p\vee\neg q$
1	1	0	0	1	0	0	1	0	0
1	0	0	1	1	0	0	0	1	1
0	1	1	0	1	0	0	0	1	1
0	0	1	1	0	1	1	0	1	1

像这种真值表完全一样的两个命题叫做逻辑等价。我们把命题 A，B 逻辑等价记作 $A \equiv B$。

逻辑联词"与""或"在中学数学里很常用。如 a，b 表示两个实数，那么：$ab = 0$ 等价于 $a = 0$ 或 $b = 0$；$ab \neq 0$ 等价于 $a \neq 0$ 与 $b \neq 0$。

事实上，我们有

$a=0$	$b=0$	$ab=0$
1	1	1
1	0	1
0	1	1
0	0	0

$a\neq0$	$b\neq0$	$ab\neq0$
1	1	1
1	0	0
0	1	0
0	0	0

左表与 $p\vee q$ 的真值表完全一致，因此有 $ab = 0$ 等价于 $a = 0$ 或 $b = 0$；右

表与 $p \land q$ 的真值表完全一致，因此有 $ab \neq 0$ 等价于 $a \neq 0$ 与 $b \neq 0$。

（4）蕴涵

用"若"（如果）和"则"（那么）将两个语句联结起来构成"若……则……"的复合语句，称为蕴涵式，或叫充分条件假言命题。"若 p 则 q"我们用符号"$p \rightarrow q$"表示，读作"p 蕴涵 q"，其中 p 叫做前提（前件），q 叫做结论（后件）。

$p \rightarrow q$ 的真值表是：

p	q	$p \rightarrow q$
1	1	1
1	0	0
0	1	1
0	0	1

计算下面的真值表：

p	q	$\neg p$	$\neg p \lor q$	$\neg q$	$p \land \neg q$	$\neg(p \land (\neg q))$	$p \rightarrow q$
1	1	0	1	0	0	1	1
1	0	0	0	1	1	0	0
0	1	1	1	0	0	1	1
0	0	1	1	1	0	1	1

可以发现，$\neg p \lor q$，$\neg(p \land (\neg q))$，$p \rightarrow q$ 的真值表相同，所以
$$p \rightarrow q \equiv \neg p \lor q \equiv \neg(p \land (\neg q))。$$

（5）等价

将两个语句用"当且仅当"联结而成的语句称为等价式，或称充分必要条件选言命题，记作 $p \leftrightarrow q$，读作"p 当且仅当 q"。

当我们断定一个由命题 p，q 构成的等价式时，意思是要排除它们之中的一个是真而另一个是假的可能性。因此，我们说 p 当且仅当 q，就是说当 p 和 q 都真或都假时，这个等价式是真的，否则是假的。等价式的真值表是：

p	q	$p \leftrightarrow q$
1	1	1
1	0	0
0	1	0
0	0	1

值得注意的是，等价式与逻辑等价是不一样的。前者是从已知 p，q 构成一个新语句 $p \leftrightarrow q$；后者是指两个语句之间的关系 $p \equiv q$，它本身不是语句。同样，蕴涵式与逻辑蕴涵也不是一回事。

等价式与蕴涵式有下面的关系：

$$p \leftrightarrow q \equiv (p \rightarrow q) \wedge (q \rightarrow p)。$$

可用真值表证明如下：

p	q	$p \rightarrow q$	$q \rightarrow p$	$(p \rightarrow q) \wedge (q \rightarrow p)$	$p \leftrightarrow q$
1	1	1	1	1	1
1	0	0	1	0	0
0	1	1	0	0	0
0	0	1	1	1	1

否定、且（与）、或、若……则……、当且仅当统称为逻辑联词。在一个语句中，如果没有出现逻辑联词，那么就把这个语句叫做简单语句（命题），否则叫做复合语句（命题）。为了省略括号，我们约定，逻辑联词 $\neg$，$\wedge$，$\vee$，$\rightarrow$，$\leftrightarrow$ 的结合力依次减弱。例如，我们将 $(p \vee q) \rightarrow r$ 记作 $p \vee q \rightarrow r$。

§6.4 命题演算规则

一、复合命题（语句）的值

上面已经述及，一个复合命题可利用真值表计算它的值。下面先看一个例子。

$p \rightarrow p \vee q$ 和 $(p \wedge q) \wedge \neg q$ 的真值表如下：

p	q	$\neg q$	$p \vee q$	$p \wedge q$	$p \rightarrow p \vee q$	$(p \wedge q) \wedge \neg q$
1	1	0	1	1	1	0
1	0	1	1	0	1	0
0	1	0	1	0	1	0
0	0	1	0	0	1	0

因此，$p \rightarrow p \vee q$ 恒为真，$(p \wedge q) \wedge \neg q$ 恒为假。若一个命题在任何情况下都为真，则称为恒真命题；若一个命题在任何情况下都为假，则称为恒假命题。特别地，语句常项"1"可看作是一个恒真命题，"0"可看作是一个恒假命题。

如果 $A \equiv B$（逻辑等价，即同真或同假），那么命题 $A \leftrightarrow B$ 就是一个恒真命题（根据等价定义，同真为真，同假为假）。这样，$A \equiv B$ 当且仅当可以写成 $A \leftrightarrow B \equiv 1$。同样，如果 A 是恒假命题，那就可以写成 $A \equiv 0$，如上表中 $(p \wedge q) \wedge \neg q \equiv 0$。

二、命题演算中常用的等价式

逻辑等价也称为等值。在逻辑学中，具有等值关系（逻辑等价关系）的命题，在推理论证过程中可以互相替代。命题演算中常用的等价式有：

（1）双重否定律：$\neg (\neg p) \equiv p$；

（2）幂等律：$p \vee p \equiv p$，$p \wedge p \equiv p$；

（3）交换律：$p \vee q \equiv q \vee p$，$p \wedge q \equiv q \wedge p$；

（4）结合律：$(p \vee q) \vee r \equiv p \vee (q \vee r)$，$(p \wedge q) \wedge r \equiv p \wedge (q \wedge r)$；

（5）分配律：$p \vee (q \wedge r) \equiv (p \vee q) \wedge (p \vee r)$，$p \wedge (q \vee r) \equiv (p \wedge q) \vee (p \wedge r)$；

（6）吸收律：$p \vee (p \wedge q) \equiv p$，$p \wedge (p \vee q) \equiv p$；

（7）德·摩根定律：$\neg (p \vee q) \equiv \neg p \wedge \neg q$，$\neg (p \wedge q) \equiv \neg p \vee \neg q$；

（8）同一律：$p \vee 1 \equiv 1$，$p \vee 0 \equiv p$；$p \wedge 1 \equiv p$，$p \wedge 0 \equiv 0$；

（9）$p \to q \equiv \neg p \vee q$；

（10）$p \leftrightarrow q \equiv (p \to q) \wedge (q \to p) \equiv (p \wedge q) \vee (\neg p \wedge \neg q)$；

（11）$(p \vee q) \to r \equiv (p \to r) \wedge (q \to r)$；

（12）$(p \wedge q) \to r \equiv p \to (q \to r)$。

当然，还不止这些，不过它们是常用的。上述等价式有的已在前面证明了，其余也可用真值表加以证明。

另外，上面12条等价式不是相互独立的。例如，第(7)条中，只要承认其中一个就可以推出另一个。由 $\neg (p \vee q) \equiv \neg p \wedge \neg q$ 出发证明 $\neg (p \wedge q) \equiv \neg p \vee \neg q$ 如下：

由（1），有 $\neg (\neg (p \wedge q)) \equiv p \wedge q$；

由 $\neg (p \vee q) \equiv \neg p \wedge \neg q$，有 $\neg (\neg p \vee \neg q) \equiv \neg (\neg p) \wedge \neg (\neg q) \equiv p \wedge q$。

所以，$\neg (\neg (p \wedge q)) \equiv \neg (\neg p \vee \neg q)$。所以，$\neg (p \wedge q) \equiv \neg p \vee \neg q$。

又如，对于(10)，前一个等价式我们已经用真值表证明，下面证明一个等价式：

$$(p \to q) \wedge (q \to p) \equiv (\neg p \vee q) \wedge (\neg q \vee p)$$
$$\equiv ((\neg p \vee q) \wedge \neg q) \vee ((\neg p \vee q) \wedge p)$$
$$\equiv ((\neg p \wedge \neg q) \vee (q \wedge \neg q)) \vee ((p \wedge \neg p) \vee (p \wedge q))$$
$$\equiv ((\neg p \wedge \neg q) \vee 0) \vee (0 \vee (p \wedge q))$$
$$\equiv (p \wedge q) \vee (\neg p \wedge \neg q)。$$

三、命题演算在形式逻辑中的应用举例

1. 四种命题的关系

四种命题是指：

（1）原命题 $p \to q$；

（2）逆命题 $q \to p$；

（3）否命题 $\neg p \to \neg q$；

（4）逆否命题 $\neg q \to \neg p$。

对四种命题列出真值表如下：

p	q	$p \to q$	$q \to p$	$\neg p$	$\neg q$	$\neg p \to \neg q$	$\neg q \to \neg p$
1	1	1	1	0	0	1	1
1	0	0	1	0	1	1	0
0	1	1	0	1	0	0	1
0	0	1	1	1	1	1	1

因此有：

$$p \to q \equiv \neg q \to \neg p；$$

$$q \to p \equiv \neg p \to \neg q。$$

即原命题与逆否命题逻辑等价；逆命题与否命题逻辑等价。

因为"逆""否""逆否"等关系都是对称的，我们可以把它们用一个逻辑关系图表示出来（图 6.4.1）。

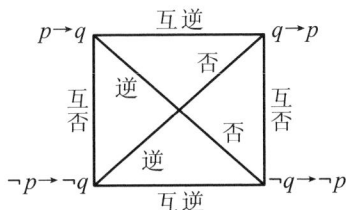

图 6.4.1

关于命题与逆否命题的等价性，除了用上述真值表证明外，还可以这样来证：

$$p \to q \equiv \neg p \vee q \equiv q \vee \neg p \equiv \neg (\neg q) \vee \neg p \equiv \neg q \to \neg p。$$

2．如何合并命题

利用命题演算中的等价式，可以把一些相关命题合并。

例如，关于平行线的性质，有如下两个定理：

"两直线平行则同位角相等"和"两直线平行则内错角相等"。

为了避免复杂性，可以利用命题演算对它们进行合并。设

p：两直线平行，

q_1：同位角相等，

q_2：内错角相等，

那么，两个性质定理的合取是：

$$(p \to q_1) \wedge (p \to q_2) \equiv (\neg p \vee q_1) \wedge (\neg p \vee q_2)$$
$$\equiv \neg p \vee (q_1 \wedge q_2)$$
$$\equiv p \to (q_1 \wedge q_2)。$$

这就是说，如果两直线平行，则同位角相等且内错角相等。

同样，对于平行线的两个判定定理："同位角相等则两直线平行"和"内错角相等则两直线平行"，我们也可以合并如下：

$$(q_1 \rightarrow p) \wedge (q_2 \rightarrow p)$$
$$\equiv (\neg q_1 \vee p) \wedge (\neg q_2 \vee p)$$
$$\equiv (\neg q_1 \wedge \neg q_2) \vee (\neg q_1 \wedge p) \vee (p \wedge \neg q_2) \vee (p \wedge p)$$
$$\equiv (\neg q_1 \wedge \neg q_2) \vee p \equiv \neg(q_1 \vee q_2) \vee p \equiv q_1 \vee q_2 \rightarrow p.$$

也就是说，"两直线被第三条直线所截，如果同位角相等或内错角相等，则这两条直线平行。"

3. 逆否命题的制作

下面我们通过一个例子，说明如何利用命题演算制作逆否命题。

例　设有如下三个命题：

p：a 为奇数；

q：b 为奇数；

r：$a+b$ 为奇数。

其中，a，b 为正整数。试将命题

若 $a+b$ 为奇数，则 a，b 中一个为奇数，一个为偶数

用逻辑联词—，$\wedge$，$\vee$ 表达出来。又：它的否命题是怎样的？

解　由题设有

$\neg p$：a 为偶数；

$\neg q$：b 为偶数；

$\neg r$：$a+b$ 为奇数。

于是，给定的命题是：

$$r \rightarrow (p \wedge \neg q) \vee (\neg p \wedge q)。$$

因此，它的逆否命题是：

$$\neg((p \wedge \neg q) \vee (\neg p \wedge q)) \rightarrow \neg r$$
$$\equiv [\neg(p \wedge \neg q) \wedge \neg(\neg p \wedge q)] \rightarrow \neg r$$
$$\equiv [(\neg p \vee q) \wedge (p \vee \neg q)] \rightarrow \neg r$$
$$\equiv [(\neg p \wedge p) \vee (\neg q \wedge \neg p) \vee (q \wedge p) \vee (q \wedge \neg q)] \rightarrow \neg r$$
$$\equiv [0 \vee (\neg q \wedge \neg p) \vee (q \wedge p) \vee 0] \rightarrow \neg r$$
$$\equiv [(p \wedge q) \vee (\neg p \wedge \neg q)] \rightarrow \neg r。$$

这就是说："若 a 与 b 都是奇数或 a 与 b 都是偶数，则 $a+b$ 是偶数。"

§6.5　逻辑规律

逻辑规律都用永真命题（重言式）来表示。

一、同一律

在同一思维过程中，每一思想的自身都具有同一性，即都是确定的，是什么内容和不是什么内容都是明确无误的。它的公式是：

"A 是 A"，或用符号表示为：$A \rightarrow A$，即 $A \equiv A$。

公式中的"A"表示任一概念、判断。从逻辑的真假值来说，上述符号的意思是：若 A 是真的，则它是真的；若 A 是假的，则它是假的。就是说，其真假值是一样的。

同一律在思维中的作用在于保证思维的前后一致性。如果在一个思维过程中，所使用的概念、判断等时而是这种含义，时而是另一种含义，那么这就违反了同一律，其结果必然是造成思维混乱。

二、矛盾律

在同一个思维过程中，一个思想及其否定不能同时为真。它的公式是：

"A 不是非 A"，用符号表示为 $\neg(A \wedge \neg A)$。

公式中的"A"表示一个思想（即判断），"非 A"表示对 A 的否定。"A 不是非 A"说的是 A 这个思想不是非 A 这个思想，A（肯定）和非 A（否定）在同一个思维过程中不可能都是真的。符号 $\neg(A \wedge \neg A)$ 说的就是这个意思，即 A 和 $\neg A$ 不能同真，也即若 A 真，则 $\neg A$ 假，若 $\neg A$ 真，则 A 假。总之，"A 真并且 $\neg A$ 也真"是不能成立的，在 A 和 $\neg A$ 之中必有一个是假的。

矛盾律和同一律都是关于思维确定性的规律。同一律说"A 是 A"，矛盾律说"A 不是非 A"。可见，矛盾律是用否定的形式来表示同一律（用肯定的形式）所表示的思想。在这个意义上，也可以说矛盾律是同一律的进一步展开。

三、排中律

在同一个思维过程中，两个互相矛盾的思想必有一个是真的。它的公式是：

"或者 A 或者非 A"，用符号表示为 $A \vee \neg A$。

公式中的 A 和非 A 是相互矛盾的判断，"或者 A 或者非 A"说的是在 A 和非 A 这两个判断中，必有一个是真的。因此，这个公式也可读为：或者是 A 真，或者是非 A 真，二者必居其一，除此之外没有第三者。

排中律与矛盾律既有联系又有区别。矛盾律不容许思维有逻辑矛盾，指出互相否定的思想不同真；排中律则进一步要求人们在相互矛盾的判断中承认其中必有一真。在这个意义上说，排中律是矛盾律的继续。

从命题的真假值方面来说，任何一个命题，如果它是真的，它就是真的；它不能既是真的又是假的；它或者是真的或者是假的。因此，这三条规律就是关于命题真假值的规律，而命题的真假值是命题与命题之间的逻辑关系的基础，因而它也是一切推理形式的基础。

四、充足理由律

在论证过程中，一个判断被确定为真，总是有充足理由的。它的公式是："A 真，因为 B 真并且 B 能推出 A"。

公式中的"A"代表在论证中被确定为真的判断，我们称它为推断；"B"代表用来确定"A"真的判断（它可以是一个判断，也可以是一组判断），我们称之为理由。"A 真，因为 B 真并且 B 能推出 A"，就是说，在论证过程中，一个判断"A"所以能被确定为真，一定还存在着另一个（或一组）判断"B"，并且从"B"真可以推出"A"真。如果 B 真并且从 B 真可以推出 A 真，那么我们称"B"为"A"的充足理由。

§6.6　推理与证明

一、推理

1. 推理的种类

推理是从一个或几个判断中得出一个新判断的思维形式。例如：

①矩形中的对角线相等；②正方形是矩形；③正方形的对角线相等。

这是一个推理，它由判断①②得出一个新的判断③。

首先，根据推理所表现的思维进程的方向性，即根据思维进程中出现的"从一般到特殊""从特殊到一般""从特殊到特殊"的区别，可以把推理分为演绎推理、归纳推理和类比推理，归纳推理与类比推理又可统称为合情推理。

其次，根据推理中前提的数目是一个还是两个或两个以上，可以把推理分为直接推理和间接推理。如上例是间接推理。而

<u>所有的平行四边形都是对角相等的</u>
所以，那些对角相等的四边形是平行四边形

就是一个直接推理。

再次，根据推理的繁简不同，推理又可分为简单推理和复合推理。复合推理是由两个或两个以上的简单推理组成的推理。例如：

所有两组对边分别相等的四边形都是平行四边形

<u>菱形的两组对边分别相等</u>
所以，菱形是平行四边形

<u>正方形是菱形</u>
所以，正方形是平行四边形

综上，推理的种类可以分为：

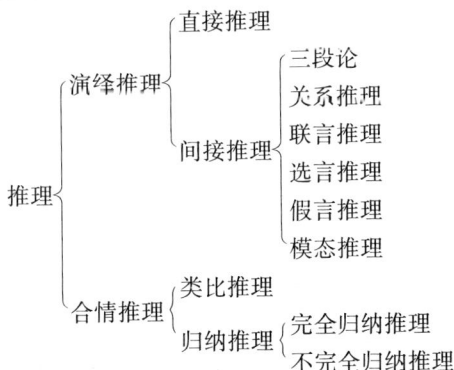

推理
- 演绎推理
  - 直接推理
  - 间接推理
    - 三段论
    - 关系推理
    - 联言推理
    - 选言推理
    - 假言推理
    - 模态推理
- 合情推理
  - 类比推理
  - 归纳推理
    - 完全归纳推理
    - 不完全归纳推理

这里要说明两点：

①按照现代演绎逻辑的观点，完全归纳推理应是演绎推理而不是归纳推理。

②三段论仅仅是演绎推理的一种。把演绎推理都归之为三段论，把数学中的推理都归之为由一系列三段论所组成的说法，都是不恰当的。

2. 合情推理

（1）归纳推理

由某类事物的部分对象具有某些特征，推出该类事物也具有这些特征的推理，或者由个别事实概括出一般结论的推理，通常称为归纳推理（简称归纳）。简言之，归纳推理是由部分到整体、由个别到一般的推理。

运用归纳推理可以发现新事实，获得新结论。

例 1 观察图 6.6.1，可以发现奇数存在下列性质：

$$1+3=4=2^2,$$
$$1+3+5=9=3^2,$$
$$1+3+5+7=16=4^2,$$
$$1+3+5+7+9=25=5^2,$$
$$\cdots\cdots$$

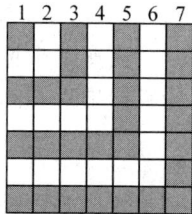

图 6.6.1

我们可以把上述事实叙述为：

前 2 个正奇数的和等于 2 的平方；

前 3 个正奇数的和等于 3 的平方；

前 4 个正奇数的和等于 4 的平方；

前 5 个正奇数的和等于 5 的平方；

……

由此推想：前 $n(n\in\mathbf{N}^*)$ 个连续正奇数的和等于 n 的平方，即

$$1+3+\cdots+(2n-1)=n^2。$$

（2）类比推理

由两类对象具有某些类似属性和其中一类对象的某些已知特征，推出另一类对象也具有这些特征的推理称为类比推理（简称类比）。简言之，类比推理是由特殊到特殊的推理。

在数学中，我们可以由已经解决的问题和已经获得的知识出发，通过类比而提出新问题和作出新发现。

例 2 类比实数的加法和乘法，列出它们相似的运算性质。

实数的加法和乘法都是由两个数参与的运算，都满足一定的运算律，都存在逆运算，而且"0"和"1"分别在加法和乘法中占有特殊的地位。从上述四方面来类比这两种运算，可得：

①两个实数经过加法运算或乘法运算后，所得的结果仍然是一个实数；

②从运算律的角度考虑，加法和乘法都满足交换律和结合律，即

$$a+b=b+a, \qquad ab=ba;$$
$$(a+b)+c=a+(b+c), \qquad (ab)c=a(bc)。$$

③从逆运算的角度考虑，二者都有逆运算，加法的逆运算是减法，乘法的逆运算是除法，这就使得方程

$$a+x=0, \qquad ax=1(a\neq 0)$$

都有唯一解

$$x=-a, \qquad x=\frac{1}{a}。$$

④在加法中，任意实数与 0 相加都不改变大小；乘法中的 1 与加法中的 0 类似，即任意实数与 1 的积都等于原来的数，即

$$a+0=a, \qquad a \cdot 1=a。$$

运用类比推理的前提是寻找合适的类比对象。例如，在立体几何中，为了研究四面体的性质，我们可以寻找一个在平面几何中研究过的对象，通过类比这个对象的性质，获得四面体性质的猜想以及证明这些猜想成立的方法。我们可以从不同角度出发确定类比对象，例如围成四面体的几何元素的数目、位置关系、度量等。基本原则是要根据当前问题的需要选择适当的类比对象。例如，从构成几何体的元素数目看，四面体由四个平面围成，它是空间中由数目最少的基本元素（直线或平面）围成的封闭几何体；在平面内，两条直线不能围成一个封闭的图形，而三条直线可以围成一个三角形，即三角形是平面内由数目最少的基本元素（直线）围成的封闭图形。从这个角度看，我们可以把三角形作为四面体的类比对象。

我们把上面所进行的推理过程概括为：

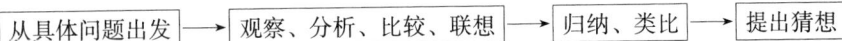

从具体问题出发 ⟶ 观察、分析、比较、联想 ⟶ 归纳、类比 ⟶ 提出猜想

下面我们着重来谈一谈数学中常用的一种演绎推理——三段论。

3. 三段论

三段论是由两个包含着一个共同项的性质判断而推出一个新的性质判断的推理。例如：

菱形是平行四边形

四边形 $ABCD$ 是菱形

所以，四边形 $ABCD$ 是平行四边形

任何一个三段论都由三个性质判断所组成，两个是前提，一个是结论。

任何一个三段论都包含三个项：小项、大项和中项。结论中的主项叫做小项，以"S"表示（四边形 $ABCD$）；结论中的谓项叫做大项，以"P"表示（平行四边形）；两个前提所共有的、在结论中又消失的项叫做中项，以"M"表示（菱形）。在两个前提中，含有大项的前提叫大前提；含有小项的前提叫小前提。

在一个三段论中，只能有三个项，这是判断三段论推理是否正确的一个标准。因为在三段论中，大项与小项的关系是通过与中项的关系来确定的。

三段论是基于下述公理的：一类事物的全部是什么或不是什么，那么这类事物中的部分也是什么或不是什么。换句话说，如果对一类事物的全部有所断定，那么对它的部分也有所断定。

三段论公理可用下图表示：

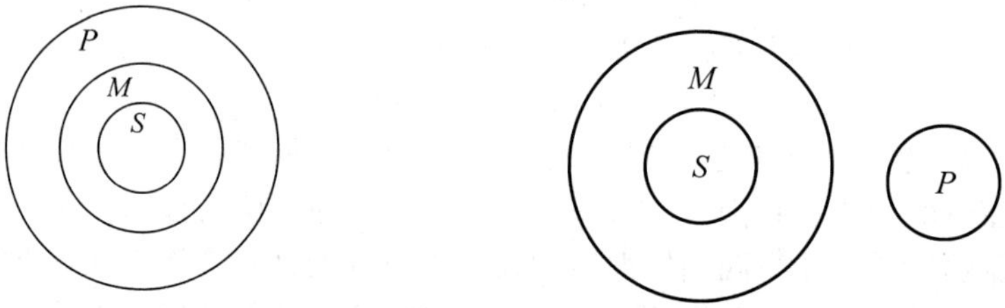

M 类包含在 P 类中，则 M 类 M 类和 P 类相排斥，则 M 类的
一部分（S）也包含在 P 类中   一部分（S）也和 P 类相排斥

图 6.6.2

复合三段论是几个三段论连接在一起构成的，其中前一个三段论的结论作为后一个三段论的前提。例如：

(M_1) P	M_1 —— P
平行四边形的两组对边分别相等	
(M_2) (M_1)	M_2 —— M_1
菱形是平行四边形	
(M_2) P	M_2 —— P
所以，菱形的两组对边分别相等	
(S) (M_2)	S —— M_2
正方形是菱形	
(S) P	
所以，正方形的两组对边分别相等	S —— P

当然，必要时还可以把多个三段论连接在一起。

三段论有简略形式。有的是略去大前提，有的是略去小前提，有的是略去结论。限于篇幅，这里不再详细介绍了。

4. 关系推理

关系推理也是数学中用得较多的推理。

先说说"关系命题"。以 a，b 表示作为关系命题的主项的单独概念；以 R 表示反映关系的谓项的普遍概念（如 R 表示数学中"＝""≠"">""<""∥""⊥""∈"等关系）。那么，以两个单独概念作为主项的关系命题的形式是"aRb"（表示 a 与 b 有 R 关系）。

应当注意，在关系命题形式中不需要使用联项，不用说"a 是 Rb"。例如，3＞2 是关系命题，不用说"3 是大于 2"。由于关系命题没有联项，所以关系命题没有肯定和否定之别。如果要否定 a 与 b 有 R 关系，或者说要表示 a 与 b 没有 R 关系，那么就说："并非 aRb"。例如，"1 不大于 2"，实际上是"并非 1＞2"。

关系推理是根据对象间关系的逻辑性质（对称性、传递性等）进行推演的推理，它的前提和结论都是关系判断。例如，利用对称性进行推理，即

$$\frac{aRb}{\text{所以，}bRa。}$$

例如，$A＝B$，所以 $B＝A$；$AB\parallel CD$，所以 $CD\parallel AB$；方程 $f_1(x)＝0$ 与 $f_2(x)＝0$ 同解，所以 $f_2(x)＝0$ 与 $f_1(x)＝0$ 同解；等。这里，"相等""平行""同解"等关系都有对称性质，据此可以进行推理。

又如，利用传递性进行推理，即

$$\frac{\begin{array}{l}aRb\\bRc\end{array}}{\text{所以，}aRc。}$$

例如，$a＞b$，$b＞c$，所以 $a＞c$；$a\parallel b$，$b\parallel c$，所以 $a\parallel c$；$\triangle ABC\cong\triangle A_1B_1C_1$，$\triangle A_1B_1C_1\cong\triangle A_2B_2C_2$，所以 $\triangle ABC\cong\triangle A_2B_2C_2$；等。这里，"大于""平行""全等"等关系都有传递性，据此也可以进行推理。

应当指出，有人把这种关系推理看成是三段论，这是不对的。例如，对于"$a＞b$，$b＞c$，所以 $a＞c$"，虽然有三项 a，b，c，但三段论要求大前提中包含的项是大项（这里应该是 a）；两个前提中所共有的、在结论中消失的项是中项（这里应该是 b）；小前提包含的项是小项（按理应该是 c）。但是，三段论还有一个重要的特性，即结论中的主项应是小项（按理应该是 c）而结论中的谓项应是大项（按理应是 a），而这里恰恰相反。

更为重要的是，三段论仅仅是对直言判断（性质判断）而言的，而这里涉及

的是关系判断，且关系判断无主、谓项之分，因此机械套用三段论自然是不合适的。有人把关系判断看做是性质判断，即把上述推理"改造"为下面的三段论：

$$a \text{ 是大于 } b$$
$$\underline{b \text{ 是大于 } c}$$
$$\text{所以，} a \text{ 是大于 } c。$$

这样做仍然是不对的，因为关系判断不需要使用联项，且一切三段论有且仅有三项，而这里却有四项（"a"，"大于 b"，"b"，"大于 c"）。

数学中，除三段论和关系推理外，还有联言推理、选言推理、假言推理，这里就不一一赘述了。

二、证明

证明就是用某个（或一些）真实判断确定另一判断真实性的思维过程，它由论题、论据和论证方式三个要素构成。

1. 直接证明与间接证明

由命题的题设出发，以有关的定义、公理、定理为前提，通过若干次推理得到题断，这样的推证方法叫做直接证明，即

$$\left. \begin{array}{l} \text{本题题设} \\ \text{前此定义} \\ \text{前此公理} \\ \text{前此定理} \end{array} \right\} \Rightarrow A \Rightarrow B \Rightarrow \cdots\cdots \Rightarrow K \Rightarrow \text{本题题断}。$$

当然，由 A 推出 B 的过程，实质上也是由 A 出发，以有关定义、公理、定理为前提的推证过程。由 B 逐步推出 K，以至推出本题题断的过程也是如此。

数学中的命题的证明大多采用直接证明。但有些命题采用直接证明时，会出现过于烦琐或可利用的已有前提（定理、法则等）不充分的情况，这时需要从题断的反面出发，以有关的定义、公理、定理为前提并结合题设，通过推理而得出与定义、公理、定理或题设相矛盾，或自相矛盾的结论，从而断定题断的反面不能成立，这样也就证明了题断的成立。这种推证方法叫做间接证明，即

$$\left. \begin{array}{l} \text{题断的反面} \\ \text{前此定义} \\ \text{前此公理} \\ \text{前此定理} \\ \text{本题题设} \end{array} \right\} \Rightarrow A \Rightarrow B \Rightarrow \cdots\cdots \Rightarrow K \Rightarrow \text{矛盾的结论}。$$

当题断的反面只有一种情况时，间接证明又叫反证法；当题断的反面不止一种情况时，间接证明又叫穷举法。

下面着重讨论反证法的逻辑基础。

按间接证明的思想，先否定题断，即欲证 $p \to q$（这里 p 是真的），否定 q 得 $\neg q$，即假定 $\neg q$ 真，那就是说 q 假，但已知 p 真，所以 $p \to q$ 假，即 $\neg (p \to q)$ 真，从而在特定的逻辑体系中推出矛盾。而矛盾是恒假命题，可表示为 $S \wedge \neg S$（这里 S 是题设、公理、定义、定理、自相矛盾等）。这就是说：

$$\neg (p \to q) \to S \wedge \neg S \text{。}$$

为什么否定题断，即否定欲证命题 $p \to q$ 推出矛盾 $S \wedge \neg S$，就相当于证明了 $p \to q$ 呢？这是因为：

$$\neg (p \to q) \to S \wedge \neg S \equiv \neg \neg ((\neg p \vee q)) \vee 0 \equiv \neg p \vee q \equiv p \to q \text{。}$$

2. 综合法与分析法

在命题的推证过程中，为了找出证明的途径，根据思考时推理顺序的不同，可分为综合法与分析法。如果思考的顺序是从题设到题断，那么就把这种思考方法叫做综合法；反之，如果思考的顺序是从题断出发，寻求使它成立的充分条件，直至最后，把要证明的结论归结为判定一个明显成立的条件（已知条件、定理、定义、公理等），那么就把这种思考方法叫做分析法。

如果命题为"若 A 则 D"，那么综合法与分析法的思考顺序可用图 6.6.3 表示：

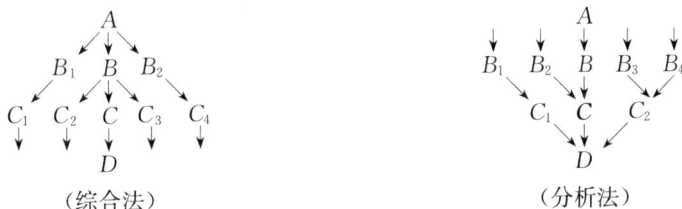

（综合法）　　　　　　　　　　　　　（分析法）

图 6.6.3

综合法的思考顺序是由因导果的顺序，是由 A 出发推演而到达 D 的途径。但由 A 推出的结论未必唯一（如 B，B_1，B_2），而由 B，B_1，B_2 推出的结论则更多（如 C，C_1，C_2，C_3，C_4 等），这样，由其中的哪一个能够推出 D 就还需要进一步分析，因而整个思考过程不一定是简捷的。

综合法的逻辑依据是 $A \to B$，$B \to C$，$C \to D$。其中，每个蕴涵是已证的定理，也可以是公理或定义。这样，由 A 出发，依次应用分离规则（分离规则说的是若 $p \to q$ 真，p 真，则 q 真，用符号表示就是 $(p \to q) \wedge (p \to q)$），最后就能得到 D：

$$
\begin{array}{l}
A \to B \text{（已证）} \\
\underline{A} \\
B \\
B \to C \text{（已证）} \\
\underline{C} \\
C \to D \text{（已证）} \\
\underline{} \\
D
\end{array}
$$

实际上，这里应用蕴涵的传递性也是可以说明的：

$$A \to B$$
$$B \to C$$
$$\overline{A \to C}$$
$$C \to D$$
$$\overline{A \to D}$$
$$A$$
$$\overline{D}$$

还可以表示为：

$$[(A \to B) \land (B \to C) \land (C \to D)] \to D$$

或

$$(A，B，C) \to D。$$

分析法的思考顺序是执果索因，是从 D 上溯寻求其论据（如 C，C_1，C_2 等）而后再寻求 C，C_1，C_2 的论据（B，B_1，B_2，B_3，B_4 等）。如果其中之一（如 B）的论据恰为已知条件 A，那么命题的推证途径就得到了。由于理论根据是有限的且为数不多，因此执果索因是较为容易的。

分析法的逻辑根据和综合法一样，只是顺序相反，即 $C \to D$，$B \to C$，$A \to B$，也就是

$$[(C \to D) \land (B \to C) \land (A \to B)] \to D。$$

由于合取的交换性和综合性，它的合理性显然与综合法是一样的。

3. 逆证法

我们以待证命题"若 A 则 B"为例，对逆证法说明如下：

（1）假设 B 成立，且 $B \Rightarrow B_1 \Rightarrow B_2 \Rightarrow \cdots B_n \Rightarrow A$；

（2）上面推理的每一步都是可逆的。

上述两步缺一不可。对 B，B_1，B_2，$\cdots$，B_n，A 等一系列论断来说，第一步证的是后者为前者的必要条件，第二步证的是后者为前者的充分条件。因此，逆证法的实质是每一步都是充要的。由此可见，逆证法在逻辑上是成立的，因而用它去证明命题是有效的。

分析法是寻求题断的一个符合要求的充分条件，一般来说，由于目标较广，往往要多碰几次才能实现；而逆证法的第一步是寻求题断的必要条件，有明确的方向，有章可循，因而具有较大的优越性。不过，逆证法的局限性表现在它只适用于那些题设和题断互为充要条件的命题。所以，凡是能用逆证法证明的命题都可以用分析法加以证明，反之则不然。另外，逆证法的第二步"每一步都可逆"是需要仔细检验的，而这个检验过程实际上就是综合法的过程。

这样，用逆证法证明命题，事实上既用分析法又用综合法。由此，它与用分析法探索证明的途径，再用综合法书写证明的步骤是相当的。

4. 普通归纳法

按照命题的条件，其反映的具体情况未必只有一种，而每种推证的工具有时又不完全一致，因此必须分情况分别加以推证，这种推证方法就叫归纳法。在数学中，为了区别于数学归纳法，也把它叫做普通归纳法。

普通归纳法的逻辑依据是：

$$p \rightarrow q, \ \text{设} \ p = p_1 \lor p_2 \lor \cdots \lor p_n.$$

由于

$$(p_1 \rightarrow q) \land (p_2 \rightarrow q) \land \cdots \land (p_n \rightarrow q)$$
$$\equiv (\neg p_1 \lor q) \land (\neg p_2 \lor q) \land \cdots \land (\neg p_n \lor q)$$
$$\equiv (\neg p_1 \land \neg p_2 \cdots \land \neg p_n) \lor q$$
$$\equiv (\neg (p_1 \lor p_2 \lor \cdots \lor p_n)) \lor q$$
$$\equiv \neg p \lor q \equiv p \rightarrow q,$$

所以，要证明 $p \rightarrow q$，只要分别证明 $p_1 \rightarrow q$，$p_2 \rightarrow q$，$\cdots$，$p_n \rightarrow q$。

例如，"圆周角定理""余弦定理"……都用了普通归纳法。

思考题

1. 什么叫做思维形式？"思维的基本规律"的内涵是什么？

2. 传统的形式逻辑有哪些缺点？数理逻辑的意义是什么？

3. 什么是概念和原名？概念的内涵和外延指什么？两者的关系如何？

4. 试解释概念间的相容关系、不相容关系。

5. 什么是定义？下定义的方法和规则有哪些？

6. 什么是划分？划分有哪些规则？二分法的含义是什么？

7. 什么是判断？它有哪些种类？

8. 性质判断有怎样的结构？它的主项、谓项、联项和量项各指什么？

9. 命题有哪几种？它们的关系如何？

10. 什么是推理？怎样给推理分类？

11. 什么叫三段论推理法？它所包含的小项、大项和中项各指什么？

12. 反证法和普通归纳法的逻辑依据各是什么？

第七章 中学数学教学工作的基本要求

中学数学教学工作既要遵循教学的一般规律，又要体现数学的学科特点，符合数学教学的特殊要求。本章先从一般意义上讨论课堂教学中应处理的各种矛盾关系，在此基础上再阐述数学教学应遵循的几条原则。

§7.1 教学中应处理好的十大关系

教学是教师有目的、有意识、有计划地引导学生理解和掌握基础知识和基本技能、发展心理能力和个性心理品质的实践活动。学生、教师和教学内容等组成了教学的基本要素。认真研究各要素间相互作用的规律，处理好各要素及其相互作用所形成的各种矛盾关系，是达到理想的教学效果、实现教学目标的根本保证。

关于中小学教学中各要素之间关系，教育理论工作者有许多深入的研究。人们提出了各种各样的观点，但并没有定论，没有形成一个被普遍接受的理论体系。总的来说，人们从"以学生的发展为本"的理念出发，剖析教学中涉及的各种矛盾关系，例如：师生关系，教学与发展（科学性与心理性）的关系，直接经验与间接经验的关系，接受与发现的关系，过程与结果的关系，掌握知识与培养创新精神和实践能力的关系，科学与人文的关系，面向全体与因材施教（个性差异）的关系等，在此基础上，提出处理这些矛盾关系的基本原则，进而用于指导教学实践。当前，在教学理论的研究中，有三个突出的特点值得注意：一是反映时代发展的要求，主要是强调如何将创新精神与实践能力的培养落在实处；二是强调以认知心理学为基础，特别注重教育心理学研究成果的应用；三是在处理各种矛盾关系时，强调把握平衡，不走极端。

我们认为，由于教学的对象是人，教学活动具有高度的综合性、复杂性，所以教学中各要素的关系也具有综合性、复杂性。但教学是有规律性的，这种规律性在总体上是可以把握的。具体的，就是要认真处理好如下一些基本关系。

一、学生主体与教师主导的关系

众所周知，学生是教学认识的主体，教师在教学认识中起主导作用。学生这个主体有极大的主观能动性，主要表现在对知识的选择和加工方面。这种主观能动性来源于学生的心理结构和体质因素。然而，学生这个主体又是不断发展的，其认识能力和主观能动性是随着其主体结构的成熟与发展而不断提高的。这种提高和发展，促进了学生主体地位的确立和稳固，而这正是教师主导的结果。① 基于这样的师生关系的认识，为了更好地发挥学生的主体作用，教师应当做到：

1. 教学过程有一个系统结构，包括明确目的、分析教材、了解学生、教学设计、实施教学、教学效果评价与反馈等步骤。教师是这个过程的设计者和操作者。为了使这个过程顺利地进行，教师要认真钻研教材，全面了解学生情况，搞好课堂教学设计，改进教学方法，并要客观、全面地评价学生的学习，这样才能真正发挥好主导作用。

2. 要根据教学目标、教学计划和"标准"从事教学活动，也就是说，教学中要时刻想到学生的全面发展；要注意课程的设置、顺序、时数和知识的相互联系；要注意当前所学科目的目的、任务、内容及其安排；等。

3. 要精心设计教学过程，对于设计怎样的教学情境、提出哪些问题引导学生学习与思考、怎样讲授或组织学生自主学习、安排哪些训练、怎样检查学习效果等，都要精心地作出设计。

4. 改进教学方法，并探索新的教学方法。总的来说，应当采用启发式教学，废除注入式教学。要善于提出问题，启发学生积极主动地思维，引导学生自己提出问题，要组织多种多样的作业，使学生从应用知识的过程加深对知识的理解。要充分发挥学生的主观能动性，凡是学生自己能做的，就要放手让他们独立完成，教师不要包办代替，从而使学生逐步养成独立思考、自主学习的习惯。

5. 要充分注意学生独立思考基础上的合作交流。教学中，不仅有师生之间的"双边"关系，还有学生与学生之间的"多边"关系。学生与学生之间的相互作用和影响，既是学生获取信息的重要源泉，也是学生主体作用的重要体现。所以教师应当注意"发动群众"，组织学生在独立思考基础上进行合作交流，使学生真正成为认识的主体。

---

① 王策三，主编. 教学认识论（修订本）. 北京：北京师范大学出版社，2002：31.

二、教材的知识结构与学生的认知结构的关系

教学过程是引导学生利用已有的认知结构，对新的学习材料进行信息加工、组织并纳入自己头脑中的认知结构的过程。教材结构正是使学生形成一定认知结构的外部条件。

任何学科的教材都存在一定的结构，每一门学科的知识结构都有两方面内容：一是本学科的基本事实、基本概念；二是反映有关概念之间关系和联系的原理、定理以及经逻辑推理得到的结论。在这个知识结构中，由于反映事物的深度和广度的不同，因而呈现出感性知识与理性知识、特殊知识与一般知识等不同形态；同时，它还表现出一定的层次性，即纵向具有从低到高发展的系统性、思想方法的前后一致性，横向具有相关知识的联系性、协调性，形成纵横交错的网络结构。

学生在掌握知识的过程中，存在着一种认知结构。对此，当代认知心理学有许多非常深入的研究，例如，加涅的累积学习理论、奥苏伯尔的有意义接受学习理论、布鲁纳的发现学习理论以及建构主义理论等。学生的认知结构存在差异，有的学生的认知结构合理，因此能在学习过程中迅速有效地提取相关知识，灵活地解决问题，从而使认知结构获得发展；有的学生的认知结构不合理，他们在应用已有知识于新的学习过程中就会遇到困难，思维活动会受到阻碍。总之，学生已有的认知结构对新的学习会产生关键性影响。

教学中，应当正确处理教材的知识结构与学生的认知结构之间的关系，在设计教学结构时，应使教材的知识结构与学生掌握知识的认知结构结合起来。不仅每一节课的教学进程应该如此，而且在课与课之间、单元之间、章节之间都要认真考虑学生的认知需求，使之与学生的认知结构有机结合。

为了使教学符合学生的年龄特点和接受能力，常常需要教师对教材的知识结构进行教学法加工，使之符合学生的认知发展水平、反映学生的思维规律。在不违背科学要求的前提下，做到通俗易懂。教学中所运用的概念和定义、作出的论证、引用的事实等都应该是正确的。

三、知识、能力与个性品质的关系

关于知识、能力和个性品质的内涵，我们在前面已经有所论述。这里主要从它们的关系进行阐述。教学中，知识、能力和个性品质可能是有机统一的，也有可能是相互割裂的。只有正确处理它们之间的关系，才能使学生在掌握知识的过程中培养能力，并发展良好的个性心理品质。

例如，在"三角形内角和定理"的教学中，如果按照§5.1的方法安排教学，那么学生就不仅能牢固地掌握定理及其证明方法，而且还能从中学到科学的思考方法，形成一种从具体实例中提炼一般原理的思想；如果教师先提出定理，然后给出证明，再进行应用定理解决其他问题的示范，最后让学生练习巩固，这样也能使学生理解定理的证明，也能讲得条理清晰、重点突出。但是，比较两种教学设计，它们在能力乃至学习态度培养方面的差异非常明显。

在处理知识、能力和个性心理品质的关系时，首先应当强调科学文化知识的重要性，这是因为知识是整个学校教育的基础，也是能力和个性心理品质发展的基础，而且学习知识的过程也是能力和个性心理品质的发展过程；同时，能力、个性心理品质的发展并不能自动地与知识学习同步，它们与知识的学习和积累既是正相关又有"剪刀差"，需要有意识地进行培养，因此教学中不能单纯局限于"基础训练"，打着"夯实'双基'"的旗号而让学生进行机械重复式的"题海"练习，而应当把重点放在以教材的知识结构为载体，使学生从知识的学习中领会学科的基本思想，形成相应的研究方法和基本能力，并发挥教材的思想教育、情感陶冶的功能，使知识与能力以及个性心理品质的培养有机结合，做到既教书又育人。

四、直接经验与间接经验的关系

教学中常常可以看到这样的情况：概念、原理的教学从抽象到抽象，教师或者自己罗列定义的条文，或者让学生看书、背诵定义，然后对定义进行一些文字辨析，提出一些需要注意的问题，接着就举若干例题，概括出一些"题型"，然后是针对"题型"的大运动量训练，试图通过"题海"训练达到掌握知识的目的。这样的课堂中，基本概念、基本原理的教学采用"一个定义三项注意"的方式，而在应用知识解决问题时又只讲量不求质，缺乏必要的思想方法的总结和理论概括。在当前的中小学课程改革中，为了纠正从书本到书本、从抽象到抽象的现象，又出现了片面强调学生的"直接经验""生活体验"的倾向。我们认为，这两种倾向都是片面的。

教学中必须认真处理好直接经验和间接经验之间的关系。首先，强调通过学生自己的活动获取直接经验，获得对客观事物的经验性理解，然后再对事物的本质和内在联系进行认识，将认识从经验水平上升为理论水平，从而获得关于事物本质的、内在关系的规律性知识，这是符合学生心理发展逻辑的。但我们必须认识到，学生的发展并不完全建立在直接经验的基础上，而主要依赖于间接经验。理解数学这样抽象程度很高的知识，更是主要依靠理性思维。

另外，教育要适应学生的现有发展水平但又要超越它，这样才能积极地促进学生的发展。根据思维发展的特点，在小学低年级，由于儿童认知结构中抽象知识储备少、思维与眼前具体事物或其生动表象联系着，教学中强调生活经验、直接经验有其重要意义，但也应当有适当的概括活动；随着学生年龄的增长、抽象知识在认知结构中储备量的增加和抽象思维的发展，他们可以离开直接经验而有效地直接接受抽象的知识，这时就应及时提高教学的抽象水平，发挥间接经验的作用，以发展学生的抽象逻辑思维。如果仍然将教学停留在具体经验水平上，学生的认知结构发展就会受到阻碍。

总之，直接经验与间接经验的有机结合和相互转化，是学生认识不断深化的基本规律。因此，教学中要注意选择丰富而典型的感性材料，引导学生从这些材料出发，通过直观感知而建立直接经验，并结合自己的间接经验开展抽象思维，形成正确的概念、判断和推理；教师可以指导学生从观察和分析具体现象出发，得出有关结论，也可以先讲授教科书上的知识，再用直观教材去证实它；还要注意让学生应用概念解释某些实际现象，解决实践中的一些问题。

五、接受与探究的关系

虽然学习活动是丰富多样的，但总体上有两种基本形态：接受式和探究式。实际上，人类学习是获得知识经验和实施行为实践相结合的过程，学习是知与行相统一的主动行为。在强调创新精神与实践能力的今天，教学中更要反对注入式、提倡启发式，强调探究式教学，注重引导学生的评判性思考；同时，在设计学生的探究活动时，要强调活动的目的性，注意提高活动的质量和效益。这就是说，当前在教学中需要特别注意两种基本形态的有机结合。

1. 接受式学习的基本特征

接受式是基本的学习方式，它主要有如下几个基本特征。

（1）以掌握学科知识为基本任务

学生在学校中，不仅要学习各学科的基本概念、原理及其内在联系，而且要领悟这些基础知识在产生过程中的理论思维和研究方法；不仅要学习那些既定的、发展到一定成熟阶段的知识，而且要学习那些由事物的多样性、丰富性和动态性所决定的发展中的知识。所以，接受学习中，学生不仅要理解科学结论，而且要经历概念、原理的推导过程，掌握研究问题的方法，发展认识能力，形成功能良好的认知结构。

（2）科学性和人文性的统一

科学知识具有逻辑性、系统性，是人类理性认识的成果。但是，任何一门学科都蕴涵着人类的价值观和人文精神，这就是说，人类文化知识中同时蕴涵着科学与人文、理性与非理性。因此，在学习过程中，一定会同时表现出认识的科学性和人文性。科学性表现为认知的、逻辑的、思辨的理性方面，学生在掌握科学知识的过程中，培养科学态度，形成一定的学科基本能力；人文性则表现为直观形象的、情感的非理性方面，在学习中开展的各种活动会对学生产生潜移默化的影响，逐步形成一定的富有情感色彩的处事方式、行为方式。

（3）学习活动的预设性

接受式学习是学生在教师的指导下完成的，学习的目标、内容、过程等都是事先设计的，因此学习活动具有高度的预设性。明确的目的性、计划性，密集的知识传授，经过教师精心设计的简约、系统、优化的教学过程，保证了学习活动的质量和效益。教师发挥自己的主导作用，引导学生开展积极主动的思维活动，教师、学生开展多方位的互动，从而达成预设的目标。

（4）注重培养学生的独立学习能力

"教是为了不教"，在接受式学习中，学生不仅要掌握人类社会长期实践积累的知识，更加重要的是要以知识学习为载体，形成独立学习能力，使他们能够终身学习。这就要求学生在接受学习过程中，不仅将科学知识作为认识的客体，而且也要将自己作为认识的客体，不断对自己的学习过程进行反思、评价和自我调节。真正意义上的接受式学习，学生不是知识的容器，而是具有独立思考、自主学习能力的主体。

2. 探究式学习的基本特征

当前，我国正在努力建设创新型国家，教学中必须十分强调创新精神和实践能力的培养。因此，探究式学习应当得到充分重视。与接受式学习比较，探究式有如下几个基本特征。

（1）以培养学生的创新精神和创造力为基本任务

在探究式学习中，学生面对的是一个陌生的、不能用已有定式解决的问题情境，要经历"产生问题——分析问题——得出解答——检验与修正"的过程，这样的方式有利于克服思维定势，要求学生综合应用知识，并且常常要用到不同学科的知识，从而达到培养创造力的目的。

（2）以问题解决为主线

在探究式学习中，学习的内容具有开放性、发展性，学生围绕一定的主题，或利用教师提供的结构化材料，或自己确定研究的问题并收集研究材料，通过自主探究、合作交流等方式，开展对问题本质的研究。探究得出的结论不是封闭的、静止的，答案也可能是不唯一的。

（3）学生具有较大的自主空间

探究式学习要充分发挥学生的主观能动性。学生要以强烈的好奇心、求知欲，积极主动地探索事物的内在规律，认知的方向和过程都需要学生自己把握。教师的指导不是直接的、明确的，事先并不设计一个把学生的思维活动纳入其中的既定轨道，而是围绕主题，直到学生根据自己的特点确定解决问题的思路，开展探究活动。

（4）注重探究过程

在探究式学习中，学生经历了类似科学家创造发明的过程，是一种对科学探究思维形式的"模拟"。因此，强调探究的过程，强调独立思考，注重在过程中获得创造性思维的体验，这是探究式学习的突出特征。这样的学习中，不仅注重逻辑推理的使用，要培养思维的概括性、严谨性、逻辑性，而且注重合情推理的使用，要培养思维的创造性、批判性。

3. 两种学习方式的结合

以学生的发展为本的教学，正是接受和探究的相辅相成，将认知与情感、指导与自主、能动与受动、抽象思维与形象思维、动手实践与大脑意识活动、独立思考与合作交流等各种因素进行协调与平衡，进而达到一个完整的认识过程。

教学中，不仅要了解学生学习的两种基本方式，更重要的是要根据学生的思维发展、各学科学习内容的特点，恰当地运用这两种方式。

两种学习方式结合的中介和模式是一个需要进一步研究的问题。

六、基础与创新的关系

基础与创新是相辅相成的。

首先，强调对基本概念、基本原理的深刻理解，强调经过适当训练使"双基"得到落实，对学生的终身发展极其重要。教学中，最主要的是要把学生的基础打好，使学生通过自己的思维和有意义学习而学会严谨、本质的科学知识。越是科技突飞猛进、瞬息万变，越要重视基础，做到以不变应万变。坚实宽厚的基础知识是良好适应能力的根基，是在环境变化中迅速更新知识技能的保障。因为基础中体现的思想具有根本的重要性，从中学会的方法和思想迁移能力极强。当然，基础中还应包括积极学习的愿望和自主获取知识的能力。

其次，强调创新是时代发展赋予基础教育的崇高使命。知识基础、视野、推理能力、思维方法决定着人的创造力，这是科教兴国中教育所起的不容忽视、不可替代的作用。对科学和技术的基础知识、基本观点以及科学价值观所具有的基本了解，是科学素养的基本内涵。在培养人的过程中，我们绝不能追求短期效应，而要着眼于人的可持续发展，注重人的终身发展。对基础教育的认识应当有长远的、战略的眼光，不能仅看眼前，而应"面向未来"。因此，教学中，应以"双基"为载体，在使学生牢固掌握"双基"，形成基本能力的过程中，鼓励学生提出疑问，向书本和权威挑战，提倡在学习过程中的争论、质疑、讨论，养成凡事问个为什么的习惯，敢于提出问题并勇于表达自己的见解，从而使学生的创新精神得到逐渐培养。

有效的活动式教学是使基础与创新紧密结合的根本保证。活动的本质与核心是学生的思维活动，学科知识所承载的思维是对人类思维实践的理性总结，也是对思维过程的形式概括，包括概念与判断、辨别与比较、分析与综合、归纳与演绎等，它们既是科学思维的一般规律，又是获得新知识的有效手段。教学中让学生开展主动思维，其主要目的是对学生进行思维训练，在思维训练过程中使学生掌握知识、形成能力，并使他们的创造力得到发展。因此，教学中，学生的任何发展最终都要落实在对学生的思维训练上。

思维训练的实质是思维过程的训练：以学科的思想方法为载体，以"双基"和数学思维策略为手段，达到训练思维过程的目的。从现代认知心理学对知识的分类来看，思想方法是一种程序性知识，因此，教学中强调基础知识（特别是思想方法）和基本技能（特别是思维技能技巧）是非常重要的，它是教学中培养能力、发展智力的落脚点。在思维过程中，观察、分析、比较、类比、归纳、综合、抽象、概括等时刻都在发挥着作用，这些正是培养学生创造性思维的最好素材，因此，创新意识和实践能力的培养完全可以融合于"双基"教学和思维训练的过程中。当然，教学中抓基础应当有高观点，也即要以培养能力、发展创新精神和实践能力为目标取向。

七、螺旋上升与结构化的关系

之所以要螺旋上升地进行教学，是由学生思维发展规律决定的。发展心理学的研究表明，小学低年级学生所掌握的概念大部分是具体的，可以直接感知的，要求他们说出概念的最主要的、本质的东西比较困难，但他们的思维中也有着抽象概括的成分；小学高年级学生逐渐学会运用抽象概念进行思维，学会分出概念中的本质与非本质特征、主要属性和次要属性，初步掌握科学定义，学会独立进行逻辑论证，他们的思维水平开始从以具体形象思维为主逐步向以抽象逻辑思维为主过渡。中学阶段，学生的思维能力获得迅速发展，抽象逻辑思维处于优势地位，从初二开始，学生的抽象逻辑思维开始由经验型水平向理论型水平转化，到高中二年级初步完成。教学必须与学生思维发展的年龄特征相适应，不能"一步到位"，否则一定会因为学生"消化不良"而严重影响学生的智力发展。在安排教材内容和教学进度时，要适合学生的接受能力和理解水平，当然也不能无限制地降低教学要求，而应是学生经过一定努力可以达到的；还要考虑学生负担，不应要求学生学得过多、过快、过深，否则，将会损害学生的学习兴趣和自信心，而且将导致机械重复、死记硬背地学习。

另一方面，科学知识有严谨的体系结构，教材也必须有一定的连续性、思想方法的前后一致性，而且，学生的认知结构主要是从教材的知识结构转化而来的，只有当学生掌握的知识是系统的、结构化的，他们的思维发展才能得到保证。所以，为了建构学生良好的认知结构，教学中必须逐步提高知识的结构化程度。

综上所述可知，教学中必须处理好螺旋上升与系统化之间的关系，使教学既符合学生思维发展的需要，又能有效地促进学生的思维发展。在教学中要努力做到：

第一，依据由已知到未知、由易到难、由简到繁、由单一到综合、由近及远等规则进行教学，使教学符合学生的认识规律。

第二，系统化与重点突出相结合，在系统学习的前提下，要突出那些基本的、关键的内容，并认真处理难点。只要切实掌握了学科的基本概念、原理和思想方法，那么这门课程的学习就能得到基本保证，这是系统化知识的基本特点。

第三，注意知识的结构体系，强调教学内容的前后连贯性，注意新旧知识的联系，也要注意各门课程间的联系。要注意引导学生通过复习和综合应用，形成结构功能良好的知识网络，使知识融会贯通、灵活运用。

八、"双基"的理解和记忆的关系

首先，牢固地记忆已学知识，是理解新知识的必要条件。没有对基础知识的必要记忆，理解新知识就失去了基础。另外，对于各门学科的基本概念和思想方法，不仅要熟练记忆，还要达到应用的自动化。这是因为工作记忆有限，基本概念只有在应用时达到"不假思索""信手拈来"的水平，我们才有更多的思维空间用于解决复杂问题。

其次，认知心理学的研究表明，对于任何领域，大量、系统地掌握该领域的知识是成为"专家"的前提，而"掌握"的标志就是对概念、原理的实质性理解。基本事实的记忆、对概念、原理的实质性理解以及相关技能的形成，并使三者综合发挥作用，是精通相应学科的最重要方式。

从认知心理学的观点看，理解知识的含义，是通过建立新知识与已有认知结构中相关知识的联系，并将它纳入头脑中认知结构的适当位置。理解的程度是由联系的量和强度决定的，是否达到对新知识的真正理解，其标志是通过与已有认知结构中的知识建立更多、更强的联系而实现的牢固记忆。因此，"理解基础上的记忆"与"记忆基础上的理解"是相辅相成的。当然，没有理解的机械记忆是存在的，这样的记忆是不牢固的；同时，理解的东西不一定就能记住，牢固的记忆需要经过进一步的强化训练才能实现。一段时间以来，有人打着减轻学生负担的旗号，认为"知识不需要记忆，只要理解就行了，需要用时能从工具书上查阅就可以了"。这种把理解和记忆对立起来的观点是站不住脚的。

九、过程与结果的关系

首先，任何一门学科都是通过某种方法或过程，对现实世界的某方面进行研究的结果。我国的传统教学，着重传授知识（结果），"结果"被视为学习的核心，因而"重结果轻过程"是我国基础教育受到批判的重点之一；而西方却强调获取知识的过程（如问题解决、探究式学习等），他们常常认为"经历""体验"是最重要的，获得怎样的结果是次要的。但实际上，"结果"与"过程"两者应该并重，如果没有"过程"，"结果"就无法谈及，反之也然。

其次，对"过程"与"结果"孰轻孰重的认识，实际是对知识性质的不同理解：一门学科知识到底是由概念、原理搭建而成的逻辑体系，还是一种处理现实世界的某种方法或过程？当然，任何知识必然既包含"结果"，也包含"过程"，但对两者的相对重视程度恰恰反映了东西方教育观念的差异。应当说，过分地强调"过程"或"结果"都是有失偏颇的。

再次，对"结果"与"过程"关系的认识，还涉及改进教学方式、学习方式的变革问题。一般而言，注重"结果"有利于教师传授和学习效率的提高，但对学生主动学习、自主探究、合作交流等会有一定负面影响，可能导致学生被动学习；注重"过程"则有利于发挥学生主动性，使他们有亲身实践的机会，然而有学习效率低下甚至"无功而返"的危险。

为了达到"过程"与"结果"并重的目的，教师的教学设计和实施是关键。教师应精心设计教学，做到讲授与活动相结合，接受与探究相结合，形成互补，从而促使学生主动学习。教师要设计与提供丰富的学习环境，通过恰当的问题，引导学生主动思维、独立思考，使学生经历完整的学习过程，引导学生在已有认知结构的基础上，通过积极主动的思维而将新知识内化到自己的认知结构中去。这里，完整的学习过程应当包含观察和感知问题情境、抽象和表述问题、进行逻辑演绎、反思修正或推广结果、应用等，这是一个从具体到抽象再到具体的循环过程，可以有两种不同的形态。一种表现为对问题情境的观察、分析、假设、抽象而获得模型，并选择恰当的工具，应用有效的思想方法去求解、验证、解释模型，必要时对问题情境进行再分析、修改假设、再求解模型。这一过程比较完整地体现了知识的学和用之间的关系，在强调创新精神和实践能力培养的今天，需要特别关注。另一种表现为在抽象原理指导下的实践活动，在概念、定理、性质等引导下，通过恰当的变式训练、实际应用等而达到对知识的理解，并进而逐渐达到创造性地应用知识去解决问题。这是一种高效的学习过程，是学生在短时间内掌握大量书本知识的主要方式。

十、面向全体与因材施教的关系

在班级授课制下，教师面对一个班级几十名学生时，始终需要处理面向全体与因材施教的矛盾。为什么要因材施教？主要是学生的发展存在个性差异，这种差异表现在兴趣爱好、能力、气质、性格等各方面。尽管学生的发展呈现大致相同的年龄特征，同一年龄段的人有大致相同的心理特点，但同中有异。教师就是要承认并且重视这种个性差异，在全面了解每一个学生的个性特点的基础上，在达到国家规定的基础要求的前提下，对不同学生提出不同的要求，使学生能够按照自己的途径和方式，达到各自所能达到的发展水平。

事实上，让每一个学生都对某门学科充满兴趣是不可能的。因此，教师应根据学生的兴趣爱好，实事求是地尊重学生的选择，为他们创造具有差异性的学习机会和条件，培养他们各自的特长。每一门课的教师都应当意识到，自己所教的并不是学生学习的唯一学科，因此，在教学中对学生提出整齐划一的要求是不适当的。

当然，承认差异性，尊重学生的选择，并不是教师被动接受学生的选择。教师对不同发展水平的学生除了提出恰当要求外，还要采取一定的教学措施来激发学生的学习兴趣。例如，教师应当提高自己的专业素养和教学水平，通过恰当的问题情境，循序渐进地向学生提出问题，为学生铺设适当的学习台阶，使学生经常感受学习成功的体验，从而提高学生的学习积极性。

以上讨论了课堂教学中的几个基本矛盾关系。总的来说，这些矛盾关系是各科教学中都会遇到的普遍矛盾关系，数学教学也不例外。当然，不同的学科会有不同的特点或侧重，后面我们将结合数学教学的特点，有重点地讨论数学教学应认真处理的几个关系。实际上，这些矛盾关系都是由于课堂中学生、教师、教材之间的互动而引起的，由于人们的学生观各不相同，对教师的角色定位不同，对课程设置、教学内容的选择的观点不同，以及对教学过程、学习评价等都有差异，因此出现各种不同的看法。但无论怎样，这些矛盾是彼此紧密联系而不是各自孤立的，它们在教学过程中会产生综合效应。

特别值得注意的是，认真处理教学中各种矛盾关系的目的是提高教学质量。教学实践表明，优良的教学效果往往是教师在确定教学目标、选择和组织教学内容和材料、考虑教学方法、安排课堂教学、指导作业、考查学生掌握知识、技能的程度和质量等的过程中，科学、合理地把握和处理这一系列矛盾关系所获得的结果。例如，确定教学目标，无论是学科的教学目的，还是单元教学目标，或是一节课的教学目标，都要把教学内容的科学性、思想性与学生的年龄特点及接受能力结合起来考虑，只有这样才能使教学目标恰当、准确，有效地发挥对教学的定向作用；又如，在确定教学内容、选择教学素材时，应该考虑系统性和结构性，应选择学生熟悉的素材，要注意由已知到未知、由易到难、由简单到复杂地安排教材，按学生的认识过程呈现教学内容，并要强调核心概念、基本思想方法的地位；再如，设计和实施课堂教学时，既要注意落实基础又要注意渗透能力和创新精神的培养，既要注重认知的过程，给学生提供更多的自主探究的机会，从而加深对知识的理解，又要注意安排适当的练习，使学生在理解的基础上强化记忆，另外，还要注意因材施教等。所以，处理上述各种矛盾关系，关键是掌握好辩证法，不走极端、把握平衡。

对于数学教学而言，主要以数学的学科特点（如数学的抽象性、严谨性和应用的广泛性等）和学生的数学认知特点（如直觉与逻辑、定量与定性、分析与构造、具体与抽象、一般性与特殊化、反思与批判等基本要素）为依据，考察它的基本规律，并进而对数学教学提出基本要求。

综合数学的学科与认知两方面特点，中学数学教学必须遵循以下一些基本要求：严谨性与量力性相结合；抽象性与具体性相结合；巩固性与发展性相结合。下面依次分节来讨论这些要求。

§7.2 严谨性与量力性相结合

一、严谨性

数学的严谨性，就是数学的精确性。具体地，就是由逻辑的严密性而实现的结论的确定性。"数学推理的进行具有这样的精密性，这种推理对于每个只要懂得它的人来说，都是无可争辩和确定无疑的。"① 数学结论的正确性也是完全不容争辩的。这是数学科学的基本特点，也是数学教学应当达到的基本要求。这就要求教学中，得出的数学结论必须具有确定性、准确性，对结论的推理论证具有严密性，安排学习内容时要符合逻辑的严密性，不能出现使用未加定义的概念、未证明的定理等逻辑矛盾。

当然，数学的严谨性具有相对性。这种严谨性不是一蹴而就的，而是逐步发展的。在达到高度严谨性之前，有一个从相对不严谨到高度严谨的过渡时期。

作为中学生学习的任何一门数学课程，必须达到一定的严谨性。但是，究竟需要达到何种程度，则由该门课程的开设目的所决定。对此，我们还会在后续的讨论中详细论述。

二、量力性

对于量力性问题，我们前面已经作过一些解释。实际上，强调量力性的依据是教学必须与学生思维发展水平相适应。人的思维发展具有年龄特征，这种特征决定了学生的接受能力和理解水平。如果教学无视这种接受能力和理解水平的限制，那么就不可能达到促进学生发展的目的。"量力性"实际上就是强调要把握好教学要求的"度"。

当然，对于"度"的问题，不同学者有不同观点。例如，布鲁纳就认为，"任何学科的基本原理都可以用某种形式教给任何年龄的任何人"。高等数学知识也可以用直观的方式教给小学低年级学生，譬如通过游戏的方式在幼儿园里讲授集合；在小学低年级用直观的方式学习几何知识（直观几何），接着在中学低年级按不太严格的演绎体系讲授几何，然后在中学高年级按严格的公理体

---

①［苏］А. Д. 亚历山大洛夫，等. 数学——它的内容、方法和意义（第一卷）. 北京：科学出版社，1988：3.

系来讲授。前已述及，布鲁纳的理论是美国新数运动的理论基础，这个运动从根本上打破了传统的数学课程体系，强调结构化，实行统一化，抛弃了欧几里得几何，以现代数学的集合、关系、映射等基本概念为出发点，以群、环、域、向量空间等为基本结构，对传统教材的内容重新处理，并增加了线性代数、概率和统计等内容。新数运动的实践表明，数学教学内容的选择和组织必须强调量力性，否则必然遭受挫折甚至失败。

又如，苏联心理学家赞科夫以维果茨基的"最近发展区"思想为依据，在"以最好的教学效果来达到学生最理想的发展水平"的指导思想下，强调各科教学都要始终注意发展学生的逻辑思维，培养他们思维的灵活性和创造性，提出了高难度、高速度、重理性、理解学习过程和对差等生要下工夫五大"教学论原则"。其中，起决定作用的是以高难度进行教学的原则。"以高难度进行教学的原则的特征，并不在于提高某种抽象的'平均难度标准'，而是首先在于展开学生的精神力量，使这种力量有活动余地，并给以引导。"① 实行高速度的目的是使学生更好地揭示所学知识的各方面，加深知识之间的内在联系，深入理解知识，形成一定的知识体系，从而发展智力。贯彻"重理性原则"，就是要通过使学生理解原理的过程，重视理论知识的主导作用，更深刻地掌握知识。赞科夫认为，理论知识有不同层次，不同年级学生都要掌握理论知识。理解学习过程，就是要求学生在学习过程中密切注意知识之间的联系方式，掌握同一知识的不同表现方式，反思学习中产生错误的原因以及防止错误的机制等。对差等生下工夫的原则体现了对学生心理发展个性差异的关注。对差等生下工夫，不是加班加点，也不是增加作业量，而是要对他们的智力活动和非智力因素上多做工作。这五条教学原则有其合理因素，而且经过赞科夫大规模的教学实验研究。但是过分强调"高难度""高速度""重理性"，就会与学生原有心理发展水平产生矛盾，因而引起心理学、教育学界的广泛争议。

总之，强调量力性原则就是要使教学与学生思维发展水平相适应，但是这种适应不是被动的。教学要促进学生的发展。学生的能力和智力都有很大的可塑性，具有发展的潜力，因此教师应当积极地开发这种潜力，以使学生得到更好的发展。

三、严谨性与量力性的有机结合

严谨性有相对性，量力性有发展性。教学的艺术就在于把握好两者的平衡，使它们有机地结合起来。

---

① [苏] 赞科夫. 教学与发展. 杜殿坤，等译. 北京：文化教育出版社，1980：44.

1. 数学内容的教学法加工

尽管中学数学的大部分内容都属于初等数学范围，但由于数学严密的逻辑性要求，必然要涉及如何处理相关数学内容的逻辑基础（属于数学基础的理论问题）和知识体系（属于知识的逻辑关系方面的理论问题）的问题。显然，如果严格地按照数学公理化体系要求处理中学数学是不现实的，因为这已大大超越了中学生的认知发展水平。因此，必须对数学内容进行教学法加工，把学术形态转化为教育形态，使之与学生的经验和认识能力相适应，这样才能被学生所接受。一般的，可以采用直观说明、列举大量有代表性的实例（用不完全归纳法验证）、对原名进行附加说明、甚或扩大公理等方法对数学内容进行教学法加工。当然，这样的"加工"不能违背数学的科学性。也就是说，我们可以用学生能够理解的语言（逻辑上不太严密的）呈现学习内容，但不能出现科学性错误。

（1）直观说明或举例验证（不完全归纳）

例 1 关于某些几何原名的处理。

在几何的公理化体系中，点、线、面、体都是原名，是不加定义的，是用公理来约束的（或者说是用公理定义的）。在中学几何中，点、线、面、体是首先必须接触的概念，但是不可能采用严格的希尔伯特公理体系语言。这就需要对它们进行教学法加工，采用一种与学生直觉经验相适应的语言进行描述。因为人们的观念不同，可能出现不同的描述方法。

①点是无大小的，线是无粗细的，面是无厚薄的。

这样的描述，其主要目的是要说明这些基本元素是抽象的。

②当只研究一个物体的形状和大小而不考虑它的其他性质的时候，我们就得到几何体的概念，几何体简称体。

体是由面围成的，面有平面和曲面。

面和面相交于线，线有直线和曲线。

线和线相交于点。

点、线、面、体或若干个点、线、面、体组合在一起，叫做几何图形。

这样的处理，借助了点、线、面、体的内部联系进行描述，实际上是说：体的界是面，面的界是线，线的界是点。

③如果不管物体的其他性质（如颜色，质量，材料等），只注意它们的形状（如方的，圆的等），大小（如长度，面积等），位置（如在内或在外，相交或不相交等），就得到各种几何图形。

长方体、圆柱体、球体等都是几何体，简称为体。

包围着体的是面。例如，长方体有六个面，都是平的；球有一个面，是曲的。

面与面相交接的地方，形成线。例如，在长方体中，有 12 条线，都是直的；圆柱的两个底面和侧面交接处形成两条线，是曲的。

线和线相交的地方是点。例如，长方体中，线和线相交成 8 个点。

假如把笔尖看作一个点，当笔尖在纸上移动时，就能画出线，即点动成线。线是由无数个点组成的。旋转的表针形成圆面，这时可以说线动成面。长方形铁丝绕它的一边旋转，形成一个圆柱体，这时可以说面动成体。

这一处理方式，从三个方面进行描述：一是通过列举学生熟悉的几何图形；二是借助内部联系；三是借助运动变化的直观形象。

仔细分析上述三种处理方式，它们的差异主要体现在与学生的直觉经验的结合上。第一种描述很不直观，是在抽象层次上进行的，学生不容易理解；第二种描述以点、线、面、体的相互联系为载体，为学生的理解提供了一定的平台，但仍然有些抽象；第三种描述既借助学生已有经验，又注意点、线、面、体的内部联系，同时还从运动的角度帮助学生进行认识。所以，从教学的角度看，第三种方式是比较理想的，不过它在叙述上又有不够简捷的缺点。

由于上述处理都不是对点、线、面、体的严格定义，所以在教学中让学生背诵是没有必要的。

例 2　集合概念的处理。

中学数学中，早就引进了集合概念。众所周知，集合概念是不加定义的基本概念，它的属性需要用公理化语言加以刻画。但由于中学生的认知发展水平不能理解用公理化语言表述的集合论，所以只能采用直观描述。在直观描述时，同样有不同的处理方式。

①把具有某种属性的一些对象看作一个整体便形成一个集合。

有人认为，这一描述不严格。例如，"由太阳，2，i，草，三角形，氧原子组成的整体"也是一个集合，但我们并不知道它具有哪种属性。虽然这种批评有一定的道理，但我们认为研究这种集合是没有意义的。事实上，如果不是为了说明什么特殊的问题，在数学或其他学科中研究的集合一般都是具有某种（共同）属性的对象的全体。

②我们把研究对象统称为元素，把一些元素组成的总体叫做集合。例如，"中国的直辖市"构成一个集合，北京市、上海市、天津市、重庆市是它的元素。

③某些指定的对象集在一起就成为一个集合，集合中的每个对象叫做这个集合的元素。例如，"地球上的四大洋"组成一个集合，太平洋、大西洋、印度洋、北冰洋是这个集合的元素。

上述②③的描述中，存在着"先有元素后有集合"与"先有集合后有元素"的差异。这种差异也是由教材编写者的观念决定的。虽然这是一个类似"先有鸡还是先有蛋"的问题，但从人类的经验和人在认识事物时的一般过程看，先定义元素，再由元素组成总体比较自然。另外，与第一种描述比较，后两种描述避开了"某种属性"的限定，这主要是为了避免引起不必要的争议。

可以看到，在考虑严谨性与量力性相结合的过程中，关键还是在不违背数学的科学性的前提下，认真分析学生的思维发展情况，结合学生的接受能力，借助直观材料、学生已有的知识经验等解释、说明抽象的数学概念、原理、定义、公理等，以使学生达到在自己发展水平上的数学理解。

（2）扩大公理系统中的公理组

按公理化方法的要求，对于公理组中所选公理应当具有完备性、无矛盾性（相容性）和独立性。也就是说，对于某一学科（例如平面几何），公理化方法要求：第一，从一组公理出发，以逻辑推理为工具，能够推出这一学科的全部真命题；第二，不能从公理组中推出逻辑矛盾；第三，不能从一条公理推出另一条公理。简言之，公理组中的公理要不多不少且不矛盾。

众所周知，公理化方法起源于欧几里得的《几何原本》，其基本精神是：每个命题必须是在它之前已经建立的一些命题的逻辑结论，而所有逻辑链的共同出发点，则是一些基本定义（原始概念）和被认为是不证自明的基本事实——公理或公设。在《几何原本》中，有 23 个定义、5 条公设、9 条公理，其逻辑系统是：从公设开始，接着给出公理，再演绎出几何定理，按照逻辑相关性顺次排列，使得每一个命题成为前面已经给出的公设、公理、定理的逻辑结论。虽然按照公理化方法的要求，欧几里得所完成的几何逻辑结构并不能令人满意，然而，作为中学生学习的几何体系，即使是欧几里得的几何体系也显得过于严格了。为此，现行的几何教材采取了"扩大公理组"的方法：基本保留欧几里得体系，适当扩大公理组。例如，把"过两点有且只有一条直线""连接两点的线中，线段最短""过直线外一点有且只有一条直线与这条直线平行"等都作为公理；三角形全等的判定定理，如果采用叠合法加以论证，学生较难理解，考虑到它们是证明几何命题的基础，又是训练学生逻辑推理论证能力比较合适的材料，现行教材将 SAS，ASA，SSS 作为公理给出（辅之以剪纸、作图等操作，以帮助学生确认）。

应当说，"扩大公理"的方法处理教材是严谨性与量力性相结合的一个典范。在公理化方法的要求中，"无矛盾性"自然是不可或缺的。从严谨性看，定理和公理有完全不同的地位，公理是一门学科的逻辑出发点，定理是由公理和已经建立的命题的逻辑结论，两者不能混淆。但是，由于定理是真命题，当一个定理的证明超越学生思维发展水平而又不得不用它时，我们不加证明地把它作为公理而引用，是不会出现原则性错误的，同时也不会破坏完备性。因此，为了适应学生的认知发展水平，我们可以在需要时放宽对"独立性"的要求。当然，在实际教学中，通过直观和验证的方法让学生确认"公理"的正确性是非常必要的。

（3）改变内容的结构顺序

在数学研究中，人们有一种向自己的智力挑战的习惯——用尽量少的知识、工具解决尽量多的问题，平面几何中的尺规作图就是一个典型的例子。这种对已有知识"能不用时就不用"的思维方式，在学生学习数学知识的过程中确实是一个不小的障碍。例如，定性平面几何所要研究的主题是"全等形"和"平行性"，本质上，前者是平面对于任给直线的反射对称性的具体反映，后者则是三角形内角和恒等于一个平角所表达的"平直性"。① 在定性地讨论几何中的"等"与"不等"时，例如三角形全等的判定定理"SSS""ASA"、三角形两边之和大于第三边、三角形任一外角大于其任一内对角、大边对大角、大角对大边……我们完全可以不用平行公理；但是在定量平面几何中，要对不等长的两个线段、不同大小的两个角区或不同大小的两个区域，赋以两者之间定量的比值去度量两者之间的差异，这时就非用平行公理不可。按照这样的思想，在平面几何的学科体系中，平行公理被处理得尽可能晚出现（不用平行公理的几何称为绝对几何）。《几何原本》也是这样处理的，它的前 28 个命题都没有用第五公设，似乎就是为了尽可能晚地使用它，直到非要用它不可的时候。这样做的结果是使许多有用的定理（如三角形内角和定理）很晚才出现，从而增加了推理的难度。

在中学几何教材中，为了使学生有尽可能多的工具用于处理问题，从而降低学习难度，为教与学都提供更大的方便，采取了把某些内容提前的处理方法。例如，平行公理就是通过"验证"的方法，提前到平面几何的开始阶段，从而为证明三角形内角和定理等提供了工具。

（4）默认某些数学事实或结论

有些中学数学必需的知识，它们很难以直观方式加以确认，进行严格的逻辑推理论证则更是学生的认知能力所不能及。这时， 一般采取默认的做法。

例 3　无理数概念的处理。

无理数概念是在初中引入的。显然，在初中阶段根本无法对无理数概念严格化。教材采取了如下处理方式：

先指出有理数包括整数和分数，任何有理数都可化为有限小数或循环小

①项武义. 基础数学讲义丛书·基础几何学. 北京：人民教育出版社，2004：15.

数；反之，任何有限小数或循环小数都是有理数。这里，前者是可以具体验证的，而后者的"循环小数是有理数"，即循环小数化为整数或分数，需要用到无限递缩等比数列求和，而学生并不具备这方面的知识，因而只能让学生默认。

接着，以"是不是所有的数都可以写成有限小数或循环小数的形式呢？"提出问题，并答"不是的"，然后举例说明，并指出"这些数的小数位数是无限的，而且是不循环的。像这样的无限不循环小数叫做无理数"。实际上，从所举的例子中并不能得出"这些数的小数位数是无限的，而且是不循环的"的结论，因为其中"无限的""不循环的"都无法验证，所以只能让学生默认。

总之，在处理严谨性与量力性的关系时，首先要在教材的教学法加工上狠下工夫。在具体处理时，应先从严谨性的要求出发，从高观点看教学内容，对教材进行严谨的分析，以明确数学的科学性方面所要达到的水平；然后再考察学生的知识基础和接受能力，分析不同年龄阶段的学生所能达到的不同的认识高度，并确定本阶段的教学要求；最后，根据上述对教学内容和学生接受能力的分析，作出教学法加工。

2. 根据学生的思维发展水平及时提出严谨性要求

前已指出，学生的思维发展具有阶段性，一个数学概念可以在不同的思维发展阶段得到相应的认识。同时，某些数学概念的严格化需要一定的知识基础。也就是说，有些数学知识的严谨性既要与学生思维发展水平相协调，又要与学生的数学认知结构发展相适应，有一个逐步实现严格化的过程。

例4　切线概念的严格化。

在平面几何中，学习直线和圆的位置关系时，学生初次接触"切线"概念，其定义方式是：

直线与圆有唯一公共点时，叫做直线和圆相切，这时直线叫做圆的切线，唯一的公共点叫做切点。

据此解决"求直线 $Ax+By+C=0$ 与圆 $x^2+y^2+Dx+Ey+F=0$ 的切点"或"求过点 $P(x_0，y_0)$，且与圆 $x^2+y^2+Dx+Ey+F=0$ 相切的直线方程"时，可由"直线与圆有唯一公共点"的充要条件是"方程组

$$\begin{cases} Ax+By+C=0, \\ x^2+y^2+Dx+Ey+F=0 \end{cases}$$

有唯一的一组解"而有解法：由方程组消去 x（或 y），得一关于 y（或 x）的一元二次方程，由判别式 $\Delta=0$ 确定相应的参数值。

但上述充要条件对于一般的二次曲线并不成立。也就是说，"直线与二次曲线有唯一公共点"，并不意味着直线与二次曲线一定相切。例如，直线 $y=2$

与抛物线 $y^2=2x$ 有唯一公共点（2，2），但它们是相交的关系。因此需要对切线概念进一步严格化。

一般曲线的切线概念是在导数的学习中完成的。其定义是：

给定曲线 L 及其上一个定点 P_0，P_1 为 L 上与 P_0 点邻近的一个动点。当动点 P_1 沿曲线 L 无限趋近于 P_0 点时，割线 P_0P_1 的极限位置 P_0T 叫做曲线 L 上经过 P_0 点的切线，P_0 点叫做切点（如图 7.2.1）。

如果曲线 L 的方程是 $y=f(x)$，且 $P_0(x_0，y_0)$，函数 $y=f(x)$ 在 $x=x_0$ 处可导，那么，根据上述定义，曲线 L 在 P_0 点处的切线的斜率为 $f'(x_0)$，切线方程是

$$y-y_0=f'(x_0)(x-x_0)。$$

利用导数的几何意义，实现了曲线的切线概念的严格化。

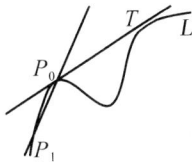

图 7.2.1

顺便提及，为了更好地体现中学数学中某些概念的逐步严格过程，教师要十分注意从纵向考虑数学内容的结构顺序、来龙去脉，准确把握一个概念在不同学习阶段的不同要求，并注意引导学生比较概念的新旧叙述方式的差异，使学生达到对概念的新的、更高层次的理解。

3. 培养严谨性要注意的几个问题

（1）在概括数学材料的过程中培养严谨性

前已指出，数学概括能力是数学能力的基础，数学能力发展不同的学生是以对数学材料的概括能力程度不同为特征的。[①] 而数学思维严谨性的发展正是数学概括能力发展的主要标志之一。这是因为数学思维严谨的学生更容易发现隐藏在各种具体细节背后的普遍性，看到隐藏在外表现象深处的内在本质，从外表不同的和特殊的现象中抓住那些主要的、基本的和具有普遍意义的东西，在新的情境中发现熟悉的成分，这些都是概括能力强的表现。因此，教学中要注意使严谨性和数学概括能力相互促进，在概括的过程中强调严谨性。

（2）在解答习题的过程中培养严谨性

许多数学题的解答需要考虑"特例""奇点"等，这正是培养思维严谨性的时机。教学中应当适时地利用这样的问题，以提高学生思维的严谨性。

例 5　过原点 O 作圆 C：$(x-1)^2+(y-2)^2=1$ 的任意割线交圆于 P_1，P_2 两点，求线段 P_1P_2 中点的轨迹。

①［苏］克鲁捷茨基. 中小学生数学能力心理学. 上海：上海教育出版社，1983：29.

解 如图 7.2.2，设线段 P_1P_2 的中点为 $P(x，y)$。连接 CP，OC，那么 $CP \perp OP$。

在 Rt$\triangle OPC$ 中，$CP^2 + OP^2 = OC^2$，

于是 $(x-1)^2 + (y-2)^2 + x^2 + y^2 = 5$。

整理得 $x^2 + y^2 - x - 2y = 0$。

如果以此方程为依据而下结论：线段 P_1P_2 中点的轨迹是以 $(\frac{1}{2}，1)$ 为圆心，$\frac{\sqrt{5}}{2}$ 为半径的圆，那就缺乏严谨性了。实际上，由于线段 P_1P_2 是圆 C 的弦，因此中点 P 应当在圆 C 内。因此，所求轨迹是圆 $x^2 + y^2 - x - 2y = 0$ 落在圆 C 内部的一段弧。

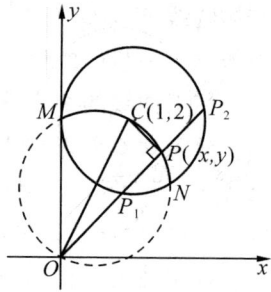

图 7.2.2

另外，用数学知识解决实际问题的过程也是培养严谨性的好机会。

在应用过程中，需要根据问题的实际情况，对知识的应用范围进行限制。在确定实际问题的限制条件时，数学思维的严谨性可以得到很好的培养。例如，建立实际问题的函数模型时需要注意自变量的变化范围；建立优化模型时需要注意未知量的范围限制；同样，在建立方程模型、不等式模型时，都要注意这种限制。

（3）要使学生养成言必有据的习惯

任何数学推理都要以已有的数学概念、定理、法则、公式、定义、公理为依据，即使是合情推理也要有一定的前提条件为依据，否则就是乱猜了。所以，数学学习对于培养学生科学地、理性地思维是非常重要的。

教学中，教师应该做到：

①培养学生说理的习惯，要经常问个"为什么"；

②要防止学生杜撰定理（可以用举反例攻破之）；

③要利用各种机会训练学生的说理论证能力，但要注意循序渐进，例如在平面几何学习中，可以安排"说点理——说理——推理证明"的过程；

④注意给学生以言必有据的示范，在讲课时做到条理清晰，逻辑严谨。

有时，为了使学生学会有序思考，教师可以在学习某科知识的初期，给学生归纳一定的逻辑顺序。例如，在平面几何的入门阶段，可以适当强调如下解题顺序：阅读题目——理解题意——正确画图——写出已知和求证，接着思考如何将已知与结论联系起来，一般的，应当考虑由已知能推出什么结果和要使结论成立需要什么条件。

在代数的某些课题中，适当规定运算、变换的程序有利于培养学生思维的条理性。

例如，单项式相乘的顺序：

①确定符号；②确定系数绝对值；③按字典排列写出字母；④确定字母的指数。

解一元一次方程的程序：

①去分母；②去括号；③移项；④合并同类项；⑤用一个不等于零的数除方程两端。

当然这样的规定也不能搞得过分，"按部就班"一定要与"因题制宜"相结合。教学中，无论多么好的方法，不结合教学对象和内容而片面强调规范化，都是没有好处的。

（4）要强调规范的数学语言表达

达到这一点需要多方面努力：一是要使学生懂得数学语言规范化的必要性；二是要给学生练习的机会；三是教师自己的语言要精确、规范。

数学语言包括文字语言、符号语言和图形语言，以及它们之间的相互转化。

有些文字语言有特定的数学含义。例如，"增长了"与"增长到"，一字之差，意义迥异。设原来的基数是 a，如果说在原有的基础上"增长了" $x\%$，那么增长量是 $ax\%$，现有的数量是 $a+ax\%=a(1+x\%)$；如果说"增长到" b，那么其增长量是 $(b-a)$，增长率是 $\dfrac{b-a}{a}\times100\%$。

另外，要注意日常语言和数学语言含义的区别。例如，日常生活中，"和"的意思是"同时发生"，如"我和你一起去"是指两人一起去；"或"的意思是"二者之一发生"，"我去或你去"是指两人中只选一人去。数学中"和""或"是两个逻辑连词，$p\wedge q$ 组成的复合命题，称为"合取"；$p\vee q$ 组成的复合命题，称为"析取"。这样，从数学上理解，"我去或你去"就包含"我去你不去""我不去你去""你我都去"三种情况。

在三种数学语言的转化过程中，也可以体现出严谨性的要求。例如，$(a+b)^2$ 读作"a 与 b 的和的平方"，如果读作"a 加 b 的平方"或"a 与 b 的平方"就会产生歧义。学生常常对类似于"和的平方"与"平方的和"不注意区别，以致混淆了它们的意义。

总之，数学教学中要特别注意严谨性与量力性相结合，把握好教学的"分寸"，即注意把握好教材的深度和广度，从严谨着眼，从量力着手。另外，要注意根据学生思维发展的阶段性，螺旋上升地提出严谨性要求，使学生在已有发展的基础上得到新的发展，以使学生逐渐养成良好的思维习惯。

§7.3　抽象性与具体性相结合

抽象性与具体性相结合是数学教学中既基本又普遍的要求。本节着重讨论两个问题：一是数学的特点之一——高度的抽象性；二是数学教学的特点之一，具体——抽象——具体。

一、数学的根本特点——高度的抽象性

数学以现实世界的空间形式和数量关系作为自己的研究对象，所以它的研究对象是十分具体的。不过，由于只保留了事物的空间形式和量的关系而舍弃了其他一切，因而数学又具有高度的抽象性。

任何一门学科都具有抽象性。不过数学的抽象性具有区别于其他学科的自身特点。例如，变速运动中，某一时刻速度叫做瞬时速度，这是物理学给出的物体运动规律的描述。数学中，对于瞬时速度则从数量关系上给出了刻画：

$$f'(x) = \lim_{x \to x_0} \frac{f(x) - f(x_0)}{x - x_0} = \lim_{\Delta x \to 0} \frac{\Delta y}{\Delta x}。$$

这样的抽象刻画，不仅非常精确，如果舍去其物理意义的话，还可以用来刻画其他物理现象，甚至是其他学科（如经济学）中的变化规律。

数学的抽象性有如下几个显著特点。

第一，不仅数学概念是抽象的，而且数学方法也是抽象的，并且大量使用抽象的符号。

第二，数学的抽象是逐级提高的，后一级抽象必须建立在前一级抽象的基础上，前一级抽象为后一级抽象提供具体素材。例如，数到式，式到函数，函数到关系等；又如，具体数的运算到集合的代数运算，然后到各种代数基本结构；再如，由加、减、乘、除、乘方等运算到把运算看成特殊的映射，又把映射看作特殊的关系等。这里我们不难看到它们的顺序性较强。在逐级抽象过程中，对某一级的抽象内容没有充分理解，就会影响到后续内容的理解，从而不能顺利实现后一级抽象。数学所达到的抽象程度大大超过了其他学科中的一般抽象。

第三，高度的抽象必然有高度的概括。

第四，抽象能到达那些不能感知的领域。例如，理解无理指数幂 $10^{\sqrt{2}}$ 的意

义，利用$\sqrt{2}$的不足近似值和过剩近似值：

$$1.4<1.41<1.414<\cdots<\sqrt{2}<\cdots<1.415<1.42<1.5,$$

写出两个单调数列：

$$10^{1.4}<10^{1.41}<10^{1.414}<\cdots\cdots$$
$$10^{1.5}>10^{1.42}>10^{1.415}>\cdots\cdots$$

则必然存在一个数 a，它比以 10 为底，$\sqrt{2}$的一切不足近似值为指数的幂大；同时，它比以 10 为底，$\sqrt{2}$的一切过剩近似值为指数的幂小。这个 a 就是 $10^{\sqrt{2}}$。这一无限的过程只能在头脑中进行抽象地想象，这是数学抽象的优点。

数学抽象的上述四个特点应当在数学教学中得到反映。教学中应充分发挥数学抽象的积极作用，以更好地使学生在数学学习中培养抽象思维能力。

二、具体——抽象——具体是数学教学的显著特点

数学教学之所以有具体——抽象——具体的特点，主要是由数学学习的特征决定的。下面结合数学学习特点的分析，阐述数学教学的这一特点。

1. 数学学习过程是数学知识的"再发现"过程

从学生的角度来说，要学的数学新知识是一个未知世界。因此，对学生而言，数学学习过程是一个知识的"发现"过程。但由于所学知识是人类已认识的知识，有历史经验可以借鉴，因此学生可以借此而少走一些不必要的弯路，通过相对简捷的途径去学习和掌握它。另外，由于第一次发现过程的历史条件已不复存在，而且由于教学时间的限制，学生不可能（也不必要）重复漫长的第一次发现过程，因此，学生的数学学习只能是一个"再发现"的过程。

知识的"再发现"是从观察、分析和概括具体事例开始的。由于认知水平的限制，学生不可能独立地完成"再发现"过程，而必须通过教师的启发引导。实际上，没有教师的启发引导，学习的质量和效益都是无法保证的。首先，教师通过适当的教学设计，对第一次发现过程进行如下教学法加工，从而为"再发现"创造条件："缩短"，即将第一次发现过程进行裁剪，使之变成一条"捷径"；"平坡"，即降低发现的难度，使之与学生的现有发展水平相适应；"精简"，即减少发现过程的弯路，使学生能大致经历数学家获得数学发现时的思维过程，在一种自然、主动的状态下完成"再发现"过程。其次，实施教学的过程，就是在上述设计下，让学生经历从具体事例中概括出数学理论，完成从具体到抽象的过程，再通过解答数学问题等实践，实现从抽象到具体，从而巩固所学知识。这是数学教学的基本形式。

2. 数学学习要超越直接经验

学生所学的知识主要是一种间接经验，他们往往可以不受时间和空间的限制，在教师的帮助和指导下，超越直接经验，而使间接经验直接与自己的已有经验（包括已学的知识和日常生活经验）同化，并经过一定的实践（模型操作、观察、实验、做数学习题、参加社会实践等），使之内化为自己内部的智力操作方式，从而上升为理性认识。这里，具体和抽象交织在一起，为了达到高水平的同化，以使学生更好地理解新知识，教师首先应当给学生提供丰富的典型例证，引导学生概括出新知识，从而达到具体向抽象的飞跃。值得注意的是，教师必须切实地让学生经历这一飞跃，因为只有这样才能让学生清晰地认识到数学的概念、原理是如何从具体材料中抽象出来的，也只有这样才能真正培养学生的数学能力。

另一方面，由于这时的新知识在学生头脑中还没有建立广泛联系，学生还不能完全把握新知识的本质，因此还要有一个从抽象到具体的过程，这一过程主要通过解题训练来完成，通过解题使新旧知识完全同化，使新知识纳入认知结构，并成为同化其他新知识的固着点。这里需要注意的是训练的目的，即练习中应当把注意力放在引导学生把新知识与其产生的背景、应用的条件等紧密地联系起来，这不仅可以巩固新知识，而且可以培养学生的能力。

3. 数学学习有一定程度的被动性

任何有效的学习都是一个主动建构的过程，但这种主动性需要主体较强的自我意识。由于学生的学习是为了适应将来的需要，当前的学习与将来生活之间的关系不能得到直接反映，因而许多学生不愿付出努力。实践表明，由于数学与现实联系的间接性，使学生很难体会到所学的数学知识在实践中的作用，也很难感受数学与自己将来生活的关系，因此"学数学到底有什么用"的疑问常常萦绕在学生心头，数学学习的被动性比其他学科更强。加上数学确实难学，甚至导致了许多学生恐惧数学学习，厌恶并最终放弃数学。

因此，为了克服这种被动性带来的负面影响，数学教学必须采取具体——抽象——具体的方式。教师必须根据学生的经验和现有认知发展水平，利用一定的具体材料创设教学情境，使学生意识到数学与现实的联系性，激发他们的数学学习兴趣，使他们主动地投入学习。

三、抽象与具体的有机结合

数学教学中体现抽象与具体相结合的特点，概括地说就是：数学教学要从具体事例出发，抽象出本质特征或内部联系，再概括到同类事物中去，运用于实际。数学的抽象性必须以具体性为基础，同时又要以具体性为归宿。在教学形式上又常常体现在复习旧知识、讲授新知识、应用新知识这三个环节上。

1. 从具体到抽象

相对于抽象，具体的东西就是感性材料，或者用教学的术语讲就是"直观材料"。数学教学中，直观材料可以是模型、实物、实例以及语言等。

例如，在立体几何的入门阶段，学生的空间想象力尚未建立起来，难以想象三维空间图形的形状，这时常常使用实物模型。中学数学教学中，更加重要的是通过典型、丰富的实例的比较、归纳而得出数学概念的本质特征。这样的例子俯拾皆是。

例 二元一次不等式的平面区域表示。

这一问题的难点在于：直线 $Ax+By+C=0$ 将坐标平面分为三部分，为什么直线"左上方""右下方"，或"左下方""右上方"的点的坐标都分别使 $Ax+By+C$ 同号。需要用数量的大小关系表示"左上方"等几何位置关系。

从具体到抽象是实现上述难点突破的关键思路。下面用"问题串"的形式给出教学设计。

问题1 类比一元一次不等式（组）的区间表示，能否找到一种用图形表示二元一次不等式（组）的方法呢？

这是一个引导性的问题，目的是把学生的思维引向"几何表示"。在学生稍作思考后进一步提出：

问题2 为了考察二元一次不等式 $Ax+By+C>0$（或 <0）的解集到底对应于坐标平面内怎样的点集，我们采取从特殊到一般的方法，先研究不等式 $x-y<6$ 的情况。大家知道，方程 $x-y=6$ 的解所对应的点在直线 l 上，直线 l 上点的坐标都满足方程 $x-y=6$。因此，如果点 $(x，y)$ 不在直线 l 上，那么就一定有 $x-y\neq6$，即或者 $x-y<6$，或者 $x-y>6$。平面上的点被直线 l 分为三部分。直线 l 上点的坐标满足方程 $x-y=6$，那么，其余两部分的点的坐标与不等式 $x-y<6$ 到底有怎样的关系呢？任意取直线 l 左上方的点 $P(x，y)$，看看坐标之差 $x-y$ 与6的大小关系。由此你能得出什么猜想？

为了使学生更有效地思考上述问题，可利用计算机演示，看看有什么规律。（从演示中可以看到，在直线 l 左上方的点的坐标都满足 $x-y<6$，右下方的点的坐标都满足 $x-y>6$。信息技术的使用对于学生建立"$x-y<6$ 表示的平面区域是直线 $x-y=6$ 的左上方"的猜想有较好的支持作用。）

问题3 为了解决上述问题，请先思考：

点 $P(x，y)$ 在直线 l 的"左上方""右下方""左下方""右上方"的意义分别是什么？

本问题的解决成为本节课的关键。

点 $P(x, y)$ 在直线 l 的"左上方"的含义：如图 7.3.1，过点 $P(x, y)$ 分别作 $PP_1 /\!/ x$ 轴，$PP_2 /\!/ y$ 轴，分别交直线 l 于 $P_1(x_1, y)$，$P_2(x, y_2)$，那么有 $x < x_1$，$y > y_2$。

类似的，可以得到点 $P(x, y)$ 在直线 l 的"右下方""左下方""右上方"的意义。

由 $P_1(x_1, y)$ 在直线 l 上，有 $x_1 - y = 6$，即 $x_1 = y + 6$。于是 $x < x_1 = y + 6$。即 $x - y < 6$。由点 P 的任意性，知直线 l 左上方的点的坐标都满足不等式 $x - y < 6$。

图 7.3.1

同理，直线 l 右下方的点的坐标都满足 $x - y > 6$。

在上述问题的解决过程中，应当使学生明确下列三点：一是用直线将平面划分为三部分，这是以"相等关系"作为讨论"不等关系"的"标准"，体现了"相等"与"不等"相互转化的辩证关系；二是用数的大小关系表示点在直线的"左上方""右下方""左下方""右上方"，即"形的位置关系"用"数的大小关系"来表示，这是数形结合思想的具体应用；三是作坐标轴的平行线，实际上是把二维问题化归为一维问题，从而可以利用数轴"左小右大""下小上大"来比较大小。

问题 4 一般地，二元一次不等式 $Ax + By + C > 0$（或 < 0）的解集对应于坐标平面内怎样的区域？你能从上述具体问题中概括出判断不等式 $Ax + By + C > 0$（或 < 0）表示的平面区域的一般步骤吗？

由于对具体问题的讨论非常充分，因此从具体推广到一般不会有太大困难。需要学生得出的结论是：

第一，二元一次不等式 $Ax + By + C > 0$（或 < 0）的解集，对应于坐标平面内直线 $Ax + By + C = 0$ 某一侧的平面区域；

第二，由于直线 $Ax + By + C = 0$ 同一侧的点的坐标都使 $Ax + By + C$ 同号，因此，只要取其中的一个点 P 的坐标代入 $Ax + By + C > 0$（或 < 0），验证其是否满足不等式，如果满足，那么二元一次不等式 $Ax + By + C > 0$（或 < 0）表示 P 点所在一侧的平面区域，否则就是另一侧。

具体的步骤可以归结为：

第 1 步，定边界，即画直线 $Ax + By + C = 0$；

第 2 步，取"测试点"，并检验是否满足 $Ax + By + C > 0$（或 < 0）；

第 3 步，下结论：满足则表示测试点所在区域，否则就是另一侧。

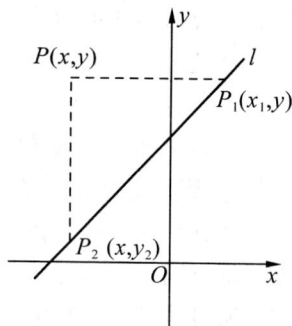

2. 应用直观材料应注意的问题

无论是应用直观教具，还是进行语言直观，都应注意下面几点。

（1）目的性。使用直观材料的目的是要从具体材料中抽象出本质属性或内部联系。教学中要始终把握这个方向，不要为直观而直观。在学生已经具有某些知识经验的条件下，就可以直接利用这些知识经验建立新的概念或法则，这时直观就不是必需的了。

（2）通过直观材料或语言描述，在头脑中建立起有关事物的特征与联系的感觉、知觉、表象或观念，从而获得关于事物的一些具体或感性的认识。这样的认识过程通常叫做直观过程。

直观过程中，学生获得的是一些主观映象，即关于事物的感性知识，是事物的表面特征与联系的反映，是认识事物或领会知识的开端。这一过程得到的是关于概念、法则等的直接经验。要把握概念、法则等的本质，则必须进一步进行思维加工。

值得提出的是，直观环节中固然包含着一定的感知活动，但不限于感知，甚至在某些情况下，感知成分并不起主要作用。直观环节中，除感知成分外，还有想象、思维和记忆等。

（3）丰富的感性知识经验是正确掌握抽象理论的必要条件。由于教学中所能提供的感性材料在数量上会有一定的限制，因此，为了使学生更好地理解概念，教师在提供感知材料时，必须仔细地推敲它们的特点，运用对象的变式规律，使概念的不同方面都得到反映，也就是说要使感性材料具有丰富性和典型性。

这里，"对象的变式"是指在直观过程中，通过变更对象的非本质要素而得到的对象的各种表现形式，在"变"的过程中，突出了对象的本质要素，丰富了学生的感性知识，从而使学生形成一般表象的必要条件。

值得注意的是，感性材料存在片面性。如果选择不当，那么这种片面性就有可能误导学生，使他们在理解概念的过程中出现错误，其中主要是在思维中不适当地扩大或缩小了概念的外延。

例如，几何"标准图形"往往是几何图形与生活经验交织在一起而形成的产物，其中垂直的参照系是"与地面垂直"（即"铅垂线"），平行的参照系是"水平线"。教学中，过度使用"标准图形"，容易导致学生把非本质属性当作本质属性，缩小了概念的外延，造成不正确的理解。

因此，教学中必须注意把图形的本质特征和仅属于个别图形的特征区别开来。为此，运用图形直观时，必须充分使用变式图形，以便排除非本质特征的干扰而突出本质特征。

此外，在进行语言直观时，要注意日常概念的积极影响与消极影响。我们知道，日常概念是在日常生活中自然形成的概念，例如"线""角""顶""边"等，它们数量大、范围广，在生活中占重要地位。有时，日常概念与科学概念的意义基本一致，但有时意义很不一样。日常概念对科学概念的掌握会产生不同的影响。而且，当与科学概念的意义基本一致时，必须对日常概念的意义有清楚的把握，才能使它对科学概念的掌握发挥积极影响。

例如，把"坐标"解释为"坐位的标记"，即"第几排第几号"，这对理解坐标系的概念是有帮助的。又如，学习"邻补角"概念时，有的学生已在日常生活中遇到过"相邻的"这个术语，例如"相邻的房间"就是彼此连接的有公共边界（墙壁）的两个房间，当看到"邻补角"就是两个角，它们也有一条公共边，而其他两边是相互反向延长线时，学生不会发生什么困难；相反地，有些学生对"相邻的"概念了解不够确切，他们认为"相邻的房间就是并排的"，没有注意"有一道公共墙壁"这个特征，这对他们理解"邻补角"概念就会产生负面影响。

另一方面，教学中还要注意日常概念的意义与科学概念的意义不一致的地方。例如"使下垂"和"提上去"两个概念的意义对掌握"从直线外一点引直线的垂线"和"过直线上一点引直线的垂线"这两个概念会产生影响。在这里，日常概念与几何概念是不相同的，因为几何概念的本质特征是"点与直线的位置关系"和"两条直线的相互关系"；而在日常概念中，除此之外还有方向的"上"或"下"，以及"与水平方向垂直"。

由上所述可知，如果教师不注意区分日常概念与科学概念，那么日常概念有时就会影响学生全面、准确地理解科学概念。例如，教学"由一点向直线作垂线"时，如果只以"过一点向水平直线作垂线"为例，那就在无形中加深了日常概念的消极影响，很可能造成对概念的不正确理解。

综上，在数学概念、公式、定理、法则等的教学中，必须使学生积累丰富的感性材料，充分调动学生已有知识经验的作用。感性材料的选择与运用，实际上就是要正确地处理好个别与一般的关系，也就是说，感性材料对所学的数学概念和原理来说是个别的，我们需要从个别中抽象出具有普遍意义的数学概念和原理，因此在选取感性材料时就要力求全面、典型。另一方面，在教学中，我们常常并不能列举所有的个别现象，因此在运用感性材料时又要注意变式的使用，使所选取的每一个感性材料都能发挥作用。科学概念是严谨、规范和抽象的，但日常概念往往是具体而形象的，这种差异性必然使日常概念对科学概念的理解产生积极或消极的影响，对此教师应充分地给予注意，避免日常概念对科学概念的理解产生干扰。

（4）由于数学中的抽象常常表现为逐级抽象，这样，旧知识又扮演着新知识的"直观因素"的角色，所以新旧知识在教学过程中是相互联系、相互促进的。例如，三角形相似的判定定理的教学，可比照着三角形全等的判定定理的证明，通过把"相似"当成"全等"的推广、把"全等"当成是"相似"的特例的方式引导学生学习。这样，通过新旧知识联系（推广或特殊化等）、类比的方式进行教学，不仅可以保证新知识牢固地建立在已有知识基础之上，而且还能使新旧知识建立精当的逻辑关系，达到深刻理解新知识并切实巩固旧知识的目的，这也会使学到的知识记忆牢固、运用自如。

3. 从抽象到具体

掌握新知识的过程，仅仅由具体到抽象、由感性认识到理性认识是不够的，因为在学生头脑中，这时的新知识还比较孤立，抽象的理论还没有与相关知识建立广泛联系，还不能灵活地、综合地应用所学知识解决相关问题，也就是新知识所反映的思想方法还不能运用自如，相应的数学能力也没有完全建立起来。为了加深对新知识的理解，其中主要是进一步领悟知识所反映的数学思想方法，形成灵活运用新知识解决问题的能力，还需要经历应用新知识解决相关问题的过程。这一过程可以达到三个目的：一是检验自己掌握知识的正确性、全面性，从而提高对抽象理论的理解水平；二是建立与知识的应用相适应的操作程序，从而形成必要的技能；三是达成对知识联系性的新认识，初步形成应用知识解决问题的能力。这是一个从抽象到具体的过程。

抽象知识具体化与具体事物抽象化虽有联系，但又有区别。从认识进程看，具体事物的抽象化是由个别到一般、具体到抽象、感性到理性的过程；而抽象知识具体化则是从一般到个别、抽象到具体、理性到感性的过程。从逻辑意义看，具体事物抽象化是归纳过程；抽象知识具体化则是演绎过程。从思维内容看，具体事物抽象化在于通过对同类事物的某些具体事例进行一系列分析，抽出它们的共同本质特征，从而形成关于这类事物的概念和原理，获得抽象知识；抽象知识具体化则要把抽象知识与当前问题联系起来，也就是在知识的本质特征的指引下，分析并确定当前问题中是否具有这些本质特征，从而判断抽象知识能否用于解决当前问题。

由于抽象知识具体化与具体事物抽象化具有上述不同的特点，所以知识的应用与知识的获得不能等同，它们是掌握知识的两个不同阶段。为了实现从抽象到具体的目的，教师通常要依据教学目的，提出一些问题或布置习题，使学生依据所学的新知识，或是去辨认同类的有关事物，或者去解决、说明同类事物的某些现象，或是去完成相应的操作等。

数学学习中，解题活动是相当重要的。一方面，它是抽象知识具体化的过程；另一方面，除了巩固和深化对新知识的理解外，还要达到建立新知识与相关知识的联系的目的，因此从中又学到一些新的知识、技能，特别是数学思想方法。所以，解题活动又是由具体到抽象的过程。一定程度上说，数学教学质量取决于根据教学目的、教材以及学生的特点选择题目，并恰如其分地进行教学。对新教师而言这是一项艰巨的工作。解题教学应注意的问题有：

第一，要注意选题的目的性，主要应从加深理解相应知识的本质、建立与相关知识的联系、体现重要的数学思想方法等方面考虑，并不是题目做得越多越好，特别要注意防止以"题型""难度"为标准选择题目；

第二，注意循序渐进、统筹安排，由易到难、由简单到复杂、由单一到综合，使解题教学具有系统性和结构性；

第三，要注意在思想方法上加强引导，把重点放在解题思路的探究上，具体解题过程应让学生自己完成；

第四，要注意加强与相关的理论知识的联系性，以提高解题的思维层次；

第五，要注意通过归纳、总结等，对解题过程进行反思，必要时可以进行推广，从具体题目中概括出一般结论。

总之，抽象性与具体性相结合的原则，即具体——抽象——具体的原则，在数学教学中有很广泛的应用。如果说严谨性与量力性相结合的原则对掌握教材的深度、广度起着特别重要的作用，那么抽象性与具体性相结合的原则就是安排教学过程的关键。

§7.4 巩固性与发展性相结合

知识的保持在学习过程中起着重要作用，因为牢固地掌握已学知识，是学习新知识的必要条件。如果所学知识不能得到有效的巩固，那么新知识的学习将无法进行。事实上，一切重新开始的学习是不存在的。

保持与遗忘是一对矛盾的两个方面，要保持知识必须与遗忘作斗争。导致遗忘的原因很多，为了巩固学习的知识，可以有针对性地采取相应的措施，为知识的有效保持创造条件。

一、学习内容的适量、有意义和组织

心理学的研究表明，在一般情况下，学习内容的多寡和保持率成反比。所以学习内容必须适量。总体上说，整个中学阶段的数学学习内容、每学期的学习内容乃至一堂课的学习内容都要适量，这是有效地保持所学知识的前提。

有意义的学习内容比无意义的内容容易识记和保持，其关键在于理解。关于理解的机制及其与记忆的关系，本套系列教材中《数学教育心理学》（第2版）的第158～166页有较详细的论述。总之，死记硬背对于数学学习是完全不适用的，即使记住了也会很快遗忘，即使记住了也不能灵活应用。所以，数学教学要强调学生的理解，在理解的基础上记忆。

数学中的很多公式必须理解了才有可能记住。为了帮助学生理解和记忆，设计一个体现知识发展过程的教学序列很重要。例如，排列组合知识的教学，我们不能只让学生记忆公式，而应当把公式的记忆与其产生的环境结合起来：

首先，让学生采用逐个列举的"笨"办法，解决"从 a，b，c 中任取 2 个不同字母的排列""从 a，b，c，d 中任取 3 个不同字母的排列"等具体问题，在列举的过程中强调"有序性"，并要求学生用语言把排列的过程表达出来，同时以"枝形图"辅助。

然后通过从具体到一般的推广而获得排列数公式。在"枝形图"的帮助下，很容易发现：三个步骤的可能取法分别是 4，3，2。这样，既为理解公式打下一定基础，又巩固了乘法法则。由四个元素中取三个元素的不重复排列数 $A_4^3 = 4 \times 3 \times 2$ 等，再归纳、推广到一般的排列数公式 $A_n^m = n(n-1)\cdots(n-m+$

1)，并在细节上向学生提问：公式中，最大的因数是什么？有多少个因数？依次排列下去各因式之间有什么关系？最后一个因式是什么？等。为了克服简单的形式记忆，应在每一问题之后问一句"为什么"，以帮助学生把形式与内容结合起来。另外，还要让学生熟悉公式的一些变形，例如：

$$A_n^m = n A_{n-1}^{m-1}, \quad A_n^m = A_n^3 A_{n-3}^{m-3}, \quad A_n^n = n(n-1)! \quad 等。$$

对学生进行公式变形的训练是促进公式的理解、记忆的常用方法。

教学中，加强新旧知识的联系性也是促进理解和记忆的主要方法。新旧知识形成紧密联系的意义在于使学生头脑中形成了结构功能强大的认知结构，旧知识在学习中发挥了有力的固着点作用，并在新知识的学习中得到巩固，收到"温故知新"的效果。新旧知识的联系，一般通过类比、推广和特殊化等方式来实现。例如，立体几何中的某些定义、定理以及法则等与平面几何中的相应内容有类似之处，如平行平面性质和平行线的性质，四面体的一些性质和三角形的一些相应性质，球面积的定义和圆面积的定义等。教学中如果经常运用类比的方法，学生就不仅能获得应当研究哪些线、面关系的启发，从而提出值得研究的立体几何问题，而且还能在研究方法上得到启发。

数学中，新旧知识的联系方式多种多样。例如，"互逆关系"——定理和逆定理、函数及其反函数、运算及其逆运算……"推广"——指数概念的推广、角的概念的推广、绝对值概念的推广（从一维到二维到任意维）、乘法公式的推广（由两数和的平方公式推广到二项式定理）……"特殊化"——余弦定理特殊化为勾股定理、根与系数的关系特殊化为韦达定理、四棱锥的重心特殊化为三角形的重心、三角形的重心特殊化为线段的中点等。

特别值得注意的是数与形的联系，这是一个事物或现象不同侧面表现形式在数学上的体现，是事物矛盾转化、辩证统一的体现。这样的联系对数学知识的巩固与发展意义重大，教学中应给予充分重视。例如，不等式的性质、求解和证明是教学的一大难点。注意到不等式无非是"数的大小比较"的推广，而数的大小关系可以用数轴上点的位置关系（左右顺序）来表示，因此在不等式的研究中始终注意用几何眼光看待问题，强调它的几何意义，对不等式的学习有积极影响。例如，利用绝对值的几何意义，对学生理解、证明和记忆不等式 $|a+b| \leqslant |a|+|b|$，$|a-b| \leqslant |a-c|+|c-b|$ 有很大帮助；利用绝对值的几何意义可以方便地理解不等式 $|ax+b| \leqslant c$，$|ax+b| \geqslant c$，$|x-c|+|x-b| \geqslant a$ 等的解法。

总之，数学知识之间联系方式的多样性，不仅为新知识的教学提供了平台，为学生的数学认知结构的发展创造了条件，而且也提供了巩固旧知识的契机。因此，数学知识的巩固与发展是相辅相成的，在巩固中发展，同时在发展中巩固。教学实践表明，"讲深讲透""深挖洞""一步到位"都是难以真正奏效的，其结果只能是机械学习、步步不到位。

与意义性有密切关系的另一个因素是组织。布鲁纳认为，人类记忆的首要问题在于组织，把知识按照某种结构组织起来，就有助于记忆。数学中，按有关知识的内在联系列成表格，或按有关内容的逻辑关系列出逻辑推演图，都是有效的组织，有助于记忆。这种组织工作是"思维加工"，是学习中的"由厚到薄"的过程。如果知识的逻辑关系不清晰、联系方式不明确，杂乱无章地"堆"在头脑中，那么对知识的理解、记忆和检索、应用等都会造成很大障碍。"组织"的本领是高水平数学能力的重要体现。

在"组织"中，因为数学的核心概念和思想方法是强力的联结点，具有强大的迁移能力，因此发挥它们的作用很重要。例如，将"数及其运算"中的概念、方法和思想妥加组织：

数——运算（加、乘、指数运算）和逆运算——运算律——大小关系

经过逐步拓展、推广，可以获得一系列重要数学内容的结构和思想：

式——运算（加、乘、指数运算）和逆运算——运算律——大小关系

"式"是引进不定元，即用字母代数的结果；数有整数、分数、指数幂等，式就有整式、分式、根式等；字母可以代表任意数，因此在讨论式的运算时，要注意由"任意"所产生的变化，以及与数的运算的差异；有系统地运用运算律（特别是分配律）去简化各式各样的代数式和代数关系，归纳地探索、发现、定义和证明各种代数公式、代数定理，是代数的基本大法，也是学习代数的基本功；"大小关系"就是"式的相等或不等关系"，由此发展出"等式的性质"和"不等式的性质"，这是考察"式在运算中的不变性"的结果。

解代数方程——有系统地运用运算律（特别是分配律）去简化所给的代数方程，并最终化归为 $ax=b$ 的形式。具体的，是对一元一次方程，二（三）元一次方程组、一元二次方程、二元二次方程组等的讨论，逐步引出多项式运算的基本性质和定理。

向量——运算——运算律——向量法

向量法实际上是利用向量表示空间基本元素，将空间的基本性质和基本定理的运用转化成为向量运算律的系统运用。向量运算不仅可以提供角度、长度等基本几何量的简捷好用的计算公式，而且向量运算律本身就代表了一些最基本的几何定理。

二、练习

练习对于巩固知识、形成技能、培养运用知识解决问题的能力是至关重要的。不做练习是不可能学好数学的。这里主要从巩固知识的角度作些讨论。

1. 练习要有明确的目的

练习题的选择要服从教学目的。如果是为了巩固知识，那就要注意"以新带旧""新旧结合"；如果既要复习旧知识，又要为教学新知识铺平道路，那么着重点就应放在新旧知识的联系点上；如果是为了纠正学习中出现的错误或解决疑难点，那就应对症下药，有针对性地选取那些能准确反映问题、纠正错误的习题。练习的目的性明确了，才能真正发挥习题的作用。

2. 对"多练"要正确理解

在第三章中，我们已从数学能力的培养的角度阐述过对这个问题的看法，下面再从巩固知识的角度作一简单讨论。长期以来，教学中存在着"题海战术"的现象。这是对"多练"的曲解，认为题目做得越多越好，"熟能生巧"，似乎多练就能巩固知识。但实际效果并非如此。心理学的研究表明，练习存在"报酬递减"现象，即随着重复学习频率的增多，保持的效率反而递减。另外，有些教师为了多练就草草结束概念、原理的教学，在学生没有弄清概念、原理的实质，不知道它们的应用范围时，就要求他们用概念、原理去解题，这样不但使练习的质量和效益低下，而且还导致机械学习，对学生的数学学习兴趣产生极大的负面影响，进一步地还会影响后续知识的学习，从而形成恶性循环。

"多练"有两方面的含义。一是练习要有一定的量，但要以使学生形成对概念的正确理解和记忆为限度，所以练习要讲究恰当的分量（数量、难度）；二是练习要讲究多样化，不搞机械重复性的练习，要以使学生建立当前概念与已有相关概念间的联系为依据。

练习到底需要多少量才能达到巩固新知识的目标，这是需要进一步研究的问题。另外，练习的方式也可以多种多样。例如，因为教材具有较好的结构性，能很好地反映知识的来龙去脉、重点和关键，所以及时地让学生在理解的基础上归纳概括并熟记教材的结构体系就是一种值得提倡的练习方法。教学中一定要强调课本的重要性，以课本为基本的依据。当前，有些教师认为课本"太简单"，教学中不以课本为本，而以教辅资料为本，课堂教学就是讲解教辅上的题目和让学生解答教辅上的题目，这是非常危险的。

3. 边讲边练，讲练结合

我们知道，单纯的新知识讲解、只针对新知识的训练的课堂教学是极少见的，一般都是新知识的学习和旧知识的复习交织在一起，知识的讲解、理解、记忆和练习融合在一起，即边讲边练、讲练结合是课堂教学的基本形式，只是要注意练的内容要有利于新知识的理解和巩固，不能因为练习的难度、复杂性过大而冲淡当前的学习主题，造成旧知识"喧宾夺主"。

三、复习

复习的目的不仅是让学生在记忆上重现数学的概念、公式、法则、定义、定理，或让他们回忆一些重要的解题方法，最重要的是要使学生梳理知识，进一步确定知识的内涵与外延，从而明确相关知识的逻辑关系，建立知识的相互联系，并区分相关数学知识和思想方法的异同，并能以新的、更全面的观点解释已有知识，最终使知识系统化、结构化。

总之，复习不是单纯的重复、再现知识点，也不是简单归纳某些解题技巧和题型。复习要为学生建立良好的数学认知结构，巩固和发展知识服务。

思考题

1. 结合当前的数学教育改革，谈谈你对处理课堂教学中各种矛盾关系的认识。

2. 为什么说"中学数学教学中，"双基"的教学可以培养学生的创新精神"？

3. 数学教学中，如何处理知识的系统学习与数学应用之间的关系？

4. 为什么说"没有教师的启发式讲解，中学数学教学质量和效益都无法保证"？

5. 举例说明：数学教学中如何根据学生的认知发展水平确定教学要求？

6. 为什么说具体——抽象——具体是数学教学的特点之一？请以某一数学知识的教学为例，说明教学中应如何做到抽象性与具体性相结合。

7. 举例说明：教学如何贯彻巩固性与发展性相结合的原则。

8. 你认为当前数学教学中存在的"以解题训练代替"双基"教学"的现象，对学生掌握数学知识、发展数学能力有哪些危害？

第八章　中学数学教学的常规工作

中学数学教师的日常工作，包括备课、上课；作业的检查与讲评；课外辅导；学习成绩的考核与评价；等。本章围绕课堂教学，着重对教学过程与方法、备课与教学设计、教学手段的选择、课堂教学的组织与实施、教学评价等进行讨论。

§8.1　教学过程与方法

一、教学过程

数学教学过程是一种特殊的认识过程，它既要遵循教学过程的一般规律，也要反映数学课程的特殊要求。

1．教学过程概述

教学过程是复杂性的，人们对它的理解是多方位的。例如，认识说、特殊认识说、发展说、双边活动说、复合说、认识—实践说、认识—发展说等。

我们认为，数学教学过程是学生在教师指导下有目的、有意识、有计划地掌握数学"双基"、发展数学能力的认识活动，也是学生在掌握"双基"、发展能力的过程中获得全面发展的实践活动。这一过程包括认识和实践两个方面，是认识与实践统一的过程。作为一种特殊的认识活动，其特殊性表现在：

第一，认识对象的特殊性。数学教学中，学生所学的数学知识往往是由教师精心设计的，有特定的情境。

第二，认识目的的特殊性。数学教学的目的是引导学生主动思考，使他们理解和掌握人类社会已有的知识，从而为终身发展打下基础。

第三，认识条件的特殊性。学生的认识活动有教师的精心指导，其中，认识材料和认识过程都经过教师的精心加工和再创造，这就可以避免或减少学生认识上的失误，走一条主动发展的"捷径"。

第四，认识任务的特殊性。数学教学中，学生不仅要掌握数学"双基"，而且要在经历"再发现"过程中，领悟数学思想方法，发展智力，培养数学能力，形成理性精神和良好的个性心理品质。

从实践角度看，数学教学过程中实践的特殊性表现在：

第一，实践目的的特殊性。数学教学中的实践活动，其目的是掌握抽象的数学知识，发展数学思维能力，根本目的是实现学生的发展。

第二，实践环境的特殊性。数学教学中的实践活动，主要在课堂这一特定环境中完成，教师根据教学任务，事先进行精心设计，并对学生的实践活动进行引导和调控。

第三，实践过程的特殊性。数学教学中的实践活动，其过程是"具体——抽象——具体"，很多时候也表现为在抽象概念指导下的实践活动。

第四，实践方式方法的特殊性。教师可以通过直观教具、模型演示、例题示范、调查研究等多种形式丰富学生的感性经验，提高学生的认识水平。

2. 数学教学过程的基本要素

数学教学过程受社会、学生和数学学科特点的制约，既包含教师的"教"，又包含学生的"学"，是教与学矛盾统一的过程。从"学"的角度看，数学教学过程不仅是在教师指导下学习数学知识、形成技能的过程，而且还是学生发展智力、形成数学能力的过程，也是理性精神和个性心理品质发展的过程，学生、教师、数学教学内容、教学方法、教学媒体、教学环境、校园文化等都是影响教学效果的直接因素，其中，教师、学生和教学中介是三个基本要素。

（1）教师

教师是教学过程的一个基本要素。数学教师要通过教学，向学生传授系统的数学知识，指导学生掌握数学学习方法，主动、有效地学习，引导他们树立科学的世界观，营造有利于学生全面发展的教学环境。

教师是教学过程中"教"的主体。教师必须根据学生的实际，依据一定的教学目标，选取适当的教材，对教学内容进行教学法加工，使其转变成学生可接受的知识；采取符合学生认知特点、满足学生认知需要的教学方法和手段，向学生传授这些教学内容，引导学生的学习；等。教学质量好的教师往往善于创设恰当的问题情境，激发学生的学习动机和兴趣，使学生亲身体验到数学"发现"的奥秘和乐趣，重视培养学生用数学知识分析和解决问题的能力。

（2）学生

教学过程中的学生要素，指的是学生的心理发展水平、已有的智能结构、个性特点、能力倾向和学习的准备状况等。

学生是教学的对象，又是"学"的主体。"教"与"学"的矛盾中，"学"是矛盾的主要方面，即学生的学是教学中的核心问题，"教"的目的是为了学生的"学"。教学中，归根到底要通过学生的主动学习才能达到教学目标，其他任何人无法替代学生的认知活动和情感体验。只有通过学生的独立思考才能使书本中的数学知识变为他们头脑中的东西；只有发挥学生的主观能动性，才能在数学学习中主动探究，锻炼和提高他们的数学能力；只有经过亲身体验，经历"再发现"的过程，才能使学生认识数学的价值，培养科学思维和理性精神。教师应树立科学的学生观，充分调动学生的主体精神，在学习"双基"的过程中，发展智力，培养数学能力。

（3）教学中介

教学中介是教学活动中教师作用于学生的全部信息，包括教学目标、教学内容、课程、教学方法和手段、教学组织形式、反馈和教学环境等子要素，其中的主体是教学内容。教学目的主要是通过具体的数学教学内容、课程与方法来实现的，课程受制于教学目的，方法受制于课程，教学环境受制于外部条件，师生交往互动是师生双方围绕课程目标而产生的。教师的责任就在于充分和有效地利用各种教学中介，使学生有效学习和主动发展。

上述三个要素既相互独立又相互制约，并与校园文化等其他要素构成一种特殊的活动系统。为此，教师应充分发挥各要素的能动作用，改善各要素间的互动关系，以形成一种提高教学质量、促进学生发展的合力。

3. 数学教学过程的主要矛盾

第七章曾经讨论教学中应当处理好的各种关系。事实上，这些关系都是教学中的矛盾关系。进一步地，数学教学过程中，教师、学生、数学教学内容是三个基本的要素，教学中的主要矛盾就是这三个要素的对立、交流、互动的结果：教与学的矛盾；学生的认知特点与数学学科特点的矛盾；学生的认知发展水平与数学教学内容之间的矛盾。

（1）教与学的矛盾

教与学的矛盾是教学过程中各种矛盾中最基本的。教学过程中，教和学的目的、作用、认识对象等都不相同，因而形成差异和矛盾，但它们又有机地结合在一起，统一于教学过程中。教师是教的主体，在贯彻教育方针、确定教学目标、选择教学方法、组织教学活动中起着主导作用；学生是学的主体，是受教育的客体、施教的对象。教师的教是为了学生的学，离开学生这一学的主体，主导将失去存在的价值和依据；学生的学又反作用于教师的教，学生的主动发展是促进教学变革的原动力。教与学的矛盾不断发展、运动和变化，并推动着教学向教学目标不断运动和发展，反映了教学中师生相互作用的规律性。

（2）学生认知特点与数学学科特点的矛盾

我们知道，数学具有抽象性、严谨性和广泛的应用性。虽然中小学数学知识是初等数学，与实践的联系比较紧密，有一定的直观性和操作性，但对学生而言仍是十分抽象的。由于学生的抽象逻辑思维水平不高，因此还不足以独立完成数学学习任务。因此，学生的认知特点与数学的学科特点存在矛盾：数学的抽象性与学生抽象逻辑思维水平不高的矛盾；数学的严谨性与学生思维的简单化、直观化的矛盾；数学的广泛应用性与学生的经验不足的矛盾。这些矛盾的解决是数学教学的最重要任务。

（3）学生认知发展水平与数学教学内容的矛盾

心理学研究表明，从小学到中学，随着学生的思维从具体形象思维到抽象逻辑思维的不断发展，他们的认知水平也在不断发展。这一发展呈现阶段性，同时不同个体之间也存在差异，由此导致了数学教学内容与学生认知发展水平的矛盾。这个矛盾包含两方面：一是学生认知发展阶段与数学教学内容的矛盾，主要体现在学生认知发展水平落后于数学教学的要求；二是不同学生的个性差异与统一的数学教学内容的矛盾。这一矛盾的解决，原则是要让教学适应学生的认知发展水平，关键是教学不能操之过急，要安排好教学的层次，给学生一个从具体到抽象的概括机会，经历从不严谨到严谨的过程。

4. 数学教学过程的动力

总的来说，数学教学过程中各种矛盾关系的运动、变化就是教学过程的动力系统。在各种矛盾关系中，教师、教材、学生之间的矛盾关系起主要作用，归根结底，学生现有数学知识基础和数学能力发展水平与数学教学要求之间的矛盾是教学的决定性动力。

在具体的教学过程中，学生在数学学习中产生的认知冲突，是数学教学过程中各种矛盾关系在学生学习过程中的集中体现。教学中应充分利用各种矛盾关系来激发这种认知冲突，从而形成学生强烈的好奇心和求知欲，驱动学生积极主动地学习。为了有效地激发认知冲突，应当强调"问题引导学习"的重要性。

我们认为，正确地理解和认识数学教学中的矛盾和动力，是有效地进行数学教学的一个重要因素。教学过程中产生矛盾是必然的，有矛盾才会有发展。教师的任务在于发现甚至"创设"矛盾，让矛盾暴露出来，促使矛盾激化，帮助学生在解决矛盾的过程中发展自己的知识结构，培养数学思维能力。可以说，教师的教学能力正是表现在处理教学中各种矛盾的能力上。

二、教学方法

1. 教学方法概述

教学方法是指课堂教学中教师教的方式和学生学的方式的总和。这些活动方式的目的是为了使学生掌握知识和技能，培养学生的创新精神和实践能力，发展学生的个性品质。它表现为教师教的方法、学生学的方法、教书和育人的方法，以及师生交流信息、相互作用的方式。

教学方法主要有下面几个特点：

第一，教学方法反映了"教"和"学"这一双边活动的相互作用关系；

第二，教学方法是为了达到教书和育人的目的而进行的一种有规则的活动方式；

第三，教学方法是由各种教学方式组成的。

值得注意的是，不能把教学方式和教学方法混为一谈。一般而言，教学方式是教学方法的细节。例如讲授法是教学方法，采用讲授法时，教师可以叙述某个事实、解释某种现象、论证某个命题、推导某个公式等。这里，叙述、解释、论证、推导等就是讲授法的一些教学方式。

教学方法和教学法也不能混为一谈。教学法的含义比教学方法要广泛得多。教学法研究的对象，包括整个教学工作的理论和实践，所有关于教学过程、教学原则、教学内容、教学方法以及教学的组织形式等问题，都是教学法的研究对象。所以，教学法包括教学方法这一概念。

教学方法是决定教学成败的关键因素。教学既是科学又是艺术，它需要结合当前的教学内容和学生实际进行创造性设计和实践。科学地运用教学方法，其实质就是用最短的时间，最大限度地发挥学生的智慧潜力，达到教学的高效率、高质量。教师应根据数学的学科特点、不同阶段的教学任务和要求、学生的认知发展水平和个性差异等，选择和运用有效的教学方法。

数学教学的基本方法有讲授法、问答法、练习法、自学辅导法等。随着社会的发展，对各级各类人才的创新精神和实践能力的要求越来越迫切，那些能充分发挥学生主体作用、调动学生主观能动性的教学方法越来越受到重视，探究、合作、交流等方式应用得越来越多。

2. 中学数学教学中常用的教学方法

（1）讲授法

讲授法是教师用语言向学生传授知识的方法。在中学数学教学中，讲授法是一种主要的教学方法。

　　讲授法的主要优点是：教师经过精心设计，用系统的语言讲授引导学生进行数学学习。相应地，学生在课堂上采用接受式学习，将教师讲授的数学知识纳入自己的认知结构，达到学习目的。讲授法通过教师合理使用各种教学素材，形象生动的类比，与学生的思维逻辑相适应的分析、推理，引导学生的数学思考活动、理解数学知识、发展数学能力，具有省时、高效的特点，能使学生在短期内获得大量数学知识。

　　虽然在班级授课制下，讲授法的优势较明显，但也有它的局限性。一般的，讲授法以教师讲、学生听的形式为主，比较容易形成"满堂灌"的局面。由于师生交流方式比较单一，讲解过程中学生的思维活动难以观察，因此学生数学思维参与度也难以把握，这也会对学生的数学理解造成不利影响。

　　鉴于讲授法的上述优点和局限，在运用讲授法时要注意以下几个问题。

　　第一，保证讲授内容的科学性和思想性、系统性和逻辑性。要做到概念明确、判断准确、推理合乎逻辑。条理清晰、层次分明、重点突出、详略得宜、深浅适度、通俗易懂、生动有趣是讲授成功的首要条件。讲授要避免"乱""散""平""空"。简言之，就是要抓住教材的重点、难点和关键。

　　第二，强调讲授的启发性，注意调动学生的思维积极性，促进学生主动思考。这就要求教师善于运用典型事例，创设问题情境，提出思考问题，在生动、严谨的数学推理论证过程中，引导学生的数学思维活动，给学生以如何探究数学问题的示范，培养学生的思维能力。教师要善于把自己提出问题、分析和解决问题的过程变成学生的认识过程。

　　讲授过程中，启发的关键在于设疑、激疑和解疑。"疑"是深入探究知识的起点，有"疑"才有"问"，有"问"才有"究"。有"疑"是积极、主动和自觉地学习的表现。教师的讲解，首先要善于设疑，以激发学生的认知冲突，从而使学生的思维积极"卷入"教师的讲解活动；其次，要激发学生自己提问，这就要在讲解中为学生提供独立思考空间，做到"道而弗牵，强而弗抑，开而弗达"；再次，对学生提出的问题，教师要"想学生所想"，有说服力地做好"答疑解惑"。

　　通过"设疑"而引发学生的"愤悱"状态，是启发式讲授的灵魂。为此要注意下面几点：

　　①要有目的性，"疑"可为讲授重点而设，也可为突破难点而设，还可为诱导思维而设；

　　②要针对当前内容的本质，有利于引导学生深入理解数学概念；

③要明确、具体，注意避免设置模棱两可、似是而非、引起误解的疑问；

④要注意设疑技巧，力求把问题提得巧妙、有趣，有利于激发学生探索的兴趣；

⑤要把握好"度"，所设问题是学生经过努力可以解决，也就是要将问题提在学生的思维"最近发展区"内。

第三，要恰当、有效地使用板书。板书是教学的有机组成部分，与口头讲授、教具演示等相辅相成。恰当地设计和正确地使用板书，可以提高教学效果。因此，教师必须探究板书的艺术。

板书要有设计。通过板书，使教学内容得到简明扼要、有系统的反映，如教学内容发生发展过程的基本线索、基本概念、重要结论等。板书所反映的本课内容结构，是教师引导学生进行课堂小结的有力帮手，可以帮助学生在头脑中形成知识系统。设计时要精心考虑：哪些内容擦哪些不擦，什么先写什么后写，色彩如何使用，图文如何配合，重要的例题放在什么位置，标题应写在何处等。板书设计水平是教师对教材理解程度的反映，也是对教学方法的检验。

（2）问答法

问答法是指教师根据学生的已有认知基础和当前的学习需要提出问题，学生在问题的引导下积极、主动地思维，并通过对话的方式回答问题，在"问"与"答"的过程中探究新知、得出结论、获得新知的方法。因此，问答法也叫启发式谈话法。当然，在教学进程中，有时也会穿插学生问教师答，即通过问答解决学生的疑问。教师应鼓励学生提问，从中可以了解他们理解教材的程度，从而可以有的放矢地采取补救措施。

这一教学方法在新知识教学、练习课、复习课等都可以使用。

问答法的主要优点是：

第一，师生互动性强，教师通过提问或反馈将教学意图传递给学生，学生通过回答将自己的理解状况传递给教师，及时地交流而产生的互动性是问答法的显著特点之一；

第二，活动方式灵活多样，在教师提出问题后，学生通过独立思考获得答案，然后采用操作演示、语言表述等方式回答问题，教师可以根据学生回答的情况及时调整提问的深度、广度，因此在"问"与"答"的活动中，师生活动方式的灵活多样是另一个特点；

第三，有利于调动学生思维积极性，用问答法教学时，恰时恰点的问题能有效地激发学生的思维积极性，引导他们主动地开展分析、比较、归纳、概括等思维活动，使学生的大脑始终处于兴奋状态；

第四，保持活跃的课堂气氛，有利于锻炼学生的数学语言表达能力；

第五，教学反馈及时，教师可以马上从学生的回答中获得学生对知识理解情况的信息，并可以有针对性地作出反馈。

问答法也存在一些值得注意的局限。首先，问答法对教师的教学能力要求较高，特别是提出"恰时恰点"的问题成为使用问答法的最大难点，如果问题不在"点"上，容易造成学生的思维混乱；其次，也是因为教师的"问"不恰当，问得非常琐碎，学生不需要经过深入思考就能回答，这时的问答过程就变成了"注入"的另一种形式；再次，由于不同学生的差异性，提出适合全班学生的问题非常困难，因此问答过程容易变成少数思维灵活、性格外向学生的"表演"过程。

问答有两种：一种是传授新知识的问答，即由教师根据教学要求提出一系列连贯性问题，引导学生依据已有知识经验，或根据对当前事物和现象的观察，开展积极的思维活动，指导他们得出正确结论；另一种是巩固知识的问答，即通过设置一系列问题，引导学生回顾已学知识，反思学习过程，体会数学思想方法，检查对知识的理解程度，达到融会贯通、巩固知识的目的。

运用问答法进行教学，要注意以下几点：

第一，问题要"有意义"，也就是要反映当前教学内容的本质。例如，在"椭圆的概念"的教学中，许多教师在播放"神舟"飞船的太空飞行录像后问学生，"飞船的飞行轨迹是什么？"这是一个没有意义的问题，因为飞行的情境中并没有反映出椭圆的本质特征。实际上，用两个图钉固定一根细线的两端，作出椭圆图形后提问："你能从作图过程中得到椭圆的几何特征吗？"这样的问题才能起到有效引导学生思维的作用。

第二，要在学生的思维"最近发展区"内提问，即问题的难易要适当，使学生能"跳一跳够得着"。

下面以"三角函数诱导公式"教学中几种提问的比较作一说明。

问题 1　你能利用圆的几何性质推导出三角函数的诱导公式吗？

问题 2　α 的终边、$\alpha+180°$ 的终边与单位圆的交点有什么关系？你能由此得出 $\sin\alpha$ 与 $\sin(\alpha+180°)$ 之间的关系吗？

问题 3　我们可以通过查表求锐角三角函数值，那么，如何求任意角的三角函数值呢？能否将任意角的三角函数转化为锐角三角函数？

问题 4　三角函数与（单位）圆是紧密联系的，它的基本性质是圆的几何性质的代数表示，例如，同角三角函数的基本关系表明了圆中的某些线段之间的关系。圆有很好的对称性：以圆心为对称中心的中心对称图形；以任意直径为对称轴的轴对称图形。你能否利用这种对称性，借助单位圆，讨论一下终边与角 α 的终边关于原点、x 轴、y 轴以及直线 $y＝x$ 对称的角与角 α 的关系以及它们的三角函数之间的关系？

上述四个问题中，问题 1 过于宽泛，没有对"圆的几何性质"与"三角函数"两者的关系作任何说明，指向不明，学生"够不着"；问题 2 过于具体，学生只要按照问题提出的步骤进行操作就能获得答案，思考力度不够；问题 3 与当前学习任务没有关系，"功利"而且肤浅，没有思想内涵，与诱导公式的本质相去甚远，不能导致探究诱导公式的思维活动；问题 4 有如下特点：从沟通联系、强调数学思想方法的角度出发，在学生思维的"最近发展区"内，提出恰当的、对学生数学思维有适度启发的问题，所以具有适切性、联系性、思想性，可以直接导致学生探究、发现诱导公式的思维活动。

第三，问题要提得具体、明确，易于被学生理解。

例如，在统计教学中，有的教师安排了这样的活动：

师："一个橘子有几瓣？"

生："不知道。"

师："怎样才能得到答案？"

生："数一数。"

师："好。现在每人发给一个橘子，请大家数一数你手中的橘子有几瓣，并与同桌交流，小组统计，然后全班统计。"

学生掰开橘子，各自数完后，按要求得到全班的统计结果。数据显示，橘子的瓣数不是固定的。这时如果教师提出：

"观察数据，你认为一个橘子大概有几瓣？"

那么学生的思维就会被引导到思考"用这组数据的哪个数字特征作为橘子瓣数最合适"上。但教师却提出了如下问题：

"同学们，接下来我们该怎么办？"

由于这个问题过于空泛、抽象，学生不知从何答起。有一位学生轻声回答："吃"。教师不满意，接着追问："怎么办？"有几个学生大着胆子回答："吃！"教师着急地第三次问："怎么办？"全班同学齐声答："吃！"

这是一个由于问题提得不明确、具体而导致教学失败的典型例子。

第四，要根据当前所学知识的发生发展过程设置问答内容，以引导学生逐步深入，直至得出结论。

例如，"多边形的内角和定理"的教学，可循着如下过程设置问答内容：

问题1（引导性问题）　我们已经知道，三角形内角和等于180°，那么多边形的内角和等于多少呢？能否利用三角形的内角和定理推出多边形内角和？

问题2　数学研究中，一般情形不容易解决时，常常从特殊情形入手。我们知道矩形的内角和为360°。你能否利用三角形内角和定理推导出这个结果？（有360°的导向作用，有利于学生想到"将矩形剖分为两个三角形"。）

问题3　是否任意一个四边形的内角和都是360°？为什么？

问题4　类似地，你能推导出五边形的内角和为多少度吗？六边形呢？

问题5　对于一般的凸 n 边形，其内角和为多少度？你能证明吗？

上述问题系列，基于"从特殊到一般"的设计思路，着眼于"将多边形的内角和问题化归为三角形内角和"，引导学生一步步逼近结论。

第五，要面向全体学生提问题，不要总是提问那些学习好的学生。如果学生不能顺利回答，那么就要对问题进行适当调整或进一步启发。问答结束时，教师应进行总结，作出明确的结论。

（3）读书指导法

读书指导法就是在教师指导下，学生通过自主阅读教科书和参考书而获得知识的方法。这里特别要重视教科书的作用：首先要求学生预习某些教材，这样便于教师精讲重点、难点和关键；其次，课堂教学中，应通过各种方式引导学生阅读教科书，例如，要求学生在认真阅读教科书的基础上指出当前所学概念的关键词，可以用怎样的等值语言表述等；再次，要求学生以教科书为线索进行课后复习、阶段复习等。

指导学生阅读教科书时，应要求他们经历"由薄到厚，由厚到薄"的过程。即首先应当仔细地阅读、深入地理解教科书，在这个过程中要注意引导学生加强相关知识的联系，用自己的语言解释各种数学名词、术语等，从而把书读厚了；在"读厚"的基础上，应当要求学生对已经学习的内容进行提炼概括，整理出核心概念体系以及相应的数学思想方法。

当前，不重视教科书的现象有各种表现。"不是教教材，而是用教材教"的提法引起许多误解，甚至被有的教师当成不重视教科书乃至脱离教科书进行教学的借口。教学中，匆忙结束基本概念、原理的教学，把大量时间用于解题训练的现象非常普遍。更有甚者，有的教师认为教科书"太简单"，难以应付中考或高考，因而抛开教科书，对阅读教科书不作严格要求，把教辅资料作为教学的依据，投入大量精力去解答其中的题目。这是一种舍本逐末的做法，不仅会对学生掌握基本概念、形成良好的数学认知结构造成严重影响，而且也难以达到解题训练的效果。

（4）练习法

练习法就是在教师的指导下，学生通过独立作业，理解和掌握知识、形成技能、发展解题能力的教学方法。一般地，学生必须通过练习才能达到数学学习目标，因此练习法是数学教学的常规方法。

使用练习法进行教学应当注意如下问题：

第一，练习要有明确的目的性。要根据教学内容和学习的不同阶段安排练习。不仅教师自己要对练习的目的心中有数，而且要使学生知道练习的目的。一般地，在教学新知识之前的练习是为了唤起当前学习所需要的已有知识；在讲解数学概念、定理、公式、法则等以后的练习是巩固性练习；综合练习的目的是为了建立知识之间的联系，从而使学生形成良好的认知结构；等。

第二，练习要注意循序渐进，在难度、综合性等方面逐步提高，应当先易后难、先单一后综合。

第三，练习量要适度。练习量太少的话，达不到巩固知识、领会思想方法的目的；过量的练习不仅浪费时间，而且可能导致学生的厌烦心理。

第四，练习要采取多样化的形式。不仅有纸笔练习，还要有操作性、实践性的练习。

第五，要及时对练习进行评价。经验表明，在学生练习后及时批改、讲评，既介绍练习中出现的好方法，又指出错误以及出现错误的原因，也就是说及时给学生反馈练习情况，对增强学习效果有很重要的意义。

总之，讲授法、问答法、读书指导法和练习法是传授间接知识的几种主要方法，它们在教学中相互交叉、配合，在课堂教学中共同发挥作用。一般地，学生难以独立掌握的内容，应当以教师讲授为主；学生已有一定的知识基础，在教师引导下可以独立学习的知识，可以采用问答法、练习法等；那些比较容易的内容，可以指导学生从教科书的阅读中独立获取知识。不过，在中学数学课堂中，启发式讲授是用得最普遍的方法，数学课常常是讲讲、问问、练练、读读等多种方法综合使用。

三、启发式教学思想

前已述及，教学方法虽然是由许多具体的教学方式和手段构成的，但又不是各种方式和手段的简单组合。它有一定的指导思想贯穿其中，形成一个体系。例如，"启发式教学""注入式教学"主要是指某种教学方法体系的指导思想，而不是单指某一具体的、个别的教学方式或手段。

启发式教学思想源远流长。我国古代伟大的思想家、教育家孔子首倡启发式教学思想。"启发"一词，来源于孔子的"不愤不启，不悱不发。举一隅不以三隅反，则不复也。"这一论述虽然言简意赅，但内涵极其丰富，从教学的动机、教学的目的、教学的逻辑起点和过程、教与学的关系等诸方面揭示了教学的规律。当学生处于一种"愤悱"状态时，即处于"心求通而未得之意""口欲言而未能之貌"时，教师采取适当的教学措施进行指点，而使他"开其意""达其辞"，并在此基础上"举一反三"，达到融会贯通的目的。我国古代创造的启发式教学方法也是非常丰富的。善于比喻，善于问答是其突出的特点。《学记》认为："君子之教，喻也。道而弗牵，强而弗抑，开而弗达。道而弗牵则和，强而弗抑则易，开而弗达则思。和、易、以思，可谓善喻也。"其大意是：优秀教师的教学，善于诱导。他引导学生但不牵着学生走；严格要求学生但不过分施加压力而使学生感到负担沉重；开导学生但不和盘托出，以引导他们独立思考。引导但不牵着走，就使教与学的关系变得和谐；严格要求但不过分施压，就使学生对学习感到快、易而不产生畏难情绪；开导但不灌输，就可以培养学生独立思考而自求答案。如果使学生真正做到了不畏难，感到快、易而又能独立思考，就可以说是善于诱导了。诱导就是启发，使学生先感到"和""易"，是为了培养独立思考，营造乐于独立思考的心理氛围，"以思"的"以"说明了"和""易"是启发的前提。

教学改革的关键是教学思想的改革。因为教学思想对教学活动起着定向的作用，以不同的教学思想指导教学实践，就会产生不同的教学效果。只有在正确的教学思想指导下，教学活动才能符合学生的认知规律，才能充分调动学生的学习积极性和主动性，才能培养学生的独立性和创造精神。数学教师确立启发式教学思想是其教学取得成功的根本保证。因为作为贯穿教学过程始终的启发式教学思想，其核心是：学习是学生的一种特殊的认识过程；教学是教与学交互作用的双边活动，是师生双向反馈的教学相长的过程；学生是教学的主体，教师是教学的主导；教师根据认知目标与情感目标并重的要求安排教学过程，充分调动学生的知、情、意、行等诸方面的积极性，引导学生独立自主地开展思维活动，融会贯通地掌握知识，发展智力，培养能力，实现教育目标，达到全面发展。

关于贯彻启发式教学思想的具体要求，请读者查阅本套系列教材中的《数学教育心理学》（第2版），不再赘述。这里只强调一点，即不能把启发式教学单纯地理解为具体的教学方法。另外，教师问学生答的方式并不一定就是启发式；教师讲学生听也不一定就不是启发式。关键还是要看学生的思维是否有实质性参与，是否有真正的独立思考。

§8.2　备　课

一、备课的工作内容及其程序

备好课是上好课的先决条件。备课的工作内容包括钻研"标准"和教材、深入了解学生、选择教学方法、开发教学资源、制定教学工作计划和单元教学计划、编写教案等。

"标准"和教材是教学的依据，因此，对它进行认真钻研是教师备课的首要任务；学生是教学的对象，教学必须结合学生的实际，课前不了解学生的情况，就很难保证课堂教学的效果；明确了教学目标和内容后，需要有与之适应配套的教学方法来实现目标；仅仅靠"标准"和教材还不足以高质量地完成教学任务，还需要利用各种教学资源，例如，相关的数学著作、数学教育理论与实践著作、各种数学教育杂志、信息技术资源等。有了对"标准"、教材、学生及教学内容和方法的准备，就可以编制学期教学工作计划、单元教学计划和每堂课的教案。

一般地，备课工作按照"由大到小，由粗到细"的程序进行。所谓"由大到小"是就范围而言的，即先进行学期总备课，再单元备课，最后是备每一堂课。"由粗到细"指的是备课的深度。例如，对教材的钻研，在整个备课过程中至少要三次：第一次是开学前对教材的通读，目的是在整体上了解本学期的教学内容，把握教材的结构体系，这时的阅读相对于后两次来说可"粗"些，许多教师为了熟悉教材，不仅通读一遍，而且还把其中的练习、习题、复习题等都动手做一遍，这是非常好的，应该提倡；第二次是对一个单元教材的重读，其目的是明确近期教学内容，并将它们组织成精当的单元教学系列，这时就需要对单元中每一节课的内容的关系进行研究，需要做细致的工作；第三次是在编制一堂课的教案之前对教材的钻研，目的是从细节上把握教材，需要对概念在发生发展过程中的每一个环节进行精心的分析、推敲，这就需要对教材钻研得深入、透彻。学期教学工作计划、单元教学计划和编写教案则依次是"由大到小、由粗到细"的备课程序中，三个不同阶段的产物。

学期教学工作计划，具体说就是教学进度表（其中也包括考试、考查的内容和时间），这种计划一般是由学校规定，然后年级组再作一些具体要求，自己的独立性比较少。

单元教学计划比学期教学工作计划具体、细致。这时需要进行集体备课，要对单元的教学要求、课时分配、开发哪些教学资源、例习题的选择和补充、单元检测等作出安排，其中要对单元中每一课的教学内容、教学目的、课的类型等作出安排。

二、教案的编制

教案的编制实际上就是课时教学计划的制订与编写，因此首先让我们研究一下课时教学计划（即教案）的编写程序。

1. 钻研教材

（1）把握教材的来龙去脉，特别是数学概念、原理的发生发展过程。这里不仅要准确把握本课新授概念的内涵、外延，而且要分析清楚它的背景和应用，从而准确把握本课教学内容的地位和作用。

（2）把握教材的深度和广度的要求。一方面根据教材地位、作用的分析，把握好教学要求的分寸；另一方面，认真分析课本例题、习题，从中揣摩本节课应当达到的认识水平层次。

（3）把握与本课知识相应的数学技能、能力要求。这里主要应依据循序渐进的原则，根据本节课的内容特点、所反映的数学思维水平要求等，思考应培养哪些数学能力，并提出落实的措施。这是备课中很重要的一环。

2. 了解学生

"了解学生"主要是了解学生的认知准备状况和思维发展水平。

（1）根据自己以往的教学经验和学生已有的表现，分析学生已经具备哪些知识和能力，已有怎样的认知准备。其中特别重要的是要了解学生的数学概念掌握水平，准确估计学生的接受能力。

（2）通过新知识的认知过程分析，对将要学习的新知识与已有的知识基础之间的潜在距离作出估计，特别是要分析学生在知识、技能上存在的缺陷，以及数学思维能力的不足，并提出弥补的措施。

3. 确定教学目的

根据单元教学要求，在明确了教材的地位、作用，并对学生情况有了较全面了解后，就可以确定教学目的了。制定教学目的应注意：

（1）既要明确基础知识、基本技能应达到的程度，又要明确数学思想方法和观点的要求；既要提出在已有水平上掌握新知识的要求，又要明确如何为后续学习做好准备。

（2）根据学生的实际提出恰当要求。"标准"按"了解""理解""掌握""灵活应用"四个层次，对教学内容提出了相应的教学要求。编写教案时，应当以此为依据，并结合当前学生的实际确定教学目的。

（3）教学目的是一堂课的纲，"提纲挈领""纲举目张"都是对确定教学目的重要性的写照，所以必须在明确的教学目的下完成教案的编写。

确定教学目的是一项非常重要的工作，我们将在后面讨论教学设计问题时进行更深入的研讨。

4. 选择教学素材

教学素材应当服务于教学目的。教学应以课本为基本依据，因此基本素材应出自于课本，但要考虑为达到目的是否还需要别的材料，如引入需要怎样的背景素材，为学生搭建新知识的认知台阶需要哪些过程和材料，课本例题是否符合自己班级学生的实际，数量够不够，要哪些变式训练的材料等都要一一考虑。由于课本要强调使用范围的普遍性，不能完全适应自己班级学生的学习需要，所以往往需要根据当时当地的学生状况，补充、完善教学素材。材料来源是参考书或根据教学目的自编。为了增强针对性，要大力提倡教师自编。使用参考书中的素材，也要注意精心挑选，特别是让学生做的题目教师自己一定事先要做过。在当前，由于经济利益驱动而使粗制滥造的教辅资料泛滥的情况下，教师更要增强责任感，有选择地使用教辅资料。

5. 确定重点和难点

所谓重点，就是那些在进一步学习中起基础和联结纽带作用的知识，这些知识在学生的数学认知结构中起"固着点"作用。一般地，教材中的概念、公式、法则、定理以及由内容反映的数学思想方法都是重点。备课时要纵观全局、分清轻重，根据教材的地位、作用和教学目的，确定一堂课的教学重点。确定重点也应"由大到小，由粗到细"。例如，三角形的内角和是重点；"多边形内角和"中，将多边形内角和"化归"为三角形内角和为重点。"相似形"的内容中，"相似三角形"是重点；相似三角形中，相似三角形的定义及三个判定定理是重点；三个判定定理中，又以第一个定理为重点。这样层层分析，就使重点更加明确，便于教学时掌握。

只有在备课时对教学内容有了全面把握，并明确了重点，把握了关键，教师的教学才能做到削枝强干、重点突出，层次分明、循序渐进，集中精力于核心内容。

所谓难点，是指那些学生比较难理解的内容。一般而言，抽象性强的、综合程度高的、不容易在学生已有认知结构中找到"等值语言"的，或与已有经验的联系不明显的，都容易产生学习困难。难点的确定，一方面靠教师对教学内容的本质和相互联系的深刻认识；另一方面靠教师了解学生学习心理，深入了解他们的思维过程，注意不断积累经验。有经验的教师往往通过课堂提问、课后辅导、批改作业、分析试卷等方法，发现学生疑难所在。疑难一经发现，不仅可以及时地、有针对性地帮助学生解决疑难，也可作为以后教学相应内容时确定疑难的借鉴。当然，不同班级的学生情况不同，备课时还需根据当时的具体情况加以考虑。

教材中的难点，有的也是重点内容，有的则不是重点内容。既是难点又是重点的内容，当然要特别重视，很好地解决。即使是难点而不是重点，也要充分注意，否则学生遇到困难，往往会影响重点内容的学习。

一般地说，新概念、新方法都比较难。例如，有经验的教师知道，函数、轨迹等概念，学生初次遇到不容易接受；又如，学生初次学习"反证法""同一法"等证明方法，也比较困难。甚至新的符号、新的记法也可能使学生感到为难，例如，绝对值的符号、三角函数与反三角函数的符号、用三个字母表示角的记法（将角的顶点上的字母放在中间的记法）等，都是初学时不易掌握的。

数学教学中，解决难点的主要办法是分散难点、各个击破。例如，推理论证的入门这一难点，在平面几何中正式提出要求，但可以在代数学习中进行适当训练。这样，经过一定时期的酝酿，难点的突破就水到渠成了。当然，难点的突破归根结底要靠学生利用自己已有的知识经验和数学能力，所以充分、有效地建立新旧知识的联系，是突破难点的根本。

6. 明确教材的结构和主次

数学教材是按一定的逻辑顺序编排的，各部分知识是相互关联的。另外，学习过程是特殊的认识过程，要经历由具体到抽象，由感性到理性的过程。这样，教学过程就要把这两者结合起来。两者结合得好，教学效果才会好。

课堂教学的成败与教师对教材的把握和处理有直接的关系。教师要通过深入钻研"标准"和教材，不仅从整体上准确地把握教材，而且要深入了解各部分内容的地位及其内在逻辑关系；要注意通过对教学内容的深层结构分析，按它所涉及的数学概念、原理作出分类；要运用能揭示知识本质的典型材料，从学生的现状出发重新组织教材，将学过的知识自然地融入新情境，以旧引新、以新固旧。在对学生进行"双基"训练时，也要紧紧围绕这种逻辑关系，有计划地设置障碍，使知识得到前后呼应。总之，教师要根据教材的结构和学生特点，使课堂教学呈现精当的层次序列。每堂课都围绕一个中心论题而展开和深化，精心组织相关的数学成分，使相应的核心概念或重要思想成为一个有机整体，相关的数学术语、定义、符号、概念、技能等因素都得到仔细的展开；课与课之间建立精当的序列关系，保持知识的连贯性，思想方法的一致性。易错、易混淆的问题有计划地复现和纠正，使知识得到螺旋式的巩固和提高。

7. 确定教学方法

教学方法的确定没有固定的模式，主要是根据一堂课的教学目的、教学内容，以及学生的实际情况、当前的教学条件等进行综合考虑。一般而言，任何一堂课，如果采用单一的教学方法，都不可能圆满地完成教学任务。多种教学方法的综合使用才能切实地达到教学目的。

8. 编写教案

按照上面的思考过程摘要地写下来就是一份教案。顺便提及，教案的详略可以因人而异，因内容的特点而定。经验丰富的教师，对于自己非常熟悉的内容，可以提纲式地写"略案"；缺乏必要的教学经验的新教师，或者是一些新引入的内容，则需要写"详案"。对于一名教学新手，还是要写出详细的教案。

判断教案详略是否得当的标准是什么呢？一般来说，能让人从教案中看懂本堂课的主要内容、过程及采取的主要教学措施就可以了。不必把课堂中要讲的每一句话都写入教案，但其中的关键词不能省，诸如引入、转折、思想方法的引导与概括、小结以及应引起的注意之类的话一定要表明，以提醒自己注意。

上面的八个步骤是编制教案的主要过程，当然其中有交叉，它们之间也没有清晰、严格的界限。例如，在选择教学素材时，就要考虑如何安排，如何为落实重点、突破难点服务，要考虑与之相应的教学措施等。

§8.3　中学数学课堂教学设计

教学设计是我们熟悉的备课、写教案的一种现代发展。有关教师专业化发展理论指出，教师的专业能力主要由教学设计能力、教学实施能力和教学反思能力组成。教学设计是教师的基本功，也是制约教师专业发展的关键要素。

一、教学设计的内涵和意义

1. 教学设计的内涵

作为教学准备工作之一，教学设计对课堂教学具有定向作用。教学设计就是为达到教学目标，教师对课堂教学的过程与行为所进行的系统规划。主要解决两个问题：

（1）教什么：即教学目标的设计，包括显性目标和隐性目标。基于对教学内容、学生认知状况的分析。

（2）怎样教：即教学手段的选择、教学过程以及目标检测的设计。基于对教学问题诊断分析、学生认知状况分析等。

2. 教学设计的意义

（1）体现数学教学的科学化

学校教育的目的是使学生的身心获得发展。心理发展包括智力发展和个性特征（情感、意志、性格等）的发展。智力发展包括观察力、记忆力、想象力、思维力的发展，其中最主要的是学生思维能力的发展。就智力发展而言，只有科学的、规律性的知识和有目的、有计划、有指导的启发式教学，才能真正产生作用。无数事实证明，学生智力的发展，既不能脱离科学的、系统的知识传授和技能训练，又必须在传授知识和训练技能中有意识地加以培养。掌握"双基"与发展智力密切相关但不同步，教学中必须有意识地把发展智力（核心是发展思维能力）作为重要任务。也就是说，学生智力的发展不是自发的，必须经过教育者的精心设计，并在课堂中进行有意识培养才能实现。

（2）保证数学课堂教学质量和效益

我国数学教学历来有强调"双基"与数学能力，注重为学生铺设合理的认知台阶，使学生有效学习等优良传统。然而，我国数学教学的优势正在丧失。教师不能抓住数学核心概念与思想方法进行教学，学生没有真正理解和掌握数学概念的核心和结构，导致学生负担沉重，教学效益不理想。从教学设计层面分析，导致中学数学教学质量和效益低下的原因主要有以下几个方面：

第一，许多教师对数学课程、教材的体系结构、内容及其组织方式把握不准，特别是对中学数学核心概念和思想方法的体系结构缺乏必要的了解。

第二，许多教师对中学数学概念的核心把握不准确，对概念所反映的思想方法的理解水平不高。

第三，许多教师只能抽象笼统地描述数学教学目标，导致教学措施无的放矢，对是否已经达成教学目标心中无数。

第四，许多教师对自己设计的教学方案不能取得预期效果，不能从设计层面给出令人信服的解释，他们往往只把问题归咎于教学系统的复杂性。

第五，缺乏有效的发现、分析和解决教学问题的方法，许多教师往往感到教学问题的存在而不知其所在，或者发现了问题而找不到原因，甚至发现了问题及其根源但没有解决问题的有效方法。

第六，教学中，许多教师采取的教学方法、策略和模式都比较单一，他们往往机械地套用一些已有的解决教学问题方案，缺乏根据教学问题和教学条件创建解决教学问题的新方法。

因此，加强教学设计研究，提高教学设计水平，已经成为提高课堂教学质量和效益的根本性措施之一。

二、教学设计"三二一"

关于课堂教学设计，人们已经进行了大量研究。从中可以看到，教学设计是一项综合反映教师专业化水平的工作，是教师教学能力的集中体现。为了有利于读者把握要点，在实践的基础上，我们归纳出教学设计的"三二一"。

1. "三个理解"

高水平的教学设计建立在如下"三个理解"上：

（1）理解数学，主要是对数学的思想、方法及其精神的理解。众所周知，教好数学的前提是教师自己先学好数学。只有教师自己对数学的思想、方法和精神有较高水平的理解，才能在教学中自觉地把数学的精神传达给学生，使数学在学生发展中的关键作用真正发挥出来。

（2）理解学生，主要是对学生数学学习规律的理解，核心是理解学生的数学思维规律。只有对学生的数学思维规律有了深入的了解，才能知道应当采取怎样的教学措施引导学生的数学思维活动，有的放矢地进行教学。

（3）理解教学，主要是对数学教学规律、特点的理解。数学是思维的科学，数学学科的特点决定了数学教学的特点和规律（这种特点和规律在第七章中已有较全面论述），只有遵循了这些规律、反映这些特点，数学教学的质量和效益才能真正得到保证。

2. "两个关键"

数学教学过程，应当是以启发式教学思想为指导的问题引导学习的过程。因此，教学设计的关键是要做好如下两方面的设计：

（1）提好的问题

"好问题"有两个标准：①有意义，②在学生思维"最近发展区"内。"有意义"就是所提问题要反映当前学习内容的本质；"在学生思维"最近发展区"内"的问题才能形成认知冲突、激发求知欲、激活思维，才能使学生的心理保持积极的、适度的求知倾向。

例1　"不等式基本性质"中的提问。

这一内容的教学，往往采取如下过程：先给出不等式基本性质，再给出证明，再举例，最后学生练习。这样的教学设计，没有包含不等式基本性质的产生过程，学生对这些性质的来源和研究思想没有认知的机会，只能采取被动接受式学习。如下设计的"问题串"可以改变这种状况：

先行组织者：由于不等式的基本性质与等式的基本性质都是关于式的性质，因此不等式基本性质的研究可以通过类比等式的基本性质而得到启发。

设计意图：启发学生的思维，明确研究思路。

问题1　你能回忆一下等式的基本性质吗？

设计意图：让学生回忆等式的基本性质，在唤起相关知识的同时，也对研究方法进行思考。教师可以在学生叙述的过程中，将"同加""同减""同乘""同除"等用醒目的色彩进行标注，以提示学生等式基本性质的研究思路。

问题2　你能归纳一下等式的基本性质的研究思路吗？

设计意图：等式的基本性质的研究思路是"考察等式在运算中的不变性"，也是不等式基本性质的研究思路。这个问题的回答成为后续教学的关键环节。

问题3　类似的，不等式有哪些基本性质呢？你能自己探究一下吗？

设计意图：在问题2解决后，学生会想到，也可以通过考察不等式在运算过程中的不变性得到不等式的基本性质。类比等式的基本性质，学生不难得到关于不等式基本性质的猜想。例如，不等式两边同加（减）一个数，不等式不变；不等式两边同乘（除）一个数，不等式不变；还可以考察乘方、开方运算下不等式是否不变；等。当然，教师应提醒学生注意等式与不等式的差异。

在这样的问题引导下，学生不仅可以独立提出关于不等式基本性质的猜想，而且还可以自主探究哪些猜想是正确的，哪些是不正确的。显然，这对于学生全面理解和掌握不等式的基本性质是很有好处的。

（2）设计自然的过程

这是一种数学知识发生发展的原过程（再创造过程）与学生数学认识过程的融合。一般地，"自然的过程"是一个知识的归纳、概括过程。

例 2　正弦定理、余弦定理的推导过程。

有的教学设计，先让学生自己任意作几个三角形，然后度量三个角的度数、三条边的长度，再计算 $\dfrac{\sin A}{a}$，$\dfrac{\sin B}{b}$，$\dfrac{\sin C}{c}$，得出三者相等的"猜想"，然后给出证明。这里，教师设计的是一个圈套，一个让学生感到莫名其妙的"探究"。

一个自然的探究过程，必须是一个学生有充分的独立思考空间的过程，是一个学生有足够的思维参与度的过程。教师对学生思维的引导必须是润物细无声的。为此，可以设计如下过程：

先行组织者：三角形有各种几何量，如三边长、三个内角的角度、面积、外径、内径等。解三角形就是给定三角形的若干几何量，求其余几何量。你认为至少给定几个量就可以求出其余量？

设计意图：解三角形问题的引入，由于学生已经具备的是三角形全等的定性理论，从全等三角形的条件可以等价地得到确定三角形的条件，这也就是"给定三角形的几个量可以求出其余量"的答案。这种从定性到定量的过程，可以明确研究的方向，使学生体会如何寻找有意义的数学问题。

问题 1　由全等三角形的知识，给定三个量（其中至少给定一条边）就能解三角形。例如，在 $\triangle ABC$ 中，已知 B，C，a，如何解这个三角形？

设计意图：这是一个从宏观到微观的问题，目的是让学生进一步感受解三角形的含义，尝试解三角形的过程。一般地，解决这个问题是有难度的。

问题 2　解一般的三角形有困难，我们可以考虑解特殊的三角形——直角三角形。这是因为，对于直角三角形，我们有更多的结论（如勾股定理、两个锐角互余、锐角三角函数等）可以利用。对于 Rt$\triangle ABC$，你能得到哪些结论？

设计意图：对学生的思维方向进行引导，但把解直角三角形的任务完全交给学生。估计学生能写出

$$A+B+C=180°；a^2+b^2=c^2；\sin A=\dfrac{a}{c}，\sin B=\dfrac{b}{c}；等。$$

这时教师可以适当引导：适当变形可得"关于直角三角形的正弦定理"

$$\frac{\sin A}{a}=\frac{\sin B}{b}=\frac{1}{c}。$$

问题 3　能否将上述结论推广到一般三角形？

设计意图：从特殊推广到一般是数学研究的基本思路。在这一问题的引导下，可以使学生先猜想对于一般三角形也有

$$\frac{\sin A}{a}=\frac{\sin B}{b},$$

并且通过作三角形的高而将一般三角形化归为直角三角形，从而利用已有结果证明新的结论。然后通过"对称性"，再证明

$$\frac{\sin A}{a}=\frac{\sin C}{c},$$

从而得到正弦定理。

问题 4　在 $\triangle ABC$ 中，已知 a，b，C，能用正弦定理解这个三角形吗？你能类比正弦定理的得出过程解这个三角形吗？

设计意图：直接用正弦定理解不出这个三角形。引导学生类比正弦定理得出过程，利用直角三角形和垂直投影，可以推导出余弦定理。

问题 5　你还有其他推导正弦定理、余弦定理的方法吗？

设计意图：不同的推导过程是建立不同知识之间联系的过程。例如，三角形面积公式与正弦定理、用余弦定理推导正弦定理、借助于外接圆证明正弦定理等。这些推理不仅对理解两个定理有好处，而且对建立解三角形的认知结构具有重要意义。

3. "一个核心"

培养学生的数学思维能力是数学教学的核心问题，而概括能力是数学思维能力的基础。所以，数学教学设计的核心是设计概括过程：根据学生数学思维发展水平和认知规律，以及数学知识的发生发展过程设计课堂教学进程，以问题引导学习，尽量采用"归纳式"，让学生经历概念的概括过程，思想方法的形成过程，这是基本而重要的。要做到"讲逻辑又讲思想"，引导学生通过类比、推广、特殊化等思维活动，促使他们找到研究的问题，形成研究的方法；促进他们在建立知识之间内在联系的过程中领悟本质。教学过程中，要在关键点上给学生提供发表自己见解的机会，并让他们自己概括出数学的本质，使他们始终保持高水平的数学思维活动。

例 3　一元二次方程求根公式的概括过程。

一元二次方程求根公式的概括，可以沿着从特殊到一般、从具体到抽象的思路展开。即从熟悉的方程 $x^2=p$ 出发，经过不断推广而得到一般的 $ax^2+bx+c=0$；探究解法时，利用"配方法"，把"新方程"化归为已解决的形式。

问题 1　对于最简单的一元二次方程，例如，$x^2=25$，你能根据平方根的

意义直接得出它的解吗？

设计意图：从最简单情形出发，指明求解依据。

问题2 设 p 是一个常数，你能求出方程 $x^2=p$ 的解吗？

设计意图：让学生经历从具体到抽象的过程。应放手让学生自主探索，对 $p>0$，$p=0$ 和 $p<0$ 三种情况进行详细讨论。

练习1 解方程(1)$x^2=5$；(2)$x^2=a$；(3)$(x+3)^2=5$。

问题3 因为方程 $(x+3)^2=5$ 的左边是含有 x 的完全平方式，右边是非负数，可以直接降次解方程。那么，能否将 $x^2+6x+4=0$ 转化为可以直接降次的形式？

设计意图：将 $x^2+6x+4=0$ 左边配方，就是 $(x+3)^2=5$，有利于学生想到配方法。

问题4 如何解方程 $x^2+px+q=0$？

设计意图：将问题3一般化，用配方转化为 $(x+n)^2=m$ 的形式，让学生再次经历分类讨论过程。

练习2 解方程(1)$x^2+6x+5=0$；(2)$x^2+8x+7=0$；(3)$2x^2+6x-8=0$。

问题5 方程 $2x^2+6x-8=0$ 的二次项系数不是1，但我们通过方程两边同除以2，将它转化为 $x^2+3x-4=0$，再通过配方而得解。那么，方程 $ax^2+bx+c=0(a\neq0)$ 如何求解呢？

设计意图：让学生结合问题4，将方程转化为 $(x+n)^2=p$ 的形式，进而得到求根公式。

以上我们对教学设计问题的思考，可以再概括为如下的"六字经"。这一"六字经"同样可以用来指导课堂教学：

问题引导学习，教学重心前移；

典型丰富例证，提供概括时机；

保证思考力度，加强思想联系；

使用变式训练，强调反思迁移。

三、中学数学教学设计的基本框架结构

中学数学教学设计是一项系统的、复杂的工作，其基本线索是：在分析概念的核心的基础上，根据学生的思维发展需要，提出现阶段要达成的目标；分析达成目标已经具备的条件和需要怎样的新条件，从而做出教学问题诊断；根据上述分析进行教学过程设计；最后设计目标检测方案。因此，中学数学教学设计的一种框架是：（1）内容和内容解析；（2）目标和目标解析；（3）教学问题

诊断分析；（4）教学支持条件分析；（5）教学过程设计；（6）目标检测设计。

1. 内容和内容解析

（1）内容：对教学内容的内涵和外延作简要说明；

（2）内容解析：重点是在揭示内涵的基础上，说明内容的核心之所在，并要对它在中学数学中的地位进行分析，其中隐含的思想方法要作出明确表述。在此基础上阐明教学重点。

这里主要是从数学上对教学内容进行微观分析。

2. 目标和目标解析

（1）目标：用"了解""理解""掌握"以及相应的行为动词"经历""体验""探究"等表述目标；

（2）目标解析：对"了解""理解""掌握"以及"经历""体验""探究"的含义进行解析，一般地，核心概念的教学目标都应进行适当分解。

目标的陈述，要强调把能力、态度等"隐性目标"融合到知识、技能等"显性目标"中，避免空洞阐述"隐性目标"，以增强目标对教学的有效定向。

3. 教学问题诊断分析

根据自己以往的教学经验，数学内在的逻辑关系以及思维发展理论，对本内容在教与学中可能遇到的障碍进行预测，并对出现障碍的原因进行分析，在此基础上指出教学难点。可以从认知分析入手，即分析学生已经具备的认知基础（包括知识、思想方法和思维发展基础），对照教学目标还需要具备哪些条件，通过已有基础和目标之间的差异比较，分析教学中可能出现的障碍。本栏目的内容应当做到言之有物，以具体数学内容为载体进行说明。例如，在"向量的坐标表示"中，可以包含如下诊断："学生在理解始点不在坐标原点的向量的坐标表示时会出现障碍，其原因是他们对向量相等的'任意性'和坐标表示的'唯一性'之间的关系有疑惑"。另外，要注意不同学生出现的不同教学问题。

4. 教学支持条件分析

为了有效实现教学目标，根据问题诊断分析，对应采取哪些教学支持条件以帮助学生更有效地进行数学思维、使他们更好地发现数学规律等作出分析。当前，可以适当地侧重于信息技术的使用，以构建有利于学生建立概念的"多元联系表示"的教学情境。

5. 教学过程设计

教学过程的设计一定要建立在前面诸项分析的基础上，做到前后呼应。

要强调教学过程的内在逻辑线索，这一线索的构建可以从数学概念和思想方法的发生发展过程（基于内容解析）、学生数学思维过程两个方面的融合来完成。学生数学思维过程应当以学习行为分析为依据，即要对学生应该做什么、能够做什么和怎样做才能实现教学目标进行分析的基础上得出思维过程的描述。可以利用问题诊断分析中得出的结论，基于自己以往教学中观察到的学生学习状况，通过分析学生学习本内容的思维活动过程，给出本内容的学习中学生应该怎样思考和操作的具体描述。其中，应突出核心概念的思维建构和技能操作过程，突出思想方法的领悟过程分析。

教学过程设计以"问题串"方式呈现为主。所提出的问题应当注意适切性，对学生理解数学概念和领悟思想方法有真正的启发作用，达到"跳一跳摘果子"的效果。在每一个问题后，要写出问题设计意图（基于教学问题诊断分析、学生学习行为分析等）、师生活动预设，以及需要概括的概念要点、思想方法，需要进行的技能训练，需要培养的能力等。这里，要特别注意对如何渗透、概括和应用数学思想方法作出明确表述。

教学过程应当注意根据教学内容的特点进行设计，例如，基于问题解决的设计，讲授式教学设计，自主探究式教学设计，合作交流式教学设计等。

6. 目标检测设计

通过课堂教学，目标是否达成，需要以一定的习题、练习进行检测。值得强调的是对于每一个（组）习题或练习都要写明设计目的，以加强检测的针对性、有效性。

§8.4　中学数学教学手段

教学手段就是保证教学任务顺利完成的各种物质条件。由于中学数学的抽象性，只有恰当选择和合理使用教学手段，才能保证数学教学过程中各种信息交流通畅，给学生提供抽象思维的支持，提高数学思维效益。

在中学数学教学中，像三角板、量角器、直尺、各种模型、挂图等传统的教具、学具，都是常用的教学手段。这些教学手段的使用对于帮助学生理解和掌握数学知识，提高他们的动手操作能力、观察能力、几何直观能力以及归纳概括能力等都是有作用的。

下面重点从数学教学与信息技术整合角度，介绍信息化教学手段的使用。

一、信息技术在数学教学中的作用

1. 作图、运算的工具

信息技术作为绘图、计算以及收集和处理数据的工具，可以帮助学生进行复杂的画图、计算，减少解决问题过程中的机械、重复性的劳动，提高准确性。这是信息技术最基本的作用。这种作用虽然与"探究"距离较远，但它却为"探究"提供了基础。例如，利用几何画板提供的画几何图形的"画板"，可以方便地画出各种几何图形；任何一种科学计算器都能进行"六则运算"，求对数，求三角函数值，进行统计运算等；TI 图形计算器具有很强的代数功能，特别是数据拟合方便快捷；《Mathematica》可以处理各种各样的计算问题，进行函数的迭代等重复性工作。这样，学生从重复机械的劳动中解放出来，可以将有限的"工作记忆"资源用于理解数学本质、探索数学规律上，从而提高数学教学的效率和效果。

2. 构建"多元联系表示"的数学学习环境

所谓"多元联系表示"，其基本思想是使用几种表示法表示同一数学概念，不同的表示法侧重于概念的不同方面，通过引导学生有意义地把几种表示法中的信息组合在一起，使不同方面建立起概念性联系，从而深刻、全面地理解概念。"多元联系表示"要求根据学习内容的具体需要，以组合的或动态的方式灵活地向学生提供图、表、文字或符号等不同的概念表示方法，把隐藏的数学关系显性化，从而创设一种具有挑战性的学习情境，让学生在比较高的层次上进行数学思考与学习，给学生提供探索数学规律、发现数学本质的机会。"多元联系表示"对于学生理解数学有重要影响，主要是因为它使同一数学对象（数学的概念、法则、表达式、定义等）的不同方面的特征得到显示，在这样的环境中，学生可以在教师的引导下，在把握数学对象不同方面特征的基础上，将不同表示法中蕴涵的信息组合起来，这就大大增加了建立数学对象不同方面联系性并把握数学对象本质特征的可能性。

信息技术在构建"多元联系表示"的学习环境上的力量是其他工具无法比拟的。在信息技术环境中，"多元联系表示"的潜力之所以能得到充分发挥，重要原因是计算机使得功能强大的图形表示法成为可能，能使抽象的符号、复杂而零散的数据得到直观表示，而且还可以对数学对象直接进行操作（如局部放大、变换研究对象的空间排列位置、重复引起变化的关键因素、动态显示等），使学生在一种直观、动态的情境中观察数学对象和关系的变化，这会帮助学生意识到这些关系的存在，并为理解其本质奠定坚实基础。在信息技术的支持下，数学概念的"多元联系表示"可以极大地拓展数学学习空间，有力地支持学生的学和教师的教，使学生自主探究式学习成为可能并得到落实，并能有效地激发学生的数学学习兴趣，使学生学得更加生动活泼、更加富有成效。

3. 提供数学实验和其他数学实践活动的手段

开展数学实验是信息技术与数学课程教材整合的一个重要手段。"数学实验"这个词所要表达的意思是，当你的脑子中出现某种数学思想（一种想法）时，就通过计算机去实验一下。通过分析数学知识体系的基本成分，数学工具软件研制者将这些成分组织成可操作的模拟、模型的结构表示，进而构建起数学学习平台。在这样的平台上，学生可以通过操作菜单选项，根据问题的条件构建模型，并对模型进行操作、探究和实验，从而使学生能从与传统方法不同的角度来学习数学。因此，"数学实验"有可能改变学生所面对的数学对象和过程的性质，使学生学习数学家思考问题的方式和方法，从中体会数学探究的过程。例如几何画板提供的学习平台支持数学实验，促进高水平的、深层次的数学思维活动，学生可以利用它对数学对象进行灵活操作，自主探索，在动态变化的环境中进行观察，开展尝试、模拟、猜想、归纳、概括等思维活动，学习解决问题。IT手持技术便于携带，有随时随地使用的优势，这为学生利用信息技术进行操作、实验、猜想、归纳等数学实践提供了便捷工具。

4. 促进数学理解，提高思维效率

数学之所以难学，主要原因是它的高度抽象性。因此，数学对象的形象化、数学关系的显性化对于数学思维有很大的促进作用，有利于学生发现数学本质。几何画板、《Mathematica》《Maple》等数学软件具有强大的形象化能力，并且通过对知识的重新组织，让学生从整体上对知识进行处理，通过参数赋值、拖动等进行对象变换，在各种表示法之间进行转换以发现它们之间的内在联系，等等。学生的数学思维是连续的，不会因为数学课结束了，数学思维就停止了，一旦产生某种想法，可以用技术来演示或验证，或者在技术环境下把对象构造出来，这就可以极大地提高猜想的成功率，加强数学结论归纳的准确性和全面性。总之，信息技术可以推动实验、尝试、模拟、猜想等非形式化的、具有创造性的数学思维活动，使得形象思维与抽象逻辑思维相得益彰。

5. 与"整合"内容相适应的信息技术手段

从硬件的角度看，信息技术主要包括：科学计算器、图形计算器、计算机、网络、数据采集器和传感器；从软件的角度看，信息技术主要包括：几何画板、TI 图形计算器的 CAS 系统、Excel、Z＋Z 智能教育平台、办公软件以及其他数学教育技术平台等，有计算机环境下的、也有图形计算器环境下的；从信息技术软件的功能看，主要包括：函数作图与分析功能、几何绘图功能、计算机符号代数功能、电子表格与数据处理功能、编程功能等。

当前信息技术与数学教学改革有"互动"趋势。一方面，技术（或软件）能够整合越来越多的数学知识，一些技术（或软件）功能非常强大，像 TI 图形计算器，基本上能做从小学算术到大学微积分的所有数学，它的出现对传统的数学课程内容、学习、教学等已经产生一定的影响；另一方面，由于抽象的数学思维需要直观材料的支撑，信息技术必须为更好地认识和理解数学服务，因此信息技术必须是"数学化"的，像 TI 图形计算器中的 CAS 系统、几何画板等都是这方面的代表。它们是在设计者充分分析数学体系的基本成分的基础上，将这些成分组织成可操作的模拟、模型的结构表示，进而构建起的数学学习平台。在这样的平台上，学生可以通过菜单操作选项，根据问题的条件构建模型，并对模型进行操作、探究和实验。

二、数学教学与信息技术整合的原则

与传统的认知工具（如纸笔、三角板、圆规、实物模型等）相比，信息技术营造了知识来源、信息交流多样化的教育与学习环境，使得课堂内外的师生互动方式发生变化，在促进学生数学思维发展和数学能力培养上有着实质性的进步，对数学教与学的质量和效益的提高都有极大好处。但是，技术不能改变数学教学的性质和规律，我们不能期望依赖信息技术创造数学教育奇迹。信息技术是服务于数学教学目标的手段。我们认为，在数学课程中使用信息技术，应当遵循五个原则："必要性""平衡性""实践性""实用性""广泛性"。

1. 必要性

信息技术是数学教学必不可少的，但应当被负责地使用，使它为数学的学与教服务。信息技术的使用不是要替代传统的教学工作，而是要发挥信息技术的力量（power），做过去不能做或做得不太好的事情，以更好地组织和管理教学资源，构建交互式、多样性的学习环境，帮助学生进行数学思维和探究活动，加强数学的基本理解和直觉。

2. 平衡性

信息技术的使用为学生学更多更深的数学提供了可能，也为学生更好地理解和应用数学开拓了广阔空间。但是，它不能被用来代替基本的数学活动，如熟练的运算、基本的推理技能（如代数变换、解方程、逻辑推理、数学证明等）。因此，应当使信息技术的应用与传统的纸笔运算、逻辑推理、作图列表等之间达到一种平衡（balance）。

3. 实践性

信息技术为数学教与学提供的环境，极大地拓展了师生的实践活动空间，它使学生通过丰富的活动而不仅仅是依赖语言来构建对知识的理解提供了可能，从而产生了更多的学习方式，加强（enhance）、完善甚至改变了数学学习。它是一种产生数学问题、促进数学思考的"催化剂"。因此，信息技术的使用应当强调学生的实践活动，让他们在信息技术的帮助下，通过自己的亲身实践而获得对数学知识的深刻理解，体验数学思想方法的真谛，领悟数学的本质，使"学习方式的变革"落在实处。

4. 实用性

信息技术为教学提供了一种可直接操作的环境，在这种环境里，抽象的数学概念和关系是"可视的"，并且可以被具体操作。但是，信息技术的这种优势常常因为技术本身的原因（很多人对计算机的软、硬件环境不熟悉）而得不到充分发挥。因此，信息技术应用于数学教学应当做到简单、方便、实用，在技术的设计、实现和操作上减少困难。

5. 广泛性

数学课程与信息技术整合的主要目的是丰富学生的数学学习，促使学生利用信息技术进行主动、有效的数学学习。应当使所有学生都在自己的数学学习中使用信息技术。应当根据不同的教学任务选择适当的信息技术工具，如计算器、计算机、多媒体实验室以及互联网等，以使学生充分发挥视觉、听觉、触觉等多种感官的协同作用而更有效地进行数学学习。

§8.5　中学数学课堂教学的组织与实施

切实搞好课堂教学是提高数学教学质量和效益的根本保证。为了更好地备课、上课，教师应当了解一节课的基本要求。

总的来说，课堂教学要以国家颁布的"标准"为基本依据，贯彻"以学生的发展为本"的科学教育观，根据教学内容选择恰当的教学方式与方法，充分发挥学生的主动性、积极性，激发学生的学习兴趣，引导学生开展自主活动与独立思考，切实搞好"双基"教学，注重提高学生的数学能力，培养学生的理性精神，加强创新精神和实践能力的培养。具体的，课堂教学应符合如下一些基本要求。

一、正确制定教学目标

无论是教学设计还是课堂教学，教学目标的确定是取得良好教学效果的前提。教师要根据学生的思维发展水平和当前的教学任务，正确确定学生通过课堂教学在基础知识、基本技能、数学能力以及理性精神等方面应获得的发展。教学目标的陈述应准确而具体，使目标成为评价教、学结果的依据。

二、恰当选择教学内容

恰当选择教学内容，就是要对本堂课将要教授的数学概念、原理等的本质及其深层结构进行深入分析，并在此基础上选择相关的典型素材，根据学生的学习需要和知识之间的逻辑关系组织教材，并将学过的知识自然融入新情境，达到以旧引新、以新强旧的效果。同时，还要围绕数学知识的本质及逻辑关系，有计划地设置问题系列和变式训练，使学生得到有效的数学思维训练。

三、合理安排教学过程

合理安排教学过程包括如下几个方面：

首先，要正确组织课堂教学内容，即要做到正确反映教学目标的要求，重点突出，把主要精力放在关键性问题的解决上；注重教学的层次、结构，张弛有序，循序渐进；注重建立新知识与已有相关知识的实质性联系，保持知识的连贯性、思想方法的一致性；易错、易混淆的问题有计划地复现和纠正，使知识得到螺旋式的巩固和提高。

其次，注重问题引导学习，在学生思维"最近发展区"内提出"问题系列"，使他们面对适度的学习困难，激发他们的学习兴趣，启发全体学生开展独立思考，提高学生数学思维的参与度，引导学生探究和理解数学本质，建立相关知识的联系。

再次，要精心设计练习，有计划地设置练习中的思维障碍，使练习具有合适的梯度，提高训练的效率。

最后，要恰当运用反馈调节机制，根据课堂实际适时调整教学进程，为学生提供反思学习过程的机会，引导学生对照学习目标检查学习效果，有针对性地解决学生遇到的学习困难。

四、有效组织教学资源

根据教学内容的特点及学生学习的需要，恰当选择和运用教学媒体，有效整合教学资源，以更好地揭示数学知识的发生、发展过程及其本质，帮助学生正确理解数学知识，发展数学思维。其中，信息技术的使用注重必要性、有效性、平衡性、实践性等。

五、体现优良的专业素养

课堂教学的组织和实施，需要教师具备良好的专业素养。这些素养包括：

第一，数学素养，即能准确把握数学概念与原理，准确理解内容所反映的数学思想方法，准确把握教材各部分内容的内在联系性。

第二，教学素养，即能准确把握学生数学学习心理，善于激发学生的数学学习兴趣，能根据学生的思维发展水平安排教学活动，贯彻启发式教学思想，恰当把握对学生数学学习活动指导的"度"，具有良好的教学组织、应变机智。

第三，良好的教学基本功，包括科学正确、通俗易懂、简练明快、富有感染力的教学语言；正确、工整、美观的板书，板书设计系统、醒目；自然大方、和蔼亲切、富有激情与活力的教态；较好的信息技术工具操作技能；等。

以上我们非常概括地阐述了课堂教学的组织和实施方面的基本要求。在后面阐述概念、公式、定理等的教学时，我们再结合具体内容进行更细致的论述。

§8.6 数学学习的评价

数学学习评价是数学教学不可缺少的一部分。通过评价，教师和学生可以从中获得关于学生数学学习的反馈信息，既了解到学习结果，同时又了解到教学过程中存在的问题，从而为改进和调整数学教学提供依据。所以，评价既是检验数学教学效果的手段，又是对数学教学过程进行监控的方法。

数学教学过程中的评价，核心目的应是改善教师的教、促进学生的学。那种甄别、选拔性的目的应当尽量少地使用。

下面我们从评价的作用、内容、方法和评价结果的使用等几个方面，分别阐述中学生数学学习评价问题。

一、数学学习评价的作用

我们可以从学与教两个方面考察评价的作用。

1. 了解学生的学习结果

这是评价的最基本作用之一。通过考试了解学生学到了什么，能做些什么，是数学教学中最经常使用的手段。当然，教师还可以通过评阅学生的答卷，诊断出学生的学习困难和存在的问题，为改善自己的教学提供依据。这就需要教师关注学生所获得的数学知识和技能的同时，发挥评价在促进学生学习方面的作用。

2. 促进学生的学习

关注学习结果的评价是一种终结性评价，其主要功能是甄别，高考是这种评价的典型代表。数学教学中，主要应当使用过程性评价，使评价成为促进学生学习的工具，包括促进那些数学成绩较差的学生的学习。

评价之所以能促进学生的学习，是基于以下几方面的条件：

第一，反映教学重点，围绕核心知识和重要数学思想方法进行评价。一般地，学生总认为"考试的题目很重要，值得投入时间和精力去完成"，而且这些题目会给学生留下深刻印象，因此用于评价的题目一定要体现重点内容，而不能让学生把注意力分散到细枝末节上去。例如，在函数的学习评价中，要强调对函数概念理解的考察，而不是让学生求那些复杂的定义域、值域；在古典概型的学习评价中，应当考察学生对古典概型的特征的理解、是否掌握了根据问题的实际需要灵活建立概率模型的方法，而不是在如何计数上大做文章；在向量的学习评价中，应当把关注重点放在对向量法的理解和用向量法解决几何问题上，而不是用"如果 $a/\!/b$，$b/\!/c$，那么 $a/\!/c$"之类的"陷阱"把学生的注意力引向"$\mathbf{0}$ 向量与任意向量平行"这样的细枝末节上……

第二，明确评价标准，准确传递反馈信息。评价标准可以帮助学生知道怎样的解答是正确的、完整的，通过对照评价标准，可以使学生清楚了解自己的学习状况。另外，在反馈评价信息时，有意识地展示不同解题策略，并让学生进行比较和讨论，进而使学生明了好的解题策略和一般的解题策略的不同，这对学生学习的促进作用非常显著。因为在这个过程中，学生的自我评价和反思自己及他人的解题过程的能力都得到了培养。实践表明，在与评价标准和好的解题策略的比较中形成的自我评价能力对学生的学习有非常积极的影响。

3. 提供教学决策的依据

为了保证学生的数学理解，提高学习质量，教学必须与评价结合起来。考试、章节测试等正式评价活动，以及课堂提问、师生交流、批改作业等非正式评价活动，都给教师进行恰当的教学决策提供了重要的信息。事实上，只有确切了解了学生当前的学习状况时，教师才可能使自己的教学有的放矢。评价可以给教师提供教学决策的依据，包括什么时候采取什么方式复习需要的旧知识、怎样复习比较困难的知识、怎样为有困难的或学有余力的学生选择合适的学习内容等。

评价之所以能为教师提供教学决策依据，是基于以下条件：

第一，以考察学生的概念理解和基本技能掌握为重点。这样的评价能使教师清楚地了解学生已经学会了什么，使评价与教学目标相呼应。当然，这样的评价应当面向全体学生，了解所有学生的目标达成度，从而保证所有学生学习的有效性。

第二，从不同渠道获得信息。从考试、单元测试等渠道，可以使教师了解在特定条件下学生能做什么（规定时间内独立完成书面题目）。为了全面地、更好地反映所有学生的学习情况，教师可以采用不同的评价方式，例如解答题、选择题、实践题、观察、访谈、反思性日记等。不同的评价方法可以达到不同的评价目的。例如，解答题、选择题可以考察学生掌握"双基"的情况；实践性应用题可以考察学生应用数学于综合的或新的情境的能力；课堂观察、谈话可以了解学生的数学思维；通过反思性日记，可以了解学生在一定时间段内的思维和推理能力的变化；等。

第三，从解答过程中分析学生的数学思维。显然，在教学过程中使用评价，目的不只是为了知道学生的错误在哪里，更重要的是要知道错误说明了什么，从学生的解答中获取如何帮助学生理解数学的信息。因此，教师掌握评价手段，学会收集学生理解数学的有用信息，懂得分析学生数学思维的技术，能熟练地解释来自多方面的评价信息，是从评价中获取教学决策依据的先决条件。

二、数学学习评价的内容和要求

数学学习评价的内容由数学教学目标确定。我们知道，数学教学目标包含数学"双基"的掌握、数学能力的发展和理性精神的养成等几个层次。另外，由于我们特别重视评价对于改进教和学的作用，因此对学习过程的评价也是评价的重要内容之一。

1. 对学生数学"双基"的评价

理解基础知识、掌握基本技能是数学学习的基本任务，也是评价学生数学学习的基本内容。评价中，不仅要重视数学知识的记忆，基本技能技巧的熟练程度，而且要注重对数学本质的理解和思想方法的把握。具体的，应当注意如下内容和要求：

（1）评价学生对数学知识的掌握，应当关注知识本身的理解和知识之间相互联系性的认识两方面。一般的，"理解"的标志是能够用相应的概念作出判断，具体的可以从独立地举出一定的正例和反例得到表现。要特别关注对核心概念的学习评价。能够建立知识之间的联系是把握数学知识的结构体系的标志之一，因此评价应当重视考察学生是否能建立相关知识的联系。

（2）评价学生的数学基本技能，主要看学生能否在理解数学运算、推理、变换等基本方法（算理）的基础上，根据问题特点作出准确选择并熟练运用。也就是说，运用技能的合理性、准确性及熟练程度。另外，是否能恰当地使用数学语言精确、简捷地表达与交流，也是评价的重要内容。

2. 对学生数学能力的评价

评价对数学能力的发展具有导向性。在数学"双基"的掌握和运用的过程中，数学能力得到了发展，同时数学能力也通过掌握和运用数学知识的水平得到体现。因此，对数学能力的评价应贯穿数学学习的始终。当前，如何评价学生的数学能力还是一个需要深入研究的课题。

一般地，评价学生的数学能力可以从观察和分析学生在数学学习过程中的表现入手。应关注如下几个方面：

（1）面临学习情境时，是否善于发现其中蕴涵的数、形内涵，是否能敏锐地觉察其中的数量关系(模型、关系、函数等)或几何关系，是否能数学地提出问题。

（2）是否能根据问题的特征，有效地调动相关知识，高质量地解决问题，正确地、合乎逻辑地表述解答过程。

（3）在解决问题的过程中，是否表现出多角度思考问题、灵活地变换思路、不断追究问题的本质、不断改进解决问题的方法。

（4）是否能对已有结论进行质疑、修正和完善。

（5）是否能将学到的知识、思想方法迁移到同类情境中去。

（6）是否能对自己的学习过程进行自我评价。

3. 对学生数学学习过程的评价

过程性评价关注的是每个学生的成长历程。对学生数学学习过程的评价，不仅要从数学思维、认知的发展水平考察，还要从学生参与数学活动的兴趣和态度、数学学习的自信、独立思考的习惯、合作交流的意识等非认知因素进行考察。对非认知因素的评价，目前还没有普遍适用的指标体系，主要依靠评价者的客观、公正和直觉。评价时应注意以下一些问题。

（1）首先，应关注学生数学学习的目的性和计划性。具体的，可以考察学生是否以理解数学本质为目标（不仅为取得好分数）；是否有不同时期（长期、中期和近期）的数学学习目标；是否把每天的数学学习安排得井然有序；等。

（2）在数学学习过程的评价中，应关注数学的智力价值和社会价值，通过那些对学生智力有适度挑战性的问题，既考察学生的数学学习态度，又引发他们积极的数学学习兴趣。对学习兴趣的评价，具体应关注如下几方面：是否有强烈的求知欲，表现出如饥似渴的学习状态；是否主动、认真地复习和预习；是否按时完成作业；是否能积极主动地、持续地思考一个数学问题；是否兴致极高地完成数学作业；等。

（3）要把学好数学的自信心、勤奋刻苦的精神、克服困难的毅力等个性品质作为数学学习过程评价的重要内容。这方面的评价，具体应关注如下几方面：上课是否集中注意力、专心听讲；是否能专注于数学活动而不被其他活动中断；是否能长期独立思考数学难题，从不放弃难题直到解决为止；失败归因是否正确，是否能正确分析失败原因并吸取教训，是否从不气馁；等。

（4）对数学认知活动水平的评价，应关注：是否能正确、迅速地领会新知识并能用自己的语言进行表述；观察问题是否有敏锐的眼光，是否既能从整体入手又能关注细节；是否能准确记忆数学概念、公式、法则等，并有自己的记忆方法；是否能合理使用数学语言，清楚、准确、简捷地表达数学内容；推理论证是否严密，是否有较强的逻辑性、条理性；等。

（5）对学生数学思维的评价，是对数学学习过程评价的核心之一。具体应关注到：是否能从问题的现象深入问题的本质，是否能"透过现象看本质"，发现其中的原因；是否能熟练地应用观察、分析、比较、综合、类比、归纳、概括、分解、组合等思维活动，正确、严谨、完备、深刻地分析和解决问题；是否能从多方面思考问题，发现不同数学表现形式的内在联系；是否能有效地从当前数学内容出发，经过类比、推广、特殊化等获得新知识；是否能不断反思自己的数学学习过程，改进学习方法；等。

三、数学学习评价的方法

因为我们关注评价对改进教师的教和学生的学的意义，因此在评价方法上需要采取多样化的方式。这与只关注结果的评价有很大不同。在评价过程中，既要使用定量方法，也要注意定性分析的方法。

1. 数学作业

数学作业是数学学习评价中最方便、常用和有效的评价方法，要重视学生的作业过程，充分发挥数学作业在学生评价中的作用。作业的类型可以多种多样，例如常规作业，开放性、探索性数学问题，数学实验，数学建模，课题研究作业等；作业结果的呈现形式也可以多种多样，例如习题解答，数学学习体会，数学小论文，数学日记，研究、实验或调查报告（书面、口头）等；对作业的评价可以是量化的，也可以是定性的。

重要的是，教师要把从作业中获得的评价信息及时反馈给学生。大量实践表明，教师如果能当面批改学生的作业，发现、挖掘作业中的闪光点，并采用鼓励性语言作出评价；出现作业错误时，不仅指出错误所在，并与学生一起分析原因，还要指出努力的方向，促使学生产生更高水平的期望目标，那么学习效果的提高会非常迅速。

2. 笔试测验

笔试是定量评价的重要方式，笔试既要考察对数学知识的记忆和数学技能的熟练水平，也要注重考察对数学概念的理解、数学思想方法的掌握、数学思考的深度、探索与创新的水平以及应用数学解决实际问题的能力等。定量评价可以采取百分制或等级制的方式。

3. 表现性评价

一般的，表现性评价是一种定性评价方法。它是通过设置一定的实际任务，从学生完成任务的行为表现中获得信息，进而对学生的数学"双基"、能力等的发展作出评价。这种评价旨在获取关于学生数学学习的更真实的信息，既要反映学生数学知识的掌握情况和数学能力的发展情况，又要揭示数学学习兴趣、态度、毅力等非认知因素的发展状况。前面提到过的数学日记、数学小论文、数学试验、调查报告等都可以作为表现性评价中的形式。

"成长记录袋"是表现性评价中的另一种有效形式。学生的数学思维在深刻性、灵活性、敏捷性、批判性、创造性等方面存在差异，如果不注意这些差异性，那么评价结果可能会出现较大偏差。例如，有的学生思维深刻但不灵活，这样的学生在规定时间的考试测验中往往表现不佳，而在那些需要持续深入思考才能完成的作业上会有好的表现。通过成长记录袋的形式，可以收集到学生在完成不同类型作业时的表现，从而使评价更加科学、公正。同时，通过分析成长记录，可以比较准确地对学生的数学学习作出诊断，既使学生清楚地看到自己的进步和存在的问题，明确今后的努力方向，又为教师调节教学，加强教学的针对性提供了依据。

不同的评价方式有不同的特点和适用范围，使用时应当根据评价的目的、内容特点和学生的特点进行选择。例如，针对"双基"的评价可以采用纸笔测试的方式，而针对数学能力发展的评价，应当更加注意使用成长记录的方式。对学生数学学习的评价不能采取简单化、单一化的形式，以考试分数论英雄，而应当采用多样化的评价方式，为改进数学教学服务。

四、数学学习的评价与反馈

高质量地达成数学教学目标，必须要有反馈调节的参与。教师及时地、有针对性地调节教学，学生自我评价的参与，是改善教学、提高学习效果的必要条件。这些又都依赖于评价与反馈机制的建立。

总的来说，在学生进行数学学习后及时进行评价和反馈是数学教学质量的重要保证。这里要掌握如下一些要点：

第一，利用评价结果强化数学学习效果。数学学习中，学生总是从知之不多到知之甚多、从不会到会，从对事物的表面认识逐步深入到本质认识。在这个过程中，除了教师、课本等的示范作用外，更多地需要学生用心领悟自己在知识的理解、数学能力发展中的进步，总结自己的学习心得，获得学习的经验和教训。这一过程的实质就是利用评价—反馈机制强化学习效果。巧妙地将评价结果不露痕迹地反馈给学生，引导他们自己领悟成败得失的经验，对于强化学习效果有至关重要的作用。

第二，利用评价结果调节教学活动。由于学生的个性差异，学生在学习的准备和学习表现都是千差万别的。因此，通过评价—反馈机制，从学生的学习表现获得关于学习效果的差异性信息，为采取适切性的教学对策提供依据，并据此而及时调节教学活动，才能使教学最大限度地适应于每一个学生的需要。课堂教学中，反馈信息要注重差异性，行为调节要注意采取分化性措施，可以采取：通过评价区分不同学生需要帮助的类别，并给予相应的专门帮助；提供难度不一的作业集合，或给学生一定的自主选择作业题的机会；关注学生不同的爱好，并将其机智地纳入课堂教学；等。总之，利用评价结果实现对教学的及时、恰当调节，使所有学生都能保持学习的最佳状态，实现有效学习，提高教学质量，是进行学习评价的根本目的之一。

第三，掌握评价—反馈的时机。由于学会的新知识在开始阶段遗忘最快，因此首次反馈应当尽可能紧接在学习之后，以后可逐步加大时间间隔。这里，教师可以通过当堂作业或课后练习的方式进行评价，并注意把评价信息及时反馈给学生，同时调节自己的教学。这样做不仅可以使出现的问题解决在萌芽状态，不至于因困难堆积而最终无法解决，而且还有利于学生树立自信心。在每日每课的细节性反馈调节的基础上，再与单元测试、阶段性"成长记录袋"分析与反馈相结合，就可以促进学生的知识技能从累积到联系与综合，并实现数学能力从进步到跃升的效果。

思考题

1. 为什么说数学教学过程是一种特殊的认识过程？

2. 如何认识数学教学过程中的主要矛盾？

3. 中学数学教学的常用方法有哪些？它们各有怎样的适用范围？

4. 启发式教学的内涵是什么？为什么说启发式教学思想是数学教学的根本指导思想？

5. 自行选定教材，撰写一份学期教学计划。

6. 自行选定教学内容，撰写一份教案。

7. 根据课堂教学设计基本框架，选择自己熟悉的教学内容，撰写一个教学设计。

8. 试阐述信息技术与数学教学整合的原则，并举例说明"整合"的方法。

9. 为什么要强调评价对数学教学的调控功能？

10. 如何评价学生数学学习过程？

第九章　中学数学教学研究

　　本章是前几章内容的具体化。重点阐述数学知识（概念、公式、定理以及由内容所反映的思想方法等）的教学，以及习题课和复习课的教学。由于概念教学是数学教学的核心，所以我们把概念教学作为讨论重点。另外，根据当前数学教学中"讲逻辑而不讲思想""重解题技巧而忽视数学思考方法"的实际，我们将在阐述各种教学问题时，对数学思想方法的教学进行讨论。

§9.1　概念的教学

　　概念是思维的细胞。数学学习离不开推理，推理离不开判断，而判断是以概念为基础的。所以，理解概念是一切数学活动的基础，概念不清就无法进一步开展其他数学活动。学生的概念理解和应用水平也是衡量教学质量高低的最重要标准。因此，数学教师必须特别重视概念的教学。

一、在概念体系中掌握概念

1. 什么叫掌握概念

　　前面我们曾比较详细地论述过概念及其实质。下面讨论教学中如何使学生有效地掌握概念，首先讨论掌握概念的含义是什么。我们用一个简单的例子来说明。

　　如果问一个未学几何的学生："太阳的形状如何？"他可能回答："太阳是圆形的。"这时能认为他已具有"圆"的概念吗？不能。因为这时"圆"这个词可能仅仅代表了个别事物，学生头脑中反映的也是"太阳"这样个别的、特殊的事物形象，并不能依据圆的本质特征——到定点的距离等于定长的点的轨迹——作出判断。也就是说，这时学生还没有用圆的概念进行判断的能力。只有当学生具备了按一类事物的共同本质属性进行判断的能力时，我们才能说他已掌握了概念。所以，掌握概念的实质是掌握同类事物的共同本质属性。

2. 从认识论观点看概念教学

怎样才能使学生掌握概念呢？对此，我们先从认识论角度进行阐述。

认识论原理指出，人们对事物本质的认识不可能一次性完成，需要经历一个由感性到理性的循环往复过程；同时，由于事物不可能孤立地存在，因此必须用联系的观点才能真正认清事物的本质。同样地，对于概念教学的规律，我们也应该从过程和联系两个角度进行考察。也就是要把概念放到相应的概念体系中去，考察它的来龙去脉，即不仅要知道学习这一概念需要怎样的基础，还要知道掌握它以后能干什么。这样做至少可以达到如下目的：

第一，区分重要概念和次要概念，确定概念的地位作用，为确定教学重点提供依据；

第二，为概念教学做好准备，即通过分析"来龙"，明确需要复习哪些已有概念；通过分析"去脉"，为后续概念的学习打下伏笔；

第三，更重要的是有利于学生形成结构功能强大的概念体系，布鲁纳说："获得的知识，如果没有完满的结构把它联在一起，那是一种多半会被遗忘的知识。一串不连贯的论据在记忆中仅有短促得可怜的寿命。"因此，强调概念的前后联系，强调在概念体系中学习概念，其根本目的是为了使学生形成良好的认知结构。这也是教学中必须做到瞻前顾后的原因。

值得注意的是，在一个教学体系中，概念的安排既有直线式又有螺旋式。数学中的大部分概念都是以前后一致的意义出现，但也有一些概念，它们会在推广的意义下多次出现。这主要是因为随着基础的拓展、问题的深入，这些概念的表现形式也会发生变化。这既反映了数学概念螺旋上升的过程，也是为了适应学生的思维发展水平。这是与数学的科学体系不同的，需要引起注意。例如，"绝对值"概念，最初是在"有理数"一章出现，定义为："一个正数的绝对值是它本身，一个负数的绝对值是它的相反数，零的绝对值是零"；第二次出现在"算术平方根"中，即 $\sqrt{a^2}$ 是非负数，它就是 a 的绝对值：

$$|a| = \begin{cases} a, & a > 0, \\ 0, & a = 0, \\ -a, & a < 0. \end{cases}$$

第三次是在引进平面直角坐标系后，利用距离公式，将绝对值定义为：在 x 轴上，点 $A(a, 0)$ 与原点的距离为 a 的绝对值，即

$$|a| = \sqrt{(a-0)^2 + (0-0)^2} = \sqrt{a^2}.$$

第四次是作为复数的模。同一个"绝对值"概念，随着数的概念的发展和维数的增加，出现了不同的表现形式而不断发展。显然，这一类数学概念的教学，

就要非常注意"瞻前顾后，彼此照应"。只有让学生了解了概念的发展过程和前后联系的方式，才能使学生真正掌握概念。

3. 从认知心理学观点看概念教学

为了更进一步认识在概念体系中掌握概念的重要意义，我们再从认知心理学的角度来看看掌握"概念体系"或"知识结构"的意义。

（1）同化、顺应与平衡

考察当今认知心理学的不同流派，"相互作用观"是值得重视的。这一观点认为，知识既不是客观的，也不是主观的，而是个体在与环境相互作用的过程中逐渐建构的；相应的，认识既不起源于主体，也不起源于客体，而是起源于主客体之间的相互作用。通常，个体在遇到新刺激时，先尝试用自己原有的认知结构去同化它，以求达到暂时的平衡；同化不成功时，个体则采取顺应的方法，即通过调节自己原有认知结构或新建认知结构，来得到新的平衡。同化与顺应之间的平衡，也就是认识上的适应，也就是人类智慧的实质所在。平衡过程调节个体与环境之间的相互作用，从而引起认知结构的新建构。

例如，在学习平面几何时，如果我们按"一条线——二条线（平行与垂直）——三条线（三角形）——四条线（四边形）——多于四条线（多边形）——圆"的结构，且用数量关系、位置关系等作支柱，这样随着知识的学习，新知识可以不断地纳入到已知的认知结构中去。在这一学习过程中，既会出现同化，又会出现顺应。又如，有理数的知识已不能纳入算术数的知识结构中，比如说"＋""－"的意义已不仅是"加""减"，而且还代表"正""负"（表示数的一种性质）；"加""减"在有理数里可以统一；"减法"在有理数中永远可以施行；"零"不仅表示"没有"，还可作为"正""负"的分界；等。因此，有理数的学习必然引起原有认知结构的改造，这就是一种顺应。

（2）由新旧知识的不同关系引起的不同学习类型

按照奥苏伯尔的观点，新旧知识之间有下位关系、上位关系和并列结合关系，不同的关系有不同的学习方式。我们在《数学教育心理学》（第2版）中有详细论述。数学教学要在认知结构的思想指导下，以概念的不同关系为依据，为学生创造相应的同化机会，实现有效的概念教学。

二、概念教学的过程

从教育心理学的观点出发，概念教学的核心就是"概括"：将凝结在数学概念中的数学家的思维活动打开，以若干典型具体事例为载体，引导学生展开分析各事例的属性、抽象概括共同本质属性、归纳得出数学概念等思维活动而获得概念。数学教学要"讲背景，讲思想，讲应用"，概念教学则要强调让学生经历概念的概括过程。由于"数学能力就是以数学概括为基础的能力"，因此重视数学概念的概括过程对发展学生的数学能力具有基本的重要性。

一般而言，概念教学应该经历如下几个基本环节：

（1）背景引入；

（2）通过典型、丰富的具体例证（必要时要让学生自己举例），引导学生开展分析、比较、综合的活动；

（3）概括共同本质特征得到概念的本质属性；

（4）下定义（用准确的数学语言表达，可以通过看教科书完成）；

（5）概念的辨析，即以实例（正例、反例）为载体，引导学生分析关键词的含义，包括对概念特例的考察；

（6）用概念作判断的具体事例，这里要用有代表性的简单例子，其目的是形成用概念作判断的具体步骤；

（7）概念的"精致"，主要是建立与相关概念的联系，形成功能良好的数学认知结构。

概念教学要注意以下一些基本问题：

第一，概念（特别是核心概念）教学中，要把"认识数学对象的基本套路"作为核心目标之一；

第二，数学概念的高度抽象性，决定了对它的认识过程的曲折性，不可能一步到位，需要一个螺旋上升、在已有基础上再概括的过程；

第三，人类认识数学概念具有"渐进性"，个体对数学概念的认识要"重演"人类的认识过程，因此学习像函数这样的核心概念，需要区分不同年龄阶段的概括层次（如变量说、对应说、关系说等），这也是"教学与学生认知水平相适应"的本意所在；

第四，为了更有利于学生开展概括活动，例子的选择至关重要，而且要重视让学生自己举例子，"一个好例子胜过一千条说教"；

第五，"细节决定成败"，必须安排概念的辨析、精致的过程，即要对概念内涵进行"深加工"，对概念要素作具体界定，让学生在对概念的正例、反例作判断的过程，更准确地把握概念的细节；

第六，在概念的系统中学习概念，即要通过概念的应用，形成用概念作判断的"操作步骤"的同时，建立相关概念的联系，这是一次新的概括过程。

关于概念教学及其策略，在本系列教材中的《数学教育心理学》（第2版）已有详细论述，有兴趣的读者可以查阅其中的第105～125页。

三、概念的教学设计案例

"数轴"教学设计

一、内容及其解析

1. 内容

数轴的概念，用数轴上的点表示有理数。

2. 内容解析

数轴是初中数学的核心概念，它是数形结合思想的产物，是把数和形统一起来的第一次尝试。数轴建立了直线上的点与实数的一一对应，是一维的坐标系。数轴使数的概念和运算可以与位置、方向、距离等统一起来，使数的语言得到了几何解释，数有了直观意义。这不仅有助于数的概念的理解，还可以从中得到启发而提出新的问题或结论。

用数轴上的点表示实数，就是要使任意一个实数能用唯一确定的点表示，同时，任意一个点只能表示一个实数。在这样的要求下，明确规定原点、方向和单位长度"三要素"是必须而且自然的。这时，我们有

原点↔0（原点是区分方向的"基准"，0是区分正负的基准）

单位长度↔1（单位长度是度量线段的单位，1是实数单位，"单位"实际上给出了一个统一的标准。）

方向↔符号（空间中，A，B两点"位置差别"的定量化定义，必须且只需"方向"和"长度"。数轴上，方向只有"左""右"两种，可以理解为"相反方向"。负数在数轴上与正数具有"相反方向"，其实际意义就是描述现实中的"相反意义的量"。确定一个实数，需要"符号"和"绝对值"两个要素，它们正好对应了定量化定义A，B两点"位置差别"的"方向"和"长度"。）

基于以上分析，可以确定本课的教学重点是：体会数轴的三要素；体会用数轴上的点表示数的合理性，感受其中的数形结合思想。

二、目标及其解析

1. 目标

（1）了解数轴的概念，会用数轴上的点表示有理数；

（2）体会数轴三要素和有理数集（实数集）中0，1和数的符号之间的对应关系，从而体会数形结合思想。

2. 目标解析

达成目标（1）的标志是：学生知道数轴是一条规定了原点、方向和单位长度的直线；给定一个有理数，学生能在数轴上找到表示它的点；能画出数轴，并用数轴上的点表示有理数。

目标（2）是"内容所蕴涵的思想方法"，学生需要体会的是在"用点表示数"时，数轴"三要素"保证了点与数的"一一对应"——给一个数，就有唯一确定的点与之对应；反之，给一个点，就有唯一的数与之对应。但本节课只要能体会有理数与数轴上点的对应性，不要刻意强调"给一个点，不一定有一个有理数与之对应"。

三、教学问题诊断分析

学生第一次遇到用形表示数的问题，困难在于其中蕴涵的思想。可以借鉴引入负数时的经验以及生活经验。但在基本思想上，还是要借助于具体情境，教师先讲解，学生获得体验后进行模仿式举例。

本节课中，"三要素"及其对于确定"数轴上的点"的意义（根据"三要素"，可以在数轴上找到唯一确定的点，否则"存在性""唯一性"就做不到），有理数集（实数集）中 0，1 以及数的符号等与数轴上的相关要素的对应性，都需要教师引导。

本课的教学难点是：数轴"三要素"与有理数集（实数集）中 0，1 以及数的符号的对应性。

四、教学过程设计

1. 问题情境下的三次概括

问题 1　在一条东西向的马路上，有一个汽车站牌，汽车站牌往东 3 m 和 7.5 m 处分别有一棵柳树和一棵杨树，汽车站牌往西 3 m 和 4.8 m 处分别有一棵槐树和一根电线杆，试画图表示这一情境。

师生活动：学生小组讨论解决问题的方法，学生代表画图演示。

学生画图后提问：

（1）马路可以用什么几何图形代表？（直线）

（2）你认为站牌起什么作用？（基准点）

（3）你是怎么确定各物体的位置的？（方向，与站牌的距离）

设计意图："三要素"为定向，用直线、点、方向、距离等几何符号表示实际问题。这是实际问题的第一次数学抽象。

说明：学生也可能只用与站牌的距离来表示。有不同表示最好，可以与下面的方法做比较，看哪个更方便。

问题 2　上面的问题中，"东"与"西""左"与"右"都具有相反意义。我们知道，正数和负数可以表示两种具有相反意义的量，那么如何用数表示这些树、电线杆与汽车站牌的相对位置呢？

学生画图表示后提问：

(1) 0代表什么？（基准点）

(2) 数的符号的实际意义是什么？（方向）

(3) 如图9.1.1，在一条直线上，A，B的距离等于B，C的距离，B点用3表示，C点用7.5表示，行吗？为什么？（不行，单位不一致，与实际情境不符）

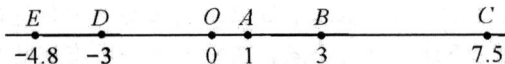

图9.1.1

(4) 上述方法表示了这些树、电线杆与汽车站牌的相对位置关系。例如，—4.8表示位于汽车站牌西侧4.8 m处的电线杆。你能自己再举个例子吗？

设计意图：继续以"三要素"为定向，将点用数表示，实现第二次抽象，为定义数轴概念提供直观基础。

问题3 大家都见过温度计吧？你能描述一下温度计的结构吗？比较上面的问题，你认为它用了什么数学知识？

教师可以先解释0度的含义（冰水混合物的温度规定为0度——温度的基准点）。

设计意图：借用生活中的常用工具，说明正数、负数的作用。引导学生用"三要素"表达，为定义数轴概念提供又一个直观基础。

问题4 你能说说上述两个实例的共同点吗？

设计意图：进一步明确"三要素"的意义，体会"用点表示数"和"用数表示点"的思想方法，为概括数轴概念作准备。

2. 定义、辨析数轴概念

明确数轴的概念，并请学生带着下列问题阅读教科书：

(1) 画数轴的步骤是什么？

(2) 根据上述实例的经验，"原点"起什么作用？（"原点"是数轴的"基准"，表示0，是表示正数和负数的分界点。）

(3) 你是怎么理解"选取适当的长度为单位长度"的？（与问题的需要相关，表示较大的数，单位长度取小一些。）

(4) 数轴上，在原点的右边，离原点越远的点所表示的数_____；在原点的左边，离原点越远的点所表示的数_____。（宏观看大小）

设计意图：明晰概念，并让学生在教师设计的引导问题中，加深对数轴概念中"三要素"的理解。

3. 练习、巩固概念

(1) 课本练习 1，2；

(2) 数轴上表示 3 的点在原点的哪一侧？与原点的距离是多少个单位长度？表示数 −2 的点在原点的哪一侧？与原点的距离是多少个单位长度？设 a 是一个正数，对表示 a 的点和表示 −a 的点进行同样的讨论。

设计意图：练习 (1) 包括画数轴表示有理数和指出数轴上的点表示的有理数，巩固数轴的概念，了解所有的有理数都可以用数轴上的点表示。练习 (2) 从特殊到一般，归纳出数轴上不同位置（原点左右）点的特点。

4. 小结、布置作业

师生一起回顾本课主要内容，并请学生回答以下问题：

(1) 本节课学了哪些主要内容？

(2) 数轴的"三要素"各指什么？它们各起什么作用？

(3) 你能举出引进数轴概念的一个好处吗？

设计意图：通过小结，使学生梳理本节课所学内容，掌握本节课的核心——数轴"三要素"，感受通过数轴把数与形结合起来的好处。

布置作业：

教科书（人教版数学（七年级上册））练习第 3 题，习题 1.2 第 2 题。

五、目标检测设计

1. 在数轴上，表示 +2 的点在原点的 _____ 侧，距原点 _____ 个单位；表示 −7 的点在原点的 _____ 侧，距原点 _____ 个单位；两点之间的距离为 _____ 个单位长度。

设计意图：检测学生对数轴的正方向和单位长度的理解。

2. 画出数轴表示下列各数：

$$+3, \quad 0, \quad -3\frac{1}{4}, \quad 1\frac{1}{2}, \quad -3, \quad -1.25$$

设计意图：检测学生对用数轴上的点表示有理数的掌握情况。

3. 在数轴上，把表示 3 的点沿着数轴向负方向移动 5 个单位，则与此位置相对应的数是 _____。

设计意图：体会点在运动过程中所表示的数的变化规律。

§9.2　数学定理的教学

　　数学定理的教学与概念的教学过程是类似的，但在复杂性上有差异。从学科角度看，数学定理是从公理或已有定理推演而得出的命题，数学定理的学习，就是要掌握"在什么样的题设下可以得出什么样的题断"，需要经历一系列的推理、论证、判断的过程。另一方面，数学定理可以看成是由若干数学概念组成的命题，反映了数学概念之间的特定关系。从认知角度看，数学概念之间关系的认识需要经过比较复杂的独立思考、发现和整合的过程，需要对数学原理所涉及的各概念所提供的信息进行重新组织、转换，提出关于概念之间关系的种种假设并加以检验，有时还需要有多次反复、多次转换。总而言之，数学定理的学习是一个正确建立数学概念之间关系的过程。一般而言，数学定理的学习比数学概念的学习复杂些。

　　因此，在讨论数学定理的教学时，我们将更多地从加强联系性的角度入手。另外，数学公式是数学定理的特殊表现形式，在中学数学中经常出现，我们将作专门讨论。

一、数学定理的教学

　　从教学结果看，数学定理的教学就是要让学生掌握定理所包含的条件和结论（题设和题断），并且掌握从条件到结论的推演方法（定理的证明方法）。在此基础上，进一步掌握定理间的关系，必要时能对定理作推广，能应用定理解决问题。

　　从教学过程看，数学定理的教学就是要让学生经历从定理的背景中发现和提出猜想、推理论证而获得定理的过程。在这个过程中，关键是要通过适当的问题（串），引导学生发现题设与题断之间的联系及其证明方法。在获得定理后，还要通过简单应用，及时巩固对定理的理解。

　　下面我们以案例说明定理教学的基本过程及其注意事项。

案例　平面向量基本定理

一、内容和内容解析

前面学习了向量概念、线性运算及其几何意义。本课之后研究向量的坐标及坐标运算，这是向量的代数形态。因此，平面向量基本定理是向量中沟通几何与代数的关键桥梁，起承前启后作用。中学数学中向量的优势主要体现在用向量法解决几何问题，向量基本定理实际上是建立向量坐标的一个逻辑基础，因为只有确定了任意一个向量在基底 $\{e_1, e_2\}$ 上能唯一分解，建立坐标系才有了依据。特别地，如果基底 $\{e_1, e_2\}$ 就是直角坐标系的 x 轴、y 轴方向的单位向量，那么平面上任一向量 a 都可以唯一地表示为 $a = x\,e_1 + y\,e_2$，于是向量 a 可以用坐标 (x, y) 表示。这样，向量和向量运算是几何结构的代数化，现在再通过一个取定的坐标系，把向量和向量运算归结为坐标和坐标之间的运算，从而彻底实现了几何结构的数量化。向量基本定理的研究综合了前面的向量知识，同时又为后继的内容奠基，因此它在向量知识体系中有核心地位。

就学生的数学学习而言，这一内容也是体会数学化的一个很好的过程，它充分地展现了数学结构体系的严谨性和逻辑性，有助于学生体会数学思维的方式和方法，培养学生数学地思考和说理的习惯。

二、目标和目标解析

1. 理解平面向量的基本定理。具体要求为：

（1）运用已有的向量知识研究平面向量的基本定理，经历给定的向量在一组基底上唯一分解的过程；

（2）体验在解决问题过程中选择适当的基底带来的便捷，帮助理解基底的作用；

（3）了解向量的"唯一分解"与实数对的"一一对应"的联系，知道这是建立向量坐标表示的基础，体会数学中的问题转化。

2. 理解向量坐标的定义，并能用坐标表示坐标平面上的向量。具体要求为：

（1）结合物理背景，理解正交分解及其意义；

（2）理解向量坐标的几何意义。

3. 反思向量坐标的建立过程，体会平面向量坐标建立的过程及平面向量基本定理的作用和意义。

三、教学问题诊断分析

本内容的教学是在掌握平面向量线性运算的基础上，先运用已有知识研究平面向量的基本定理，再以定理为基础建立平面向量的坐标，从而形成一个新的研究体系。

　　本节内容围绕向量在两个基底上的唯一分解展开。其认知基础，既有物理中的力、速度等矢量的分解、合成的经验，也有向量学习中向量线性运算的经验。但对于引入基底这个概念的意义，需要在后续学习中才能提供理解的平台，当然更不能很好地选择、运用基底进行运算求解。所以应当设计对基底的作用及意义的说理过程。虽然从形式上看，平面向量的基本定理不难理解，但是对其本质的理解，需要一个渐进过程，教师要不断地提醒学生注意体会。

　　学生在理解始点不在坐标原点的向量的坐标表示时会出现障碍，其原因是在直角坐标系中，点和点的坐标是一一对应的，而向量的坐标只与从原点出发的向量一一对应，用坐标表示始点不在原点的向量时需要利用向量相等的条件。值得注意的是，在用向量求点的坐标时还会产生问题，如在解答"已知 $\overrightarrow{AB}$ 及点 A 的坐标，求点 B 的坐标"时还会发生错误，这时必须注意结合图形，使学生明确求点 B 的坐标就是要求向量 $\overrightarrow{OB}$ 的坐标。同一问题需要从不同侧面进行理解。

　　四、教学过程设计

　　1. 平面向量基本定理

　　问题 1　请同学们解答下列问题：

$\triangle ABC$ 中，$\overrightarrow{AD}=\dfrac{1}{4}\overrightarrow{AB}$，$DE\,/\!/\,BC$，且与边 AC 相交于点 E，$\triangle ABC$ 的中线 AM 与 DE 相交于点 N，设 $\overrightarrow{AB}=\boldsymbol{a}$，$\overrightarrow{AC}=\boldsymbol{b}$，用 $\boldsymbol{a}$，$\boldsymbol{b}$ 表示向量 $\overrightarrow{AE}$，$\overrightarrow{BC}$，$\overrightarrow{DE}$，$\overrightarrow{DB}$，$\overrightarrow{EC}$，$\overrightarrow{DN}$，$\overrightarrow{AN}$。

　　你认为还能用向量 $\boldsymbol{a}$，$\boldsymbol{b}$ 表示哪些向量？

　　说明　学生会通过作图来说明这一问题。在解决问题时要适时提醒学生，这里的向量是自由向量，其始点是可以移动的，解决问题时，常常将三个向量的起点放在一起。

　　问题 2　从上述解答中不难发现，图中所有的向量都可用向量 $\boldsymbol{a}$，$\boldsymbol{b}$ 表示。那么，平面内的任意一个向量是否都能用给定的两个不共线的向量表示呢？请你任意画两个不共线的向量 $\boldsymbol{e}_1$，$\boldsymbol{e}_2$，并考察平面内任意向量 $\boldsymbol{a}$ 是否都能用 $\boldsymbol{e}_1$，$\boldsymbol{e}_2$ 表示。

　　说明　通过电脑作图引导学生体会，$\boldsymbol{a}$ 可能与 $\boldsymbol{e}_1$，$\boldsymbol{e}_2$ 中的一个共线，也可能与 $\boldsymbol{e}_1$，$\boldsymbol{e}_2$ 都不共线，引导学生得出结论 $\boldsymbol{a}=x\,\boldsymbol{e}_1+y\,\boldsymbol{e}_2$；还可以通过电脑作图展示不同的 x，y 对应于不同的 $\boldsymbol{a}$。

　　问题 3　事实上，物理中也有将一个力分解成若干个分力，或将几个力合成为一个力的问题。$a=xe_1+ye_2$ 可以看做是力的分解、合成的向量表示形式。从前面的研究及力的分解、合成的经验，可以发现：向量 $a=xe_1+ye_2$ 中的 x,y 是唯一确定的。由此，你能得到什么猜想？

说明　通过上述从具体到抽象、从特殊到一般的过程，再引导学生回忆物理的有关知识，学生可以比较顺利地得出猜想：

如果 e_1,e_2 是同一平面内的两个不共线向量，那么对于这一平面内的任意向量 a，有且只有一对实数 x,y，使 $a=xe_1+ye_2$。

我们把不共线的向量 e_1,e_2 叫做表示这一平面内所有向量的一组基底。

问题4　你能给出这一猜想的证明吗？

说明　由于有了前面几个问题的铺垫，证明的难度就大大降低了。学生可能在"唯一性"的证明上出现困难，教师可作适当引导："唯一"的含义是如果对于向量 a，有 $a=x_1e_1+y_1e_2=x_2e_1+y_2e_2$，那么必有 $x_1=x_2$，$y_1=y_2$。

例1　已知向量 e_1,e_2，求作向量 $-2.5e_1+3e_2$。

例2　已知平行四边形 $ABCD$ 中，E,F 是对角线 AC 上的两点，且 $AE=FC=\dfrac{1}{4}AC$，试用向量方法证明四边形 $DEBF$ 也是平行四边形。

说明　由平面向量基本定理可知，关键是找到一组合适的基底来表示向量 $\overrightarrow{FB}$ 及 $\overrightarrow{DE}$，这时就可以把证明四边形 $DEBF$ 是平行四边形转化为证明 $\overrightarrow{FB}=\overrightarrow{DE}$（这里要强调基底的作用，以深化对平面向量基本定理的认识）。

2. 平面向量的坐标表示

问题5　在物理中，我们学习过力、速度等的正交分解。结合向量基本定理及正交分解，思考平面内的任一向量是否都可以用 x 轴和 y 轴上的单位向量来表示？

在思考的基础上请完成以下练习：

设与 x 轴和 y 轴方向相同的单位向量分别为 i 和 j。试用 i 和 j 表示图 9.2.1 中的向量。

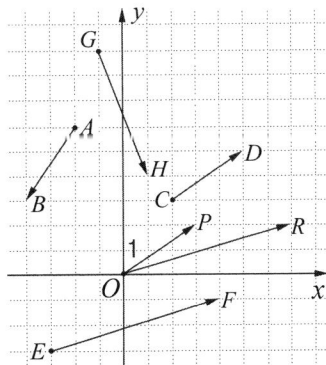

图 9.2.1

$\overrightarrow{AB}=-2i-3j$，$\overrightarrow{CD}=3i+2j$，$\overrightarrow{EF}=7i+2j$，$\overrightarrow{GH}=2i-5j$，$\overrightarrow{OP}=3i+2j$，$\overrightarrow{OR}=7i+2j$。

说明　解答本题的目的是引导学生体会 i，j 的系数确定的有序数对与向量间的对应关系。

问题 6　一般地，平面直角坐标系中，取与 x 轴、y 轴方向相同的单位向量 i，j 为基底，那么根据平面向量基本定理可知，坐标平面上的任意一个向量 a，有且只有一对有序实数 x，y，使 $a=xi+yj$。请你研究一下，直角坐标系中的向量与坐标 (x, y) 之间有怎样的对应关系？

说明　本问题的目的是引导学生发现任一向量对应唯一确定的数对 (x, y)；反之，一个数对对应着无穷多个向量，但这些向量是相等的。这一步可以为平面向量的坐标表示做好准备。

问题 7　结合上面的研究，请给出向量的坐标的定义（教师可结合教科书上的定义来点评学生自己的定义，这是为了培养学生理解和归纳能力，经常有类似的训练有助于提高学生的数学能力）。

3. 例题和课堂练习（略）

4. 小结：回顾本堂课的教学过程，你能说出定义向量的坐标之前做了哪些准备吗？为什么需要做这些准备？

说明　在引入向量的坐标之前，先得出平面向量基本定理，即平面上的任一向量在给定的基底上有唯一分解，这样，一个向量就能和一个有序数对建立一种对应关系，然后结合物理中关于正交分解的有关知识，定义平面向量的坐标。由此使学生体会数学是自然的、有用的、精确的。

5. 习题：略

二、公式的教学

因为公式就是定理，所以公式的教学实际上就是定理的教学，因此上述关于定理教学的论述都适用于公式的教学。另外，根据公式的特点，教学中还应当注意如下几个方面。

1. 强调公式的背景和应用

任何数学公式都有其产生的背景，也有它的应用。强调背景和应用，可以使学生从接触公式的起始阶段就对它的来龙去脉做到心中有数，这是学生牢固掌握公式的先决条件。

2. 重视公式的推导

公式的推导过程是明确公式的条件和结论的过程，也是培养学生推理能力的过程，同时也是加强公式记忆的过程。一般地，公式的推导应在教师的指导下由学生自己完成。当然，教师应当在推证的难点或隐蔽的条件等方面加强指导。

3. 重视对公式的辨析

公式的辨析既是一个加深理解的过程，也是一个增强记忆的过程，同时也是正确运用公式的必要步骤。一般地，公式的辨析既要重视对公式本质的剖析，也要重视公式的表现形式的分析。例如，对公式

$$(a-b)^3 = a^3 - 3a^2b + 3ab^2 - b^3,$$

既应从表现形式剖析，让学生明确公式：（1）四项，（2）符号正负相间，（3）系数按照 1，-3，3，-1 排列，（4）a 的指数由 3 次按降幂排列，b 的指数由零次按升幂排列；还要辨析公式的本质，例如应指出："a""b"可代表数字、字母、单项式、多项式甚至别的什么都可以。这是代数的特点，但这是学生不易掌握的。尽管学生能熟练记忆公式，但常常不能灵活运用。例如，许多学生感到多项式 $x^3 - 6x^2 + 12x - 8$ 的因式分解很难，原因是具体数字 2 使得 $(x-2)^3$ 的展开式失去了两数差的立方公式的外形特征。因此，从不同角度剖析公式是很重要的。

在剖析公式时，明确公式成立的条件是重要的一环。学生错误地运用公式的原因之一就是忽略条件。例如算术根的运算法则必以各个算术根存在为前提；对数运算法则以各对数有意义为前提；等。教学中，教师要注意从学生的错误中分析原因，从而加深对应用公式的条件的理解和记忆。

4. 注意公式教学的系统性、结构性

一般地，数学公式是数学的核心知识，往往具有较强的联系能力。因此，公式教学强调结构与联系，是由数学公式的特点所决定的。

有些公式属于"特例"，例如，$(a \pm b)^2$，$(a \pm b)^3$ 是二项式定理的"特例"，勾股定理是余弦定理的特例，等。这类公式的教学就要注意在掌握当前内容的同时，为后续学习打下一定伏笔。

有些公式的正、反两方面反映了数学不同侧面的问题。例如，乘法公式和因式分解、指数运算法则与对数运算法则等。这些公式的教学要注意引导学生从正反两个方面认识和把握公式。

下面我们仍以案例的方式阐释公式教学的有关问题。

案例　基本不等式 $\dfrac{a+b}{2}\geqslant\sqrt{ab}$（2 课时）

一、内容和内容解析

基本不等式是不等关系的一种特殊而重要的表现形式，它包含有 n 个正数的平方平均数、算术平均数、几何平均数、调和平均数之间的不等关系。本单元只介绍二元的算术平均数、几何平均数之间的不等关系，主要是了解基本不等式的代数、几何背景及用基本不等式解决问题的基本方法。因此，教学的重点是使学生掌握基本不等式的结构特征和几何意义。

二、目标和目标解析

1. 探究基本不等式 $\dfrac{a+b}{2}\geqslant\sqrt{ab}$（$a$，$b\geqslant 0$）的背景和证明过程，理解其几何意义；

2. 探索基本不等式的变式，掌握其结构特征；

3. 会用基本不等式解决简单的最大（小）值问题。

三、教学问题诊断

学生对赵爽弦图中反映的相等关系或不等关系较难觉察。为了使学生发现图中的数量关系，应当在思考方向上加以引导。

用不等式的基本事实证明 $a^2+b^2\geqslant 2ab$ 是学生不熟悉的，这是"不是做不到，而是想不到"。因此，教学时需要以类似"如何比较 a^2+b^2 与 $2ab$ 大小？"的语言加以启发。

运用分析法证明基本不等式，证明的格式及为什么可以这样证明是一个难点，其原因是学生还没有接触过分析法的逻辑依据问题，这里要求他们直觉地接受证明的可靠性。教学时可以对证明的合理性做适当说明但不能过分纠缠。

四、教学支持条件

学生以往学习过解不等式。为了使学生把握基本不等式的结构特征，需要在"形"与"数"的转化、数学语言表述、证明不等关系的逻辑依据等方面做好铺垫。学生在观察而得出图形中的几何不等关系，并将其转化为代数表示的过程中，需要教师的引导，包括语言的引导，或用几何画板制作一个动态的图形拼接课件，以帮助学生思考。

五、教学过程设计

先行组织者：在北京召开的第 24 届国际数学家大会的会标是根据我国古代的赵爽弦图设计的。图中隐含了重要的不等关系。

问题 1　从面积角度观察，你能发现其中的数量关系吗？其中哪些量可以变化? 变化后又会得到怎样的不等关系?

活动预设: 由学生完成图形面积的符号表示: a^2+b^2, $2ab$, $(a-b)^2$。观察图 9.2.2 中 4 个直角三角形的面积、正方形 $ABCD$, $EFGH$ 的面积,可得: $4\times\frac{1}{2}ab+(a-b)^2=(\sqrt{a^2+b^2})^2$。

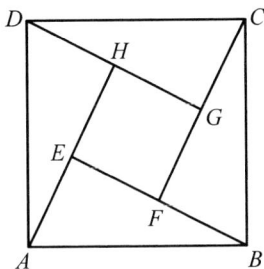

图 9.2.2

当小正方形面积不为零时,可得 $a^2+b^2>2ab$;

当小正方形面积为零时,可得 $a^2+b^2=2ab$,此时 $a=b$。

设计意图: 通过有步骤地引导学生将图形语言(图中的数量关系)转化为代数符号语言,在得到相应的不等式的同时,也培养了学生的观察能力和数学表达能力。

问题 2　把不等式中的正数 a, b 换成实数 a, b,你能比较实数条件下, a^2+b^2 与 $2ab$ 的大小关系吗?

活动预设: 要给学生独立思考的机会,尽量让他们自己得出用基本事实证明不等式的方法。可让学生板演证明过程,注意强调: 当且仅当 $a=b$ 时, $a^2+b^2=2ab$。

设计意图: 作差比较是基本而重要的证明不等式的方法,但学生还不习惯使用。强调让学生自己独立获得这一方法,主要是为了培养学生从定义出发思考和解决问题的思维习惯。

问题 3　上述不等式中, a, $b\in\mathbf{R}$,如果限制 $a>0$, $b>0$,并用 $\sqrt{a}$, $\sqrt{b}$ 分别代替 a, b,可得不等式:

$$\sqrt{ab}\leqslant\frac{a+b}{2}\quad(a>0,\ b>0)。\qquad(*)$$

你能利用不等式的性质证明这一不等式吗?

活动预设: 让学生阅读教材,填空:

要证 $\frac{a+b}{2}\geqslant\sqrt{ab}$ ($a>0$, $b>0$),　　　　　　　　　①

只要证 $a+b\geqslant$ _____。　　　　　　　　　②

要证②,只要证 $a+b-$ _____ $\geqslant0$。　　　　　　　　　③

要证③,只要证 (_____ $-$ _____)$^2\geqslant0$。　　　　　　　　　④

根据实数的性质,④是成立的。当且仅当 $a=b$ 时,④中等号成立。

设计意图: 用引导探究法设计教学过程,使学生体会如何从一个已知结果出发,通过特殊化获得一些有意义的新结论。

　　问题 4　图 9.2.3 给出了不等式（*）的一个几何解释。你能说说它的含义吗？

　　活动预设：让学生自己观察图形后，得出 $a+b$ 为圆的直径 AB，$2\sqrt{ab}$ 为弦 DE，进而得出基本不等式的几何意义是"圆的半弦不大于半径"，当且仅当点 C 与圆心重合，即 $a=b$ 时等号成立。

　　设计意图：从图形的度量关系得到基本不等式，再由代数形式给出新的几何解释，引导学生感悟数形结合思想。采取的教学策略是有步骤地变换因素。

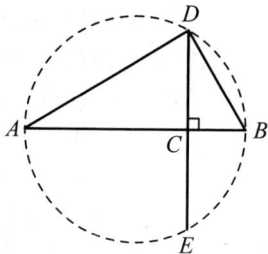

图 9.2.3

　　例 1　$x>0$，求 $x+\dfrac{1}{x}$ 的最小值。

　　活动预设：先让学生独立思考后给出解答，再组织交流。

　　设计意图：这是基本不等式的简单应用，主要目的是通过应用使学生进一步理解基本不等式的结构，掌握基本不等式的应用条件（一正二定三相等）。

　　变式：$x<0$，求 $x+\dfrac{1}{x}$ 的最大值。

　　能直接用基本不等式吗？如何转化就可以使其具备使用条件？

　　活动预设：在问题引导下由学生独立思考完成解答。教师应当在思考方向上给予引导，即要提醒学生，基本不等式的三个使用条件是化归的方向。

　　设计意图：通过简单变式，提出根据基本不等式使用条件进行化归的任务，目的仍是让学生通过应用理解基本不等式的结构。

　　例 2　（1）用篱笆围成一个面积为 $100\ \mathrm{m}^2$ 的矩形菜园，问这个矩形的长、宽各为多少时，所用篱笆最短，最短的篱笆是多少？

　　（2）一段长为 36 m 的篱笆围成一个矩形菜园，问这个矩形的长、宽各为多少时，菜园的面积最大，最大的面积是多少？

　　活动预设：教师引导学生分析。对于（1），突出当面积确定时，长与宽取什么值时篱笆的长最短？对于（2），强调当周长确定时，长和宽取什么值时篱笆围成的面积最大？

　　设计意图：通过实际问题引出基本不等式最重要的应用，为后续归纳出相应的数学模型做准备。

　　问题 5　例 2 蕴涵了基本不等式的一个非常重要的应用模型，你能概括出这个数学模型吗？

活动预设：教师引导学生归纳概括，得出如下具有普适性的数学模型：

设 x，y 是两个正数，如果积 xy 是定值 P，那么当 $x=y$ 时，和 $x+y$ 取最小值 $2\sqrt{P}$；如果和 $x+y$ 是定值 S，那么当 $x=y$ 时，积 xy 取最大值 $\frac{1}{4}S^2$。要强调"一正二定三相等"。

设计意图：从具体的典型事例中概括出具有一般意义的数学模型，在得到有用的数学知识的同时，培养学生的数学能力。

例 3 某工厂要建造一个长方体形无盖贮水池，其容积为 $4\,800\ \mathrm{m}^3$，深为 3 m，如果池底每平方米的造价为 150 元，池壁每平方米的造价为 120 元，怎样设计水池能使总造价最低，最低总造价是多少？

活动预设：先由学生独立完成，再进行全班交流。

设计意图：通过应用，及时巩固基本不等式模型。

问题 6 通过学习，你对基本不等式得到了哪些认识？你能归纳一下基本不等式的研究过程吗？其中体现了哪些你认为重要的思想方法？在应用基本不等式解决实际问题时，需要注意哪些问题？

活动预设：先给学生时间自己总结，再由学生阐述，最后教师进行归纳概括。

设计意图：引导学生对学习内容进行总结，反思学习过程，得出有条理的理性认识。总结后希望得到：

第一，代数角度看，基本不等式反映了两个正数的和与积之间的大小关系；几何角度看，基本不等式反映了圆中直径与弦长之间的大小关系。

第二，从代数角度考虑，基本不等式的推出过程利用了实数的性质和配方法；从几何角度考虑，可以从构造图形（正方形、圆等），由相应的度量关系得到基本不等式。

第三，基本不等式的推导过程中，体现了化归、数形结合等重要的数学思想方法。

第四，在应用基本不等式解决问题的过程中，要注意是否符合"一正二定三相等"这一结构特征。

六、目标检测设计（略）

§9.3　解题教学

前面我们曾从理论上谈及对练习的理解，下面再结合教学实践，具体讨论解题教学问题。

一、习题（例题）的作用

数学学习中，做习题是必不可少的环节。做习题的过程是应用数学知识解决问题的过程。解题训练的目的是使学生加深对数学概念、原理的理解，巩固所学的知识和技能，培养数学能力。因此，教师必须十分重视解题教学。

应当指出，学生解题能力的大小，尤其是解答难、繁题能力的大小，不能作为衡量学生是否已牢固掌握所学知识和技能的唯一标准，更不能把培养学生的解题能力作为教学的最终目的。诚然，如果学生掌握不好"双基"，那么他们的解题能力肯定不高，但不善于解答难题、繁题的学生，并不意味着他们的"双基"不扎实，因为"难""繁"往往是因为需要某些"特技"造成的，而这些"特技"并不是数学的基本思想方法，也不是数学的核心内容。事实上，越是基础的、本质的东西就越简单，其使用范围也越广泛，而且一定是"通性通法"。因此，数学解题教学一定要注意解题的目的——达成教学目标的手段。

需要特别强调的是，并不是习题做得越多，学生对知识的理解就越深，数学技能就越熟练，数学能力就越强。解题教学的关键在于把握好练习的目的性，据此有针对性地选择数量适当的题目，使学生得到有的放矢的解题训练。

二、习题的分类和选配

解题教学的作用是多方面的，而一个题目的作用又不可能涉及各个方面，因而教师必须注意精选题目，使每一个题目都有它的训练目标，并使所有题目组合成为一个整体，从而实现解题教学的总目标。因此，教师应明确不同类别习题的不同功能。

钟善基先生把中学数学习题按其作用分为如下七类：

（1）单纯为使学生明确与巩固新学到的概念的本质属性和命题中的条件、结论的题目。

（2）单纯为使学生熟悉新学到的公式、法则、作图法的使用对象和使用条件以及运用技能的题目。

这两类题就是在课本中以"练习"为标题的习题。这些题为数不多，却是最简单、最基本的题，一般在讲解新知识后立即就可使用，并且由于简单而适宜于口答。

（3）单纯为使学生运用新学到的概念、命题以及公式的论证题。

这类题既有知识的明确、巩固的作用，又有初步体会新知识的用途，并反过来加深对理论的认识的作用。这类题在课本中为数也不多，通常包含在"习题"中。

（4）新旧知识结合运用的论证题。

（5）新旧知识结合运用的计算题和作图题。

课本中的"习题"主要是这两类题，为数众多。

（6）需要综合运用各方面知识解答的题目。

课本中这类题为数较少，主要包含在以"复习题"为标题的习题中，但应作相应的补充，因为学生解这类题对于掌握知识和技能以及提高各项能力，都有较大的作用。

（7）为后继的新课教学作准备的题。这类题散见于课本的"习题"中，且为数较少。

此外，在例题方面，还有为引入新知识所需要的实际的或具体的事例。这类题在课本中常常是较少的，需要教师根据学生的实际基础来拟定。

总之，教学中应根据教学目的，有针对性地选配例题和习题。

三、提高解题能力的几条教学措施

1. 培养认真审题的习惯，提高审题能力

数学题目都包括条件和结论两个组成部分，这是解题的依据。认真审题、弄清题目的两个组成部分是正确解题的先决条件。解题教学中首先应强调审题的重要性，要采取切实有效的措施培养学生认真审题的习惯。

在上面的（1）至（5）类题目中，这两个组成部分一般来说是比较明显的。只要认真审题，弄清题意是不难的。但是对要求融会贯通、灵活运用知识技能来解答的较复杂的综合题（第6类题），一般来说，题目中的已知条件比较多、关系比较复杂，相互联系不直接，还会包含一些隐蔽条件，已知条件和结论之间的关系也比较错综复杂，审题时往往需要做较多的化归工作，即从不同角度解释、明确条件和结论，把隐蔽条件转化为显性条件，接通条件和结论，或者把问题转化为熟悉的、简单的或已有典型解法的问题。总之，培养学生审题能力的关键是要提高学生分析隐蔽条件的能力以及化归（化简、转化已知和未知）能力。

例 1 已知正数 a_1，a_2，$\cdots$，a_n 成等差数列，求证：

$$\frac{1}{\sqrt{a_1}+\sqrt{a_2}}+\frac{1}{\sqrt{a_2}+\sqrt{a_3}}+\cdots+\frac{1}{\sqrt{a_{n-1}}+\sqrt{a_n}}=\frac{n-1}{\sqrt{a_1}+\sqrt{a_n}}。$$

分析：这个题目条件比较简单，但结论比较复杂。可考虑把求证的结论化简。欲证等式左边比较复杂，先考虑把左边的式子化简。因等式左边各分式的分母是根式，所以可考虑把等式左边各分式的分母有理化，即把求证化为

$$\frac{\sqrt{a_1}-\sqrt{a_2}}{a_1-a_2}+\frac{\sqrt{a_2}-\sqrt{a_3}}{a_2-a_3}+\cdots+\frac{\sqrt{a_{n-1}}-\sqrt{a_n}}{a_{n-1}-a_n}=\frac{n-1}{\sqrt{a_1}+\sqrt{a_n}}。$$

由此可以发现条件与结论的关系，问题也就迎刃而解了。

上述过程表明，从对题目的条件、结论的化归过程中，不但可以使条件的本质、要证的结论更加明确、具体，而且还可以从中获得解题方法的启发。

化归结论，实际是一种分析法。

2. 强调从基本概念出发思考解题方法

经过审题，明确了题目的条件和结论以后，该如何进一步寻找解题方法呢？我们认为，从基本概念、定义、原理等出发是基本而有效的，这是因为问题的条件和结论提示我们在解题时应当使用哪些基本概念，将条件、结论转化为符合基本概念内涵、外延的形式，就成为解题的基本过程。

例 2 如图 9.3.1，$\angle B$ 和 $\angle BCE$ 可以看成是直线____，____被直线____所截得的____角。

分析：学生熟悉的是在"三线八角"中找同位角、内错角、同旁内角等。在背景图形复杂后，顺利找到这些角的关键就是引导学生思考它们的构成特征，也就是"从概念出发思考解题方法"。本题要先确定 $\angle B$ 的两边为 AB，CB，$\angle BCE$ 的两边为 CB，CE，然后确定公共边为 CB（截边），再确定被 CB 所截的边是 AB，CE，

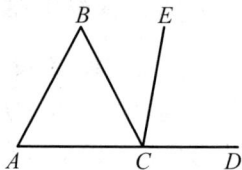
图 9.3.1

所以：$\angle B$，$\angle BCE$ 是直线 AB，CE 被直线 BC 所截得的内错角。

总之，本题的教学中要引导学生回归到内错角、同位角、同旁内角的结构特征：都涉及两个角；两个角有一条公共边；这两个角是由两条直线被第三条直线截得的，而"第三条直线"就是这两个角的公共边。所以，要确定某个图形是什么角，首先要分析构成两个角的边，然后看是否有公共边，最后看构成什么位置关系。

3. 强调"多元联系表示"思想的运用

解题过程中，关键是能灵活地将问题转化为自己熟悉的表述方式，而转化的过程实际上是寻找问题的条件、结论的等值语言表示，建立相关知识联系的过程。实际上，许多习题考察的就是某一知识的不同表现形式之间相互转化的问题。因此，加强"多元联系表示"思想的运用是提高解题能力的基本途径。

例3　已知 $x^2+y^2=4$，求 $3x+4y$ 的最大值和最小值。

求最大值、最小值的问题，最能联系函数单调性、不等式、线性规划、导数、三角变换、坐标法等知识，是训练"多元联系表示"思想的好载体。

思路1　从函数观点出发，可以从约束条件中得到 $y=\pm\sqrt{4-x^2}$，从而有

$$3x+4y=3x\pm4\sqrt{4-x^2}。$$

应用导数可以求出相应的最大值和最小值。

思路2　从代数角度考虑，如果令 $3x+4y=t$，那么 $y=\dfrac{1}{4}(t-3x)$，代入约束条件，有

$$25x^2-6tx+(t^2-64)=0。$$

由于 x 是实数，所以 $(-6t)^2-4\times25(t^2-64)\geqslant0$，进而可得要求的值。

思路3　从线性规划角度看，可以把 $x^2+y^2=4$ 看成可行域，$z=3x+4y$ 就是目标函数。这就将问题转化为线性规划问题。

思路4　从坐标法看，如果令 $z=3x+4y$，这是平行直线系，$x^2+y^2=4$ 表示圆。这样，问题就转化为直线与圆有交点时，求 y 轴上截距的最大值、最小值；或圆心到直线的距离等于半径时的 z 的值。

思路5　由于约束条件是平方关系，可以利用三角函数知识进行转化，即令 $x=2\cos\alpha$，$y=2\sin\alpha$，那么

$$3x+4y=6\cos\alpha+8\sin\alpha=10\sin(\alpha+\beta)。$$

由正弦函数的有界性立即可以得到所求的值。

一题多解是许多人都熟悉的解题训练方法，人们也知道它在提高学生解题能力方面的作用。但是如果仅仅是为了获得几种不同解法，那就没有充分发挥一题多解在建立知识联系、灵活应用知识、实现不同表现形式的相互转化等方面的作用，这就会使通过解题加深知识理解、培养数学能力的目标难以实现。

4. 给学生提供探索的时间和空间

解题教学的目的是提高学生应用数学知识分析和解决问题的能力，而这种能力的提高并不是多做题目就能实现的，更主要的是要讲究解题的质量。为此，教师在教学中要精选题目，给学生提供自主探究的时间和空间，鼓励学生

积极思考，创造自己的解题方法。

例4 已知函数 $f(x)=\ln(x+1)$。如果 $a>b>c>0$，那么 $\dfrac{f(a)}{a}$，$\dfrac{f(b)}{b}$，$\dfrac{f(c)}{c}$ 有怎样的大小顺序？

教学设计：

问题1 请同学们分析题意，思考一下需要哪些数学知识？

设计意图：引导学生审题，大致确定解题方向。

问题2 比较几个数（函数值）的大小，没有一般思路时可以采取"从特殊到一般"的方法。你想到了哪些特殊的方法？

设计意图：从特殊入手，让学生找找大小关系的感觉，对于确定解题方向和解题信心都有好处。例如，可以用"特殊值法"（如令 $a=3$，$b=2$，$c=1$，通过比较具体数字 $\dfrac{\ln 4}{3}$，$\dfrac{\ln 3}{2}$，$\dfrac{\ln 2}{1}$ 的大小关系，得到 $\dfrac{f(a)}{a}<\dfrac{f(b)}{b}<\dfrac{f(c)}{c}$ 的猜想）；也可以用"等值语言"把 $\dfrac{f(a)}{a}$，$\dfrac{f(b)}{b}$，$\dfrac{f(c)}{c}$ 分别解释为过原点和点 $A(a,f(a))$，$B(b,$

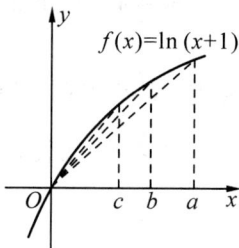

图 9.3.2

$f(b))$，$C(c,f(c))$ 的直线的斜率（如图 9.3.2），通过函数 $f(x)=\ln(x+1)$ 的图像也能得到大小关系的判断。

问题3 上述解法都有一定的技巧性，虽然获得了三个数大小关系的一个判断，但还应在数学原理上给出理由。从上述猜想的结构中，你能联想到哪些知识来证明上述猜想的正确性？

设计意图：引导学生从深层次思考结论成立的理由。一般来说，从猜想的结构出发，有些学生能想到引进函数 $g(x)=\dfrac{f(x)}{x}$，通过考察 $g(x)$ 的单调性得到证明。

问题4 如何证明函数 $g(x)=\dfrac{f(x)}{x}=\dfrac{\ln(x+1)}{x}$，$x\in(0,+\infty)$ 是单调减函数呢？

设计意图：让学生自己考虑证明方法，如有的学生可能会用减函数的定义，有的学生可能会想到用导数。不管学生想到什么方法，都应让他们按照自己的想法动手做一做，发现其中的困难后再进一步地想别的办法。

由于 $g'(x) = \dfrac{\dfrac{x}{x+1} - \ln(x+1)}{x^2}$，要证明 $g(x)$ 是单调减函数，需要证明 $g'(x) < 0$。这样又把问题转化为：

证明：在区间 $(0, +\infty)$ 上，$\dfrac{x}{x+1} < \ln(x+1)$。

一般来说，学生借助已有经验，可以想到再构造函数 $h(x) = \dfrac{x}{x+1} - \ln(x+1)$，用求导法证明 $h(x)$ 是单调减函数。

许多老师或者为了让学生"掌握"更多的题型、解法，或者担心学生想不到解题方法，常常采用注入式教学，一堂课讲许多题目，要求学生记忆题型以及相应的解法，甚至向学生介绍许多解题"特技"。这样的解题教学，学生得不到独立探索的机会，思维的主动性不能发挥，不仅导致沉重的负担，而且教学效果也必定不好。在上述教学设计中，强调了通过问题引导，让学生自己逐步确定解题方向和思路。经过这样的教学，学生对构造函数，利用导数求解或证明不等式的方法印象会比较深刻，这样得到的方法也会有较强的迁移能力。

5. 引导学生通过类比、推广、特殊化等构造题目

一般地，解题教学总是解教师给定的题目。但是，如果能通过教师的教学设计，让学生解答自己发现的数学题，那么解题教学就达到了更高的层次，效果也会更好。

例 5　正切函数的三角变换。

从公式 $\cos(\alpha+\beta) = \cos\alpha\cos\beta - \sin\alpha\sin\beta$ 出发，得到正弦函数、余弦函数的和（差）角、倍角公式后，可以让学生类比，通过特殊化、推广等活动，自己得出关于正切函数的一系列题目。例如，除了我们熟悉的和、差、倍、半公式外，还可以这样来构造题目：

（1）在 $\tan(\alpha+\beta) = \dfrac{\tan\alpha + \tan\beta}{1 - \tan\alpha\tan\beta}$ 中，令 $\alpha+\beta = \dfrac{\pi}{4}$，则由 $\tan(\alpha+\beta) = 1$ 有 $\tan\alpha + \tan\beta + \tan\alpha\tan\beta - 1$。这样就得命题

证明：如果 $\alpha+\beta = \dfrac{\pi}{4}$，那么 $\tan\alpha + \tan\beta + \tan\alpha\tan\beta = 1$。

同理，我们可以令 $\alpha+\beta$ 为其他特殊角，得到一些新命题。如当 $\alpha+\beta = \dfrac{\pi}{3}$ 时，$\tan\alpha + \tan\beta + \sqrt{3}\tan\alpha\tan\beta = \sqrt{3}$。

（2）将 $\alpha+\beta$ 替换为 $\alpha+\beta+\gamma$，经过代数变形，有

$$\tan(\alpha+\beta+\gamma)=\frac{\tan\alpha+\tan\beta+\tan\gamma-\tan\alpha\tan\beta\tan\gamma}{1-\tan\alpha\tan\beta-\tan\beta\tan\gamma-\tan\gamma\tan\alpha}。$$

然后再令 $\alpha+\beta+\gamma$ 为某些特殊角，又可以得到一些题目。

6. 强调解题后的反思

解题后的反思是提高解题质量的关键环节。许多教师让学生作大量题目，但不要求反思解题过程，其结果是付出的时间、精力很多，但训练效果并不理想。事实上，反思环节是对解题过程的整理，对其中涉及的基础知识、数学思想方法的归纳总结，对不同解题思路的比较，并思考优化、改进解题过程，所以是学习过程中的一个再概括环节。由于是在已有实践基础上进行的学习活动，因此学生对问题所涉及的知识、思想和方法的体验、领悟会更加深刻。

可从以下几个方面让学生进行反思：

（1）概括解题思路，并反思自己在"双基"和能力方面存在的不足，要求用概括性语言表述；

（2）是否还有别的解题方法，有的话，要比较不同解法，并从知识的联系、挖掘问题的本质等角度，分析不同解法的特点，要求用概括性语言表述；

（3）是否有变式，有的话，写出这些变式，并分析它们的表现特点；

（4）是否能通过改变、替换问题的条件、结论等构造新的题目；

（5）是否能通过推广、特殊化等，获得新的命题；等。

§9.4 复习课教学

复习是数学教学的常规性工作。只有经过复习，"双基"才能得到巩固；数学思想方法的理解才能得到加深；数学知识之间的联系性才能更加紧密；从而，才能使学生建立良好的数学认知结构；另外，应用数学知识解决各种问题的能力才能得到培养和加强。

一般而言，复习工作包括经常性复习和阶段性复习两个方面。在新知识教学前，需要引导学生对那些作为新知识论据的、有可能遗忘的已有知识进行复习，这就是经常性的复习。这样的复习是随着新知识学习的需要而随时进行的，在前面讨论概念、定理、公式等的教学中已经涉及，这里不再赘述。下面主要讨论阶段性复习。

阶段性复习包括一个单元或一章结束时的复习，期中复习、期末复习或高考复习等。虽然不同的阶段复习有一定的差异性，但是它们有共同的规律。

一、回归基础，完善知识体系

数学教学中，定义要一个个地教，定理要一个个地证明，公式要一个个地推导。这些定义、定理、公式等及其由内容反映的数学思想方法分散在中学不同阶段、不同内容的教学中，只有通过复习，按照内在逻辑联系将它们进行整理，并用适当的方式（图形、表格等）表示出来，从而使学生头脑中的数学知识系统化、结构化，才能真正形成良好的数学认知结构。复习中，最基本的是对某一章知识进行整理，也有对不同章节的内容进行归纳和概括。

例1 "不等式"一章的知识结构。

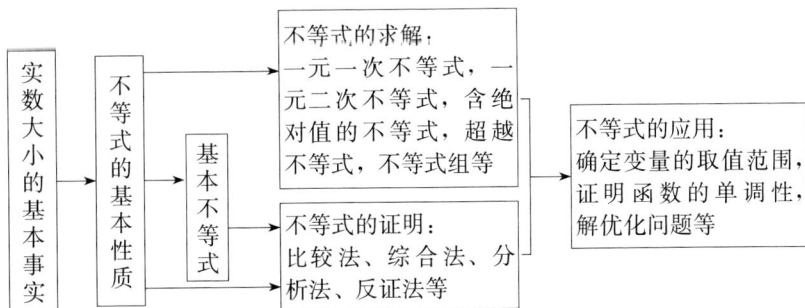

二、加强联系与综合，提高数学能力

教师（特别是年轻教师）常常感到复习课难上，难就难在复习课是"新课题，旧知识"：知识都是已学的，复习课的任务是要引导学生对知识进行系统整理，建立它们的联系，通过重新概括，形成良好的数学认知结构；同时，通过综合应用知识的训练，提高解决各种问题的能力。复习课的另一个难点是内容多、时间少，这就需要教师引导学生把注意力集中在数学的核心概念和基本思想方法上，通过复习来提炼相应的核心概念和思想方法体系。也就是说，要通过精选复习内容，把具有很强迁移能力的核心概念、思想方法作为重点，使学生能举一反三、触类旁通，达到提高复习效率、保证复习效果的目的。

复习课中，在充分做好"双基"复习的基础上，编选和讲授高质量综合性例题，是提高学生综合应用知识解决问题能力的关键措施。编选时应注意：

第一，基础性。一定要注意针对核心概念、基础知识，强调通性通法，不要脱离基础而搞所谓的"拔高题"，不要追求"特技"。

第二，综合性。这里的综合是指代数、几何、统计和概率等各科内容的基础知识、基本思想方法的自然沟通和联系，而不是人为拼凑、简单堆积。

第三，启发性。综合题的价值并不在于它有多么难，而在于它对学生思维的启发，在于它能激发学生思维的创造力，能启发学生从新的角度看待问题，通过沟通知识和方法而形成新的解题方法。

第四，适切性。要注意根据学生当前的实际编选题目，做到难易适当，针对学生当前的学习困难，而不是任意地拔高要求。

例2　一次函数、直线的方程、二次函数与等差数列的联系与综合。

设 $\{a_n\}$ 是等差数列，公差为 d。从函数观点看，等差数列是离散型函数。通项公式 $a_n = a_1 + (n-1)d$ 表明，a_n 与 n 具有线性关系，可与一次函数联系；前 n 项和公式 $S_n = a_1 n + \frac{1}{2}d(n-1)n$ 表明，S_n 与 n 是平方关系，可与二次函数联系；从参数的观点看，a_n，S_n 都由 a_1 和 d 唯一确定；从解析几何的观点看，由 a_n 与 n 的线性关系，沟通等差数列的通项公式与直线方程，可利用直线方程的相关知识研究与等差数列通项公式相关的问题；等。

将公式 $a_n = a_1 + (n-1)d$ 变形，得 $d = \frac{a_n - a_1}{n-1}$。这是过点 $A_n(n, a_n)$ 和 $A_1(1, a_1)$ 两点的直线的斜率。由此可以编出一系列综合题。例如：

设 $\{a_n\}$ 的任意两项为 a_p 和 a_q，那么 $d = \frac{a_p - a_q}{p-q}$。这是因为点 $A_p(p,$

a_p），$A_q(q, a_q)$，$A_n(n, a_n)$，$A_1(1, a_1)$ 在同一直线上。

如果 $p-q=s-t$，就有 $a_p-a_q=a_s-a_t$。等价地，有

如果 $p+q=m+n$，那么 $a_p+a_q=a_m+a_n$。特别地，如果 $2p=m+n$，那么 $2a_p=a_m+a_n$，这就是等差中项公式的推广。

给定等差数列 $\{a_n\}$ 的任意两项 a_p 和 a_q，那么 $a_n=\dfrac{a_p+\lambda a_q}{1+\lambda}$，其中 $\lambda=\dfrac{n-p}{q-n}$。这是由过点 $A_p(p, a_p)$，$A_q(q, a_q)$ 的直线的定比分点公式得到的。

如果 $\{a_n\}$ 是公差为 d 的等差数列，那么 $\{a_{pn+q}\}$（其中 p，q 是给定的正整数）是公差为 pd 的等差数列。

以上述结论为依据，可以构造出许多题目。例如：在等差数列 $\{a_n\}$ 中，

如果 $a_3+a_4+a_5+a_6+a_7=450$，则 $a_2+a_8=$？

如果 $a_1+a_4+a_7+\cdots+a_{97}=50$，那么 $a_3+a_6+a_9+\cdots+a_{99}=$？

已知 $a_m=M$，$a_n=N$，$a_p=P$，求证：$M(n-p)+N(p-m)+P(m-n)=0$。

复习课，目前有几种偏向需要防止：一种是不进行知识技能的整理，以题海代复习，某些老师认为，复习就是做练习，他们甚至把做各种复习资料上的题目当成复习；另一种是机械地罗列知识点，致使复习课变得索然无味。

思考题

1. 为什么要重视概念的教学？概念教学一般要经历哪几个阶段？

2. 掌握概念的含义是什么？在教学中，怎样才能使学生更好地掌握概念？

3. 试述概念教学的理论基础。

4. 在概念教学中，可以用哪些方法引入概念？

5. 概念的应用意指什么？为什么说它与概念的形成是掌握概念过程中两个不同的阶段？

6. 设计一个概念（内容自选）教学的案例。

7. 设计一个定理（内容自选）教学的案例。

8. 公式教学应注意哪些问题？请设计一个公式（内容自选）教学的案例。

9. 你认为解题教学的作用有哪些？

10. 如何提高学生的解题能力？请设计一个解题教学的案例。

11. 复习课应注意哪些问题？

12. 设计一个体现知识联系性的复习课案例。

参 考 文 献

[1] 编写组. 数学教育学导论. 北京：高等教育出版社，1992.

[2] 布鲁纳教育论著选. 邵瑞珍，张渭城，译. 北京：人民教育出版社，1989.

[3] 蔡金法. 论学校数学学习中的数学概括能力. ［硕士学位论文］. 北京：北京师范大学数学系，1987.

[4] 曹才翰，蔡金法. 数学教育学概论. 南京：江苏教育出版社，1989.

[5] 曹才翰，章建跃. 初中数学课堂教学结构. 长沙：湖南教育出版社，1996.

[6] 曹才翰. 曹才翰数学教育文选. 北京：人民教育出版社，2005.

[7] 曹才翰，章建跃. 数学教育心理学（第2版）. 北京：北京师范大学出版社，2006.

[8] 陈琦，刘儒德. 当代教育心理学. 北京：北京师范大学出版社，1997.

[9] 陈其弼，周丽华. 卢仲衡教育心理学论文集. 北京：地质出版社，1997.

[10] ［德］Rolf Biehler 等. 数学教学理论是一门科学. 上海：上海教育出版社，1998.

[11] 丁尔陞，主编. 现代数学课程论. 南京：江苏教育出版社，1997.

[12] 丁尔陞. 丁尔陞数学教育文选. 北京：人民教育出版社，2005.

[13] 发达国家中小学数学教学大纲（一）. 国际数学课程教材比较课题组，译. 北京：人民教育出版社，1994.

[14] 冯忠良. 结构化与定向化教学心理学原理. 北京：北京师范大学出版社，1998.

[15] 高时良. 学记研究. 北京：人民教育出版社，2006.

[16] 顾泠沅. 教学改革的行动与诠释. 北京：人民教育出版社，2003.

[17] ［荷兰］弗赖登塔尔. 作为教育任务的数学. 陈昌平，等译. 上海：上海教育出版社，1995.

[18] 黄济. 教育哲学通论. 太原：山西教育出版社，1998.

[19] 课程教材研究所. 20世纪中国中小学课程标准·教学大纲汇编·数学卷. 北京：人民教育出版社，2001.

[20] 课程教材研究所中学数学课程教材研究开发中心. 普通高中课程标准试

验教科书·数学（A版）. 北京：人民教育出版社，2004～2006.

[21] 李士锜. 数学教育心理. 上海：华东师范大学出版社，2001.

[22] 李文林. 数学史概论（第2版）. 北京：高等教育出版社，2002.

[23] 李文林. 文明之光——图说数学史. 济南：山东教育出版社，2005.

[24] 林崇德. 学习与发展：中小学生心理能力发展与培养（修订版）. 北京：北京师范大学出版社，2003.

[25] 林崇德. 教育与发展. 北京：北京师范大学出版社，2002.

[26] ［美］D. A. 格劳斯. 数学教与学研究手册. 陈昌平，等译. 上海：上海教育出版社，1999.

[27] ［美］D. P. 奥苏伯尔. 教育心理学——认知观点. 佘星南，宋钧，译. 北京：人民教育出版社，1994.

[28] ［美］G. 波利亚. 数学的发现. 刘远图，秦璋，译. 北京：科学出版社，1987.

[29] ［美］G. 波利亚. 数学与猜想. 李心灿，等译. 北京：科学出版社，1984.

[30] ［美］G. 波利亚. 怎样解题. 阎育苏，译. 北京：科学出版社，1982.

[31] ［美］J. R. 安德森. 认知心理学. 杨清，张述祖，等译. 长春：吉林教育出版社，1989.

[32] ［美］H. 加德纳. 多元智能. 沈致隆，译. 北京：新华出版社，1999.

[33] ［美］M. 克莱因. 古今数学思想. 上海：上海科学技术出版社，2002.

[34] ［美］全美数学教师理事会. 美国学校数学教育的原则和标准. 北京：人民教育出版社，2004.

[35] ［美］R. 柯朗，H. 罗宾. 什么是数学　对思想和方法的基本研究（增订版）. 上海：复旦大学出版社，2005.

[36] ［美］R. J. 斯腾伯格. 成功智力. 吴国宏，钱文，译. 上海：华东师范大学出版社，1999.

[37] ［美］R. M. 加涅，等. 教学设计原理. 皮连生，庞维国，等译. 上海：华东师范大学出版社，1999.

[38] ［美］R. M. 加涅. 学习的条件和教学论. 皮连生，等译. 上海：华东师范大学出版社，1999.

[39] 莫雷，张卫，等. 学习心理研究. 广州：广东人民出版社，2005.

[40] 莫绍揆. 数理逻辑初步. 上海：上海人民出版社，1980.

[41] 皮连生. 智育心理学. 北京：人民教育出版社，1996.

［42］皮连生. 知识分类与目标导向教学——理论与实践. 上海：华东师范大学出版社，1998.

［43］皮连生. 教育心理学（第 3 版）. 上海：上海教育出版社，2004.

［44］钱珮玲，邵光华. 数学思想方法与中学数学. 北京：北京师范大学出版社，1999.

［45］青浦县数学教改实验小组. 学会教学. 北京：人民教育出版社，1991.

［46］瞿葆奎. 教育学文集·教学（上中下）. 北京：人民教育出版社，1988.

［47］瞿葆奎. 教育学文集·智育. 北京：人民教育出版社，1988.

［48］瞿葆奎. 教育学文集·教育与人的发展. 北京：人民教育出版社，1988.

［49］任子朝. 论数学思维结构. ［硕士学位论文］. 北京：北京师范大学数学系，1988.

［50］［瑞士］J. 皮亚杰. 发生认识论原理. 北京：商务印书馆，1989.

［51］［瑞士］J. 皮亚杰. 心理学与认识论. 天津：求实出版社，1988.

［52］施良方. 学习论·学习心理学的理论与原理. 北京：人民教育出版社，1994.

［53］石中英. 知识转型与教育改革. 北京：教育科学出版社，2001.

［54］［苏］A. A. 斯托利亚尔. 数学教育学. 丁尔陞，等译. 北京：人民教育出版社，1985.

［55］［苏］A. Д. 亚历山大洛夫，等. 数学——它的内容、方法和意义（第一卷）. 北京：科学出版社，1988.

［56］［苏］克鲁捷茨基. 中小学生数学能力心理学. 上海：上海教育出版社，1983.

［57］［苏］谢·列·鲁宾斯坦. 关于思维和它的研究道路. 上海：上海人民出版社，1963.

［58］［苏］赞科夫. 教学与发展. 杜殿坤，等译. 北京：文化教育出版社，1980.

［59］邵瑞珍. 教育心理学. 上海：上海教育出版社，1989.

［60］王策三. 教学论稿. 北京：人民教育出版社，1985.

［61］王策三，孙喜亭，刘硕. 基础教育改革论. 北京：知识产权出版社，2005.

［62］王甦，汪安圣. 认知心理学. 北京：北京大学出版社，1992.

［63］王永会. 数学能力的实质初探. ［硕士学位论文］. 北京：北京师范大学数学系，1988.

［64］王梓坤. 科学发现纵横谈新编. 北京：北京师范大学出版社，1993.

［65］王梓坤. 随机过程与今日数学. 北京：北京师范大学出版社，2005.

［66］魏庚人. 中国中学数学教育史. 北京：人民教育出版社，1987.

［67］魏群，等. 中国中学数学课程教材演变史料. 北京：人民教育出版社，1996.

［68］吴福能. 论数学直觉思维及其教学.［硕士学位论文］. 北京：北京师范大学数学系，1988.

［69］吴庆麟等. 认知教学心理学. 上海：上海科学技术出版社，2000.

［70］项武义. 基础数学讲义丛书. 北京：人民教育出版社，2004.

［71］熊梅. 启发式教学原理研究. 北京：高等教育出版社，1998.

［72］杨世明，等. MM教育方式理论与实践. 香港：香港新闻出版社，2002.

［73］章建跃，朱文芳. 中学数学教学心理学. 北京：北京教育出版社，2001.

［74］章建跃. 数学学习论与学习指导. 北京：人民教育出版社，2001.

［75］章建跃. 中学生数学学科自我监控能力. 上海：华东师范大学出版社，2003.

［76］张庆林. 当代认知心理学在教学中的应用. 重庆：西南师范大学出版社，1995.

［77］张庆林. 元认知的发展与主体教育. 重庆：西南师范大学出版社，1997.

［78］张顺燕. 数学的思想、方法和应用. 北京：北京大学出版社，1997.

［79］中华人民共和国教育部制定. 全日制义务教育数学课程标准（实验稿）. 北京：北京师范大学出版社，2001.

［80］中华人民共和国教育部制定. 义务教育数学课程标准（2011年版）. 北京：北京师范大学出版社，2012.

［81］中华人民共和国教育部制定. 普通高中数学课程标准（实验）. 北京：人民教育出版社，2003.

［82］中学百科全书·数学卷. 北京：北京师范大学出版社，等，1994.

［83］钟善基. 中国著名特级教师教学思想录 中学数学卷. 南京：江苏教育出版社，1996.

［84］钟善基. 钟善基数学教育文选. 北京：人民教育出版社，2005.

［85］朱智贤，林崇德. 思维发展心理学. 北京：北京师范大学出版社，1986.

第 2 版后记

　　结束本书的修订工作，终于长长地舒了一口气。我为自己能得到北京师范大学数学科学学院和我的师母朱文郁教授的信任而感到庆幸和自豪，为能完成本书的修订而欣慰。

　　在本书即将付梓之时，最让我怀念的是我的恩师钟善基教授。记得前年北京师范大学数学科学学院领导与我协商，希望我能承担本书的修订工作时说，关于承担本书修订任务的人选，学院征求了钟先生的意见。钟先生说："让章建跃修订这本书是合适的。"听到这个话，我的心情无比激动，这是钟先生对我的肯定，也表明他对我寄予厚望。当时，除了暗下决心，一定要倾尽全力做好修订工作，决不辜负钟先生对我的信任和厚爱，我还想在修订工作完成后，邀钟先生再为本书第 2 版作序。然而，令我终身遗憾的是，钟先生于去年 5 月去世，永远地离开了我们。

　　曹先生、钟先生已驾鹤西去，我永远失去了可以随时讨教的良师。作为一名偏远农村中学的数学教师，能够登堂入室，走进中学数学教育研究的权威机构、学术圣地，能够拜在先生们的门下，在北京师范大学数学系数学教育的学术权威们的教导下学习、研究中学数学教育问题，是多么的幸运啊！当时，钟先生、曹先生、丁尔陞先生、孙瑞清先生组成导师组，分别给我们研究生开设数学教学论、数学教育心理学、数学课程论、数学教育评价、基础数学研究等课程，使我们能够接触到国际、国内最先进的数学教育理论，并开始起步思考、研究数学教育中的许多问题。这样的导师群体在国内是绝对的权威，在国际上也是强大的。在先生们的悉心指导下，自己能够较快地进入数学教育研究领域，并充分发挥自己十年中学数学教学经历的优势，在数学教育研究中有所心得，取得了一些研究成果。对一位有志于数学教育研究的青年，这样的机会是可遇而不可求的。

　　我深深地懂得修订本书的重要性。这是一本在中国数学教育界有着重要影响的教材，出版后一直被许多高校的数学教育专业作为教科书，同时也是广大中学数学教师的重要参考书。钟先生对这本教材给予了"无微不至的关怀、支持和帮助"（曹先生语）。虽然本书第 2 版没有钟先生的序言，这是一个终身遗憾，但我想，自己已经倾尽全力，这样的虔诚、努力，一定能完成钟先生的遗愿，不辜负先生们对我的殷切期望，也一定能告慰两位先生的在天英灵。

章建跃

2007 年 8 月 15 日